KB123450

완역

한양보

점필재연구소
대한제국기번역총서

교감원문 수록

완역 한양보

漢陽報

권정원
신재식
임상석
최진호

보고사
BOGOSA

발간사

1905년 을사늑약 이후 각종 단체나 학회에서 잡지가 쏟아져 나왔다. 『대한자강회월보(大韓自强會月報)』를 위시하여 『태극학보(太極學報)』・『조양보(朝陽報)』・『서우(西友)』 등의 잡지가 그것이다. 우리 '대한제국기 잡지 번역팀'은 1905년 이후 잡지의 중요성에 주목하여 이미 『태극학보』와 『조양보』를 완역하여 간행한 바 있다. 여기에 다시 『한양보(漢陽報)』를 완역하여 간행한다.

『한양보』는 1907년 9월 11일 일본인에 의해 창간되어 같은 해 10월 2호를 내고 종간된, 존속 기간이 2달에 불과한 잡지다. 이 시기 잡지들은 대체로 발행기간이 짧다. 길어도 2,3년을 넘기지 못한다. 그런데 『한양보』는 짧아도 너무 짧다. 겨우 2개월에 지나지 않는 것이다. 그럼에도 불구하고 이 잡지에 주목하는 것은, 그 성격이 여느 잡지와는 판이하게 다르기 때문이다. 또 이 잡지의 성격 때문에 겨우 2달을 발행하고 종간된 것이 아닌가 한다.

『한양보』가 집중한 것은 시사문제였다. 물론 근대적 지식에 대한 소개도 있지만, 이 잡지는 기본적으로 시사문제를 다루는 시사잡지였다. 예컨대 『한양보』 1호는 '시사란'에 통감(統監) 이토 히로부미(伊藤博文)의 두 차례 연설을 싣는 것을 필두로 모두 8편의 글을 싣고 있는데, 모두 일본인과 일본 신문의 언설들이다. 당연히 이 언설들은 한국에 대한 일본의 강점과 통치의 정당성을 설파하는 데 집중한다. 1905년 을사늑약과 1907년 7월 고종의 강제퇴위(=순종의 즉위), 군대해산, 통감 정치의 강화 등을 골자로 하는 한일신협약의 정당성을 주장하는 한편. 지방에서의 의병항쟁을 '폭도의 봉기'로 규정했던 것이다.

『한양보』는 한국에 대한 일본의 의도와 시각을 노골적으로 고스란히 반영하고 있다는 점에서 『대한자강회월보』나 『서우』 같은 민족주의적 성향의 잡지와는 판이하게 다르다고 하겠다. 다만 『한양보』 역시 일본의 의도와 시각을 분명하게 인식할 수 있다는 점에서 이 시기를 이해하는 데 있어 중요한 자료라는 것은 두 말 필요가 없을 것이다.

『태극학보』·『조양보』·『서우』의 번역에서처럼 『한양보』의 번역에도 여러 사람이 참여했다. 권정원·신재식·임상석·최진호는 번역을 맡았고, 서미나·이강석은 편집과 원문 교열을 맡아서, 책의 완성에 수고를 아끼지 않았다. 이 자리를 빌려 고맙다는 말을 전한다.

강명관(부산대학교 한문학과 교수)

차례

완역 한양보

한양보 제1호

한양보 제2호

원문 漢陽報

漢陽報 第壹卷 第壹號

漢陽報 第壹卷 第貳號

| 社說 | …………………………………………………… 278

| 論說 | …………………………………………………… 280

| 時事 | …………………………………………………… 290

일본인 발행 국한문체 잡지
『한양보(漢陽報)』*

임상석 / 부산대학교 점필재연구소

1. 『한양보』 출간의 배경

현재 확인할 수 있는 『한양보』는 1907년 9월 발간의 1호와 10월 발간의 2호, 총 2개호이다.[1] 1달 전 고종의 양위와 함께 시작된 융희(隆熙), 곧 한일신협약의 현장을 중계한 자료라 할 수 있다. 닛토 카츠로(日戶勝郎)가 발행인으로 발간 주창자(主唱者) 5인과 찬성자(贊成者) 5인 모두 일본인으로 통감부 촉탁 1인을 제외하면 9인이 언론인이었다. 일본인이 간행주체이고 아마도 기사 대부분의 저본이 일본어였을 것이 확실하다. 계몽기 국한문체가 주류를 이루었다는 점은 『대한자강회월보』・『조양보』・『태극학보』・『서우』・『대동보』 등 당대의 잡지들과 동일하나, 일본의 시각을 번역으로 전파했다는 점에서 정체성이 크게 다르다. 국한문체를 읽을 수 있는 독자들은 한국인뿐이라 해도 과언이 아니다. 일본인들이 발행한 일본어 언론은 당시의 한국에도 존재하였으나 직접적 독자를 한국인으로 설정한 잡지는 『한양보』 외에 확인하

---

* 이글은 『Journal of Korean Culture』 51(한국어문학국제학술포럼, 2020.12)에 게재된 것을 수정하였다.

1 1호는 고려대 도서관, 2호는 국회 도서관에서 온라인으로 원문을 제공하고 있다. 『황성신문』(1907.07.17)에서 이 잡지를 홍보하는 기사를 내기도 했다.

지 못했다.[2] 이 사실만으로 『한양보』는 차별성을 가진다.

『한양보』에서 누차 강조하는 사실은 을사늑약과 한일신협약의 구분이다. 전자의 체제 아래에서 대한제국의 주권이 남아 있었으나 이제 보호국보다는 속국(屬國)의 명칭이 적합하다는 것이다. 이 진술을 논설과 사설의 주장, 오쿠마 시게노부 등 일제 유력자의 발언 그리고 일본 언론을 비롯한 세계 언론의 기사를 근거로 홍보하는 것이 이 잡지의 주요 목적 가운데 하나였다. 한일신협약은 1905년의 을사늑약과 1910년의 조선총독부 설립 사이에서 상대적으로 주목받지 못한 사건이다. 고종의 양위에 따라 전국적인 의병 항쟁이 격화되고 대한자강회 등 민간 단체의 해산 등 격변이 일어났으며 장기적으로, 일제강점기 체제의 원점이 된다는 점을 감안하면 다각적인 조명이 필요하다. 『한양보』는 한일신협약의 현장인 1907년에 대한 하나의 실마리를 제공해 줄 것이다.

당시 한일의 출판물에서 나타난 기술의 격차는 크다. 그러나 『한양보』는 사진이나 삽화 등 다양한 도판을 이용하지 않았고 편집의 체제도 『조양보』같은 한국의 잡지와 큰 차이가 없다. 일본인이 발행하였으나 이 잡지의 출판 양상은 대한제국과 큰 차이가 없다. 『타이요(太陽)』 같은 당대의 일본 잡지와는 동떨어진 느낌이다. 출판 형태는 1면 2단의 구성에 1행 39자 17행이며 1호는 70면이고 2호는 59면으로 당대 국한문체 잡지와 동일하다.

『한양보』가 자국의 발전된 출판 기술을 적용하지 않은 것은 경제적 요인이 큰 것으로 추정된다. 당대의 국한문체 언론에 오자(誤字)와 오기(誤記)는 빈번하게 나타나지만, 2호처럼 총 59면 안에 20건 이상이나 나온 경우는 드물다. 번역이 대부분을 차지하였으므로 다른 잡지에 비해 오류가 늘어날 수밖에 없지만 이 정도의 빈도는 출판과 편집의

2　통감부의 기관지인 일본어 신문 『경성일보(京城日報)』가 잠시 국한문판을 발행한 바 있다.

상황이 열악했음을 보여주는 방증이다. 발행분이 2호밖에 남지 않은 점도 결국 경제적 요인에서 비롯된 것으로 보인다. 이런 어려움 속에서 『한양보』는 일본과 한국의 평화를 추구한다는 사명을 내세우며 "한일[3]의 평화 정책"을 주제로 삼은 기고문을 모집했다. '자유로운 의론을 꺼리지 말 것이니, 책임은 전부 본지가 지겠다'는 단서까지 덧붙였다. 언론에 대한 통감부의 검열이 강화된 시점에서 한국인의 잡지와 다른 역할을 수행할 수 있다는 자신감을 가지고 간행을 시작한 것이다.

2. 편집 체제와 시사 기능

『한양보』의 주임이자 발행인인 닛토 카츠로의 자세한 인적 사항을 밝히기는 어려우나 『황성신문』(1908.10.15)을 참조하면 그는 『조양보』의 편집에 관여했으며 1908년 10월부터 『경성평론(京城評論)』이란 잡지를 발행했다고 한다.[4] 닛토 이외의 주창자 4인은 통감부 기관지 『경성일보(京城日報)』의 주필, 『지지신보(時事新報)』와 『오사카 마이니치』[5] 지국의 주임 각 1인 그리고 인천에서 발행한 일본어 신문 『대한일보(大韓日報)』의 이사이다. 찬성자는 통감부 촉탁 1인, 부산상공회의소의 일본어 신문 『조선신보(朝鮮新報)』 및 『오사카 마이니치』 지국 기자 1인과 일본 언론인 2인이다. 보호국 한국에서 활동하는 일본 언론인이 발행의 주체

---

3 『한양보』에 번역된 일본 언론 기사가 "日韓"으로 된 것에 비하면 평화라는 주제에 맞춰 한국에 대한 배려를 보였다고 할 수 있다. 「사고(社告)」에도 "日韓關係"가 아닌 "한일관계"로 표기했다.

4 『경성평론』도 『한양보』처럼 송병준과 일진회에 대해 비판을 지속하여 닛토는 일본 헌병의 시찰 대상이 되기도 했다. 이번에 출간된 『완역 서우』 2(『서우』 10호, 1907.09)에도 그의 논설 「대한(對韓) 사견(私見)」이 수록되었다.

5 『지지신보』는 후쿠자와 유키치가 창간하였고 『오사카 마이니치(每日)』는 1882년 『일본입헌정당신문(日本立憲政党新聞)』으로 창간해 1885년 개명하였다. 당시 유력한 신문들이다.

이며 '양국 식자의 의견을 교환해 본심을 토로하고 양국 평화 복지에 기여'한다는 "발간 취지"(1호, 「社告」)를 보자면 이 잡지는 재조일본인의 입장과 밀접한 관계가 있다. 전반적 편집 체제와 개요는 다음과 같다.

<표> 『한양보』 1호

사고 (社告)	(발간 취지)한일 지식인의 의견을 소개하여 쌍방 일치의 경지에 귀결하고자 한다.	
주의	한일 평화정책을 논제로 논문 모집(쓰고 싶은 데로 쓰라, 책임은 본지가 진다.)	
편집항목	제목 및 개요	면수
사설과 논설 (대한제국 내각과 의병 양자에 경고함)	-현 내각대신에게 묻다(사설) 백성들이 내각대신을 간신으로 간주하니 그들 때문에 排日의 분위기가 높아져 보호국 체제가 약화된다. 대신들은 충신의 마음으로 새 정치하라 -폭동단에게 경계를 주다(이하 논설) 군사력은 일본의 유일한 장점이다. 일본에 불만이 있으면 필설(筆舌)의 수단을 써라. 협약은 영불로 3국이 승인했고 독일과 미국도 묵인함 -치안유지인가 방해인가 자강회와 동우회를 해산하니 잔당이 기독청년회로 매일 600명씩 몰린다. 해산이 치안유지에 도움이 되는지 송병준 내각은 다시 생각하라 *개인의 권리를 법제화하지 못한 청나라 정부는 무능하다 *격언 : 루터와 마호멧이 종교개혁에 목숨을 걸다(0.5면)	10면 (1-10)
시사 (한일 신협약에 대한 유력자의 의견과 일본 언론의 태도)	-이토 히로부미의 연설 일본은 개항부터 지금까지 한국 독립을 도왔다. 한국은 감사는커녕 방해만 하니 기막힌다. 앞으로 조선 사무는 외교가 아닌 파견으로 처리한다. -오쿠마 시게노부의 이토 평가 이토의 비판자들보다 이토 통감의 사려가 깊다. 한국의 토지와 조세가 정리되면 1년에 3천만 원도 가능하다. -오쿠마의 신협약 평론 및 담화 한국은 신협약으로 실상 일본의 속국이다. 강경책을 주장하는 저 패자(覇者)들은 명분에 얽매여 일본의 재정 부담을 늘리는 자들이다 / 이토의 보호국 통치를 신뢰하라. 한국에 대한 관세와 통상 조약을 조정하라 -한일신협약에 대한 일본 유력 신문의 평(國民新聞 등	22면 (11-33)

	4개 신문) 한국이 신협약을 지켜나가지 않으면 합병만이 다음 단계/ 신협약으로 한국은 속국이 되었음/ 신협약은 관대한 처사임/ 명분보다 실질이 중요함 *신협약 이후 한국의 외교조약을 개정해야 한다는 주장과 통감부가 한국 조세를 담당하면 세수가 3배로 된다는 통감부 재정고문의 주장 *유길준의 신협약 평론과 유길준과 이타가키 다이스케 담화	
실업	-서울에 거주하며 경기도, 인천, 전라도 등지에서 대농장을 경영하는 일본인 농업가 소개 -대한제국 농상공부에 근무하는 일본인 기사(技師)의 한국 염업 조사 -식민지 개발업자 알프레드 바이트의 일화(아프리카 보석 산업 개발)	8면 (33-41)
담총 (談叢, 교양과 흥미)	-계발록(啓發錄) : 적국과의 협약을 죽음으로 지킨 레굴루스와 카이사르가 약속을 지킨 일화 -로크의 자유담 : 소유권, 자유, 평등, 공동소유 등을 논함 -전 농상부차관 유맹은 실효 없는 배일(排日)이 아닌 실업, 교육, 위생을 강조 *이 외에 앵무새를 사육해 노래하게 만든 일화, 동서양 경계에 미인이 많다는 일화 등도 수록	9면 (42-51)
내보 (內報)	-의병 소요를 폭동으로 소개, 헤이그 특사 사건과 고종 양위 -일본공사 하야시 다이스케에게 주는 이동휘의 서한 게재 -고종과 순종의 단발/ 즉위식 거행 등	8면 (52-60)
외보 (外報)	-헤이그 만국평화회의 소개 -한일신협약의 원인을 한국의 당쟁이라 주장한 청나라 언론 소개 -영국과 독일의 외교관계 소개 -러일협약의 정문(正文) 소개 등	9면 (61-70)

2호의 편집도 거의 동일한데 담총(談叢)과 실업 및 외보와 내보가 순서를 바꾸었으며 시사와 실업 항목 등이 줄었다. 당대 다른 잡지들과 비교해 『한양보』에 나타나는 가장 큰 차이는 학술의 비중이 거의 없다는 점이다. 일본인이 편집했으므로 당대 다른 잡지들에 공통적으로 편성되던 한국의 문화와 역사에 대한 기사도 없다. 또한 한시(漢詩)를 비

롯한 한문 기사가 전혀 없다는 점도 큰 차이이다.

학술 내지 교양 성격의 기사는 담총(談叢) 항목에 부분적으로 편성되었을 따름이다. 보도와 시사 중심의 '종합시사지' 정도로 부를 수 있겠는데 1907년 9월을 기준으로 대한제국의 잡지들 가운데 이와 같은 성격의 것은 드물고 이후에도 찾기 어렵다. 잡보・내보・외보 등의 이름으로 1-3줄 정도의 단신을 모아 전하는 정도이며 『한양보』처럼 시사를 독립된 편집 항목으로 설정한 경우는 찾기 힘들다. 학회지의 성격을 가진 『태극학보』나 『서우』 같은 경우가 아니라도 시사의 비중보다 학술과 교양의 비중이 더 크게 편성된 형태의 잡지들이 대부분이었다. 시사적 안건은 취재나 보도의 형식보다 논설의 논제로 취급되었다. 더욱 국외의 세계 정황을 다룬 기사는 『한양보』에 비해 매우 적었다. 신문의 사정은 달랐지만 당대의 잡지는 언론의 역할보다 교육의 역할에 치중했다고 볼 수 있다. 학회지는 물론이고 신협약의 파장으로 폐간된 『자강회월보』도 취재나 보도보다 논설과 학술의 비중이 더 컸다.

1907년이란 급변하는 위기 상황을 생각해보면 의아스러운 상황이다. 예측이 어려운 변혁의 시점이라면 판단보다는 조사나 정보가 더 시급한 과제이기에 당대의 한국에서 잡지가 수행할 역할이 그러한 것으로 보인다. 『한양보』와 편집 체제는 좀 다르지만, 시사 정보가 큰 비중을 차지하고 국외의 정황도 지속적으로 전파한 사례가 『조양보』였다. 『조양보』는 정치결사 기관지인 『자강회월보』나 여타 학회지들과 달리 논설의 비중이 적고 국내외의 시사를 고정적으로 수록하며 「20세기 괴물 제국주의」와 「멸국신법론(滅國新法論)」,[6] 등의 번역을 통해 장기적 안목으로 세계의

---

6 전자는 고토쿠 슈스이의 『20世紀之怪物帝國主義(20세기의 괴물 제국주의)』의 중국어 번역본을 8호 동안 지속적으로 연재했고 양계초 원작인 후자도 6호 동안 장기 연재했다. 이외에도 「보호국론」・「정치원론」・「비스마르크 청화(淸話)」 등 다양한 번역 기사들이 소개되었는데 다른 잡지에서는 찾아보기 힘든 양상이다.

정황을 파악했다. 『조양보』는 1개월에 2번 발행하는 반월간지로 총 12호
가 6개월 동안 발행되었다. 당대의 위기를 번역을 통한 정보의 수집으로
대응하는 작업은 일본과 중국에서 폭넓게 수행되었으며 갑오개혁의 일환
으로 한국에서도 수행된 바 있다.[7] 『한양보』와 『조양보』를 제외하고 1907
년 당시에 해외 정보의 전파를 지속적으로 편성한 잡지가 드물었다는
사실은 시사 정보의 번역이 당대에 쉽지 않은 일이었다는 것을 보여준다.

시사 정보가 시급했던 위기에 보도와 취재가 잡지에서 큰 비중을 차지
하지 못했던 원인을 추정해 보자면 일단 검열을 들 수 있다. 본지의
책임 아래 논설을 거리낌 없이 펼치라는 일본인 발행의 『한양보』에도
검열의 흔적이 나타나듯[8] 당대의 언론은 정간・압수 등의 조치에 늘
시달렸다. 정보를 통제하는 것은 권위주의 체제의 필수적 전략이자 자세
라 하겠다. 「시일야방성대곡」의 게재에 따른 『황성신문』의 정간처럼
정론에 대한 검열도 있지만 정보의 유통 자체를 억제하는 행정적 조치나
분위기가 존재한 것으로 보인다. 대중매체의 기술인 취재와 보도자체가
한국인들에게 낯선 영역이기도 했지만 통감부의 출판언론 통제 속에서
한국인들은 시사 정보를 다루는 기술을 발전시키기 어려운 환경이었다.

『조양보』의 번역 기사에도 『한양보』처럼 오류가 많다는 점은 주목할
만하다. 메이지 유신 이래 이미 수십 년의 번역 역량이 축적된 일본인
들에게도 일정한 어문 규범이 갖춰지지 않은 국한문체 번역은 쉽지 않
은 작업이었다는 점이 드러난다. 대한제국기의 언론인들은 취재와 보
도라는 대중매체의 영성한 역량과 더불어 정보의 유통과 논의를 억제

---

7   학부에서 편찬한 『국민소학독본』(1895) 의정부에서 간행한 『현행 헌법대전』
    (1905) 등을 참조할 수 있다.(『한국고전번역자료 편역집』 2, 점필재, 2017 참조.)
8   1호의 「현 내각대신에게 묻다」에는 6줄 가량의 명확한 검열 흔적이 나타나며 한국
    정황에 대한 단평을 모은 「서창독어(書窓獨語)」의 "⋯⋯⋯" 역시 검열의 흔적일 확률
    이 높다. 일본인 발행 매체이므로 한국 언론에 비해 기준이 달랐겠지만 결국 검열을
    피할 수는 없었다.

하는 일제의 검열에 시달려야만 했다. 나아가 당대 위기 상황에 필수적인 해외 정세의 전파는 문법과 사전이 없는 국한문체나 한글의 번역을 거쳐야 하므로 열악한 출판 상황에서 지속적인 발전이 어려웠던 것이다. 보호국 체제인 대한제국은 검열의 압박과 번역 역량의 미비함 때문에 대중 언론의 본령인 시사의 기능을 확보할 수 없었던 상황이었고, 『한양보』는 이런 공백을 전략적으로 노렸다고 볼 수 있다.

3. 전반적 논조와 다층적 목소리

다양한 담론과 논제들이 등장하고 있으나『한양보』의 주된 논조는 이토 히로부미 통감에 대한 신뢰와 지지이다. 일제의 대한(對韓) 강경파들을 무마하며 한국의 발전과 세계평화를 위해 노력하는 통감과 그의 선의를 흐리는 일진회 중심의 몽매한 한국 정부라는 구도가 대체로 유지된다. 한국 정부에 대한 강한 비판은 의병을 위시한 비판적 계층에 대한 타협의 여지이기도 하다. 한편, 담화나 인터뷰 및 서간 게재 등의 형식을 통해 정보의 신뢰성을 강화한다. 취재와 보도로 시사성을 강화하는 기법은『조양보』를 제외한 당대 잡지에서 찾기 어렵다.[9]『한양보』에 편성된 이질적 목소리는 다성성(多聲性)에 가까운 효과를 나타내기도 한다. '신협약은 한국인이 자초한 것'이라는 유길준의 인터뷰처럼 취재와 보도 역시 통감부에 대한 지지로 환원되는 경우도 있다. 그러나 의병을 폭도로 규정하면서도 해산된 대한제국 군대를 대표해 이동휘가 일본 공사 하야시 곤스케에 보내는 항의 서한을 전재하기도 하며, 2호에는 일본이 한국에서 인도(人道)를 실현하기 어렵다면 보호국 체제를

---

9   예외적으로『조양보』12호에 전세(田稅)의 폐단과 일본인이 황주(黃州)의 전답을 매수한 사실에 대한 취재에는 일본인 당사자에 대한 인터뷰도 포함되어 있다.(『완역 조양보』2권 참조.)

철수해야 한다는 니토베 이나조의 이상론을 큰 비중으로 게재하며 다
층적 발화를 배치한다.

이동휘와 니토베처럼 다른 관점을 보이는 목소리에 지면을 할애하지
만, 『한양보』는 한일신협약이 즉각적 병탄을 주장하는 강경파를 억누른
관대한 조치라는 점을 강조하며 실질적 속국인 한국에게 베푼 일본의
은혜임을 누차 강조한다. 한편, 일진회를 대신해 통감부에 협조할 새로운
한국 지식인들의 등장을 격려하고 고취하면서 대한제국에 대한 일제의
지배를 강화한 한일신협약에 대한 세계열강의 동의와 묵인을 중계한다.
이미 기득권을 차지한 이완용과 송병준 같은 부류보다 총독부에 근무한
후에 『시국독본(時局讀本)』을 저술한 이각종 같은 새로운 한국의 부역자[10]
들을 확장하는 것이 『한양보』의 가장 큰 목적이라고 할 수 있다.

조약이나 관세 같은 국제적 이익 문제에 대한 구체적 정보를 전한
점도 한국인의 잡지에 비해 두드러지게 나타나는 차별성이다. 개별적
이익집단의 존재를 파악하고 상충하는 그들의 입장과 견해를 객관적으
로 전달한다는 것은 자본주의 대중사회에서 언론에 대해 내리는 상식
적 정의라 할 수 있다. 『대한자강회월보』·『서우』·『태극학보』 등의
당대 잡지들이 이런 역할을 하지 않은 것은 아니지만, 주권의 위기라는
극단적 상황에서 여러 나라나 다른 이익 집단 사이의 이질적 목소리가
다각적으로 반영된 사례는 많지 않다. 대중언론이 담보해야할 다층적
목소리 곧 다성성이 싹을 틔우고는 있었지만 아직은 전근대적 문집(文
集)과 같은 합일의 분위기가 더 강했던 것이 대한제국의 잡지였다.

『한양보』의 전반적 논조와 다양한 목소리를 담는 양상을 다음 기사
에서 살펴 볼 수 있다.

---

10 이각종은 일본 유학을 마치고 귀국하여 대한제국 학부에 근무하였다. 총독부의 설립
    과 더불어 일제에 부역하는 취지를 담은 『실용작문법』(1911)을 출간하였다.(임상
    석, 『식민지 한자권과 한국의 문자 교체』, 소명, 2018, 93-117면 참조.)

　　1)……통감은 원래 진중히 숙고하는 인물이라 비록 비상한 조치를 경솔히 취하지 않겠지만 사람의 인내심에 한계가 있다. 폭도가 발호하여 수개월에 걸쳐 그 기세를 거두지 않는 시기가 되면 송양(宋襄)도 혹 돌변하여 풍부(馮婦)의 용맹을 배울 수 있으니 이는 한인이 잊어서는 안 될 긴요한 일이다. 여러분께 바라는 바는 다름이 아니라 그 평생의 자질·인망·식견을 활용하여 기치 하나를 높이 걸어서 각 도(道)의 양반·유생을 초빙하고 큰 단체를 결성하여……

-2호, 「사설(社說)」-

　　2)……한국인이 새 주재자의 좋은 치적을 요청하면 이는 지당한 요청이니 반드시 응해야 한다.……문명을 저해한다면 인도를 쇠퇴하게 할 것이니, 이 또한 우리가 아시아의 진정한 패왕(覇王)의 자격이 없음을 증명하는 것이다. 우리가 아시아에게 취할 것은 미래의 꿈이다.……

-2호, 「한국에 대한 니토베 박사의 고언(苦言)」-

　2가지 모두 논설 항목에 편성된 기사이다. 1)의 원제는 「경고원로급유생지사(警告元老及儒生志士)」로 의병과 같은 투쟁을 지속하면 통감이 현재까지의 온건함을 거두고 강경한 무력을 도입하리라는 경고이며 그러므로 무장투쟁이 아닌 정치 단체의 결성으로 나서라는 것이다. 이는 1호의 논설에서 일본에 저항하려면 무력이 아닌 필설(筆舌)의 수단을 선택하라는 주장과 겹친다. 1)은 『한양보』 전체의 주된 논조라 할 수 있다. 2)는 영어 저술 『무사도(武士道: Bushido)』를 영미권에 전파하여 일본 문화를 대변했던 니토베 이나조의 이상론이다. 1)의 현실적 경고와는 맥락과 분위기가 다른데 일본의 식민 정책이 오로지 인도(人道)의 강화를 목적으로 삼아야 한다는 다소 비현실적 이상론이 1)과 대비된다. 2) 다음에는 이토가 한국의 국민의 경제력을 강화하기 위하여 농공업 금융기관을 개발한다는 논설 「농공(農工) 금융기관」이 배치된다. 이와 같은 구성이 의도하는 바가 무엇인가. 일단 의병에 대한 강경 대응과 한국에 대한 즉각 병합을 주장하는 호전적 세력만 존재함이 아니라 니토베처럼 인도주의를 주장하는 명망가도 있다는 점을 한국에 알리려는 것이다. 그리고 그가 주장한 문명과 인도가 이토 통감부의 정책과 연결될 수 있다는 점을 다음 논설을 통해 간접적으로 제시한다. 체제를 거부하는 무력 투쟁이 아닌 통감부 체제 안에서의 갈등 해결이 가능하다는 것을 설득하기 위해 다양한 정보를 동원한 셈이다.

위는 다소 이질적 성격의 목소리이기는 해도 결국 하나의 목적을 위해 수용된 양상이지만, 시사의 항목에는 결국 융화하기 어려운 관점의 차이가 대조된다.

> 3)……국시(國是)란 것은 무슨 일인가 하면 나는 현재 일본제국을 대표하여 한국에 임하여 재정과 외교 등에 일본 지존(至尊) 하에 저 나라의 개량을 계획하고 저 나라의 백성을 수백 년간 퇴폐된 재앙에서 구출하고 이를 문명의 위치로 유도하고자 함이다.……저들이 자진하여 개량을 수행할 수 없고 또 타국인의 지도에 기꺼이 종사할 수 없는 모양이라 장래 일본에 대해 저항을 다한다면 우리가 나아가 멸망시킴이 아니라 자포자기로 자초함이다.……
>
> ―2호, 「이토 통감의 연설」―
>
> 4)……오늘의 멸국신법(滅國新法)은 초기에 명분을 주권 존중이라 하여 그 개발 중인 상공업을 흡수하고, 마침내 구실을 치안 보전이라 빙자해…… 자원을 가진 국가를 관리하는 권리 전부에 미치게 된다. 대개 주권을 존중한다고 하지 않으면 토인(土人)의 저항심을 가라앉힐 수 없고 그 관리하는 권리를 빼앗지 않으면 완전한 성과를 기약할 수 없으니, 일본의 조선에 대한 책략과 프랑스의 베트남에 대한 정책을 관찰하면 그 조치의 차례와 완급을 충분히 알 수 있다.……
>
> ―2호, 「일불 협약과 지나신문」―

3)은 이토의 연설을 옮긴 것이며 4)는 중국 『시보(時報)』[11]의 논설을

---

11 『시보(時報)』: 1904년 상해에서 창간된 신문으로 청나라 황실을 지지하는 보황파

초록한 것이다. 이토는 통감부의 정책이 한국을 재앙에서 구출해 문명
으로 유도함이라 주장하지만 『시보』는 주권 존중과 치안 보전의 명분으
로 주권과 자원을 전횡하는 강대국의 계책을 "국가를 멸망시키는 새로운
법〔滅國新法〕"이라 부른다. 3)과 4)의 중간에는 간도 문제와 관련된
시사 정보가 배치된다. 간도의 일본인과 한국인 치안을 유지하기 위해
일본군 장교가 파견되었고 정규군이 아닌 마적(馬賊)을 막기 위한 헌병
이라는 핑계로 청나라의 외교적 항의를 묵살한다는 내용이다. 『한양보』
의 전반적 논조를 감안할 때 이토의 주장을 멸국신법이라 주장한다고
보기 어렵다. 그러나 치안 보전을 명분으로 헌병을 동원해 간도에 주둔
한 일본군 장교는 치안 보전을 빙자해 약소국의 주권을 시나브로 침탈하
는 멸국신법에 바로 들어맞는 양상이다. 이런 맥락에서 이토가 말하는
통감부의 지도도 이 신법의 한 종류라 주장할 수 있는 논거를 준다.

　문명을 내세우는 일제의 입장과 문명의 미명 아래 주권을 위협받는
약소국의 타협할 수 없는 현재 갈등 양상과 그 역사적 배경을 『한양보』
의 위 기사들이 전해준다. 한일협약이란 위기의 상황에서 한국인들에게
필요한 시사 정보가 곧 위와 같았던 것으로 보인다. 상충하는 이익집단
간의 생생한 목소리, 그 다층적 발화를 취재하는 언론의 역할을 확인할
수 있다. 이와 같은 역할은 『조양보』를 제외한 대한제국의 다른 잡지에
서 찾기 어려운 것이다.[12] 이 잡지는 이외에도 일본과 한국 간의 관세
문제 및 신협약 이후 대한제국의 기존 국제조약의 효력 문제 등 국제법
에 대한 식견을 제공해주는 등, 당대의 위기에 대처할 수 있는 유효한
참조를 제공한다.

　　(保皇派)의 입헌군주제 노선을 전파했다.

12　드문 사례 중의 하나로 『조양보』 11호에 일본의 관점을 전하는 「보호국론」과 제국주
　　의를 경계하는 양계초의 「멸국신법론」을 연이어 게재하여 당대를 위한 시사 정보를
　　구성한 것을 확인할 수 있다.

4.『한양보』의 한계와 번역

통감부의 수장인 이토에 대한 지지가 전반적 논조였지만『한양보』에는 식민지 위기에 처한 한국의 독자들에게 유익한 정보도 적지 않다. 그러나 이 잡지에 대한 큰 반향은 없었던 것으로 보인다. 2호 이후의 간행을 찾을 수 없으며『대한매일신보』(1907.09.14)가 자강회 강제 해산을 비판한 1호의 「치안 유지인가 방해인가」를 전재한 사례를 제외하면 다른 매체의 인용도 찾기 어렵다. 대부분의 잡지들이 단명한 척박한 대한제국의 잡지 시장에서『한양보』도 경제적인 안정을 확보하지 못한 것으로 보인다. 일단 이 잡지는 재조일본인이라는 특정 집단의 관점을 반영한 것으로 대부분의 국한문체 독자 곧 한국인들의 공감을 얻기 어려웠을 것이다. 특히, 객관적 국력의 차이가 너무 크기에 현실적으로 통감부에 협조하라는 논조는 반감만 확장시켰을 확률이 크다. 또한 이 잡지에 구현된 일본어의 국한문체 번역도 구독을 방해하는 원인이 되었다고 생각한다.

현재의 한국인도 전통적 강국인 청나라와 러시아를 누르고 한국을 완전 속국으로 만들었다는 감격과 한국군 해산에 따른 경비 절감을 예찬하는『한양보』를 침착하게 읽어내기 쉽지 않다. 치안을 장악한 일본인 순사와 경제권을 침탈하는 재조일본인들에게 현실적인 위협과 부조리를 당하던 당대 한국인이라면 더욱 말할 나위가 없다. 보호국 체제의 지방관들조차 민심을 생각해 반일 연설을 해야만 했다는 사정을『한양보』도 전하며,(1호, 49면) 의병 투쟁에 나서지 못해도 해산된 자강회 회원들이 총독부가 해산하기 어려운 기독교 청년단체에 매일 600명씩 가입했다고 한다.(1호, 8면)『한양보』는 당대 한국인들의 반감을 과소평가한 것으로 보이는데, 애초에 사회주의 같은 국제적 이념이나 특정한 경제적 이권 없이 재조일본인과 통감부 치하 한국인 사이에 공감대를 형성하는 일은 쉽지 않았다.

『한양보』의 논설은 경서를 인용하거나 충신으로 호담암(胡澹菴)과 범중엄을, 간신으로 진회(秦檜)와 왕륜(王倫)을 들면서 한국인들에게 익숙한 전고를 사용한다. 당대 한국인들에게 다가가기 위해 한자권이 공유하던 수사적 전통을 확대한 양상으로 당대 일본의 언론 문체보다 의고적인 성향이다. 이런 경우를 제외하면 여러 시사 기사 중에 당대 한국인들에게 부자연스럽게 느껴질 국한문체 번역이 적지 않다.

가령 "旣死의 生을 回ㅎ며"(2호, 28면)나 "日를 同ㅎ야 語홀"(2호, 31면) 같은 구절은 일본어 원문의 조사와 어미만 바꾼 것으로 보이는데 "旣死回生"이나 "同日而語"로 한문구 그대로 쓰는 편이 독해하기에 더 편하다.[13] 한국인들이 쉽게 읽었을 "結局" 대신 일본어 구절 "局を結ぶ"를 "局을 結ㅎ엿더라"로 옮긴 것도 동일한 양상이다.(2호 43면) 또한 일본어 "姑く(しばらく)"를 "姑"로 옮기면(2호, 37면) 한자만으로는 독해할 수 없는 경우도 있다.[14] 이런 경우 한자의 공유가 오히려 독해를 방해한다. 이는 대량의 오기가 속출한 것과 마찬가지로 열악한 상황에서 국한문체 번역이 졸속으로 이루어졌음을 보여준다.

반감에 가득 찬 두 이질적 집단 간에 공감대를 형성하기는 어렵거니와 그것이 열악한 번역으로 진행되었다면 성과를 기대하기 힘들 것이다. 『한양보』의 단명은 자연스러운 현상이기는 하나 이 잡지는 식민지와 제국주의가 빚어내는 생생한 갈등을 재조일본인의 관점에서 전달했다는 점에서 중요하다. 앞 장에서 인용한 이토의 연설과 간도의 역사적

13　回生은 한글 어순으로 분리하는 것보다 한문 어순이 한국인들에게 자연스러웠을 터이고 후자의 同日은 같은 날이라는 의미가 아니라 같은 조건을 가리키는 숙어이므로 역시 어순을 바꾼 것은 독해를 방해한다. 차라리 "同日而語"로 옮기는 것이 적당하다.

14　"姑未飽和ㅎ 空氣"가 해당 부분의 원문이다. 이 경우, 한문으로 "姑"는 "잠시" 정도로 옮기기 쉬우나 문맥상 의미가 통하지 않았다. 일본어 "姑く"에서 "く"를 생략한 것으로 추정된다. 이 경우 "姑く"는 "가령"이나 "일단"의 의미이다.

배경 및 중국 신문의 멸국신법 논설을 시사 정보로 구성한 부분은 1907년 당시 식민지 한자권의 격변을 명료하게 집약하고 있다. 그러기에 당대 한국인들이 알기 어려운 일제 내부의 사정과 국제의 정세를 전하여 상호 이해를 강화한다는 취지에는 자국을 위한 허위만 가득한 것은 아닌 듯하다.

가토 기요마사가 과거 울산을 일시 점거하고 물러난 지 300년 만에 드디어 일본 남아가 포경 작살을 들고서 이를 수복하였다는 호전적 서술이 가득한[15] 『실지탐험포경담』(博文館, 1907) 같은 출판물들이 쏟아져 나온 당시 일본 정세를 감안하면, 경제적 상부상조를 들고 나온 『한양보』는 비교적 합리적 자세를 보여주었다.

『한양보』가 한국 관련 문제에 대해 실리적 논점을 우선한 이유는 자국 주권의 대상이 아니기 때문이다. 그러나 명분보다 실리가 중요함을 대대적으로 내세우며 이익집단 간의 상이한 입장을 보이는 양상은 대한제국의 언론에서 찾아보기 힘들다. 교설(敎說)과 교육에 집중하며 언론보다는 기관지와 교과서의 혼합에 가까웠던 대부분의 대한제국 잡지들에 비해 『한양보』는 현재의 대중매체에 더 가까운 면모이다.

대한제국 언론이 대중매체에 미달했던 주된 원인은 주권의 위기란 절대적 상황과 정보의 부족과 빈약한 경제력에서 찾을 수 있다. 그러나 1,000년 이상의 왕조라는 권위주의와 조선왕조 특히, 조선후기 이후의 경직된 성리학 근본주의도 강력한 요인 중 하나였다. 국한문체라는 동일한 외피를 가진 대한제국 잡지들에 대한 『한양보』의 이질성은 한국적 권위주의 체제의 한 기원인 왕조적 봉건 질서에 대한 사색을 제공한다.

---

15 임상석의 「대한제국기, 일제 국가주의의 소설적 형상화 -여행기『實地探險捕鯨船』의 한국학적 의미-」(『국제어문』79, 국제어문학회, 2018) 참조. 이 단행본의 말미에는 러일전쟁 종군기와 전쟁 소설 등 군국주의를 고취하는 출판물의 광고가 가득하다.

| 참고문헌 |

손성준·이태희·신지연·이남면 번역, 『완역 조양보』 전 2권, 보고사, 2019.
임상석·손성준·이태희·신상필 편역, 『한국고전번역자료 편역집』 2, 점필재, 2017.
임상석, 『식민지 한자권과 한국의 문자 교체』, 소명, 2018.
임상석, 「대한제국기, 일제 국가주의의 소설적 형상화 – 여행기 『實地探險捕鯨船』의 한국학적
　　의미 –」, 『국제어문』 79, 국제어문학회, 2018.

• 일러두기 ─────────────────────────────────

중국 지명과 인명은 한국 한자음을 따르고 일본 지명과 인명은 일본어를 따른다.
국어사전에 등재된 인명과 지명은 주석을 달지 않았다.

완역

한양보
漢陽報

메이지(明治) 40년 | 융희(隆熙) 원년 | 9월 11일 제3종 우편물 인가(認可)

한양보

제1호

사고(社告) −발간 취지−

　한일(韓日) 관계가 비록 점차 친밀해지고 있으나 인심의 화평을 아직 다 이루지 못하니, 양국 식자들의 의견을 교환하여 그 내막을 다 토로하는 것이 양국의 평화적 행복상 지극히 요긴한 사안이 될 것입니다.

　인간 세상에 사소한 의혹과 과실로 인하여 의사가 소원해지고 감정이 충돌되어서 대세의 큰 성취를 그르치는 경우가 고금을 막론하고 종종 있으니, 일한의 현상으로 그 장래를 추론컨대 역시 이러한 기우(杞憂)가 반드시 없다고는 단언할 수 없을 것입니다.

　본지가 미력함을 마다하지 않고 양국 식자 간의 그 의견을 소개하여 쌍방이 다 일치되는 경지에 귀결토록 하고자 하니, 큰 성취를 바라지만 역량이 혹 미치지 못함을 우려하여 두려운 마음 그지없습니다. 양국 식자들의 큰 찬사를 다행히 얻어서 국교의 진보에 다소 보탬이 될 수 있다면 그 영광이 단지 본지에 그치지는 않을 것입니다.

주창자

한양보 주임 닛토 카츠로(日戶勝郎)

지지신보(時事新報)[1] 지국(支局) 주임 히사다 소사쿠(久田宗作)

경성일보(京城日報) 주필 핫토리 아키라(服部暢)

오사카 마이니치(大阪每日)² 지국 주임 나카지마 시바스케(中島司馬助)

대한일보(大韓日報)³ 이사 토가노 시게오(戶아薰雄)

찬성자

통감부 촉탁 우치다 료헤이(內田良平)⁴

조선신보(朝鮮新報)⁵ 주임 쿠마타니 나오스케(熊谷直亮)⁶

조선일일신문(朝鮮日日新聞) 주임 이마이 타다오(今井忠雄)

오사카 마이니치신보(大阪每日新報) 기자 나라사키 칸이치(楢崎觀一)

조선타임즈⁷ 주임 하기야 토시오(萩谷籌夫)

주의

지방에서 구독을 청구하는 분에게는 본지 3개월 이상의 대금을 선납한
후에 발송토록 하겠습니다.

---

1 지지신보(時事新報) : 후쿠자와 유키치(福澤諭吉)가 1882년 창간한 신문으로 케이
   오기주쿠대학과 협조 속에서 운영되었으며 1955년 폐간되었다.

2 오사카 마이니치(大阪每日) : 『일본입헌정당신문(日本立憲政党新聞)』이란 이름으
   로 1882년 창간하였고, 1885년 오사카 마이니치로 개명하였다.

3 대한일보(大韓日報) : 1904년 3월 인천에서 일본인이 창간한 일본어 신문으로 뒤에
   『조선일보(朝鮮日報)』로 개명하였고 1910년 총독부 설립과 함께 총독부 기관지인
   『경성일보』와 흡수 통합되었다.

4 우치다 료헤이(內田良平) : 1874-1932. 후쿠오카의 무사(武士) 집안에서 출생하
   였고 흑룡회(黑龍會)에 참여하여 일진회의 "일한합방" 찬성 운동을 주도하였다.

5 조선신보(朝鮮新報) : 1881년 12월 10일 창간. 부산상공회의소에서 오이시 노리오
   (大石德夫)가 10일마다 발행한 일본어 신문이다.

6 쿠마타니 나오스케(熊谷直亮) : 1863-1920. 쿠마모토 출신으로 청일전쟁과 러일
   전쟁에서 통역으로 활동하였고 『코쿠민신문(國民新聞)』의 서울 특파원과 『경성일
   보』 기자를 역임하였다.

7 조선타임즈 : 영자신문으로 추정된다. 이토 히로부미의 후원으로 1897년 창간한
   일본의 영자신문 『재팬 타임즈(Japan Times)』가 있다.

기고논문의 모집

논제는 한일의 평화정책.

의론의 종횡을 꺼리지 마십시오. 그 책임은 전부 본지에게 있으니 기고
자에게 누를 끼치지 않겠습니다.

기고 기한은 본월 28일 내로 정합니다. -혹 기한이 지나면 제3호에 게
재하도록 하겠습니다-

경성(京城) 대화정(大和町) 1정목 32호

한양발행소

목차

한양보 제1호

사설

현 내각대신(內閣大臣)에게 묻다

-무슨 일에 전력을 다하려 하는가

선양(禪讓)과 신협약[8]은 한국 정계에 중대한 문제이다. 이조(李朝) 500년 동안 신료 중에 이러한 일대 문제를 처분한 자가 얼마나 되겠는가. 그런데 현 내각 각료들이 겨우 며칠 만에 공적을 쉽게 이루어 여유가 있으니 수완과 역량이 참으로 크다 하겠다. 이제 군주를 뒤흔드는 기세를 가지고 한국 전역을 내려다보면서 한 마디만 하면 황실을 위협하고 한 번 움직여서 통감과 기쁘게 어울린다. 정적(政敵)이 다 숨죽이며 굴복하고 국민이 다 전율하며 무릎 꿇는데, 이러한 가운데 송병준(宋秉畯)의 이름이 굉장한 우레와 같아서 13도(道)의 아기 울음소리까지 그치게 하니 이 또한 장부의 영광이다.

이 시기에 이르러 천하의 중대사를 바라던 대로 한다. 잘 모르겠다만 여러분은 장차 무슨 일에 전력을 다하려 하는가. 우리가 주목하는 바는 바로 여기에 있다.

혹자가 현 내각을 위해 말재주를 부리기를 "이완용・송병준의 무리가 비록 인물이나 종종 잘못이 없다고 보장할 수는 없다. 더군다나 잘못이 있다면 상하의 신임과 통감의 비호를 어찌 오래 유지할 수 있겠는가. 근래에 자신의 당여를 끌어들여 국가 각 기관의 요직에 추천하나, 이는 장래의 잠재 세력을 키우는 것만 못하다."고 하니 이는 협잡배의 말투나 다름없지 정치가의 견지가 아니다. 당당한 여러분을 이러한 추태에 견주니 아마도 욕보이려는 듯하다.

---

8   신협약 : 헤이그 밀사 사건 이후 체결된 정미칠조약을 이른다. 고종이 순종에게 선양
     하였다.

또 혹자가 말하기를 "광산·황무지·어업의 이익을 일망타진하여 거만의 운동자금을 마련해야 한다. 그러자면 이 시기를 버리고 어느 시기를 다시 기약할 수 있겠는가." 하는데 이는 거듭 조소를 금할 수 없다. 공기(公器)를 이용하여 사곡(私曲)을 경영하는 짓은 장사치도 하지 않거늘 하물며 명사(名士)를 자처하는 자임에랴!

이 나라의 기존의 관습으로 논하자면 부정한 뇌물과 협잡의 참소를 대신의 다반사로 여기는 것도 괴이할 바 없으니, 지금 이완용·송병준의 세력으로 심야에 악행을 감행하더라도 누가 또 괴이하게 여기겠는가. 비록 그러나 오늘의 시세는 과거의 시세가 아니고 오늘의 정치는 과거의 정치가 아니다. 신협약이 성립된 이래로 경성의 내각이 일본과 한국의 공동책임이 되었으니, 왕년의 광태(狂態)와 사곡은 다시는 용인될 수 없다. 더군다나 한국 황제와 통감이 여러분께 애쓰는 까닭은 신정(新政)을 개선한 업적으로 모범적 정치가를 이루는 데 있지, 여러분의 세력과 이익을 위해 공기를 농간하는 짓이 아님은 두 말 할 필요가 없다. 자고로 세력이 있는 곳에 폐해가 반드시 뒤따르게 마련이다. 우리 내각대신 여러분께서 이 폐해에 빠지지 않도록 간곡히 경계하는 것은, 여러분께서 모범적 정치가가 되기를 바랄 뿐이 아니라 한층 더 깊은 이유가 특별히 있어서다.

-현 내각과 보호 정책의 관계-

사변이 일어난 지 이제 한 달이 지났는데도 선양과 협약의 진의가 민심의 신뢰를 얻지 못한 까닭에 해산된 병사들과 지방의 폭민들의 의기가 투합하고 강개가 격앙하여 폭동의 구역이 점차 각 도로 퍼지고 있다. 그러니 당국의 정치가가 마땅히 전력으로 시정을 개선하여 백성의 이익을 개발하고 촌각을 아껴서 신협약의 혜택을 널리 공포해야 할 시기거늘 어느 겨를에 자신의 이익을 도모할 수 있겠는가. 한국의 인민

들이 다 생각하기를 '선양과 협약이 곧 일본이 한국을 병탄하는 첫걸음
인데 이완용과 송병준이 진실로 선구자가 되어서 황상을 위협하고 사
직을 위태롭게 한다'고 한다. 그러고는 곧 여러분도 통감부의 신임을
받는 까닭에 마찬가지로 원수로 여겨서 여러분이 우측으로 가면 '일본
의 명령일 것이라.' 여기고, 여러분의 일거수일투족이 다 일본의 성쇠
와 상관이 있다고 여긴다.

여러분께 말하게 한다면 아마도 '제가 한국의 대신으로서 강제로 선
양을 상주하고 협약을 체결한 까닭은 국가의 운명을 상고하여 그 가벼
운 것을 버리고 무거운 것을 취한 것이지, 어찌 굳이 일일이 일본의
명령을 받고 시행한 것이겠는가.'라고 할 것이다. 설령 이치상 마땅히
이와 같더라도 한국의 인민은 아량을 베풀지 않고 다 호담암(胡澹菴)[9]의
기개를 품어 여러분을 왕륜(王倫)과 진회(秦檜)의 무리[10]에 견줄 것이
다. 형세가 이러한 시기에 여러분이 붕당을 조성해 사리를 채우고 농단
을 일삼아 이득을 거두어 일신의 계책을 세우는 일에 전념하고 신정책
을 개선시킬 일을 소홀히 한다면, 마치 강물이 바다로 흐르듯 인민의
원성이 여러분께 향할 것이라 현 내각이 머지않아 사면초가에 빠질 것
이다. 여러분 일신의 궁통(窮通)과 영욕(榮辱)이야 일한의 대세에서 따
질 바가 아니나, 이 재앙이 일본에 미쳐서 배일(排日)의 기세를 초래하
는 매개가 됨은 결코 용납할 수 없다. 그 사이에 다소 이익을 선호하는
자가 간혹 있을 수 있으나 일본이 공연히 그 폐해를 입는다면 이는 여러
분 몇몇의 사리사욕 때문에 보호정책의 신용을 희생시키는 짓이니, 통
감이 비록 관대하다고 하나 어찌 용납할 수 있겠는가.

---

9 호담암(胡澹菴) : 남송 때, 금나라에 굴욕적인 협약을 맺자는 진회(秦檜)에 맞서
   주전론을 폈다. 담암은 호이고 이름은 전(銓)이다.
10 왕륜(王倫)과 진회(秦檜)의 무리 : 남송 때 왕륜과 진회는 금나라에 굴욕적인 협약
   을 맺자고 주장하여 간신의 대명사가 되었다.

자고로 호가호위(狐假虎威)라는 속담이 있으니 여러분은 모름지기 스스로 반성해야 한다. 우리가 무단히 고언(苦言)을 들어서 여러분께 경계한 바가 어찌 무문곡필(舞文曲筆)로 순간의 뜻을 공연히 낸 것이겠는가. 근래 여러분의 음흉한 정상을 들은 바가 적지 않으니, 여관(女官)을 농락해 거대한 이익을 이끌어 내고자 한 것, 여러 광산과 황무지를 사당(私黨)과 부정하게 계약한 것, 모 회의소 회두(會頭)를 보통 관아에 구류한 것, 평소 꺼리던 정적을 무함하고자 한 것 등이 그것이다. 세력에 의지해 사리를 도모하는 정사(政社)의 부류가 과연 풍문대로라면 사람들로 하여금 발끈 성나서 안색을 변하게 할 것이다.[11]

무슨 일이던 막론하고 사심을 가지고 공직에 처하여 성공한 자는 자고로 없었다. 지금 한국이 중흥하는 유신(維新)의 시기에 여러분은 준수한 인재로 조정에 서서 범중엄(范仲淹)과 한기(韓琦)의 마음[12]을 자신의 마음으로 삼아야 한다. 주야로 국사를 염려하고 일신과 일가를 잊고서 이 군주를 인도하여 인후한 군주로 거듭나게 하고 이 백성을 인도하여 충실한 백성으로 거듭나게 하여 이 일을 지성으로 자임한다면, 중망(衆望)이 여러분께 귀의함에 내외에서 덕망을 칭송하고 매번 법령을 반포함에 인민이 환영하여 원망의 소리가 구가(謳歌)의 노래로 변할 것이니 이것이 바로 대신의 진정한 세력이 될 것이다. 이러한 때가 되면 반대파가 기회를 노림을 어찌 근심하겠으며, 권세의 유지에 고심함이 무슨 필요가 있겠는가. 여러분이 설령 그 직무를 떠나고자 하더라도 필시 군주와 인민이 만류하며 직무에 남기를 바랄 것이다. 그러나 이 충언을 수용하지 못하고 협잡과 사곡으로 권세를 남용하여 일시의 명

11　것이다. : 이 문장 다음 "特聞" 구절 아래 6줄은 검열된 까닭에 "■■"으로 대체된 것이다.

12　범중엄(范仲淹)과 한기(韓琦)의 마음 : 범중엄과 한기는 중국 송(宋)나라 인종(仁宗) 때의 문신·학자이다. 그들은 곽황후(郭皇后)의 폐위 문제로 여이간(呂夷簡)과 대립하고, 구양수(歐陽修) 등과 붕당을 형성하였다.

리(名利)에 급급하다면 한국 전역에서 북을 치며 여러분을 성토할 것이다. 또한 한국의 인민들 뿐 아니라 우리도 필설을 발휘해 여러분을 공격할 것이다. 또한 우리들 뿐 아니라 한국 황제와 통감도 마땅히 예전처럼 여러분을 신용하지 않을 것이다.

-오늘날의 급선무-

오늘날의 급선무로는 정리(政吏)[13]의 악폐(惡弊)를 근절하는 것보다 급한 것이 없다. 개인의 권리를 존중하고 인민의 재산을 보호하여 그 자리에서 편안히 지내게 하는 것이 곧 정치의 주안점이다. 신협약 가운데 사법권 독립이라는 항목은 이 권리와 재산을 보증할 의도에서 나온 것이다. 그러니 부디 주야로 노력하고 착착 실효를 거두어서 인민들로 하여금 신협약이 나라와 집안의 진운(進運)에 있어 유익하다는 점을 알려야 하니, 이는 실로 여러분의 책임이다. 여러분이 황상의 분노를 무릅쓰고 인민의 원망을 사면서 정우(政友)를 포박하고 병사를 참살하여 일신의 위험을 돌보지 않고 협약에 찬성한 까닭은, 그 뜻이 또한 사직과 인민의 행복에 있지 일신의 세력과 이익에 있지 않음은 두 말할 필요가 없다.

원래 이 나라는 악정(惡政)이 빈번하고 관리의 폐단이 누적되어 민인(民人)의 권리와 재산을 분토처럼 여겼다. 탐관오리 한 명의 질책으로 백성 수천 명의 목숨을 좌우할 수 있으니 무죄인 자가 유배지의 달을 쳐다보고 무능한 이가 부귀영화의 꿈을 탐닉함은 다 뇌물의 유무와 술책의 다소로 짐작된다. 이에 덕망과 역량을 갖춘 선비도 결코 세상에 추대되지 못하고 부지런히 노동하는 백성도 결코 재산을 축적할 수 없으니, 급급히 염려하는 바가 그저 탐관오리의 손아귀에서 벗어나는 것

---

13 정리(政吏) : 원문의 "政史"는 "政吏"의 오기다.

뿐이다. 폐습이 오래되자 점차 자포자기의 마음이 가득차고 타성에 젖어서 마침내 오늘의 빈약한 지경에 이른 것이니. 아아! 또한 가련한 일이다.

이제 능히 이 악폐를 근절하고 이 기풍을 청신하여 권리와 재산의 보증에 대하여 전혀 근심하지 않게 한다면, 마치 큰 가뭄에 단 비를 맞는 것처럼 인민들이 신정책을 환영할 것이라 산업과 문교의 개발을 굳이 명할 필요가 없이 조선 전도에서 앞 다투어 일어날 것이다. 정치의 비결은 백성의 병통을 우선 제거함에 달려있다. 그 병통이 제거되면 개개인이 자연히 활동하여 타인의 손을 수고롭게 할 필요가 없게 된다. 저 관제의 개혁과 법률의 편제 등이 비록 수없이 많아도 결국 무법과 허문의 누적에 불과하니, 질병이 완치되기도 전에 병자에게 자주 먹여서 괴롭히면 위장만 안 상해도 다행인 것이다.

'정리(政吏)의 악폐(惡弊)를 모조리 다 없애라'는 말은 삼척동자도 다 아는데, 여러분이 어찌 모를 리가 있겠는가. 비록 알기는 쉬우나 행하기가 어려운 법이다. 자신도 다스리지 못하는 자가 어찌 타인의 질병을 치료할 수 있으며, 내면의 적도 물리치지 못하는 자가 어찌 산적을 쳐부술 수 있는가. 여러분이 과연 정치가를 자임한다면 우선 여러분의 내면에서 그 악폐를 없애야 한다. 감히 각료 전체에 요구하기는 어려우니 이완용·송병준 두 분부터 우선 실시해야 한다. 두 분이 활동하면 각료들도 다 활동할 것이고 각료들이 활동하면 조선 전도의 관리들도 다 활동할 것이니, 그 기세가 마치 천 길의 계곡에 둥근 돌을 굴리는 격이 되어서 한국 전역의 기풍이 다 명령의 선포나 법령의 제정이 없어도 불과 한 해 만에 일소되어 청신해질 것이다. 이것이 진실로 대장부의 불세출의 사업이고 한일 백년의 큰 행운이다. 여러분의 역량으로 이 대사를 담당할 수 있다면 한 평생 종사해도 길다고 할 수 없을 것이고, 담당하지 못하고 악폐 집단의 수괴가 된다면 단 하루 종사해도 짧다고 할 수 없을 것이다. 거취와 진퇴의 결정이 다 여기에 달려 있으니 부디 여러분이 스스로 판단해야 한다. 우리는 추악한 풍문을 차마 오래 들을 수 없어서 감히 묻는다.

이 원고가 끝나고 나서 동우회(同友會)[14]와 대한자강회 두 단체가 해 산되었다는 소식을 갑자기 듣고는, 우리는 아연실색하여 말문을 잊었 다. 아! 당국의 이 조치는 대개 치안을 유지하려는 뜻에서 나온 것이다. 다만 그 결과가 과연 치안을 유지할 수 있을지는 모르겠다. 이에 장래 를 창연(悵然)히 우려하노라.

격언

(1)

마르틴 루터(Martin Luther)가 종교개혁을 주장하다가 로마 교황의 분노를 사서 보름스 심판소에 소환되었다. 친구들이 다 가로막으며 말 하였다. "자네가 가면 필시 주륙될 것이니 가지 않는 편이 낫다." 이에 루터가 말하였다.

　　"보름스의 악마가 설령 옥상의 기와처럼 모여 있어도 나는 필히 갈 것 이다."

(2)

마호메트(Mahomet)가 『코란경(al-Qur'an)』을 설교하니 온 고을이 다

14　동우회(同友會) : 1907년 6월 홍재칠(洪在七)과 일본인 다카하시(高橋久司) 등이 한일 양국의 국조 숭배, 양국민의 화합 및 교육, 자선 등을 목표로 창립하였다. 1908 년 헤이그 밀사 사건에 따른 정미칠조약과 고종의 선양에 반대하여 서울에서 시위를 주도하다 간부와 회원들이 체포되었다.

분노하여 이를 이단으로 지목하고 백방으로 방해하니 생명의 위험이 수시로 닥쳤다. 늙은 숙부가 근심을 견디지 못하고 마호메트에게 권고하였다. "너는 잠시 침묵하고 적당한 시기를 기다려라." 이에 마호메트가 사양하였다.

> "해가 제 우측에 앉고 달이 제 좌측에 앉아서 제게 침묵을 명하더라도 저는 결코 따를 수 없습니다."

논설

폭동단(暴動團)에게 경계하다

지난달 정변(政變) 이래로 지방에 폭동이 나날이 만연하여 해산 병사와 무뢰한 무산(無産)의 무리가 서로 결합하여 유혈 사태를 자행하는데 그 목적이 어디에 있는가. 혹시 칼 한 자루 무력에 의지해 일본을 몰아내려고 하는 것인가. 우매함이 참으로 심하다. 일본의 군사력은 세계에서 드문 것이라 청국 군대도 격파하고 러시아 군대도 격파하였다. 그 번뜩이는 예봉에 열강도 달아나니 군사력은 일본의 유일한 장점이다. 그런데 지금 쇠잔한 한국군을 가지고 예봉을 다투려고 한다. 이는 마치 병든 소가 맹호에게 덤비는 격이니 조만간 물어 뜯겨 조각나 버릴 것이다. 이른바 우리의 단점을 가지고 저들의 장점과 겨루는 격이니 굳이 승패를 견주지 않아도 자명한 일이다.

만일 일본이나 현재의 정부에 대해 불평을 제기하는 자가 있다면 완력의 투쟁을 쓰지 않고 필설의 투쟁을 쓰며 무력의 수단을 취하지 않고 평화적 수단을 취해야 일군(一郡)의 의견을 결집할 수 있고 일도(一道)

의 의견을 결집할 수 있으며 전국(全國)의 의견을 결집할 수 있다. 정당한 이론으로 그를 대하여 시비를 다투고 곡직을 따져서 수없이 좌절해도 굴하지 않고 필설(筆舌) 평화의 태도를 시종일관 유지해야 한다. 이것이 노자(老子)의 이른바 부드러운 것으로 단단한 것을 이기고 약한 것으로 강한 것을 이기는 방도이다.[15] 이와 같이 한다면 여러분의 의지를 다소 신장시킬 수 있거니와 계책이 여기서 나오지 않고 객기로 치닫고 만행을 저질러 망가진 총을 들고 무딘 칼을 휘둘러 천하 강국에게 대적하면 어찌 망하지 않을 수 있는가. 이는 충의의 의지가 도리어 망국의 단서를 여는 격이니 어찌 상심할 일이 아닌가.

이 시기에 이르러 하루아침에 일본의 속박에서 벗어나 독립에 자족하려고 한다면 시세에 무지함이 참으로 심하다. 지금 세계 강국을 헤아려 보자면 영국·프랑스·러시아·일본·독일·미국 등을 여섯 강국이라 하는데, 이 가운데 영국·프랑스·러시아·일본 등 4개국이 다섯 가지 협약을 체결하여 동양의 현상을 유지하기로 맹세하였다. 그런즉 한국에 대한 일본의 현 지위를 이미 영국·프랑스·러시아 3개국이 승인한 것이라 협약으로 확고부동하고 독일·미국 2개국 역시 묵인하여 서구의 전보가 수시로 있으니, 이는 천하가 다 아는 바이다. 이제 약소한 한국 1개국의 역량으로 열국의 의향을 바꾸고자 한다면 필생의 역량을 다하더라도 이루기 어려울 것이다. 그러니 지금 같은 시기라면 불현듯 그 뜻을 고치고 일본과 백년 제휴의 계책을 세워서 동양의 문명을 촉진하는 편이 낫다. 그리고 정치의 시비와 득실의 경우 정부 당국자의 책무이니 마땅히 무능한 자를 배척하고 유능한 자를 추천해야 한다. 혹시 통감부에서 무능한 자를 보호하고 유능한 자를 배척한다면 이 사안에 대하여 완강하게 애써 다투어서 매년 갈등하는 편이 국가에 이로

---

15 부드러운…방도이다 : 『도덕경(道德經)』 78장의 "약한 것이 강한 것을 이기고 부드러움이 단단함을 이긴다.〔弱之勝强柔之勝剛〕"는 문구를 차용한 것이다.

울 것이다. 이것이 이른바 정당에서 하는 군자의 다툼이니 열국이 공유하는 바이다.

오늘 폭동에 낭비할 힘을 정당 정치로 전환 활용하고 무력의 수단을 평화적 수단으로 대체한다면 악한 정부를 배척하고 선한 정부를 수립하는 일이야 손바닥 뒤집듯 쉬울 것이다. 그런데 왜 이렇게 하지 않고 그저 바위에 계란을 던지듯 어리석은 짓을 저지르는가. 국가의 운명이 침몰되어 위험해질 뿐이지 소득이 전혀 없으니 경계해야 한다.

치안유지인가 치안방해인가

자강회와 동우회 두 단체의 해산과 박영효(朴泳孝)의 추방에 대하여 당국자가 해명하기를 "치안을 유지하려는 의도에서 나온 것이라" 하는데 이는 당국자의 억측에 불과하다. 이러한 거조로 과연 치안을 유지할 수 있을지 여부는 천지신명이 아니면 알 수 없거니와 도리어 치안을 방해하는 원인이 될지도 알 수 없다.

두 단체가 해산된 이후로 기독청년회가 문전성시를 이루어서 청년회에 새로 가입하는 자가 매일 600인 이상이라고 하는데, 그 성명을 조사해보니 다 자강회와 동우회 두 단체의 잔당이라 한다. 그렇다면 해산이란 허명일 뿐이니, 동쪽을 줄여서 서쪽에 더하는 격으로 저 단체는 여전히 남아 있다.

행인들이 서로 전하기를 "현 내각과 일진회를 비호하기 위해 일체 단체를 해산시킬 것이고, 또 이제부터 수립을 불허할 것이라" 하는데 참으로 어리석다. 한편으로는 정사(政社)를 허락하면서 한편으로는 정사를 불허하다니, 천하의 어느 나라에 이러한 횡포가 있는가. 더구나 한국 정치는 한국 인민을 본위로 삼음에랴. 현 내각과 일진회 등은 구우일모(九牛一毛)일 뿐이다.

선양(禪讓)·협약·군대해산 이래로 1천만 한국인의 불평불만이 터져 나와서 설령 죽더라도 피하지 않을 기색이 있다. 그런데 이러한 시기에 이번 조치가 민심을 더욱 격발시킨 탓에 장차 외교(外敎)의 지원을 빌려서 이 원한을 갚고자 도도하게 서로를 이끌어 기독청년회에 몰려가고 있다. 옛 사람이 말하기를 '숲을 위해 참새를 몰아준 것이 새매라'[16] 하는데, 청년회로 한국인을 몰아낸 자가 누구인가. 치안을 유지하려고 하면서 도리어 치안을 방해하는 계기를 초래하니, 당국자가 장차 어떻게 사죄해야 하겠는가.

박영효를 추방한 일이 좋은 계책이라 할 수 있는가. 비록 그러하나 현 내각의 정적(政敵)이 어찌 박영효 하나뿐인가. 만약 당국이 재삼 추태를 부린다면 전 한국인이 다 무기를 들고 일어설 것이다. 이러한 시기에 1천만 명을 다 추방하려고 하는가.

현 내각은 송병준(宋秉畯)의 내각이다. 나의 벗 중에 송씨를 아는 자가 적지 않은데 다 말하기를 "한 시대의 인재이다. 그러나 근래 공사(公私)의 조치를 보면 경솔함과 천박함이 놀랄 지경이고, 또 무함과 배척에 뛰어나다." 하니, 경계해야 한다. 두려워할 적은 외부에 있지 않고 우리 내면에 있다.

청국(淸國) 식산흥업(殖産興業)의 상유(上諭)를 읽다

지난날 어떤 사람이 청국(淸國) 식산흥업(殖産興業)의 상유(上諭)를

---

16 숲을…새매라 : 중국 고대의 폭군인 걸(桀)·주(紂) 등이 자기 욕망을 자행하면서 백성을 핍박하는 탓에 그 백성들이 다른 나라로 귀의하게 되었다는 의미의 고사이다. 이는 『맹자』「이루(離婁) 하」에 나온다.

북경(北京)에서 보고하였다. 우리는 이 상유를 통독하고서 현재 북경 조정에 국세의 진흥에 얼마나 번민하는지 알았고 또 북경 조정에 식견 있는 정치가가 하나도 없음을 알 수 있었다.

북경 조정에서 열국의 대세를 관찰하여 그 국력의 미약함을 몹시 개탄하고 부귀와 번영의 증진이 급선무임을 성찰하였다. 이에 농업·공업·상업 등 각 산업의 진흥을 기약하기 위해 파격적인 장려법을 시행하여 작위도 아끼지 않는다고 공포하고, 기존 농업·공업·상업의 쇠퇴와 부진의 원인을 당국 관리들이 제창한 여력이 아직 미약한 탓으로 돌렸다. 그러니 이번 상유로 각 성(省)의 총독과 순무를 질책하여 부국의 실효를 거두려고 하는 것 같다.

그 의기가 비록 몹시 좋다고는 하겠으나 북경 조정은 그 말엽만 알지 그 근본을 모르고 농업·공업·상업 부진의 양상만 알지 그 원인을 몰라서, 당국 관리 제창의 미진함만 논하지 인민이 무슨 까닭으로 생업에 분발하지 않는지 그 원인을 생각하지 않는다. 이와 같다면 무수히 상유를 내리더라도 무슨 실효가 있겠는가. 현재 여러 문명국 백성이 각자 업무에 전력하여 국가의 부귀와 번영을 증진하고 있다. 이는 결코 관리가 제창한 결과거나 현상으로 장려된 결과만이 아니다. 요컨대 각 개인이 그 권리를 확정 보증하는 법률의 효력을 신뢰하여 그 업무에 전력하는 데서 연유한 것이다.

개인의 이익은 개인이 가장 잘 알고 증진하는 것이지 타인의 제창과 장려를 기다린 뒤 깨닫는 것이 아니다. 그럼에도 불구하고 청국 백성이 여러 문명국 백성에 비해 근면한 노력이 부족한 까닭은, 개인의 성품이 열국 백성보다 못한 탓이 아니라 열국처럼 권리의 보증이 명확하지 않은 데서 연유한 것이다. 현재 청국의 부호들이 본국 정부를 불신한 결과 외국인과 결탁하여 회사를 조직하고 자본을 투자하여 외국 법률의 보호를 취득하여 업무를 경영하는 것은 우리가 늘 들어 아는 바이다.

청국 백성이 상업에 민활한 기량이 있는 것은 사람들이 다 아는 바라 군이 더 설명할 필요가 없다. 하지만 애석하게도 청국의 정치 조직이 불완전한 탓에 법률이 사실상 유명무실하니, 재산의 안위는 물론 생명의 보증도 불안한 탓에 이 상업적 인민으로 하여금 그 장점을 충분히 발휘하지 못하게 하고 있다. 이 어찌 유감이 아닌가.

지금 북경 조정이 무슨 소견이 있어 이러한 상유를 내렸는지 모르겠다. 특히 그 가운데 회사 조직을 장려하는 문제는 가장 실소를 금할 수 없는 것이다. 청국에서 회사를 조직하려는 자는 어떠한 법률 규정으로 조직할 수 있는가. 출자자가 신뢰하고 안심할 법률의 보증이 없는데 무엇을 통해 회사의 성립을 바랄 수 있는가.

이처럼 실행할 수 없는 상유를 남발하기보다는 차라리 북경 조정이 먼저 청국의 사법제도를 확립하여 개인의 권리 재산에 대한 법률상 보증을 분명히 해야 한다. 이것이 청국의 급선무 중의 급선무이다.

무릇 청국의 급선무가 곧 우리 한국의 급선무이니, 이것이 우리가 청국의 식산에 대해 입론한 이유다. 지금 우리 한국이 식산을 진흥하고자 한다면 역시 권리와 재산을 확실히 보증한 뒤 성공을 바랄 수 있다. 그러니 과연 능히 종래의 악정을 개혁하고 사법권을 독립시켜 인민의 권리와 재산을 존중하여 타인으로 하여금 쉽사리 엿보지 못하게 한다면, 우리 백성이 점차 안도할 것이라 군이 장려할 필요가 없어도 식산 홍업이 자연히 발흥할 것이다. 지금 청국 황제의 상유를 통독함에 느낀 바를 참지 못하고 저 나라의 결점을 지적하여 대략의 단평을 더한다. 부디 우리 당국자는 저들의 결점으로 우리의 결점을 반성하여 급선무를 시급히 시행하기 바란다.

시사

이토(伊藤) 통감의 연설 -7월 29일-

일본인 그룹 만찬회 석상의 이토 후작의 연설 중에 대한국(對韓國) 정책을 살필 만한 점이 있으므로 그 요지를 다음에 채록한다. 집필의 책임은 물론 기자에게 있다.

이른바 한국의 독립

한국이 국제법상 주권국이 되는 여부는 말할 것도 없고 그 정치적 역사를 인정하지 않을 수는 없지만 건국 이래로 고유의 독립국이 되어서 열강국 사이에서 공인을 받은 것은 아니다. 지나의 속국 내지 부용국으로 겨우 그 형식적 존재만 인정받을 뿐이었다.

메이지 8년 9월에 우리 군함 운요호(雲揚號)는 항로를 측량할 목적으로 조선 연해를 회항하다가 석탄과 식수가 부족한 탓에 월미도를 넘지 못하고 강화도만에 들어갔다. 작은 배를 타고 한강을 거슬러 가자 한국 포대의 수비병이 갑자기 우리에게 포격을 가한 후로 일한 양국 간의 분쟁이 일어나 우리 사절단을 파견한 결과, 이른바 일한수호조약(日韓修好條約)이 체결되었다. 이 시기에 이르러 '한국이 독립국인가 지나의 속국인가'라는 본건의 경우 조정에서 선결할 문제였다. 나 같은 자는 한국이 독립국임을 주장하고 조정의 의견도 다 일치하였다. 곧 수호조약에 이를 그 요건으로 삼아서 조선이 독립국임을 명기하면서 동시에 이를 청국에 표명하고 나아가 세계에 소개한 것이다.

대저 메이지 15년의 변란[17]이 일어나자 청국은 이홍장(李鴻章)의 조언

---

17 변란 : 1882년의 임오군란을 이른다.

을 채용하여 거중조정(居中調停)의 계책을 시도하려고 하였다. 그러나 우리는 메이지 9년의 일한수호조약에 따라 '한국의 일은 청국이 간섭할 바 아니라 독립국인 조선이 직접 결정해야 한다'고 단호하게 거절하였다. 곧 이른바 제물포 조약이 당시에 체결되는데, 그 요지는 조선의 독립을 청국이 승인토록 하고 또 조선에 대해 일청 양국의 균일한 권리와 세력을 확보하는 것이었다. 그러나 청국은 그 이후로 이 조약을 무시하고 조선에 대한 우리의 특권을 방해하여 폭위를 자행한 결과, 마침내 청일전쟁을 일으키고 그 여세가 일변하여 러일전쟁이 된 것이다.

그 사이에 우리 대한국(對韓國) 정책은 시종일관 한국의 원만한 독립을 보장함에 있었다. 바꾸어 말하면 한국 자신이 독립국임을 주장하지 못하더라도 우리나라는 더욱 시종일관 한국의 독립을 고취한 것이다. 그러나 한국 자신은 그 고유한 독립을 완전하게 하려고 하지 않고 늘 제3국에 의지하여 그 생존을 유지하고자 하였다. 우리나라가 예전부터 한국을 위한 경영에 고심하였거늘 저 한국이 이러한 진의에 대해 전혀 감사해하지 않고 도리어 우리를 해치려고 하고 있으니, 참으로 말문이 막힐 지경이라 하겠다. 운운(云云)

우리 한국 대책(對策)의 근본의(根本義)

이른바 우리의 한국 대책이란 한국으로 하여금 자신의 입장을 이해시켜 우리나라와 제휴 협력토록 하여 동양의 평화를 유지시키고 나아가 세계 영원의 평화를 확보할 임무를 담당토록 인식시킴에 있다. 이 목적을 달성하기 위해 우리나라가 저 나라를 지도하고 부식하면서 위엄과 덕망의 두 칼날을 들고 임한 것이지, 한국을 병탄하거나 멸망시켜 우리의 수중에 거두는 짓이 우리 한국 대책의 근본의에 속하지는 않는다. 가령 한국이 고유의 독립국 된 자격을 완전히 갖추고 내치와 외정을 정돈하며 우리나라와 제휴 협력하여 이른바 동양 평화와 세계 평화

를 영원히 보장할 능력이 있다면 우리가 무슨 까닭으로 저 한국을 절대
적으로 우리 보호 하에 두려고 하겠는가. 우리는 이렇게 완전한 독립자
내지 능력자로 만들려는 까닭에 다소 고심과 자산을 투자하여 한국을
대한 것이다.

그러나 저 완고하고 비루한 무리는 우리의 호의를 이해하지 못하고
함부로 권모술수적인 간사한 수단을 놀려서 우리 보호권에서 벗어날
일에 노심초사하다가, 마침내 나라를 위태롭게 하고 그 사직을 기울게
하는 지경이 되면서도 깨닫지 못하고 있으니 참으로 가련하다. 은감불
원(殷鑑不遠)이라 하니 저 밀사 사건[18] 등은 한국 황제가 스스로 함정을
파서 자신을 위태롭게 한 것이다. 그러나 우리 한국 대책의 근본의에는
아무런 이상이 없고, 오직 이를 위해 우리의 보호권에 한층 더 언질을
줄 필요를 느껴서 신일한협약(新日韓恊約)[19]을 개정 체결하게 된 것이
다. 하지만 이 역시 한국의 원만한 행복을 증진시켜 일한 양국의 친목
을 도모하고 나아가 영원한 평화의 기초를 공고히 하는 의사에서 벗어
나지 않는다. 운운(云云)

이토 통감의 연설 -8월 22일-

일본 중의원 환영회의 이토 통감의 연설은 다음과 같다.

중의원 의장 각하와 여러분! 본관이 이 시기에 공무를 띠고 조정으로
복귀한 사이에 여러분이 오늘 저녁 연회를 베풀어 주시고 근래 한국에서
발생한 사건의 종료에 다소 공로가 있다고 하여 여러분의 후의로 환영의

---

18 밀사 사건 : 1907년 헤이그 밀사 사건이다.
19 신일한협약(新日韓恊約) : 1907년 한일신협약이다.

영광을 받았다. 이에 무한한 감회를 느껴서 여러분의 후의에 무슨 언사로 응해야 할지 모르겠노라.

제국 의회의 절반인 중의원 의원은 직접 우리 국민에 의해 선출되었으니 제국 국민의 의지를 대표하는 분들이다. 이 입법부 여러분이 다소 공로가 있다고 하여 본관을 환영한 일은 우리 헌법이 실시된 이래로 전대미문의 일이니 실로 뜻밖의 명예라 생각하노라. 작년 통감으로 부임한 이래 직무상 최선을 다하였으나, 과연 그 일이 일한 양국에 어떠한 이익을 제공할지는 스스로 예상할 바 아니었다. 이번에 사정을 주문(奏文)드리고 또 장래의 운영에 대하여 조정의 신하 분들과 서로 상의할 일이 있어서 복귀한 그저께 궐하(闕下)에 복주(伏奏)하고 지존(至尊)[20]의 치하를 받으면서 내심 송구하여 견딜 수 없는 바 있었다. 그리고 다시 오늘 직접 일본 국민을 대표하는 여러분의 환영을 받으니 나에게 있어 평생의 명예가 어느 정도인지 형언할 수 없음이라. 하물며 내가 감히 여러분께 요구하지 않았는데 여러분께 이러한 대우를 받으니, 한 편으로는 명예이고 한 편으로는 부끄러움을 금할 수 없다. 오직 이번 저녁에 헌법상 일본국의 대권(大權)에 찬동하는 여러분께 이런 후대를 받으니 참으로 뜻밖이다. 여러 번 이 말을 거듭하는 것 외에는 여러분을 향한 감사를 적당히 표할 수 없으니, 마음속에 새겨서 여러분의 후의에 감사하노라. 또 이보다 내가 가장 기쁜 것은 중의원이라 하면 국민을 대표하는 입법부가 되기는 어느 나라나 같은데 의원에 온갖 당파가 있다. 그럼에도 각 당파 여러분이 이렇게 일치 협동하여 나를 초대해 주니 특히 무한한 감사를 금할 수 없도다. 곧 여러분이 한국과의 관계가 일본국에 자못 중대한 사정이 있기에 어떻게든 만족한 결과를 거두기를 바라니, 다시 여러분께 감사하는 바이다.

일한 관계에 대해 과거와 현재를 막론하고 그 장래의 일을 숨김없이 다 여러분께 밝혀야 하나 이 연석에서는 도저히 다하기 불가능하므로 줄이노라. 다만 그 사이에 다시 여러분을 만날 때가 있을 것이니, 다시 임지로 가기 전에 반드시 여러분께 말하리라 생각한다. 한국의 현상은 애

---

20 지존(至尊) : 일본 천황을 이른다.

초에 여러분도 아는 바이고 여러 신문에도 잘 제시하여 특별히 큰 차이는 없다. 다만 일본국이 한국을 대하는 이른바 장래의 시설과 경영에서 한국에 대한 방침이라 하면 이에 대하여는 오히려 여러분께 의뢰하지 않을 수 없다. 이 시설과 경영에 대해서는 본관도 정하지 못한 문제가 아직 많으니 이는 당국자와 상의를 다하여 결정한 뒤에 부임하리라 생각한다. 한국에 대한 사업은 정부의 사업만이 아니고 국민의 사업만이 아니라 입법부에서도 충분히 주의하여 종국에 완전히 할 것이다. 서구인의 속담에 "전쟁을 하는데 대포의 뒤에 국민의 원조가 없을 수 없다."고 하는데 나는 외교상의 일도 그러하다고 본다. 조선의 일은 반드시 외교라 해서 결정될 것이 아니다. 오늘은 일본국의 파출권(派出權)²¹으로 처리할 일이 있으니, 이 파출권의 처리는 정부는 물론이고 입법부의 원조에 부득불 의뢰해야 한다. 더욱이 나 자신도 점차 노쇠해져서 설령 신체가 건강해도 뇌수가 건전하지 못하다면 이러한 일을 감당할 수 없다. 그러므로 지금까지는 지탱했거니와 일한 관계의 종국까지 나 하나로는 안 된다고 생각한다. 이는 준수한 후배에게 바라는 것 밖에 도리가 없으나 단계가 있으므로 협약에 기초한 바에서 사항을 실시할 단서를 열도록 하겠다. 오늘 저녁 연회에서 각 당파 여러분이 협동 일치하여 나를 환영하니, 한국에 대하여 입법부에서 일치 협동하여 한국 경영의 완수를 돕기를 오로지 바라노라.

　오늘 저녁 여러분의 후의에 어떻게 감사의 언사를 표해야 할지 몰라서 수차례 언사를 거듭해 후의에 감사를 표하노라.

오쿠마(大隈)²² 백작이 이토 후작을 평가하다

　이토 후작 귀국의 한 요건이 한국에 대한 시정(施政) 경비의 증액을

21　파출권(派出權) : 파견의 권리로 보인다. 한일신협약 이후에 일제가 한국의 통치에 직접 관여할 수 있으므로 기존 외교의 한계를 넘어선다는 취지이다.
22　오쿠마(大隈) : 오쿠마 시게노부(1838-1922)는 총리대신을 두 번 지냈고 와세다 대학의 설립자이다. 1916년에는 후작이 되었다.

본국 정부에 요구하기 위함이라 전하는 자가 있고, 또 근래에 각 신문에서 통감부의 예산이 증가된다는 보도가 있다. 그러나 내가 생각건대 이상의 설은 와전이 아니라면 후작을 중상(中傷)하는 말이라 확신한다. 나는 이토 후작이 재정에 대해 깊은 지식이 있다고 여기지 않지만, 그는 사려가 있는 정치가라 국가 공공 경제의 책략에 대한 그의 생각이 필시 현 내각 여러분보다 뛰어날 것임은 의심할 바 없다. 그러나 사카타니(阪谷)[23] 대신처럼 예산의 강목에 통달한 자라도 애석하게도 재정 정책에 대한 전반적 식견이 부족한 탓에 그 시행에 볼만한 바가 거의 없어서 도저히 재정가로 인정하지 못할 지경이다. 이 점에 대하여 능히 시세에 달관하여 적절한 조치를 행하는 후작의 기량은 안목을 갖춘 자가 일찍이 아는 바이다.

한국에 대한 일본의 보호권 확립은 한 마디로 말하자면 일한 양국의 이익을 증진하기 위함이다. 일본이 한국을 위해 수없이 고귀한 희생을 바친 내력이 있고 또 한국을 위해 최선의 의무를 다하였으니, 한국 통치를 위해 필요한 경비는 한국에게 부담하게 할 것이다. 한국은 부유한 지역이다. 이곳을 개발하여 적절한 정치를 시행하고 국민의 부역을 정제하는 것은 치민(治民)의 대안목이니 이로 인하여 국민이 안도하고 재원이 발생할 것이다.

원래 한국인은 가혹한 정치를 두려워한 나머지 토지의 소유권을 확정하지 못하니 군수와 관찰사는 이 빈틈을 타서 부역을 탐하는데 이 불법적 소득이 곧 황실의 소유로 귀속되어 온갖 죄악의 자원으로 공급된다. 그러므로 한국 통치의 급선무는 토지의 정리와 조세의 균등한 징수에 달려 있다. 그렇게만 된다면 한국에서 3천만 원에 달하는 고액의 획득도 결코 어렵지 않을 것이다. 외교와 군비는 국가존립의 필요조

---

23 사카타니(阪谷) : 사카타니 요시로우(阪谷芳郎, 1863-1941)이다. 당시 일본의 대장성 대신이었다.

건인 2대 장식물인데, 지금 이를 철폐하여 우리나라에 부탁한 이상 한
국정부의 세출이 크게 삭감되는 지경에 이를 것이다. 그러므로 세인의
3분의 1 내지 2분의 1을 식산사업에 전용할 수 있을 것이고, 정부에서
기존의 고문을 폐지하고 대신 통감부의 중직으로 정부의 요직에 편입
시킨다면 통감부가 사실상 한국 정부가 되어서 통감부에 필요할 경비
가 거의 사라질 것이다. 나는 통감 개인에 대한 대우의 비용도 한국
정부에게 부담할 의무가 있다고 여겨서, 통감부의 예산처럼 본국 정부
의 지급을 요하지 않는다고 생각한다. 다만 통감부가 존립하는 이상
약간의 경비는 사양할 바 아니지만, 본국 정부의 부담을 확대할 필요는
과연 어디에 있는가.

　문건대 후작은 크롬웰 경의 인물됨을 애호한다고 하는데, 영국의 식
민 정책은 그 국토에 순응하는 정치로 임하여 아무쪼록 모국의 지원을
피하여 독립발달의 방도를 추구함에 있었다. 후작은 영국 정책의 전범
에 깊이 통달하고 그 감화를 받은 자이니, 한국 통치의 방침에 대해
반드시 탁월한 계획이 있을 것임은 의심할 바 없다. 그러므로 나는 '후
작이 이 시기에 본국 정부에 수많은 부담을 요구한다'는 등의 보도를
후작의 진의로 인정할 수 없으니 어디까지나 낭설에 불과하다고 확신
한다.

오쿠마 백작의 일한신협약 평론

　한국 문제에 대하여 애초부터 우리 당국의 태도가 강경한지 연약한
지 시비를 가리는 자가 있다고 하는데 이는 진실로 생각할 수 없는 일이
고, 혹 있다고 하더라도 이는 일한의 관계에 무지한 평론이라 하겠다.
한국은 우리나라에 대항할 능력이 부족한 나라라 이를 거두어 보호국

을 삼았으니 명목상 보호국이라 하나 사실상 일본의 속국이다. 또한 한국이 일본의 속국임은 세계 열강도 감히 이상하게 여기지 않는 바이고, 일본도 보호권을 설정한 이래로 협약 이상으로 시행한 것도 세계 만방이 승인한 바이다. 한국이 이처럼 약자의 지위에 있는데 여기에 임함에 고양이를 공격하면서 범을 공격하는 자세를 취하라고 하는 것은 사리를 분간하지 못하는 무의미한 공언이라 하겠다.

또한 모 일파의 인사 중에 간혹 신속히 한국을 병탄해야 한다고 주장하여 하와이에 대한 미국의 사례와 베트남에 대한 프랑스의 사례를 근거로 한국의 처단을 바라는 자도 있다. 이러한 급격한 논자의 입장에서 보자면 이번 신협약이 대단히 굼뜨다고 한탄할 것이다. 그러나 사물에 순서가 있고 사건에 형식이 요구되거니와, 앞서 기술한 바와 같이 한국이 사실상 이미 우리 부속국이 된 이상 무슨 까닭으로 고민하여 피상적 명칭에 구애되고 또 거듭 실패한 프랑스의 역사를 답습하는 어리석은 짓을 하겠는가. 우리나라는 어디까지나 왕자(王者)의 도[24]로 한국에 임해야 한다. 나는 이러한 의견에 따라 이번 신협약의 내용이 가장 적절하다고 여겨서 만족의 의사를 표함에 인색하지 않는 것이다.

이토 통감이 통감의 소임으로 한국에 부임한 지 이제 겨우 2년이다. 오로지 한국의 이익을 목적으로 지도하는 소임을 맡은 것은 후작이 스스로 밝힌 바이다. 세계 열국의 수많은 대중이 통감의 입을 통해 한국을 대하는 일본제국의 조치가 어떠한지 이미 다 아는 바이다. 단지 일본 내지에서 수시로 후작의 수완과 언행이 종종 완만하고 연약한 탓에 실책을 저지른다는 비난이 없지는 않아서 이토 후작의 태도가 때마침 한국 정부의 오해를 사서 도리어 이번 사건의 원인을 일으켰는지 알 수 없다고 하나 후작의 고충 역시 살피지 않을 수 없다. 대저 한국은

---

24 왕자(王者)의 도 : 왕도(王道)를 의미한다. 이글 마지막에 '패자(霸者)의 미명에 얽매이지 말라'는 구절과 대조를 이룬다.

이미 행정상 실권을 우리에게 위임하여 대소 관료의 임면은 통감의 추
천에 따르는 까닭에 한국 정치는 일체 통감의 의사에 어긋나면 무엇을
막론하고 시행할 방도가 없다. 통감은 사실상 한국 정권의 권형을 도맡
아서 그 권위가 거의 절대적이라 하더라도 무방하니, 통감의 권위를
바꾸어 말하자면 일본 제국의 권력이 한국의 전 국토에 두루 미친 것과
아울러 그 직책과 임무의 막중막대함도 예전에 비할 바 아니다. 나는
통감부 직원이 의기가 오만방자한 탓에 한국 국민의 반감을 도발시켜
한국 개발의 지장을 일으키는 등 어리석은 짓을 저지르지 않도록 경계
하지 않을 수 없다. 한국 장래의 운명은 훌륭한 지도의 유무와 우리나
라 백성의 실력 발전 여하에 달려 있다. 기왕 말하자면 외교권을 장악
하고 운수·교통·금융 등을 존립시켜 국가가 되는 대동맥을 독점하고
여기서 더 나아가 내정권까지 장악하였으니, 산업의 발달과 광산의 착
굴 등의 일에 한국 국민을 유리하게 잘 인도하여 피아 간에 서로 협력하
여 미개척된 부원(富源)으로 인도하는 지경이 되어야 비로소 협약의 정
신이 활발해질 것이다. 과연 그렇게만 된다면 저 패자(霸者)들이 연연
하는 이른바 공허한 미명 따위에 구애되어 재정상 모국의 보조를 요하
는 등의 처치에 비하면 그 우열이 과연 어떠하겠는가.

슌판로(春帆樓)의 통감

지난번 이토 통감이 도쿄로 복귀하던 차에 시모노세키의 슌판로[25]에
투숙하였다. 이 때 마침 한국으로 돌아가던 차인 조희연(趙義淵)[26]·유

---

25 슌판로 : 일본식 여관으로 1895년에 이홍장과 이토 히로부미가 청일전쟁의 강화회
 담을 체결한 장소이기도 하다.
26 조희연(趙義淵) : 생몰 1856-1915. 무관으로 김홍집 내각에 적극 참여하다가 1896
 년 유길준과 함께 일본으로 망명하고, 1907년 한일신협약으로 귀국할 수 있었다.

길준 일행이 통감을 만났고, 이외에도 방문객이 그 뒤를 이었다. 통감
이 목욕한 후에 등나무 상에 기대니 담론이 계속 나왔다. 그 일절은
다음과 같다.

사임을 운운하는 풍문이 나도는데, 이는 제가 꿈에도 생각지 않은 일로
신문기자의 날조에 불과합니다. 대략 도쿄에서 1개월 정도 체류한 뒤 다
시 한국으로 속히 복귀할 것입니다.

근래에 저는 한국 황제를 알현한 적이 두 차례 있었습니다. 하나는 협
약이 성립될 때였고, 또 하나는 이번에 도쿄로 돌아올 때였습니다. 당시
대략 2시간 정도 제 소회를 토로하고, 또 영국 황태자가 일본에 유학하는
안건도 아뢰어 권하였는데 내년에 실행이 될지는 알 수 없습니다. 태자
가 11세가 되기까지 수학한 바가 습자와 독서뿐인데 서양부인 가정교사
가 별도로 있어서 영어를 배울 것입니다.

태황제가 유람할 사안에 대해 일본인이 바라는 바가 많은데, 이는 무슨
생각인지요. 설령 제가 주청하여 폐하의 승인을 받아 유람한다고 하더라
도 서로 이득이 없거니와 세상 사람의 이목만 놀라게 할 것이니 하지 않
는 편이 낫습니다.

조희연 등 망명객이 한국으로 돌아가는 것은 참으로 무방합니다. 박영
효는 일본에 오랜 기간 체류한 탓에 한국의 사정에 어두워서 마침내 재앙
을 초래한 것입니다. 죄가 있는지 여부는 진실로 통감부가 관여하여 알
바가 아닙니다.

내지인이 논하는 일한관세동맹에 대해서는 제가 늘 이해할 수 없는 바
입니다. 오늘 조약대로 행하면 족하지, 타국의 사례를 경솔히 본받아서
동맹을 맺는 것이 무슨 이득이 있는지요.

다음날 통감이 칸란카쿠(觀瀾閣)의 석상에서 연설하니, 다음과 같다.

이제 폐하의 칙허(勅許)를 받아 도쿄로 복귀하던 차에 환영하는 여러
분의 성의에 감사를 금할 수 없습니다. 제가 작년 통감의 소임을 받은

이래로 대명(大命)을 과연 완수할 수 있을지 그저 역부족이 아닌지 두렵습니다. 우리 폐하의 원대한 계책은 실로 동양의 평화에 있고 세계의 평화에 있는데, 이 원대한 계책을 완수하는 수단과 방법을 제 신심의 전력에 맡기고자 하셨습니다. 그러한 까닭에 저 역시 한국의 인민에게 성의(誠意)와 정심(正心)으로 지도하며 한 마디도 속이지 않는 것입니다. 저는 인심을 얻는 방도가 정성 하나에 있다고 확신합니다. 감언이설이 한순간 진상을 호도할 수 있지마는 폐하의 원대한 계책을 돕는 방도가 못됩니다. 메이지 9년에 정한론(征韓論)이 제기될 때 유신이걸(維新二傑)[27]인 사이고(西鄉)·오쿠보(大久保)는 의견이 부합하지 않았습니다. 비록이 두 사람의 의견과 정략은 달랐지만 두 사람의 마음이 다 국가를 생각한 데서 나와서 진위가 다르지는 않았습니다. 그 이래로 청일전쟁과 러일전쟁을 겪으면서 일한 관계 역시 예전에 비할 바가 아니게 되니, 제가한 층 더 힘을 내어 폐하께 있는 힘을 다하겠습니다.

오쿠마¨ 백작의 담화

세상에 한국을 경영하는 실적이 여의치 않음을 보고 이토 통감의 무능을 비난하는 자가 있는데, 이는 생각이 깊지 못한 탓이다. 한 번 보라. 영국이 이집트를 경영한 지 수십 년이나 지났는데도 완전히 해결하지 못하였다. 하물며 일본이 한국을 보호국으로 삼은 것은 러일전쟁이후의 일임에랴. 이토 후작이 통감에 임명되어 한국에 부임한 지 이제겨우 작년이다. 이 곤란한 사업에 대해 어찌 이토록 짧은 기간만 가지고 실적을 거론할 수 있겠는가.

지금 대국을 살피건대 한국은 명실상부한 일본의 보호국이 되었으

27　유신이걸(維新二傑) : 사이고 다카모리와 오쿠보 도시미치는 힘을 합쳐 메이지 유신을 주도했으나 이후 양자의 의견이 충돌해 1877년 세이난(西南) 전쟁이 일어났다. 이 두 사람에 기도 다카요시(木戶孝允)를 더해 유신삼걸이라 일컫는다.

니, 표면상으로도 한국 황제는 우리나라에 의지하고 이토 통감을 신임
하며 외교권도 우리나라의 수중에 있어서 대국이 결정되어 변동될 수
없다. 지금부터는 1천만의 한국 국민을 이용하여 한국의 부원을 개발
하여 그들과 이득을 공유함에 달려있다. 지금 한국에서 가장 시급히
실시할 일은 북한 방면에 철도를 부설하는 것이다. 생각건대 이제 러시
아가 혹 극동 지역에서 우열을 겨루지 않을 수도 있을지는 모르겠지만
블라디보스토크를 소유하고 있다. 블라디보스토크는 러시아 극동 세력
의 근거지이니 그들이 이를 소유한 이상 러시아 극동 세력은 결코 가벼
운 사안으로 치부할 수는 없다. 그러므로 우리나라는 기어이 한국 북부
에 철도를 부설하여 유사시의 용도로 갖추지 않을 수 없으니, 길림(吉
林) 방면에서 분기하여 블라디보스토크 항에 달하는 동청철도(東淸鐵
道)²⁸의 선로를 구하여 부설한다면 더욱 절묘할 것이다. 한국 북부의
철도는 시급히 부설할 필요가 있으니, 이 철도를 종횡으로 부설하는
동시에 한국에 대한 일본의 경제적 세력은 더욱 증가될 것이다.

　인도를 대하는 영국의 태도는 자못 압제이다. 원래 영국의 경사(更
紗) 사업은 인도에서 수입하였다. 그런데 한 번 그 사업이 영국에서 일
어나자 인도의 경사에 과중한 세금을 부과하여 박멸하였고, 또 인도에
40수 이상의 면사 제조를 불허하였으니, 이는 영국의 면사 방적업을
보호하려는 목적에서 나온 것이다.

　또한 영국 정부는 인도에 정치·법률·종교·문학 등의 학문에 대해
서는 어떠한 제한도 가하지 않으면서 유독 과학에 대해서만 완전히 엄
금하였다. 유독 과학만 엄금한 이유는 다름이 아니라 과학이 바로 공업
의 모태이기 때문이다. 영국이 인도에게 자신의 제조품을 판매하기 위
해 인도에 공업이 일어날까 염려하여 공업의 모태가 되는 과학 교육을

28　동청철도(東淸鐵道) : 하얼빈 철도로 만저우리(滿洲里)에서 하얼빈을 거쳐 뤼순(旅
　　順)에 이른다. 1902년 러시아가 개통하였으나 러일전쟁 이후 일제가 관리하였다.

금지한 것이다. 즉 영국은 인도의 경사 사업을 박멸하고 면사의 번수 (番手)[29]를 제한하고 과학 교육을 금지하여 압제적으로 인도 공업의 진보를 억제한 것이다. 하지만 우리는 우리나라가 이러한 방식으로 한국에 임하기를 바라지 않는다. 실시할 교육을 실시하게 하고 일으킬 공업을 일으키게 하지 특별히 인위적으로 압제를 가할 필요가 있다고 보지는 않는다. 다만 한국인의 성능을 익히 살피건대 한국인은 요컨대 노동자이자 농부이니 그 이상 나올 수는 없을 듯하다. 소문에 의하면 통감부에서 공업시험소를 한국에 설치한다고 하던데 우리는 쓸모없는 일이라 생각한다. 설사 쓸모없지 않다고 하더라도 더 시급한 사업에 먼저 실시할 바가 많다고 확신한다.

　또 일한 간에 관세동맹을 주장하는 자가 있는데, 이 역시 탁상공론이고 실상과 거리가 먼 우론(愚論)이다. 생각건대 여러 외국과 체결한 한국의 통상조약은 최혜국조관을 규정하고 있다. 이러한 까닭에 설령 일한 간에 관세동맹을 체결해도 여러 외국은 최혜국조관의 적용으로 인하여 일본과 이익을 공유하게 된다. 과연 그렇다면 일한관세동맹론 따위는 탁상의 공론이 아니면 실상에 통하지 않는 우론이 아닌가. 일한관세동맹론 따위야 고려할 가치가 전혀 없지만, 한국통상조약의 개정은 실로 곧장 착수해야 할 가장 중요한 사업이라 생각한다. 대저 우리나라가 한국에 대한 보호권을 수립하여 한국의 외교를 우리나라가 온전히 장악하니, 여러 외국도 이 보호권을 승인하여 어느 나라를 막론하고 한국에 있던 공사관을 철거하였다. 여기서 한 걸음 더 나아가 우리 정부가 한국의 외국통상조약을 개정한다면 한국에 대한 우리나라의 우월권은 더욱 명백해지고 더욱 공고해질 것이니, 이제 이 조약개정사업을 개시할 시기가 되었다. 만약 우리 정부 당국이 가장 기민하고 용의주도

29　번수(番手) : 섬유나 실의 굵기를 나타내는 단위이다.

하게 이를 처결하였더라면 러일전쟁 중에 일찍이 한국의 통상조약의
개정에 종사할 시기가 무르익었을 것이다. 그럼에도 유독 이 드문 호기
회를 러시아와의 전투에서 이긴 참에 얻지 못한 것이 참으로 유감이다.
더구나 오늘까지도 한국에 대한 경제에서 가장 중요한 조약개정의 사
업에 착수하지 않고 있다. 이 어찌 당국의 일대 태만이 아닌가. 우리는
당국이 이 사업을 조속히 완수하기 바란다.

또한 일한 간의 무역은 매년 증진될 것이다. 한국의 인구가 1천만이
라 그 외국품 수입력이 적어도 1인당 10원까지 발전될 것이니, 1인당
10원이면 1천만인당 1억원이다. 이제 한국의 내지에 철도를 종횡으로
부설하여 농업·광업·임업·목축업 등을 개량 발전하는 시기에 우리
나라가 실로 한국에 1억 이상의 제품을 공급할 수 있다. 우리는 한국에
서 쌀·면·목축 산물과 그 밖의 원료품을 수입하고 그 근해에서 온갖
수산물을 어획할 것이다. 일한 간의 경제적 관계는 정히 이와 같은 운
명에 처해 있다. 이러한 관계가 이제 매년 함께 발전하고 점차 밀접해
져 마침내 이 양국이 경제적으로 융화 혼화되면 사실상 별도의 나라였
던 실상이 다 사라질 것이다.

이토 통감과 귀족원

일본 중의원이 이토 통감의 환영회를 개최하여 신협약의 성립을 축
하해주려고 하였다. 그러나 귀족원은 중의원측의 교섭을 거절하여 어
떠한 개최도 행하지 않았다. 이에 어느 한 귀족원 의원이 해명하였다.

우리가 환영을 기획하지 않는 것은 평소 사적인 감정으로 이토 후작에
게 불만이 있어서 그러한 것이 아니다. 한국의 시국에서 후작의 노고가

참으로 컸지만, 후작의 공적을 칭송하며 환영에 광분할 시기는 아직 아닙니다. 신협약을 실시하여 한국에 대한 정무를 거행하는 여부는 지금부터 후작의 노력 여하에 따르는 바가 많을 것이다. 그런데 폭민(暴民)이 여전히 도처에서 봉기하여 한반도의 질서가 여전히 복구되지 못한 탓에, 통감의 고심이 요구되는 필수 안건이 적지 않은 오늘에 이르러 그를 득의(得意)의 경지로 추켜올리는 것도 후작에게는 내심 괴로운 사정이 될 것이다. 그리고 정당의 무리가 한국의 기무(機務)를 협의하여 장래의 안건을 결정하기 위해 귀국한 후작을 옹호하거나 자기 정당의 사리사욕을 위한 운동에 이용하려는 등의 거조는 우리가 피해야 할 것이다. 후작의 성공을 축하하여 그 노고에 응하는 것은 그 적기가 별도로 있을 것이다. 오늘은 차라리 한국 경영의 큰 책임을 온전히 하고자 후작에게 일단 노력을 바라는 편이 낫겠다.

한국에 대한 언론 -일본 각 신문-

일한신협약 -코쿠민신문(國民新聞)[30]-

신협약을 관찰컨대 이로 인하여 한국에 대한 일본제국의 실력이 이미 온전히 뿌리내렸다고 할 수 있다. 신협약은 7개조로 성립되었으나 그 주안은 제1조와 제2조, 단 2개조에 불과하다. 제1조는 '한국 정부가 그 시정(施政) 개선에 대하여 통감의 지도를 받는다'는 것이고, 제2조는 '한국 정부의 법령 제정과 중요한 행정상 처분은 미리 통감의 승인을 받는다'는 것이다. 이미 '지도'라고 하면 온전히 통감의 지휘와 지도 아래 선다는 것이고, 그 '법령의 제정과 행정상 중요한 처분에 대해 통감의 처분을 받을 것'이라고 하면 한국 정부에 대한 통감의 임치(任置)를

---

30 코쿠민신문(國民新聞) : 도쿠토미 소호(德富蘇峰)가 1890년 창간했으며 제국주의와 군국주의를 고취하는 논조를 유지하였다.

가장 분명히 한 것이다. 즉 입법과 행정의 사항에 대해 통감의 승인을 받게 된다면 한국 정부의 실권이 한국 정부에 없고 통감부에 있음은 결코 의심할 바 없다. 제1조는 '지도' 두 자가 주안이고 제2조는 '승인' 두 자가 주안인데, 이 '지도'와 '승인' 네 자는 일본제국이 한국을 지배하는 근간이다. 이를 그나마 유효하게 하거나 비교적 무효하게 하는 문제는 아마도 통감의 수단 여하에 있으니, 바라는 바가 문구에 없고 실행하는 수단에 있다. 한국의 군주와 백성으로 하여금 이 조약을 준수하지 못하게 한다면 그 이상 시행할 방침이 없으니, 태연히 말하면 오직 합병할 뿐이다. 그러므로 저들은 모름지기 자각해야 한다. 만약 한국이 독립을 잃는다면 이는 한국이 자초한 탓이지 결코 일본 제국이 관여한 바 없다.

일한신협약 -니혼신문(日本新聞)[31]-

일한협약은 지난 24일에 조인되었다. 이를 일독함에 우리가 가장 크게 느낀 바는 그 온당함이 이것이다. 우리나라의 논자 중에 합병을 주장하는 자도 있고 한국 황제에 대해 운운하는 자도 있다. 또 현재 대다수의 한국인이 한국 황제가 일본에 납치될까 우려하고 있고, 세계 열강들도 우리가 합병을 단행해도 놀라지 않을 논조를 보이고 있다. 그럼에도 우리 정부가 이러한 과격한 수단을 취하지 않고 요구한 바가 오직 내치권의 장악과 정치의 개선에 그쳤으니, 처치의 형식이 지극히 온당하다. 그러나 한 걸음 더 나아가 신협약의 내용을 살펴보면 그 함축된 내용이 매우 폭넓어서 일한 양국 관계에 근본적 대변동이 됨을 인정하지 않을 수 없다. 또 일한 관계는 종전 세 차례의 조약으로 인하여 점차

---

31 니혼신문(日本新聞) : 1889년부터 1914년까지 발간되었던 신문으로 국수주의 교육을 주도한 스기우라 주우코(杉浦重剛) 등이 창간하였다.

밀접도가 늘어났다. 그러나 조선이 우리의 보호국 됨이 외교권 측면에 있고, 내치권의 경우 오직 일본 정부의 충언만 수용하고 또 본국의 재무고문을 용빙(傭聘)하는 정도에 그쳤다. 물론 사실상 통감이 내치에도 지대한 세력을 떨쳐서 대신의 임면도 그 의사에 반하면 불허하나, 이는 형세상 그러한 것이고 또 이토 후작 개인의 거대한 세력에서 기인한 것이지, 일본은 감히 조선의 내치에 절대적 권력을 가지지 못하고 독립주의를 여전히 승인하고 있다. 그런데 이번 신협약은 이 점에 대해 대변혁을 단행하여 조선의 내치권을 온전히 우리의 손에 장악하니, 보호국이던 조선의 성질을 일변시켜 내치와 외교를 한데 묶어서 우리의 지도 아래 활동하게 한 것이다.

신협약의 성립 -오사카 마이니치신문(大阪每日新聞)-

신협약은 이른바 명분에 구애되지 않고 실질을 취하는 계책에서 나온 것이다. 우리가 주장하는 바와 그 형식과 정도의 차이는 이번에 그칠 뿐 아니라 혹 졸속(拙速)을 버리고 교지(巧遲)를 취하여 노련함을 보인 방도라 하겠다. 그러나 이와 같이 하면 그 화근을 과연 없앨 수 있는지 의심스러울 뿐 아니라 한일일체(韓日一體)라는 이상(理想)과도 어긋나는바 아직 갈 길이 남았다. 이 이상을 완수할 좋은 단계인 이 기회에다 올라서야 할 것인데 유독 최후의 두세 단계를 끝내지 않아서 마치 아홉 길 높이의 산을 쌓는데 여력이 남으면서 마지막 삼태기 하나의 흙을 얹지 못하고 거의 성사된 일을 중단한 것 같은 감정이 없지는 않다. 그러니 생각건대 이 관대한 처치는 한국인의 예상 밖일 것이니, 즉시 승인한 것도 이 때문일 것이다.

일한신협약 성립 -지지신문(時事新聞)-

일한신협약은 24일 경성(京城)에서 조인한 것이다. 시험 삼아 종래의 협약과 비교해보자면 일한의정서(日韓議定書)의 경우 시정(施政)의 개선이 일본 정부의 충고를 수용하는 정도에 그쳤는데 이번에 통감의 지도를 받게 되었으니 다시 한 걸음 더 나아간 것이라 하겠다. 또한 일한협약에 의하면 '일본 정부는 한국의 외교 관계와 사무를 관리 지휘한다'고 규정하여 통감의 임무가 오로지 외교에 관한 사항을 관리할 뿐 내정에 대한 명문이 협약에 없었는데, 이제 입법과 행정의 처분도 미리 통감의 승인을 거치게 되어서 통감의 권력이 내정에까지 미치게 되었으니 이 또한 한 걸음 더 나아간 것이라 하겠다. 사법권의 독립이 시정의 개선상 필수불가결한 조건임은 두 말할 필요가 없거니와 한국 관리의 임면이 통감의 동의를 요하고 또 통감이 추천한 일본인을 한국 관리에 임명토록 함은 신규 규정이니, 신협약은 우리 통감 정치에 한 걸음 더 나아간 것이라 하겠다. 다만 예전부터 통감의 위신이 자연히 저 내정에까지 미쳐서 내각의 경질 등의 사안도 사실상 통감의 승인을 거치지 않으면 행하지 못하였으니, 현재 사안과 신규 규정을 비교함에 혹 심중에 겸연히 여기는 자도 있을 것이다. 특히 이 기회에 결심하고 일대 용단을 내려야 한다고 주장하는 자는 만족스럽지 못한 느낌이 들 것이다.

하지만 시험삼아 그 조항에서 사실상 발현될 효과를 음미해보면 시정의 개선에 대해 일일이 통감의 지도를 받거나 입법과 중요한 행정상 처분에 대해 통감의 승인을 거치거나 하는 등은 통감의 지위가 곧 한국의 섭정이라 볼 수 있는 것이다. 한국의 입법 시정이 통감의 승낙을 거치지 않으면 시행될 수 없거니와 혹시라도 시행되면 조약 위반의 죄를 범한 것이라 내각은 물론이고 황제도 그 책임을 면하지 못한다. 또 한국 관리의 임면이 통감의 동의를 요하고 또 추천한 일본인을 한국 관리에 임명하는 일에 대해 필요상 부득이한 경우를 당하면 통감은 협약상 직권으로 일본인을 고용하여 내각을 조직할 수도 있다. 그렇다면 이번 신협약의 효과는 명실상부 통감의 권한을 확장하여 내치와 외교의 전권을 우리가 거둔 것이니, 저 큰 용단을 운운한 것은 오직 명의(名義)상으로 포고할 수 있는지 없는지의 차이에 불과하다. 그러니 우리는 명의의 여하에 상관없이 오로지 실질로 만족해야 할 것이다.

일한신협약과 영자신문

『재팬 크로니클(Japan Chronicle)』[32]은 지난달 27일 지면에 한국 밀사의 미국행이 전연 허사라고 예언한 후 일한신협약의 평론에 일전하기를 "오늘 이후로 며칠 동안 한국에 자연히 불평불만의 분규가 있을 것이다. 그러나 남아프리카 진압 후에 영국인이 남아프리카인을 대하는 관계에 비하면 밀접한 관계를 가진 일한 양국민은 점차 서로 융화하여 협약으로 이른바 부강과 행복이 증진됨을 의심할 바 없을 것이다." 하여 일본이 전쟁에서 위대한 자질을 발휘한 명예와 아울러 새로이 빈약한 보호국을 지도하여 한층 더 명예로운 평화적 경영을 함으로써 진정한 정치가의 기량과 식견을 입증하기를 희망하였다.

일본 센가(千賀)[33] 박사의 담화

일한신협약은 일본이 국가 방위와 평화 유지상 한국을 병탄하는 한 계

---

32 『재팬 크로니클(Japan Chronicle)』: 1900년부터 1940년까지 일본 고베(神戸)에서 주간 발행된 영자 신문이다.

33 센가(千賀): 센가 츠루타로(千賀鶴太郎, 1857-1929)로 추정된다. 그는 한학자 출신으로 게이오기주쿠(慶應義塾)를 거쳐 베를린대학에서 법학을 전공하고 교토제국대학 법대를 개설하였다.

제인데, 일본에 유리한 우월권을 획득한 것임은 의심할 바 없다.

즉 그 제1조에 따라 통감은 한국의 시정 개선에서 한국을 지휘하는 권능을 얻은 것이다. 그러므로 통감의 의사로 현제도를 개정토록 하여 일본에 유리한 정치를 시행할 수 있을 것이다. 제2조에 따라 법령의 제정과 중요한 행정 처분은 통감의 승인을 거치지 않으면 시행할 수 없다. 그러므로 한국 정부가 일본에 불리한 입법과 행정 처분을 시행하려는 경우 이를 단호히 타파할 수 있을 것이다. 제3조에 따라 보통 행정과 사법과 구별되는 우월한 사법관을 설치하고 법전을 제정하여, 한국 행정관이 자신의 의사대로 사법 사무를 좌우하는 것 같은 종래의 폐해를 일소하는 한국 사법과 행정의 확연한 대개혁이 될 것이다. 제4조에 따라 내각의 각 대신으로부터 각 도 순검 및 고등관리에 이르기까지 일본에 유리한 자가 임명되는 지경에 이를 것이다. 제5조에 따라 한국 중앙정부 및 여러 방면의 관아마다 '일본인의 관리'라 불리는 자들이 속출하여 학사 및 그 밖의 학교 졸업생이 공급될 것이다. 제6조에 따라 외국인은 통감이 일본의 필요상 고용인으로 초빙하는 일 외에 한국을 농락하여 자신의 이익을 도모하는 자들은 그 자취를 끊어버리는 지경에 이를 것이다.

요컨대 신협약의 결과로 한국은 장차 통감과 일일이 상담해야 하는 탓에 통감과 공동으로 정치를 시행하지 않을 수 없어서 속국으로써의 성격이 충분히 발휘되는 나라가 되었다고 할 수 있다. 세계의 속국 중에 한국 정도로 그 권리가 속박된 나라는 아직 없다. 그러나 이 협약에 대한 구미 각국의 의향이 어떠한지 살피건대 어떠한 반대의 기색도 없다. 다만 종래의 관계상 이의를 주장할 우려가 있는데, 러시아도 조만간 발표할 일러협약에서 일본 세력의 범위에 한국이 종속됨을 승인함으로써 신협약에 대한 이의를 주장하지 않을 것이다. 그러나 내 소견으로 살피건대 신협약으로 인하여 일본이 얻을 이익이 적지 않음은 인정하나, 여기서 한 걸음 더 나아가 단호히 한국을 일본에 합병하지 않아서 유감이라 생각한다. 왜 그러한가.

한국의 농업·목축·어업·광산·삼림 및 그 밖의 부원(富源)은 서구인들이 일찍부터 군침을 흘린 곳인데, 지금까지 저들은 은산(殷山)[34]의 금광과 그 밖의 두세 가지 사업을 경영하는 정도에 그쳤다. 한국에 대한 불만의 염려가 있는데 지금부터 일본이 한국을 지도할 지경이 되니, 서구인 중에 그 생명과 재산의 보장을 이용하여 이 무한한 부원을 획득할 온갖 계획을 일삼는 자가 속출하고 있다. 물론 일본인이 이러한 경영에 대하여 서구인보다 비상[35]한 편의가 있지만, 한편으로는 최혜국 조관이 남아 있어서 한국과 조약을 체결한 국가의 서구인에 대해 일본인만 그 부를 점유할 수 없다. 서구인의 실업 수완은 일본인이 미칠 수 없는 바가 있기에 신협약 이후에도 한국의 부원은 언제든지 서구인에게 흡수될 수 있으니, 장래에 한국을 일본에 합병할 때 일본인이 얻을 산업의 이익이 몹시 적을 것이다. 일본인은 단지 정치적 위세나 확장할 상태가 될지 알 수 없을 뿐 아니라, 가령 일본이 제3국과 교전할 경우 교전국과 한국 황제 간에 비밀조약이 체결되어 교전과 선동 하에 반란이나 온갖 방해 행동을 일본에게 행할 수도 있다. 그러면 일본은 이로 말미암아 상당한 손실을 입을 수 있고, 또 교전이 없어도 잡배의 간사한 책략으로 인하여 일본이 한국을 병탄하면서 불편한 일이 일어날 수도 있다. 이러한 까닭에 일본이 조만간 한국을 병탄해야 한다면 차라리 이때 단호한 조치를 시행하여 장래의 불편한 장애를 제거하는 편이 낫다. 일본은 금일에 한국을 병탄할 이익과 이를 시행할 충분한 이유와 권한을 가졌으니 의심하고 주저하여 머뭇거릴 필요가 어디 있는가.

그렇다면 병탄의 결과가 어떠할지 말해보자. 일본이 한국을 병탄하면 기존에 한국과 체결한 서구 각국의 조약은 자연히 소멸될 것이다. 다만 치외법권·관세율·거류지 등의 문제, 그 가운데 치외법권에 대하여 다소 항변할 것은 의심할 여지가 없지만, 이에 대해서는 병탄하기 전에 한국과 체결한 구미의 각 조약국에 대해서 잠시 동안 일본이 한국에 안정된 보호를 보장할 수 있는 지경에 이르기까지 치외법권을 특별히 허가하고, 그러한 연후에 다시 새로운 조약을 체결하면 좋다고 하겠다. 그러나 우리 정부에게 이번 협약 이상의 수완을 바라기는 도저히 너무 어려운 주문이므로 나는 비교적 유능하게 해냈다고 인정할 따름이다.

---

34 은산(殷山): 1898년 영국이 채굴권을 가져간 평안남도 은산군의 금광으로 보인다.

35 비상 : 원문의 '非甞'은 '非常'의 오기.

일한신협약에 대한 센가 박사의 담론은 이상과 같다. 대저 10여년 이래로 우리 한국에 대한 일본의 설이 독립에서 보호로 변하고 보호에서 속국으로 변하여 지금은 병탄의 설이 논단에 올라도 전혀 꺼림 없는 지경이 된 것이다. 아! 이와 같은 자야 일본이나, 이와 같이 만든 자는 과연 누구인가? 물이 맑으면 갓끈을 씻고 물이 흐리면 발을 씻는 법이다. '하늘이 무너뜨리려 하는데 그저 안일하기만 하다'[36]는 격이니, 말이 여기에 미침에 어찌 마음이 아프지 않은가.

메가타(目賀田) 고문의 담화

14일 아침에 메가타(目賀田)[37] 고문・오카(岡)[38] 총장・코다마(兒玉)[39] 서기관・메가타 씨의 가족 등이 관부연락선 잇키마루(壹岐丸)를 타고 시모노세키에 도착하였다. 그들은 다 도쿄로 복귀하는 길이었고 메가타 씨는 같은 지역에 하룻밤 머물고, 15일 이토 통감과 함께 도쿄로 갔다. 당시 메가타 씨로부터 다음과 같은 담화가 있었다.

---

36 하늘이…하다 : 『시경(詩經)』 「생민(生民)」의 "하늘이 무너뜨리려 하니 안일하고 게으르지 말라〔天之方蹶, 無然泄泄〕"는 구절을 차용한 것이다.
37 메가타(目賀田) : 메가타 다네타로(目賀田種太郎, 1853-1926)는 정치가이자 법조인으로 제1회 국비유학생으로 하버드대학을 졸업하고 남작이 되었다. 1904년부터 통감부의 재정고문 및 재정 감사를 담당하였다.
38 오카(岡) : 오카 키시치로(岡喜七郎, 1868-1947)는 정치가이자 관료이다. 제국대학을 졸업하고 각 현의 지사를 거쳐 경시총감에까지 올랐다. 1905년부터 통감부의 경무총장(警務總長)이었다.
39 코다마(兒玉) : 코다마 히데오(兒玉秀雄, 1876-1947)는 관료이자 정치가이다. 도쿄제국대학을 졸업하고 만주군 사령부에서 재정 분야를 담당하다 1907년 당시 대장성 서기관이었다. 후에 조선총독부 회계국장 및 내무대신 등을 역임하였다.

"신협약 체결의 결과로 한국 재정의 팽창은 물론이고 세출에서 군부(軍部) 세비[40]의 대부분이 절감될 것이나 여러 제도의 개선에 거액이 요구된다. 수입에서 지금의 징세 제도를 개선한다면 오늘보다 세수가 3배나 증가될 것이다. 국민이 납세를 부담하는 능력은 변화가 없는데 이는 내가 주창하는 바이다. 예전에는 세무의 관리 때문에 대부분 무위로 돌아갔으나 저들은 정당하다고 하였다. 왜냐하면 뇌물을 계산해 관직을 매매했기 때문이다. 이 악습을 없애려고 작년에 세무의 관리는 군수만이 아니라 그 감독 기관으로 수세관(收稅官)[41]까지 별도로 설치하여 비교적 선량한 한인(韓人)으로 충당시켰지만, 역시 군수 아래에 악한 관리가 있어서 부정이 사라지지 않아 조세의 실수(實數)는 그대로인데 납세의 부담만 몹시 커졌으니 이번 신협약에 일본인을 세수관으로 채워서 실수를 증가시킬 것이다. 다시 징세 제도를 근본적으로 개선한다면 나의 예상대로 세수가 3배나 증가될 것임은 의심할 바 없다. 다만 여러 제도의 개선에 거액의 비용이 요구되고 세무 개선은 하루아침에 시행되는 것이 아니다.

통감부 관리 축소설이란 관리가 다른 근무지로 전출되는 것만 축소하는 것이지 세간의 주장대로 대거 축소하는 것은 아니니, 통감이 축소설에 반대하고자 사직한다고 생각할 수 없다. 우리 탁지부 차관이 무엇을 하는지 모르겠지만, 나의 현직인 재정 감사 총장으로 재정 실권의 장악은 염려할 바 없다. 일본인을 대신에 임명하지 않는 내약(內約)이 있는데 이 때문이 아니라도 대신을 하지 않는 편이 편리하다. 일한관세동맹에 대해서는 나는 감히 반대하지 못하지만 그 시기가 아닐 뿐이다. 시기가 되어 우리가 전매품 등을 수입하는 방법에 대해서도 한국 국고의 수입에 격변이 없으면 혹 무방할 텐데 그 시기를 단언할 수는 없다. 대략 1개월 동안 도쿄에 체류할 예정인데 그 뒤에 통감과 함께 다시 한국으로 건너갈 것이다."

---

40 군부(軍部) 세비 : 원문은 "軍部費"인데 대한제국 군대가 해산되어 그 세비가 절감된 상황을 지칭한 것으로 보인다.

41 수세관(收稅官) : 메가타는 1906년 9월부터 징세 강화를 위해 행정기관과 분리된 징세 기관을 설치하였다고 한다.

○유길준(兪吉濬) 씨의 신협약에 대한 담화

일한신협약에 대해서는 특별한 이견이 없으니, 나의 경우 자연스런 형세를 따르는 것 외에 다른 도리가 없다. 다만 한 마디 변론할 사안은 박영효의 사건이다. 신문에 의하면 '폭도 선동자'라는 명목으로 체포된 듯한데, 내가 미루어 보건대 이번 박씨의 사건은 절대 인정할 수 없다. 박씨는 20년이나 외국-즉 일본-에 체류하면서 국내외의 정세에 능통하여 늘 고국을 걱정하였다. 내가 고국에 있을 때는 도리어 박씨와 상반되었으나, 함께 일본의 망명객이 되자 서로 왕래하며 의지하게 되었다. 작년 이맘때 지방에서 폭도가 봉기한 보도를 접하자 박씨가 나에게 늘 끊임없이 말하기를,

"일한신협약이 성립된 이상 마땅히 그 의사를 체득하여 전심으로 국정의 개선을 향해 진보해야 하거늘, 걸핏하면 국민의 오해로 방해를 받아서 국운이 훼방을 받으니 참으로 개탄할 노릇이다. 특히 궁중의 잡배들이 황제의 총기를 가려서 사리사욕을 다투는 짓은 일한협약을 몹시 무시하는 처사라 한국의 장래를 깊이 탄식한다. 내 한 번 조정으로 돌아가 저들 잡배를 제거하여 궁정을 일소하는 책임을 지리라."

하였다. 그 평생의 의론과 의지와 경험으로 보건대, 그가 조정으로 돌아감에 이번 변고와 관련하여 어떤 사정이 있던지 간에 정신에 이상이 없는 이상 결코 선동한 일이 없었을 것이라 확신한다. 이 사이에 어떠한 소식이 있을 것이니, 머지않아 박씨의 혐의가 풀려서 결백해질 것이다.

이번 양위 중에 대리(代理)라는 사건이 있다. 이는 선제(先帝) 시대에도 전례가 있어서 구제(舊帝)를 대조(大朝)⁴²라 칭하고 신제(新帝)를 소

---

42 대조(大朝) : 조선시대에 대조와 소조의 명칭이 나온 사례는 임진왜란에서 선조를 대조로 광해군을 소조로 칭한 사례가 있다.

조(小朝)라 칭하되 그 정권의 실체가 대조에 있었고 소조는 형식에 그쳤다. 따라서 이번의 대리란 것도 이 대조와 소조를 본받은 것이니 선제는 대조에 숨어서 실권을 장악하고자 하는 것이다. 박씨가 양위하기 전에 임명을 받지 않고 양위한 후에 임명을 받은 것은 아마도 궁중을 일소하려는 오랜 뜻을 실현하고자 각오한 것이다. 그런데 어째서 일이 어긋나서 이러한 오해를 받는 신세가 되었는가.

한국의 사태는 다 한국 자신의 업보이다. 일본이 과거와 현재에 한국의 일에 관여한 것은 결국 한국이 의지했기 때문이다. 일본이 결코 스스로 구하여 한국에 손을 내민 것이 아니라 그칠 수 없어서 나온 것이다. 한국이 특별히 초치하고서 불복과 불평을 주창함은 의리에도 맞지 않는다. 종래부터 일본에 대한 책략이 다 이 필법을 관용하니 일본을 초대하면서 도리어 지극히 학대하는 것 같다. 보지 않았던가. 청일전쟁까지는 일본이 한국의 독립을 승인하여 옹호하였지만 그 이래로 수차례 변하고 나서 오늘날의 관계가 된 것이다. 사변의 발생이 필시 일본을 성나게 하고 사건의 발생이 필시 일본을 괴롭히지 않겠는가.

이번 신협약은 대개 국본(國本)을 정하는 위대한 일이나 동시에 다소 간의 소요를 면하지 못하였다. 혹자는 한국 국민을 지목하여 무기력하고 국가심이 없다고 하는데, 이는 참으로 그렇지 않다. 국민은 충의심이 넉넉하니 폭도로 지목된 저들이야말로 진실로 충의한 국민이다. 국가에 대한 충의라는 점에서 일본 국민과 다른 바 없으나 다만 완미하여 사리에 어두운 탓에 일본을 오해한 국민의 충의로 인하여 폭도가 되어서 끊임없이 봉기하는 지경이 된 것이니 이번 신협약을 목격한 국민은 다소 간의 소요를 면하지 못할 것이다. 그러니 일본에서 이를 사소한 일로 여겨 진정시킬 수 있으면 된다. 여기서 최후의 단락을 고할 것이다. 근간을 끊어버리면 지엽이 무엇을 할 수 있겠는가.

○이타가키(板垣) 백작의 담화 -8월 9일-

일본에 망명하던 유길준 씨가 귀국할 때 이타가키[43] 백작을 방문하여 가르침을 간청하니, 백작이 한국에 대한 자신의 정책을 장황하고 자세하게 진술한 뒤 다음과 같이 말하였다.

예전에 인도인이 나를 방문하여 영국의 압박에서 속히 벗어나려는 뜻을 전하기에 나는 대답하기를 "인도인이 러시아와 영국의 굴레를 벗어나려고 시도한다면 참으로 잘못 생각한 것이다. 이와 같이 하려면 국민을 문명의 지위로 이끌어 부강할 방도를 배우게 함이 가장 필요한 급무이다. 국민 지식의 진보와 국토 부력(富力)의 증가가 인도 독립의 최대 원인이라 하겠다." 하니, 내가 족하에게 드릴 말도 이러한 의미로 한 마디 하고자 한다. 더구나 전년에 본국이 러시아와 교전하기에 이른 것은 진실로 동양의 영원한 평화를 공고히 하고자 함이고, 그 후로 귀국과 협약을 체결하고 귀국을 보호하려는 일대 취지도 동양의 평화와 문명의 발달을 생각한 소치이다. 그런즉 귀국도 본국의 정신을 헤아려 이 시기에 경거망동하지 않기 바란다. 서구인이 일본의 문명을 평하기를 "속옷 없이 프록코트를 착용한 것 같으니, 그 표면은 문명을 차렸으나 이면은 야만의 풍습에서 아직 벗어나지 못하였다"고 하며 비웃는다. 그러므로 나는 그 속옷의 개량을 위해 사회 개량을 기획하여 이제 뜻을 다져 진력하는 중이다. 족하들도 귀국한 후에 사회의 하층에 대해 유념하여 개량 진보토록 함에 힘쓰기 바란다."

그러고는 오랜 시간 일깨워주니, 유길준 씨가 그 의견에 사례를 표하였다고 한다.

---

43 이타가키 : 이타가키 다이스케(板垣退助, 1837-1919)는 일본의 정치가이다. 메이지 유신의 공로자이며 민권운동의 주창자로 영향력이 컸다.

실업

○한국의 일본농업자

일본인으로서 지금 경성에 거처를 마련하고 5천원 이상의 자본을 확보하여 농림을 경영하는 자 5인이 있다. 이들은 경영을 착착 진행 중이다.

지금 그 상세한 소식을 듣건대 서서(西署)에 거주하는 카나베 타메아키(金部爲秋) 씨는 5만원을 확보하여 경기도 부평군 마장면에 황무지 400정보(町步)를 구입하여 관개의 조건에 따라 논밭을 조성할 계획인데 본년 1월 이래로 개간에 종사하여 본년 내로 최소 50정보를 개간할 것이다. 지금 사무원 3명·일본농부 9명·한국농부 15명을 부려서 열심히 경영한다.

메이지마치(明治町) 2정목에 거주하는 이노 유우지로(伊野雄士郎) 씨는 약 3만원을 가지고 전라남도 영산포, 동북도 전주 및 경기도 수원 등지에서 지금 토지를 성대히 매수하는 중이다.

남대문통(南大門通) 3정목에 거주하는 카마타 마사키치(蒲田政吉) 씨는 51만 1천원을 가지고 인천 부근 부현(富峴) 등지에서 한국인에게 소작 등 일체 경영을 맡기고 미개간된 논 10정보와 밭 60정보 가량을 소유하여 지금 쌀·보리·채소를 파종 재배한다. 토질이 비옥하고 한양의 인근 지역이라 장래에 틀림없이 유망한 농업자 중의 하나가 될 것이다.

가장 가망성이 있는 것은 9천 원을 확보하여 일체 한인에게 맡기고 자신이 간접 관리하는 하시베 토요쿠라(橋邊豊藏) 씨의 서대문 밖 팔각정 및 아현(阿峴) 등의 경영이다. 동 토지는 착수한 지 얼마 안 되어 겨우 2년에 불과하나 토양이 자못 비옥하고 관개가 몹시 양호하니 장래의 발전이 대개 예상보다 클 것이다.

그밖에 타키하라 아키(瀧原顯) 씨가 7천원을 확보하여 경기도 부평군에 경영하는 채소·과일·포도 사업이 있어서 지금 재배 중이고 그에 더하여 어린 나무가 몹시 많아서 장래에 가장 유망할 것이나 지금 당장 운운할 일은 없다. 타키하라 씨가 5년 전에 채소·과일·포도를 일본에서 이식하여 현재 채소·과일 1200그루, 포도 2000그루를 재배하고 있고, 또 메이지 41년도에 약 2000그루를 이식할 예정이라 한다.

○히라이 요시히토(平井義人)[44]의 한국염업 사견(私見)

한국의 염업이 과연 유망할지 현재 미해결된 문제이다. 나는 한국에 있은 지 약 4년 동안 늘 기회가 있을 때마다 이 사업을 조사 연구하였으니, 지금 내 눈에 비친 한국 염업의 방안을 개진하여 당국자와 유지가의 참고 자료로 제공하고자 한다.

식염의 산출에는 세 가지 종류가 있으니, 암염(巖鹽)·천일제염(天日製鹽)·자비제염(煮沸製鹽)이 그것이다. 암염은 동양에 전혀 없고 오직 유럽의 러시아·오스트리아·독일 등에 있으니 전 세계에서 참으로 희귀한 품목에 속한다. 이 암염은 석탄을 얻는 것과 같아서 지층에서 채굴하여 분말을 만들어 시중에 판매하는 것인데, 그 양호한 품질과 저렴한 가격이 도저히 일본 소금과 한국 소금에 비할 바 아니다. 저 당시 일본에서 독일 소금의 수입이 점차 증가하는 경향이 있어서 일본 소금 산업이 비참한 지경에 빠질까 두려워서 당시 외국 소금 수입 방지책의 문제가 일어났다. 그 독일 소금은 암염이라 일본처럼 먼 지역으로 수송해 와도 일본 소금을 압도하는 형세가 있으니 그 원가의 저렴함을 상상

---

44 히라이 요시히토(平井義人) : 1908년 대한제국 농상공부 염업(鹽業) 시험장의 기사로 근무하고 있었다.

할 수 없을 정도다. 만약 한국에서 이 암염층을 발견한다면 아마도 동양의 한 유익한 사업이 될 것이나 한국은 물론이고 동양에는 이러한 천혜의 산물이 전혀 없는 듯하다. 그러므로 우리는 천일제염이나 자비제염 밖에 없는 것이다. 자비제염법은 오직 일본과 한국만 시행하지 지금 세계 각국에서 그 흔적이 거의 없고, 천일제염법은 구미 각국은 물론이고 대만(臺灣)과 진저우반도(金州半島)[45] 등 도처에서 성행하는데 세상에서 지나 소금이라 부르는 큰 알갱이의 흑색 소금이 바로 천일염이다. 자비제염이던 천일제염이던 간에 해수를 재료로 하여 제염하는 것은 같지만 그 제염비의 경우 실로 천지 차이가 있어서 천일염은 대단히 저렴하고 자비제염은 그에 반한다. 그렇다면 무슨 까닭으로 일본과 한국은 이처럼 유리한 천일제염법을 취하지 않고 비경제적인 자비제염법에 의존하는가 하는 것은 반드시 제기될 의문이다. 여기에는 큰 이유가 있어서 다음에 항목을 구분해 기술하겠다.

일본의 염업은 통상 자비제염법을 시행한다. 해수에서 소금까지의 공정은 두 가지로 분류된다. 첫째 염전에 의존하여 해수-보메 씨 험액기(驗液器)[46]의 2.5 내지 3 정도-보다 18도 내지 22도의 농후한 함수(鹹水)를 제조하고 그러한 뒤에 이 함수를 가마솥에 투입하고 연료를 사용해 끓여야 순백색 미립자의 식염을 얻을 수 있다. 염전에서 함수를 채집하는 방법 등은 그 기술과 방법으로 말하자면 참으로 정교하나, 그 노력의 허비가 너무 많은 까닭에 소금 생산비에 미치는 영향이 자못 크거니와 고가의 연료를 낭비하는 까닭에 소금 1석의 생산비가 실제 1원 3-40전의 거액을 요한다. 더구나 이후 문명의 발전에 따라 연료도 더 희귀해지고 품삯도 더 오를 것이니, 어느 정도 개량을 더하여 생산비의 절감을 도모해도 현재 이하로의 절감은 도저히 기대할 수 없다.

---

45 진저우반도(金州半島) : 요동반도 남부 지역을 이른다.
46 보메 씨 험액기(驗液器) : 액체의 비중(比重)을 재는 보메 비중계로 보인다.

그렇다면 천일제염은 어떠한가. 이 또한 도저히 불가능한 일에 속한다. 원래 천일제염을 시행하자면 가장 필수불가결한 두 가지 조건을 갖추어야 한다. 첫째 지질이 점성이라 함수가 새지 않는 것, 둘째 날씨가 맑은 일수가 많고 비 내리는 일수가 적어서 공기가 건조해야 하는 것이 그것이다. 그러나 일본 연안은 곳곳마다 모래 지대라 적당한 점토 지대는 하나도 찾을 수 없으니 첫째 조건에 부적합하다. 다음으로 기후는 어떠한가. 제염하기 가장 요긴한 시기에 자주 비가 내려 5일 동안 맑은 날씨의 지속이 드물고 그 밖의 시기에도 비가 많이 내려서 공기가 습윤하니 둘째 조건에 부적합하다. 이 두 가지 조건만은 제 아무리 인력을 가하고 학술을 활용하더라도 이 같이 막대한 천연력을 도저히 좌우할 수는 없다. 그러니 오가사와라시마(小笠原島)[47]의 다나카 츠루키치(田中鶴吉)와 소슈 히라츠카(相州平塚)의 히라이 타로(平井太郎)의 실패가 그 실례를 보여준다. 원래 우리 일본 염업 개량은 20여년 전에 이미 문제가 된 이래로 관민이 공동 조사 시찰하고 시험함에 온갖 방법을 다 동원하여 이 사업의 개량 발달을 시도하였으나 그 근본적 기후와 지질에 결점이 있는 까닭에 좋은 방법을 하나도 얻을 수 없어서 현재 전매법을 실시하게 된 것이다. 전매법의 실시가 비록 국고의 재원을 확보하는데 있지만, 사실은 일본 염업의 장래를 우려하여 일본 염업의 쇠멸을 방지하는 데서 벗어나지 않는다고 하니 혹 그럴 수 있을 것 같다.

다음으로 한국 염업의 현황에 대해 서술하겠다. 염전은 그 지질과 기후의 관계로 인해 다소 차이가 있다. 원래 한국의 연안은 곳곳마다 점토 지대라 천연의 은혜를 자못 크게 받은 점이 있다. 하지만 한국인은 이 천연력의 활용이 대단히 유치한 까닭에 그 함수 채집의 비용 등은 일본에 비해 거액을 요한다. 지금 염전의 구조를 개량하고 이 지질을

---

47 오가사와라시마(小笠原島) : 오가사와라 제도로 보인다. 아래 소슈 히라츠카도 지명
    으로 보이나 어디인지는 미상이다.

잘 활용하여 상당한 설비를 갖춘다면 지금보다 월등히 저렴한 비용으로 다량의 함수를 쉽게 얻을 수 있을 것이다. 현재 평안북도 같은 곳은 내가 행하고자 하는 방법을 실행할 여지가 있다. 그 방법은 천일염전 같은 증발지를 설치하여 천일과 공기의 건조력에 의해 수분을 증발시켜 농후한 함수를 만드는 것이다. 이와 같은 방법에 그 적당한 설비를 갖춘다면 대단히 비용을 절감할 것이니 그 개량할 여지가 있는 점이 일본에 비할 바 아니다. 하지만 애석하게도 한국에는 일반 연료가 부족한 탓에 가격이 비싸서 제염비의 고가화를 면하지 못한다. 현재 한국의 생산비를 보건대 소금 1석당 2원 내외의 거액에 달하니 실로 놀라운 일이다.

나는 현재 제염 방법을 개량하면 비록 생산비를 다소 절감할 수는 있다고 생각한다. 그러나 현재의 정세를 숙고하면 구구한 개량으로는 한국의 염업이 끝내 멸망의 비운에 빠질 우려가 있다. 매년 지나 소금의 수입이 실로 많은데 한국인도 이를 사용하는데 익숙해져 더욱 수요가 증가하는 추세이다. 진저우반도에는 수백만원의 큰 회사가 많으니, 불과 수년 후에 그 대형 염전의 성공을 알리고 그 판로를 한국에 구하게 된다면 한국의 염업이 어떻게 될지 나는 실로 한심함을 금할 수 없다. 원래 한국 염업이란 것은 세상 사람의 주의를 그다지 끌지 않는 것처럼 보인다. 그러나 염업은 한국의 주요 산업 중의 하나이니 결코 경시할 수 없는 것이다. 현재 전국에 소비되는 식염의 수량이 200만석 이상이니, 이로써 추정컨대 1석당 2원으로 치더라도 실로 400만원의 거액에 달한다. 이는 나의 기우인데 단지 기우에 그치면 그만이나 만일 현실이 되면 한국의 재정에 미치는 영향이 결코 적다고 할 수 없을 것이다. 내가 생각건대 한국 염업의 연구는 현재 긴급한 용건이자 가장 흥미로운 문제라 하겠다. 한 번 생각건대 드넓은 간조지대-간석지-는 연안 곳곳마다 있어서 수백만 정보(町步)에 달할 정도로 많으니, 이를 이용하여 유리하고 유망한 사업을 일으킬 것으로는 실로 염업만한 것이 없다. 이에 나는 속히 이 드넓은 수백만 정보의 미개간지를 염전으로 조성하여 일대 산업을 진작시켜 한국 경영의 실효를 거두기를 열렬히 바란다.

나는 오늘의 경우 구구한 개량 방법은 피하고 지나 소금의 수입을 근절할 수 있는 이른바 근본적 개량을 시도하고자 하는 것인데, 그 방법은 천일제염법만한 것이 없는 줄로 확신한다.

나는 천일제염의 시행에 두 가지 필요조건이 있음을 이미 기술하였다. 한국의 지질과 기후는 이 조건에 적합하여 천일제염의 시행에 가장 적합하다. 첫째 연안 곳곳마다 점토 지대라 함수가 새지 않는 것은 현재 목포든지 평안도의 제염 지대든지 내가 직접 목격하였다. 그 함수 구덩이를 만들 때 그저 기저부에 불규칙하게 알돌을 깔기만 하면 바로 주위의 점토가 단단히 다져져 함수 구덩이로 쓸 수 있게 된다. 평안도의 경우 함수의 제조에 천일염전의 증발지(蒸發池) 같은 방법을 행할 수 있으니 이러한 점은 함수가 새지 않음을 증명한다. 둘째 기후는 결빙기와 우기를 제외한 이른바 제염기에 강우량이 적기도 하거니와 비가 내려도 그 양이 극히 적어 대개 맑은 날씨가 지속되고 또 공기가 건조하여 증발력이 크니 둘째 조건에 적합한 것이다. 한국의 기후와 지질이 이처럼 천일제염에 적합한 점은 한국 염업을 위해 기뻐할 일이다. 그러니 모범을 보여서 천일제염법을 전국에 보급하여 염업의 융성을 이루게 하는 것이 장차 우리가 행해야 할 의무가 아니겠는가.

생각건대 한국의 경우 맑은 날씨의 지속이 길기에 내 의견을 시행하기 용이하고 그 생산비 등이 극히 저렴할 것이다. 내가 대만(臺灣)에 있을 당시 총독부가 100근을 매수하는데, 하등 소금 13전 5리 중등 소금 18전이라—이는 평균 16전이다— 제염업자가 그 반액을 염전 소유주에게 납부하고 그 반액을 자신의 수입으로 하였다. 그렇다면 100근당 겨우 8전을 생산비로 볼 수 있으니 얼마나 생산비가 저렴한지 쉽게 추측할 수 있다.

천일염의 저렴한 생산비는 세상에 정평이 나있다. 우리 일본 같은 경우 이를 시행하고자 하나 지질과 기후의 결점이 있어서 온갖 방법을 다 동원해도 오늘까지 이 희망을 다시 일으킨 바 없다. 이와 같은 국운의 경우 인력이 미칠 수 있는 바가 아니니 단념하는 것 외에는 방도가 없다. 하지만 한국의 기후와 지질은 능히 천일제염에 적합하여 비판할 결점이 거의 없는데도 있는지 모르고, 여전히 구습을 묵수하여 진저우 반도의 소금에 압도되는 경향이 있는데도 그런지 모른다. 이처럼 천연의 혜택을 고려하지 않는 까닭에 내가 하루도 마음을 놓을 수 없는 것이다. 그러므로 나의 소견을 그대로 기술하여 우리 당국자와 유지가(有志家)의 참고 자료로 제공하고자 하는 것이다.

○재계(財界)의 한 기걸(奇傑)

지난달 16일 런던에서 서거한 알프레드 바이트(Alfred Beit)[48] 씨는 영국 제일의 부호이다. 그는 고 세실 존 로즈(Cecil J.Rhodes)[49] 씨와 공적이 같은 인물이다. 본래 독일에서 출생하여 20세에 단신으로 남아프리카에 가서 맨손으로 산업을 진흥시키려고 하였다. 그 지역에 한 발을 내딛자마자 문득 금강석 산업이 유망한 장래라는 점에 착안하고 그에 헌신하니 얼마 지나지 않아 훗날 남아프리카의 여러 광산을 장악할 단서

---

48 알프레드 바이트(Alfred Beit) : 생몰 1853-1906. 영국인으로 아프리카 식민지의 금광과 다이아몬드 사업에 크게 성공한다. 한때 세실 존 로즈의 고용주였다.

49 세실 존 로즈(Cecil J.Rhodes) : 세계적인 다이아몬드 회사 드비어스의 창업자이다. 그는 제국주의자이자 인종차별주의자로 악명을 떨쳤다. 1853년 영국에서 목사의 아들로 태어났고, 1870년 남아프리카로 건너가 다이아몬드와 금광 사업에 착수하였다.

를 열었다. 세실 존 로즈 씨가 남아프리카에 간 것은 대개 바이트 씨로부터 수년 후이다. 이들이 만나자 마치 물과 물고기의 관계처럼 의기투합하여 부지런히 경영에 협력하니 남아프리카 금강석 산업을 독점하기에 이르렀고, 또 바이트 씨는 그 이후로 철도와 은행 등의 사업에 착착 손을 뻗어 그 기획한 바가 성공을 거두지 않은 것이 없었다. 특히 그 금강석과 금광의 부유함은 남아프리카에서 누구도 따라올 자가 없게 되었다.

바이트 씨는 평생 혼인하지 않아서 여성혐오자로 일컬어졌다. 이에 대한 미담 하나가 있으니 이로써 그의 심사가 잘 드러난다. 하루는 그의 비서가 찾아와서 하루의 휴가를 청하고는 아내를 맞이한다고 하였다. 그러자 바이트 씨가 성색을 가다듬어 말하기를 "네가 아내를 들인다면 내가 너를 다시는 채용할 수 없고, 네가 고용을 생각한다면 아내를 맞이할 수 없다. 너의 뜻은 어떠한가. 오늘 밤에 충분히 생각해보고 내일 아침에 나에게 답하라" 하였다. 비서가 돌아갔다가 다음날 다시 와서 말하기를 "처음의 뜻을 결코 번복할 수 없다." 하고는 해임을 청하니 바이트 씨는 한 번의 상의도 없이 바로 파면하였다. 결혼 전에 전 비서를 급히 불러서 결혼 후의 행복을 기원[50]하고, 또 봉투 하나를 내어 주며 경계하기를 "너는 결혼 전에 이 봉투를 열어 보지 마라." 하였다. 비서가 삼가 받아 가서는 결혼 후에 괴이하게 여겨 펼쳐 읽으니, 이는 한 번 결단하면 물러서지 않는 그 소년 비서의 용기를 칭찬한 글이고 또 5만원권 수표를 더한 것이다. 이로써 소년의 놀람과 기쁨을 가히 알 만하다.

바이트 씨가 지난 수년간 자선사업에 투자한 금액은 매년 평균 500만원을 상회한다고 한다. 그는 유산을 이미 아우에게 양도하고 나서

---

50 기원 : 원문의 '視'는 '祈'의 오자라 이와 같이 옮겼다.

그 나머지를 공공사업에 기부하는데, 그 후자만 약 2000만원에 달하였
다. 그의 고향 함부르크 소재의 별장은 함부르크시에 기부하고, 귀중한
미술품은 베를린의 제국박물관과 런던의 영국미술관에 기증하며, 남아
프리카의 교육과 자선을 위해 기증한 금전이 500만원이고, 영국에도
동일한 목적으로 약 200만원을 기증하였다. 다만 그 가운데 가장 큰
것은 희망봉·카이로 횡단철도와 전신부설 계획에 1200만원을 투자한
것이다. 그가 그 유촉(遺囑) 증서에 기증한 목적을 스스로 밝히기를 "아
프리카 지역에 문명을 부식하기 위해 철도와 전신 등 교통 관련 설비를
갖추어야 한다. 그러자면 이역만리 미개지에 인류의 자본 투자를 기약
하지 않을 수 없다. 그러므로 내 작은 성의로 헌납하니 그 일부를 돕기
바란다." 하였다. 희망봉·카이로 횡단철도는 고 세실 존 로즈 씨의 큰
뜻이니 바이트 씨의 이 기부는 아프리카 개발의 투자일 뿐 아니라 또
뜻을 같이 하다 서거한 친구 로즈 씨의 유지를 받든 것이라 하겠다.
무릇 이와 같이 하여 부유함을 유지했으니 금전도 장부의 사업됨을 잃
지 않았다고 하겠다.

담총

계발록(啓發錄)

약속을 중시하고 공덕을 준수하는 마음이 국민의 정신을 지배하는
사이에는 그 나라가 강성함을 잃지 않다가 이 마음이 한 번 떠나면 그
나라가 쇠약한 지경에 이르니, 이는 사람이 한 번 생기를 잃으면 설령
신이한 약이 있어도 구제할 수 없는 것과 같다. 지금 한국의 현상을
살피건대 실로 어떠한가. 선비는 신의가 무엇인지 모르고 백성은 공덕

(公德)이 무엇인지 몰라서 온 세상이 이해(利害)의 궁통(窮通)에 구애되니 그 심리를 살펴보면 역시 가련할 따름이다. 이 허위의 정신을 바로 잡아 사풍(士風)을 진흥시키지 않는다면 중흥과 자강을 언제 이룰 수 있겠는가.

로마 용사 레굴루스(Regulus)

'자국의 이익을 위해 외국을 속인다'는 말은 자고로 외교가들이 늘 읊는 바이다. 비록 그러하나 선비가 존귀한 까닭은 자신의 생명을 경시하고 자신의 언책(言責)을 중시함에 있다. 옛날 레굴루스[51]가 카르타고(Carthage)의 포로가 되었을 때 카르타고 사람이 그를 고국인 로마에 돌려보내 화의를 주선하게 하였다. 그가 떠나려할 때 강제로 서약을 요구하기를 "그대가 만약 화의를 이룰 수 없으면 이 나라에 다시 돌아와 포로가 되어야 한다." 하니 레굴루스가 흔쾌히 승낙하고 떠났다. 그가 고국에 돌아와 로마 정부에 말하기를 "화의가 불리하니 카르타고의 요청을 절대 듣지 마라." 하니, 화의가 마침내 무산되었다. 이에 그가 카르타고에 돌아가려고 하자 로마의 원로원 상의원이 그 사람됨을 아깝게 여겨 만류하기를 "그대는 카르타고에 다시 돌아가서는 안 되오. 예전에 그대가 서약한 바는 카르타고 사람이 폭력으로 강요한 것이거늘 어찌 주수(株守)할 수 있겠소." 하니, 레굴루스가 의연히 답하기를 "그대들은 명예가 무엇인지 아느냐. 신성한 서약을 파기하고 생명을 탐내봤자 소득이 과연 얼마나 되는가. 나의 도리는 나만 행할 수 있으니 장래에 널린 고통과 형벌의 여부는 따지고 싶지 않다. 내가 명예롭지

---

51 레굴루스 : 마르쿠스 아틸리우스 레굴루스(Marcus Atilius Regulus, 기원전 307-기원전 250)는 로마의 정치인이며 장군이다.

못한 행위를 자행하여 양심의 가책을 받음이 가혹한 형벌을 받는 고통에 비해 더 고통을 깊게 느낄 터이다. 내 지금은 비천한 카르타고의 노예 신세나 일편단심 늠름한 로마혼이 남아 있다. 하루아침에 이미 서약하였으니 다시 돌아가 포로가 되는 것이 내 직분이다. 그 나머지 일은 오직 신께서 아실 것이지 나와는 무관한 일이다." 하고는 마침내 카르타고에 돌아가서 참살을 당하였다. 맹자(孟子)께서 말하기를 "지사는 자신의 시체가 도랑에 버려질 것을 각오하고, 용사는 자기 목이 달아날 것을 각오한다."[52] 하셨다. 레굴루스가 말 한 마디의 신용을 지켜서 적군의 손에 목숨을 맡기고 후회하지 않으니, 이야말로 이른바 로마혼이 왕성한 자라 하겠다. 우리는 늘 이를 읽을 때마다 저도 모르게 망연자실해 길게 탄식한다. 오호라! 우리 조선혼은 과연 무엇인가.

카이사르의 확신

무릇 사람이 곤경에 처하면 의기가 침체되고 지력이 피폐해져 손쓰기 어려운 경우가 열에 여덟아홉이다. 그런데 저 용감부동(勇敢不動)한 용사는 세상에 이길 수 없는 어려움이 없다고 하면서 곤경에 처할 때마다 의기를 더욱 떨쳤다. 카이사르가 항해 중에 우연히 폭풍을 만났는데 수차례 배가 뒤집히고 가라앉는 탓에 선장과 선원 등이 두렵고 황급하여 어찌할 바를 몰랐다. 유독 카이사르만 평지를 걷는 것처럼 태연자약하여 뱃사람들의 비겁한 태도를 보더니 곧 몸을 일으켜 크게 외치기를 "그대들은 무엇을 두려워하는가. 이 배는 바로 나 카이사르가 탄 배이니 내가 이 배에 있는 이상 설령 백만 용신이 습격해도 이 카이사르를 어찌 이길 수 있겠는가. 노를 들고 일어서 두려워 마라." 하니, 폭풍이

---

52 지사는…각오한다. : 『맹자』「만장(萬章) 하」에 보인다.

치고 파도가 극심한 와중에 이 말 한 마디가 온 뱃사람들로 하여금 활약 토록 하여 두려움이 심중에 있는지 모르는 것처럼 하였다. 대개 확신에 서 나온 말과 용기에서 나온 소리가 전기를 접촉한 것 같아서 사람들로 하여금 저도 모르게 감동시킨 것이다. 카이사르의 외모가 부녀자 같지 만 심중에 이처럼 신비한 확신을 품었으니 그가 로마 황제의 관을 쓰고 한 때 세계를 호령함이 마땅하다.

우리 한국은 망국이라 인심이 다 위축되었다. 이러한 시기에 카이사 르 같은 자 한 사람이 있어서 빠른 소리로 크게 외치기를 "내가 한국에 있는 이상 그대들은 두려워 마라. 한국의 중흥을 발돋움하여 기다릴 수 있을 것이다." 한다면 자신하고 자임하는 이러한 소리가 장차 온 한 국의 초목을 소생시킬 것이다. 하지만 곁에 있던 자는 "나는 일찍이 그 소리만 들었지 그 마음을 보지 못하였고 그 마음만 보았지 그 사람을 보지 못하였다." 하니, 아아!

토리카이(鳥飼)의 명인(名人)

일본 시미즈 에이키치(淸水榮吉)의 담화
- 삼바소(三番叟)[53]를 추는 앵무새-

조류에게 언어를 가르치려면 우선 그 새를 길들이는 것이 제일이다. 이 사람이 아니면 먹이를 얻을 수 없다는 것을 새의 두뇌에 침투시켜 흡사히 부모와 자식의 관계를 만들어서 이 사람이 아니고 이 사람의 말대로 하지 않으면 먹이를 얻을 수 없을 것이라 생각하게 하여 습관을 이루게 하면 그 사이에 언어로 형용할 수 없는 애정이 양자 간에 생겨서

---

53 삼바소(三番叟) : 일본 전통 예능으로 노가쿠(能樂) 중에 나오는 춤이다.

비로소 새가 토리카이[54]가 말하는 대로 흉내도 내고 또 말하는 것을 듣게 된다. 물론 새의 자질에 따라 아무리 가르쳐도 능하지 못하는 것도 있지만, 새끼 때부터 사람에 의해 길러진 새라면 대개 간단한 어휘 10개나 20개 정도는 깨닫는다.

나는 예전에 한 번 언어에 능한 까마귀를 맡은 적이 있다. 이 까마귀가 닭소리를 흉내 내면 실물로 착각하지 않는 이가 없었다. 또 꾀꼬리 소리를 가르쳤는데 역시 사람이 꾀꼬리 소리를 흉내 내는 것 같아서 재미가 없기에 실물 꾀꼬리를 가지고 소리를 가르쳤다. 그러자 실물 꾀꼬리의 음색을 내는데, 한 번 이 까마귀의 꾀꼬리 소리를 듣고 진짜로 착각하기도 하였다. 어떤 사람이 내 거처에 와서는 이 까마귀의 꾀꼬리 소리를 듣고 나에게 말하기를 "그대의 처소에 좋은 꾀꼬리가 있으니, 나에게 팔아라" 하였다. 이 지경에 이르니 언어로 형용할 수 없는 즐거움이 자연히 생겼다.

앵무새의 영리함은 실로 조류 이상이다. 내가 예전에 한 번 맡았던 앵무새는 실로 개나 원숭이가 미칠 바가 아니니, 이 앵무새는 무엇이던 단번에 깨달아서 나의 말은 무엇이던 잘 들었다. 그로부터 약 2년 후에 이 앵무새에게 삼바소(三番叟)를 추는 법을 가르치니 완전히 잘하였다. 그 새가 샤미센(三味線)과 피리를 가지고 무대에 올라서 내 지도대로 샤미센을 튕기고 피리를 불며 좌우의 날개를 펼치고 "풍년이야, 풍년이야"를 노래하면서 전후좌우로 춤추는 모습은 귀엽다기보다 실로 기이한 광경이라 관람한 자라면 누구라도 놀라며 감탄하였다. 내가 고베(神戶)에 있을 때 한 번 외국인에게 보이니 그 외국인이 이를 관람하고 몹시 감탄하여 "기필코 팔아라" 하는데 나도 가난한 처지라 "1000원이면 팔겠다" 하니 "1000원은 적으니 500원 더 내겠다" 하는 까닭에 1500

---

54 토리카이 : 새를 기르는 일이나 사육사를 이른다.

원에 팔았다. 당시에 나는 마치 자식과 이별한 것처럼 느껴서 지금도 잊지 못하고 있다. 그 이후로 나는 이에 흥미를 느껴서 적지 않은 금전을 들여 앵무새를 대량 구매하고 성심을 다해 가르쳤다. 그러나 능한 새가 하나도 없었고, 그로 인해 몹시 가난해졌다. 사람도 단쥬로(團十郎)[55], 셋츠(攝津) 다이죠(大椽) 이후로 그 계승자가 나오지 않는 것처럼 이러한 명조(名鳥)는 간단히 얻을 수 없었던 것이다.

원래 내 집안에 5-6종 가량의 동물이 늘 있었다. 그러나 작년과 올해는 침구치료의 본직에 분주한 나머지 지금은 원숭이 한 마리와 구관조 한 마리만 남아 있다. 이 원숭이도 나의 말을 일일이 알아 들어서 "예"라던지 "싫습니다"라던지 대답하고, 또 구관조도 아직 새끼나 개나 고양이 소리를 흉내 내고 20개 가량의 어휘에 능하다. 아침에 먹이를 주는데 조금 늦으면 "시장하다 배고프다"는 말로 재촉하고 내가 "시장하냐, 먹이를 주겠다" 하면 "주십시오" 라고 대답하니, 참으로 사랑스럽다 하겠다.

로크(John Locke)의 자유담

로크는 영국인으로 1652년에 출생하고 1704년에 사망하였다. 근대 구미 각국에서 자유의 설을 주장한 자가 무려 백 명인데 로크가 가장 저명하다. 그러므로 이제 그의 발언을 번역 수록하여 군자들의 열람에 제공하고자 한다.

---

55 단쥬로(團十郎) : 전통 연극 가부키를 계승하는 가문의 우두머리에게 내려지는 이름이다. 다음의 셋츠 다이죠 역시 명인에게 계승되는 호칭으로 추정되는데 어느 분야인지는 미상이다.

권리에서 가장 중요한 것으로써 그 무엇도 자유를 넘는 것이 없다. 인간이 이 세상에 존립하는 이유는 평등 때문이나, 진실로 자유가 없으면 평등할 수 없다. 그러므로 자유란 평등권의 유래이니 어찌 중시하지 않을 수 있는가.

예전에 토머스 홉스가 말하기를 "야만족 백성은 권리도 모르고 의리도 몰라서 강한 자가 약한 자를 능멸하고 많은 자가 적은 자를 포학하여 오로지 이득만 도모하니 인간 세상의 자연 상태는 실로 이와 같다"고 하나 그렇지 않다. 인간 세상의 진정한 상태는 인간들이 각자 그 본성의 자연에 따라 타인과 접하는 데 있다. 우리 인간의 본성의 자연은 결코 폭력을 숭상하지 않고 자유를 숭상한다. 인간들이 자유를 숭상한다면 이것이 평등의 유래인 것이다.

가령 개인과 개인이 서로 접할 때 각자 폭력을 일삼는다면 이른바 자유도 없고 평등도 없으며 강한 자가 그 권위와 행복을 독점하는 상태가 될 것인데, 인간 세상의 자연의 상태는 결코 이렇지 않다. 대개 자신도 그 자유를 보수하고 타인도 그 자유를 보수한다면 타인과 자신 사이에서 평등하지 않음이 없을 것이니, 이것이 이른바 자연의 상태이다. 그러므로 국가 건립 이전과 제도 설립 이전에 인간 세상의 자연의 교제와 인간 세상의 자연의 법률이 본래 있는 것이니, 이른바 국가의 제도가 곧 이 자연의 법률과 자연의 제도에서 나온 것이다.

토머스 홉스가 또 말하기를 "국가가 건립되기 전에는 보통 사람이 원하는 바를 다 취하여도 금하지 않아서 그 밖의 일을 고려하지 않았다."고 하니 대저 국가 건립과 제도 설립 이전에 대개 토지와 축산을 인간들이 취득하여 소유한 것은 틀림없다. 비록 그러나 내가 내 자신을 소유하고 내 몸으로 내가 하고자 하는 바대로 하는 것이 권리이다. 내 몸이 이미 내가 바라는 대로 한다면 내 몸의 노동이 나의 자연권이고, 내가 일해 얻은 물건을 취하는 것도 나의 자연권이다. 그러므로 누구라도 상관없이 그 개인의 노력으로 말미암거나 그 개인의 지교(智巧)로 말미암거나 하여 취득한 바를 타인이 침탈할 수 없는 것은 무엇 때문이겠는가. 노력은 나의 노력이지 타인의 노력이 아니고 지교도 나의 지교이지 타인의 지교가 아니기 때문이다.

대저 내가 그 노동을 행하고 내가 그 지교를 운용하고 내가 홀로 누리는 것이 이치상 가장 분명한 일이다. 하물며 내가 축적한 바를 사적으로 소유하려고 하나 나의 사유로 인하여 대중을 곤란하게 하는 것이 아니라 대중도 각자 노력을 다하고 그 지교를 운영함에 충분한 여지가 있다면 나의 사유권이 대중의 권리에 해를 끼치는 바가 전혀 없다. 그러면 사적으로 축적하더라도 무슨 불가할 것이 있겠는가.

또한 이른바 선취권은 타인이 착수하기 전에 내가 독점한 것이니, 이것이 이른바 노력이다. 타인에 앞서 취한 것은 다 고생한 데서 나온 것이니, 콜럼버스가 항해를 통해 아메리카에 당도하여 그 토지를 점거한 것 등이 그것이다. 어찌 다만 이 뿐인가. 무릇 그 노력을 다한 자는 그 노력이 지극히 미약해도 노력이 있으면 권리도 생기니, 가지 하나를 꺾는 것과 열매 하나를 따는 것 따위도 다 노력한 것이다. 그러므로 그 결과가 타인에게 가지 않고 내가 선취하여 소유하는 것이니, 이것이 이른바 자연권이다.

그러므로 무릇 토지에 노력을 더하여 그 토지의 산물을 취득한 바가 다 가지를 꺾고 열매를 따는 부류라 하겠다. 또한 토지의 산물만 이러한 것이 아니라 토지의 점유도 그 이치가 이와 같다. 자신의 노력으로 파종하고 자신의 노력으로 경작하여 돌밭이 되거나 진창이 되는 지경이 되지 않게 하는 것이 다 자신이 취득하여 소유한 바이다. 단지 토지로 말하면 한계가 없지 않다.

지금 여기에 토지 하나가 있는데, 혹 연초를 심기도 하고 사탕수수를 심기도 하며 보리를 심기도 하여 그 토지에 공터가 거의 없다. 또 여기에 토지 하나가 있는데 그 면적이 서로 같다. 그런데 파종의 공력을 들이지 않는다면 이 양자 간에 그 가치의 차이가 어떻게 되겠는가. 이로써 살펴건대 토지에서 물건을 산생하여 약간의 가치에 상응하는 것이 다 노력으로 인한 것임을 알 수 있다. 만일 토지의 소출에 대하여 그 10분의 9를 지목하여 노력으로 인한 것이라 하더라도 그 계산이 여전히 온당하다고는 할 수 없다.

토지의 미개간된 부분은 귀한 것이 하나도 없으니 그것이 귀해지는 것은 인력을 가한 후에 있다. 그러므로 만일 주인이 없는 토지가 있음에 자신이 개간하고 파종하고 경작하면 이 토지가 자신의 소유가 되는 것도 이치상 당연한 일이다.

로크의 의의는 대개 우리가 축적한 바를 사적으로 소유하고자 한다면 크게 두 가지 요건이 있어서 지키지 않으면 안 된다는 것이다.

그 첫 번째 요건은 그 소유물을 보호 이용하되 낭비하지 않는 것이다. 그러므로 인간이 만일 열매를 취하되 다 먹지 못하여 못 쓰게 만든다면 이는 타인의 소유물을 점거 침탈한 것과 같다. 또한 여기에 어떤 인간이 있어 토지를 점유하고 있는데 전혀 경작하지 않아서 황무지로 만들거나 혹은 수확물이 있는데 전혀 소비하지 않아서 부패하게 만들거나 한다면 이 또한 타인의 소유를 침탈한 것과 다름없다. 무엇 때문인가. 만일 자신이 이 토지를 점유하지 않았다면 타인이 제 노력을 다하여 이득을 얻었을 것이기 때문이다. 그러므로 토지 중의 황무지 일부가 비록 타인의 경계 내에 있더라도 그 사람이 굳이 경작하지 않는다면 자신이 취해도 되는 것이다. 그러므로 그 물건이 지극히 많아서 한도가 없는 것은 자신이 낭비하더라도 타인의 이의를 용납할 바가 전무한 것이니 바닷물 같은 것이 그것이다. 반면에 그 물건에 한도가 있다면 그 물건을 소유한 자가 제 노력을 다하여 이를 이용하지 않는다면 그 권리를 오래 보장할 수 없는 것이니 토지나 모든 화물의 부류 등이 그것이다.

그 두 번째 요건은 자신의 사유물로 인하여 끝내 대중을 궁핍하지 않게 하는 것이 그것이다. 로크가 말하기를 '만일 내가 큰 강에서 물을 마셔도 그 물이 전혀 줄지 않고 대중이 취해도 그 물이 전혀 줄지 않는 다면 나는 대중에게 실로 무해하다'고 하는데 이 말은 참으로 타당하다. 다만 토지의 경우 일정한 한도가 있어서 무진장한 강물과는 다르니, 로크가 토지를 강물에 비유한 것은 오류를 면할 수 없다. 그러나 이른 바 노력이란 물건의 형상을 변화시켜 세상을 유익하게 하는데 불과하지 그 물건의 본질까지 변화시키지는 않는다. 그러므로 토지의 경작을 통한 소득을 자신이 굳이 소유할 수는 있지만 토지까지 다 소유하려고 한다면 한도가 없을 수 없는 것은 당연한 형세이다. 참으로 자신의 소유권을 제한시켜 대중으로 하여금 노력에 맞는 소득을 누리게 하고자 한다면 그 도는 장차 무엇을 따라야 하겠는가. 이것이 바로 천하의 일대 문제거늘 해결할 수 있는 자가 아직 없다. 이에 재산공유의 설이 일어난 것이니, 이는 단지 토지만이 아니다.

(미완)

전 농상공부차관(農商工部次官) 유맹(劉猛) 씨의 일화

중앙정부의 관제(官制)에 의하면 군아(郡衙)의 인원수는 군주사(郡主事) 이하 대략 8인에 불과하다. 그런데 인습의 오랜 폐단으로 인하여 어느 지역의 군아에도 많게는 4-50인 적게는 30인 이상 무위도식하는 무리가 있다. 이러한 무리는 원래 정해진 봉급으로 생활하는 자가 아니니 윗사람을 무함하고 아랫사람을 학대함에 온갖 구실을 만들고 양민의 고혈을 짜내어 자기의 욕심대로 자신의 구복이나 살찌운다. 이러한 폐단을 바로잡기를 이미 기대한 유맹(劉猛)[56] 씨가 어느 지역의 군수가 되었을 때 부임한 그 날에 즉시 분주히 하인배 40여인을 추방하는 등 가장 먼저 관아에서 일대 숙청을 단행하니, 민첩한 하인들도 담력을 잃어서 다시는 일구이언(一口二言)하지 못하였다고 한다. 이 소식을 듣자 무릎을 치며 찬탄을 금치 못하였다.

대체로 군수의 연설이라 하면 불문가지 십중팔구가 배일연설(排日演

---

56 유맹(劉猛) : 생몰 1853-1930. 무과에 급제하고 독립협회에서 개화파 관료로 활동한다. 총독부가 설치된 후에 중추원 참의를 지낸다.

說)인데, 이 군수의 연설은 지취(志趣)가 특이하여 그 취미(趣味)가 흥미
진진하다. 이제 그 요령을 발췌하여 기록하건대 "권업(勸業)·교육·위
생은 물론 외국인에 대해 교제상 대단한 주의를 요할 필요가 있을 뿐
아니라 늘 편의를 얻어서 원활한 국교를 모색해야 한다. '외인배척(外人
排斥)'이니 '쇄항양이(鎖肛攘夷)'니 떠들면서 충신·의사(義士)를 자처하
는 자일수록 국가의 난신적자(亂臣賊子)라." 하니, 이 일어천금(一語千
金)의 묘미는 일갈에 우활한 유생의 간담을 서늘하게 한다. 그리고 다
시 말을 돌리기를 "규칙 이외의 조세는 결코 취하지 않을 것이고 또
결코 용납하지 않을 것이다. 너희가 간사한 아전의 가렴주구를 받는다
면 참으로 국가의 큰 우환이라." 하면서도 흡족하게 자모(慈母)가 적자
(赤子)를 타이르듯이 하였다. 이는 구구절절 다 진심에서 나온 것이라
대소 인민들이 다 경복(敬服)하여 혹은 요순(堯舜)의 치도라 칭하고 혹
은 주공(周公)의 성덕이라 칭송하니, 이 군수의 콧대가 일시에 히말라
야 산보다 높아졌다고 한다.

　어느 날 어떤 도축업자가 찾아와서 말하기를 "이는 관례이니 부디
받아주소서." 하면서 약간의 금은을 바치자 이 군수가 일갈하며 물리치
니, 그 이후로 군내에 뇌물을 바치는 폐단이 다 사라졌다고 한다.

미인담의(美人談義)

　서구 미인의 계보라 하면 첫째는 터키·루마니아·코카서스요, 둘째
는 이탈리아·오스트리아·헝가리이다. 대개 터키·루마니아·코카
서스 등에 어째서 미인의 배출이 많은가. 동양과 서양의 경계 지점의
국가인 까닭에 동양과 서양의 장점을 두루 갖추어서 그 여성의 미모가
거의 완전함에 가깝다고 한다.

메리 루이[57]로부터 시작하여 역사상 유명한 미인은 프랑스·이탈리아·오스트리아에 많다. 예전에 파리의 유명한 사진사가 세계 제일의 미인의 자격을 정하여 현상금을 걸던 때 이탈리아 리구리아주(Regione Liguria) 음악가 집안 아가씨 마틸다(Matilda)가 당선되어 유럽 제일의 명성을 널리 얻었다.

그 후로 근세 세계 제일의 미인으로 칭송되는 여인으로 프랑스 즈-로-메의 보-루와 우위구니에-[58]가 있었다. 그녀의 교명(嬌名)이 구미에 자자하니, 그녀를 보려는 연심에 사로잡힌 은안백마(銀鞍白馬)의 귀공자로서 그녀를 만나기 위해 자신을 낮춘 부호의 자제들이 적지 않았고, 또 당시의 시가 문인들도 반드시 그녀를 작품집 중의 제목으로 삼아야 그 시문이 독자에게 읽히는 경우가 많았다고 한다.

이와 같은 미인이 있는 까닭에 그녀가 한 번 외출하면 수많은 민중들이 선후를 다투어 그 미모를 보려고 큰 소동이 일어나는 경우가 있었다. 이에 시회(市會)에서 결의하여 그녀가 외출할 때 반드시 복면하라고 명하니, 민중들이 시회의 결정에 반항하는 탓에 그녀도 시행할 방도가 없었다. 결국 시회에서 복면하라는 명령을 취소하고, 다시 1주일에 2회씩 집안의 창문에 서서 매회 1시간 이내로 민중에게 얼굴을 보이도록 명하였다고 한다.

더욱이 도덕의 미인은 극히 드물어서 어느 시대든지 전무하였다. 프랑스·이탈리아·오스트리아의 부녀자는 화장술이 정교한 까닭에 인공적 미인이 많고, 천성적 미인으로 터키·루마니아·코카서스 등에 도저히 미치지 못한다. 영국 미인은 수려한 용모가 부족하나 기운(氣韻)이 갖추어져 있다. 미국·헝가리 등에도 미인이 있지만 인종이 혼재

---

57 메리 루이 : 미상이나, 나폴레옹 1세의 황후로 오스트리아 제국의 황녀였던 마리 루이즈일 수 있다.

58 즈-로-메의 보-루와 우위구니에- : 인명으로 보이나 미상이다.

되어 있어서 그 나라 고유의 미인으로 인정하기에 곤란하다.

　32상(相)은 일본 미인 최상의 자격인데 서구 미인은 무엇을 최상의 용색(容色)이라 여기는지 모르겠다. 다만 간혹 잡지에 서구 미인의 27상이란 기록이 있으니, "피부·치아·눈 세 가지는 희고, 눈동자·속눈썹 두 가지는 검고, 입술·뺨·손톱 세 가지는 붉고 입·코·머리 세 가지는 작고, 머리카락·손·키 세 가지는 길고, 귀·발·치아 세 가지는 짧고, 손가락·입술·머리카락 세 가지는 좁아야 상등이라."고 한다. 이는 동양의 32상과 같은 자격으로 다 갖춘 미인은 아마도 없을 것 같다.

　미인이란 천성적 자격 뿐 아니라 인공적 자격도 필요하다. 머리카락의 묶은 방식·복장·화장법 같은 이른바 시대의 풍속이 부녀자의 미모를 한층 더 뛰어나게 하는 바 있다. 이른바 천부적 자격은 동·서양에 아마도 하나 정도는 있을 것이라 생각한다.

내보

정변기사 -7월 13일부터 27일까지-

○헤이그 사건

　7월 13일 헤이그만국평화회의에 이상설·이준·이위종 3인이 밀행(密行)으로 참여하려다가 거절을 당하고 이준 씨가 자살하였다고 한다.

○대리의 조칙

　18일에 태황제 폐하께서 군국(軍國)의 대정(大政)을 황태자에게 대리시킨다는 조칙을 내리셨다.

"아아! 짐이 열성(列聖)의 왕업을 계승한지 이제 44년이 되었다. 어려움을 누차 겪어 다스림이 뜻대로 되지 않고 때때로 적임자를 쓰지 못해 소와(騷訛)가 심해지고 조치가 대부분 시의에 어긋나 우환이 급박해지니, 민생의 곤핍과 국운의 위태가 이때보다 심한 적이 없어 깊고 깊은 두려움은 마치 얇은 얼음을 건너는 것 같다. 다행스럽게도 황태자의 덕망 있는 도량은 하늘이 부여한 바이고 훌륭한 명성은 일찍이 드러나서 침소를 문안하고 식사를 돌보는 겨를에 보탬이 매우 컸으니 정사를 시행하고 개선할 방도를 의탁할 적임자이다. 짐이 가만히 생각건대 황위의 승계는 본래 역대로 시행한 상례가 있거니와 우리 선왕들의 성대한 예의도 계승하여 시행해야 할 것이다. 짐은 이에 군국의 대사를 황태자에게 대리토록 하니 의식의 절차는 궁내부(宮內府)의 장례원(掌禮院)에서 마련하여 거행토록 하라."

○ 동궁의 상소와 황제의 비답

19일 황태자 전하께서 대리하라는 조칙을 받드신 후에 조칙을 따르기 어렵다는 의사를 전하고자 백관을 거느리고 정청(庭請)하시고 상소를 올리시니 다음과 같은 비답을 내리셨다.

"상소를 보고 태자의 충정을 잘 알았다. 이번에 이 드문 전례는 실로 우리 선왕들의 고사를 본받은 것이니 이와 같은 위험한 시기에 처하여 대국을 유지하고 종묘사직을 굳게 지켜 무궁할 터전을 이어나가는 것이 실로 그대가 효도하는 방도이다. 지금 그 사양의 미식(美飾)을 논할 겨를이 없다. 그대는 부디 깊이 헤아려 번거롭게 하지 마라."

거듭 올린 상소에 비답을 내리셨다.

"상소를 보고 태자의 충정을 잘 알았다. 효도는 부모의 뜻에 순종하는 것보다 우선할 것이 없고 의리는 난국을 타개하는 것보다 큰 것이 없다. 이미 진심어린 언사가 있으니 마땅히 체득하고 헤아려야 하거늘 그러고도 다시 이처럼 거듭 아룀이 효도와 의리에 마땅한지 모르겠다. 들어줄리가 만무하니 다시는 번거롭게 거론하지 마라."

○인민의 격앙

경성 내 일반 인민들이 대리 사건에 대해 회의를 품어서 점차 격앙하여 수많은 인민들이 대한문 앞에 집회하여 연설하다가 일본군과 일본 순사에 의해 저지되고, 표훈원(表勳院)에 수천명 이상 인민이 집회하여 강개한 연설도 열고 비분한 눈물을 흘리는데 도성 내외 각 방곡(坊曲) 지소의 순검이 일제히 철수 이동하여 황궁의 경위에 진력하고 경성의 각 시전이 일제히 철폐되었다고 한다.

○포화의 교전

일본 순사·헌병이 종로에서 집회하던 인민을 해산함과 동시에 한국 병정 여러 명이 갑자기 출현하여 포화로 교전하였는데 인민이 도주하다가 총탄에 의해 사망한 자가 10여명이고 부상한 자가 부지기수라고 한다.

○탄환의 몰수

지난 18일 군부대신의 명령으로 각 부대 병정의 탄환을 입수하고 몇 개씩만 남겼는데 병정이 갑자기 나타나 일본 순사와 교전한 후에 그 탄환을 대거 가져갔다고 한다.

○ 태황제 존봉의 조칙

황태자 전하께서 대리하신 후에 조칙을 내리셨다. "이미 대조(大朝)의 처분을 받드니 태황제로 존봉(尊奉)하는 의식의 절차를 궁내부(宮內府)의 장례원(掌禮院)에서 도감(都監)을 설치하여 거행하도록 하라."

○ 조서를 내리시어 고유(告諭)하시다

"너희 대소 신민은 짐의 말을 경청하라. 짐은 대조(大朝)의 명령을 삼가 받들어 모든 정사를 대리하였다. 이 유신(維新)의 때를 맞이하여 국시(國是)를 정하지 않고 시국의 형세를 오해한다면 사소한 차이에서 충성과 반역이 엇갈릴 뿐 아니라 나라에 해를 끼치는 짓도 예사롭지 않으니 어찌 두렵지 않은가. 근년 이래로 혹자는 분개를 칭탁하고 혹자는 충의를 빙자하여 도처에서 소란의 와전이 곳곳마다 놀랍게 들리기에 조칙을 여러 번 내려서 짐의 진심을 전하나 완고하게도 그만두지 않고 한결같이 고집을 부리니 측은함을 금할 수 없다. 아! 너희는 쇄국으로 독처하던 구습을 고수하지 말고 그 천시(天時)를 고찰하고 그 인사(人事)를 상고하여 세계 만국의 시의적절한 조치의 의의에 적합하게 하여 왕업의 중흥을 열도록 하라. 너희는 짐이 아니면 누구를 섬기고 짐은 너희들이 아니면 누구를 부리겠는가. 너희는 이러한 국시(國是)를 정하고 이러한 도리를 알아서 다시는 경거망동하지 말고 각자 생업에 안주하여 이제부터 조정에서 백성에게 편리하고 나라에 이로운 정사를 실행하고 민간에서 식산(殖産)·흥업(興業)·교육(敎育)의 사업을 연구하여 우리 적자와 함께 문명의 경지에 올라서 태평시대의 복록을 길이 누리도록 하라. 아! 너희는 짐의 뜻을 능히 체득하여 왕업을 보필하라. 아! 너희 백성아!"

○여러 사람이 체포됨

22일 궁내부 대신 박영효(朴泳孝) · 시종원(侍從院) 경(卿) 이도재(李道宰) · 전 홍문관 학사 남정철(南廷哲)[59] 3인이 이번 예전(禮典)에 방자하게 참여하지 않았다고 하여 체포되고 육군 참령 이갑(李甲) · 정령(正領) 어담(魚潭)[60] · 참령 장주임(張柱林) 씨 등도 체포되었다고 한다.

○일한신협약

총리대신 이하 각 대신과 일본 하세가와 요시미치(長谷川好道) 조선 주둔군 사령관과 일본 외무(外務) 대신 하야시 다다스(林董)[61] 씨가 통감의 사저에서 회동하여 일한신협약을 조인하니 그 요지는 다음과 같다.

1. 한국 정부는 시정(施政) 개선에 관하여 통감의 지도를 받을 것
2. 한국 정부의 법령의 제정 및 중요한 행정상의 처분은 미리 통감의 승인을 거칠 것
3. 한국의 사법 사무는 보통 행정 사무와 구별할 것
4. 한국 관리의 임면은 통감의 동의로 시행할 것
5. 한국 정부는 통감이 추천한 일본인을 한국 관리에 임명할 것
6. 한국 정부는 통감의 동의 없이 외국인을 용빙하지 못할 것
7. 메이지 37년(1904) 8월 22일 조인한 일한협약 제1항을 폐지할 것

---

59 남정철(南廷哲) : 생몰 1840-1916. 조선의 문신으로 양위에 반대한다는 명목으로 체포되었지만 방면되었고 후에 일제로부터 남작 작위를 받았다.

60 어담(魚潭) : 생몰 1881-1943. 일본육군사관학교를 졸업하였다. 관련 사건은 고종의 양위를 반대하는 봉기를 시도하였다는 혐의였다. 체포 후 곧 방면되어 일제에 적극 협력하고 일본군 중장의 지위에 오른다.

61 하야시 다다스(林董) : 생몰 1850-1913. 에도 막부의 유학생으로 선발되어 영국에서 공부하고 청일전쟁의 외교를 담당하는 등 외교가로 활동한다.

제1항 폐지건

대한 정부는 대일본 정부가 추천한 일본인 1명을 재정고문으로 삼아 대한 정부에 용빙하여 재정에 관한 사항은 일절 그 의견을 따라 시행할 것

이상을 증거로 삼아서 하명(下名)을 각 본국의 정부에 상당한 위임을 받아서 본협약에 기명 조인한다.

광무 11년 7월 24일

내각총리대신 이완용(李完用) 인

통감 후작 이토 히로부미(伊藤博文) 인

○연호의 개정

8월 2일에 연호를 융희(隆熙)로 개원하고 내부에서 13도에 발훈한다고 한다.

○군대 해산의 조칙 -동일-

"짐이 생각건대 국사가 다난한 때를 맞이하여 헛된 비용을 절약하여 이용후생(利用厚生)의 사업에 응용하는 것이 오늘의 급선무이다. 가만히 생각건대 현재 우리 군대는 용병(傭兵)으로 조직된 까닭에 상하가 일치된 나라의 완전한 방위를 행하기에 부족하다. 짐은 지금부터 군사 제도의 쇄신을 도모하여 사관(士官)의 양성에 전력하고 후일에 징병의 법령을 반포하여 공고한 병력을 갖추고자 한다. 짐은 이에 담당 관원에게 명하여 황실의 호위에 필요한 인원만 선발하고 그 나머지는 일시 해산시킨다. 짐은 너희 장수·군졸의 오랜 노고를 고려하여 특별히 그 계급에 따라 은금(恩金)을 나누어 주노니 너희 장교·하사(下士)·군졸은 짐의 뜻을 잘 체득하여 각자 업무에 나아가 허물이 없기를 도모하라."

○한국군과 일본군의 충돌

2일 시위 제1연대 제1대대 대장 박성환(朴星煥)[62] 씨가 군대해산 사건에 대해 분개를 금하지 못하여 자결하니 그 부하 병사들이 다 격노하여 마침내 거병하기에 이르렀다. 제2연대 제1대대도 호응 합류하여 남대문 밖 일본군 막사를 습격하려고 하는데 일본군이 응전하여 양부대의 병영이 일본군에 의해 점령되었고, 시위 1대에서 탈영한 병졸 1소대가 남문 밖에 나와서 일본 병정·순사와 약 반시간 가량 교전하였는데 양측의 사상자가 몹시 많았고, 한국군이 다시 일어나 일본군을 공격하려고 하는데 일본군이 응전하여 기관포를 사용함에 도성 내외에 포성이 진동하였다.

○지방 통신

3일 강원도 지방에서 결사대 200명이 각기 총검을 소지하여 분파소(分派所)를 습격하고 죽산군에 한국군 40명이 집합하여 각지의 폭도와 호응한다고 하며, 6일 원주에서 인민 수백명이 집회하여 일본 수비대 2소대 병력으로 약 2시간 교전하여 우편취급소를 타파하고, 동일 충주(忠州)에서 의병 수백명이 우편취급소를 타파하여 몇 시간 교전하였다. 그밖에도 강릉·영천·제천·춘천·통진·평창·여주·청풍·단천·강화 등지에서 폭도들이 봉기하였다고 한다.

○황태자의 책봉

조칙을 내리셨다. "영왕(英王) 은(垠)을 책봉하여 황태자로 삼되 책봉에 관한 의식과 절차는 궁내부(宮內府)의 장례원(掌禮院)에서 전례에 의거해 거행하도록 하라."

---

62 박성환(朴星煥) : 박승환(朴昇煥, 1869-1907)이라고도 하며 참령이었다.

○ 존호의 의정

12일 태황제의 존호를 '수강(壽康)' 두 자로 존봉(尊奉) 도감(都監)에서 의정(議定)하여 봉상(封上)하였다고 한다.

○ 조혼(早婚) 금령 -8월 16일-

조서를 내리셨다. "사람이 서른 살에 장가가고 스무 살에 시집가는 것이 옛날 삼대(三代) 시절의 성대한 법이거늘 근래에 이르러 조혼의 폐단이 국민의 더할 나위 없는 병폐가 되었다. 그러므로 연전에 금령을 내렸는데 아직도 실시되지 않으니 이 어찌 담당 관원의 잘못이 아닌가. 지금 유신(維新)의 시기를 맞이하여 풍속의 개량이 가장 급선무이다. 부득이 고금을 참작하여 남자 나이 만 17세 이상과 여자 나이 만 15세 이상만 시집과 장가를 허락하여 엄격히 준수하여 어김이 없도록 하라."

○ 단발의 조칙 -동일-

조서를 내리셨다. "짐이 이제 개선의 정사를 시행하여 한 세대를 유신하고자 하는데 이는 반드시 짐으로부터 시작해야 한다. 즉위일에 단발을 행하고 군복을 입을 것이니 신민은 잘 알고 짐의 뜻을 잘 따를지어다."

○ 두 단체의 해산 -22일-

경시총감 마루야마 시게토시(丸山重俊)[63] 씨가 어제 오전에 동우회와 자강회 두 단체의 회장을 경무청으로 호출하여 다음과 같이 해산을 명하였다고 한다.

---

63 마루야마 시게토시(丸山重俊) : 생몰 1856-1911. 1905년 2월부터 대한제국의 초빙으로 경찰 조직의 근대화를 담당한다. 한국 경시청장과 시마네 현 지사를 역임한다.

통첩
본회는 안녕과 질서에 방해가 되기에 보안법 제1조에 의거해 내부대신의
명령으로 해산을 명함

8월 18일 경시총감 마루야마 시게토시

○ 자강회의 해산통고서

대한자강회에서 이번 해산의 사안에 대하여 각 지회에 통고한 전문
은 다음과 같다.

통고서
내부대신은 본회의 존재가 국가의 안녕과 질서에 방해가 된다고 하여 안
보법 제1조에 의거해 본회의 해산을 명령하여 어제 오후 5시 30분에 경
시총감으로 하여금 이를 본회에 전달하도록 하였다. 대저 본회는 인류의
자유를 존중하는 동시에 국가의 안녕과 질서를 존중하니, 자고로 전대미
문의 국운에 봉착하여 민요(民擾)가 소와(騷訛)한 오늘날에 처하여 절
제를 준수하고 태도를 신중히 함에 힘써서 법을 어겨 죄를 지은 자가 한
명도 없음은 세상 사람이 다 아는 바이다. 그러나 내부대신이 이미 안녕
과 질서에 방해가 된다고 하여 해산을 명령한 이상 국민의 의무로 그 명
령에 복종하지 않을 수 없다. 만일 지방 회원에서 그것이 부당한 명령임
을 주장하고 또 국가의 부당한 경우임을 의론하여 혹 명령에 불복하여
소란을 일으키는 등의 사태가 일어나면 그것이 도리어 내부대신에게 선
견지명의 명분이 되어서 더욱 민의를 제압할 구실을 제공하는 것이다.
그러니 이 무렵에 능히 침착하게 명령에 복종하여 일양내복(一陽來復)
의 시기를 기다려야 한다. 대개 교육을 진작하고 산업을 장려하여 조국
의 정신을 발휘함에 일관하여 우리나라 장래의 지주됨을 기약할 것은 오
직 본회가 있었기 때문인데 오늘 이제 사라진다. 아! 본회는 그 형체를
비록 잃지만 그 정신은 우리나라 장래를 위해 영원히 보존될 것이다.

○지방의 소동 -21일-

청풍군(淸風郡)에 주둔하던 폭도가 본월 14일 제천으로 옮겨 주둔하고, 원주(原州) 부대에서 해산된 3·400명이 현재 제천에서 합류하며, 충주 천포(泉浦) 등지에 주둔하던 200여명이 14일 음성군 무왕(無枉)의 공터로 옮겨 집결하고, 14일 의도(義徒) 70여명이 각기 총검을 소지하고 제천군에서 출발하여 단양에 당도하였다고 충북 경무관이 내부에 보고한 바 있다.

충주 수비대 6명이 여주에서 장호원으로 복귀하는 길에 폭도가 습격하여 짐말 3필이 탈취되고 마부 1명이 해를 입고 장호원 남쪽 약 1리 구간의 전신주 20여개가 넘어졌다. 또 12일경 평창에 도달한 한국군 약 300명이 두 길로 나누어 하나는 주천(酒泉)으로 향하고 하나는 영월로 향하는데 그 근거지가 도사리 이남의 영월·제천 부근에 있다고 각기 전보가 있다.

충주군 장호원 지방에 폭도 약 200명이 본월 14일 일본인과 관련된 한인(韓人) 가옥을 습격하여 재물을 탈취하고, 음성군 황금산 금광의 역부를 집합시켜 동 지역을 습격하였다는 일본인의 보고가 있다.

-22일-

19일 폭도 수백명이 파주 일산역 철도 정거장을 습격하는데 장호원 등지에서 전신(電信) 인부 2명이 해를 입었다. 15일 양근군에서 백여명이 분견대와 우편취급소를 습격하는데 일본인이 낌새를 알아채고 도주하였다. 폭도는 북쪽 10리 남짓에 자리한 용문산에 근거지를 세우고 격문을 전파해 도당을 모집하였다. 14일 홍천군에서 7·80명이 무기를 휴대하고 해당 군에 도착하여 일본인의 가옥을 파괴하니 일본인이 내삼포로 도주하고 인제군의 폭도가 양근군의 폭도와 합세하여 도당을 소집하는데 해당 지역의 산포수가 소문을 듣고 모여들어 형세가 더 커졌다. 충주로 향하는 일본인 2명이 살해되고 부이사관(副理事官)[64]의 화물 약 2000환을 탈취하였다는 지방의 소식이 있다.

마전군과 죽산군 두 군의 군수가 폭도에 의해 살해되었다는 설이 있고, 본월 19일 백여명이 지평군 관아에 돌입하여 군수 김태식(金泰植)이 일본군을 접대하였다는 이유로 군수를 포박하여 시가지에서 총살했다고 한다.

○ 일본공사 하야시(林)에게 보낸 이씨(李氏)의 서신

육군참령(陸軍參領) 이동휘(李東暉) 씨가 본월 13일 경시청에 체포되었다. 그가 광무 9년 중 일본공사 하야시 곤스케(林權助) 씨에게 보낸 서신이 있으니 그 전문은 다음과 같다.

귀국과 우리는 수교한 이래로 양국의 안위에 대해 서로 협력하고 화목함에 힘쓰지 않음이 없었다. 우리 한국이 열강의 틈에 끼어 있어 자력으로 독립하기 어려워서 순치보거(脣齒輔車)의 형세로 귀국에 의지한 바가 많으니 지난 청일전쟁은 우리 부식(扶植)의 기초라 하고 러일전쟁은 우리 발전의 기회라 하여, 거국일치(擧國一致)로 귀정부의 일시동인(一視同仁)의 정을 바랐다.

그런데 그 후로 국가의 형세가 크게 변하여 앞서 말한 부식이란 것이 침략의 계책이 되고 일시동인이란 것이 약육강식의 상태가 된 것이다. 이로 말미암아 여론이 한 번 변하여 우의가 점차 소원해진 것은 귀공도 잘 아는 바이다.

이번에 신조약이란 것은 그 의사의 소재를 알지 못하겠다. 무릇 조약이란 이익의 교환과 의사의 자유를 본질로 삼고 평등을 체결의 방식으로

---

64 부이사관(副理事官) : 보호국 체제에서 일제가 한국의 주요 지방에 설치한 이사관은 통감부의 지휘를 받아 지방 행정을 감독하였다.

삼거늘, 이번 조약이 과연 이렇게 성립된 것인가. 당일의 사안은 불문하고 이는 과연 우리 군신 상하가 용납할 것인가. 이로 말미암아 여론이 두 번 변하여 우의가 더 쇠약해진 지경이 되었다.

난신적자가 국가를 크게 그르치니 우리나라의 형법으로 죄를 다스려야 하나 이로 인하여 우호 관계를 해칠까 두려워 주벌하지 못하니 이로 말미암아 여론이 세 번 변하여 국교가 끊어질 지경이 되었다.

저 도적의 무리를 일정 시간 동안 생존하게 한다면 우리 종묘사직을 망칠 뿐 아니라 그 폐해가 동아(東亞)의 한 국면에 미칠 것이기에 그 수괴(首魁)를 처단하여 재앙을 미연에 방지해야 한다고 하는 것이다.

귀국의 한국에 대한 정책을 시험 삼아 물으면 반드시 말하기를 "한국은 자력으로 독립하고 자강으로 진보할 수 없다. 무릇 우리의 소행은 자위상 부득이 한 데서 나온 것이라" 할 것이다. 이는 혹 그러한 것처럼 보이지만 우리 한국의 입장에서 보자면 그 자위는 바로 우리 국권을 해치는 것이다.

귀 공사가 "한국은 일본을 신뢰하지 않는다"고 하였다. 진정 그럴 수밖에 없으니 어찌 자국의 권리를 잃고서 억지로 타국을 신뢰할 수 있겠는가.

수년 이래로 양국 간에 갈등이 늘 일어나서 열에 일곱은 호감이 있지만 셋은 원수로 여긴다.

귀국은 동아시아의 선진국이니 책임의 소재가 과연 어떠한가. 소사를 다스리다가 대업을 잃지 말고 자국을 후대하다가 타국을 박대하지 말고, 공명정대하고 일시동인하는 정으로 우리를 부식하고 우리를 유지시켜 인도를 존중하고 우의를 중시하여 둘 다 온전히 할 계책을 보전하기를 희망한다.

○ 3인의 방면 -23일-

평리원(平理院)에서 법부 훈령에 의거하여 태형 80대를 선고한 박영효·이도재·남정철 3인의 형벌을 집행하고 방면하였더니, 무슨 사고 때문인지 박영효 씨가 자택으로 돌아가자마자 앉은 자리가 따뜻해질 겨를이 없이 경무청에서 다시 또 소환하였다고 한다.

○삼씨의 무죄방면 -25일-

육군법원에 수감되었던 이갑·이희두(李熙斗)[65]·어담 3인이 어제 무죄로 방면되었다고 한다.

○대내(大內)의 단발

27일 태황제 폐하·황제 폐하·황태자 전하께서 어제 오전 12시에 일체 단발하셨다고 한다.

○즉위 행례

동일 본일 손시(巽時)에 태황제 폐하께서 즉위 예식을 돈덕전(惇德殿)에서 거행하시는데, 친임관·칙임관·주임관이 참여하여 하례(賀禮)하되 외국 관리는 돈덕전의 뜰이 협소한 관계로 주임(奏任) 3등 이상만 참여하였다고 한다.

○각 지방에 훈령을 내리다 -동일-

지난날 내부에서 단발의 조칙을 받들어 보류하였다가 어제 한성부와 각 관찰도에 훈령을 내렸다. "태황제 폐하의 성조(聖詔)를 정성스럽고 간절하게 효칙(曉飭)하여 극진히 받들고 우러러 따르도록 하라."

○폭도가 더욱 번성하다 -동일-

광주(廣州)에서 폭도 약 400명이 24일에 해당 군 일진회 지부에 불지르고 수령 남대희(南大熙)가 자신의 가옥에 불 질러서 결사정신을 발

---

65 이희두(李熙斗) : 생몰 1869-1925. 일본육사를 졸업하고 러일전쟁에서 일본을 지원하며 대한제국의 육군학교 교장을 역임한다. 이와 같이 잠시 징계를 받지만 곧 참장(參將)으로 복직하고 후에 일본육군 소장까지 역임한다.

현하였다고 하고, 양지군 방면에서 일본군이 전투하다가 피해서 달아
났다고 해당 군에 각기 전보가 있다고 한다.

제천 방면에서 24일 약 200명이 충주 소재 일본군을 맹렬히 습격하
고 한강을 건너서 경성 가도로 퇴군하고, 오후 2시경에 약 200명이 청
풍 방면을 습격하여 일본군과 교전한지 약 2시간 만에 일본군이 다수
부상을 입었다고 한다. 그밖에 제천·철원·인제·양구·신창·영
덕·울진·평해 등지에 봉기한 까닭에 해당 등지 소재 우편취급소 일
본인과 거류 일본인 등이 분분히 도피하였다고 한다.

또 며칠 전에 충주 방면에 일본 기병대가 도착함에 산포수 1부대가
화승총을 소지하고 무성한 숲에서 갑자기 나와서 일제히 사격함에 일
본 기병이 남김없이 다 소탕되었다고 하고, 이천 방면에서 폭도가 일본
군과 교전하는데 산포수의 총에 사망하고 부상한 자가 많아서 일본군
이 패주하다가 촌락에 방화하여 해당 지역 북면 일부가 남김없이 소실
되었다고 하는 동래인(東來人)[66]의 전언이 있다고 한다.

외보

청국 신보의 한국사변

이번 우리 한국의 사변에 대하여 지나의 『중외일보(中外日報)』와 『신
보(申報)』[67]에서 외세의 지원에 의존한 점을 비난하여 은감불원(殷鑑不

---

66 동래인(東來人) : 일본인.
67 『중외일보(中外日報)』와 『신보(申報)』 : 『중외일보』는 1898년 상해(上海)이에서
    창간하여 1911년까지 간행된 신문이고, 『신보』는 1872년부터 1949년까지 간행되
    었고 상하이에서 시작하여 홍콩에서도 발행된 신문이다.

遠)을 주장하였다. 청국 사람의 입장이야 실로 마땅히 이렇지만 우리
한국의 경우 그 감정이 또한 어떻겠는가. 이에 그 발언을 번역 기재한다.
『중외일보』는 그 사설란에 다음과 같은 기사를 기재하였다.

지금 한국 황제가 헤이그 회의에 위원을 사적으로 파견하여 일본을 제
소하려던 일이 누설되어 마침내 핍박 받아 양위를 당하였다. 기자는 한
국을 위해 망국을 비통해할 겨를이 없고, 우리 정부에 대하여 이 망국의
사정을 귀감으로 삼기를 바라지 않을 수 없다. 대저 한국의 멸망은 당쟁
에 의해 일어났고, 당쟁의 발단은 외국인을 의탁한 데서 일어났다. 대원
군(大院君)은 수구당의 영수로서 오로지 청국에 의존함을 주의로 삼았
고, 민비(閔妃)는 개화당의 영수로서 오로지 러시아에 의존함을 주의로
삼았다. 이러한 까닭에 조정의 정국이 마치 물과 불처럼 내분이 그치지
않았으니 처음 갑신정변을 일으키고 이어 갑오개혁을 일으켜서 마침내
러일전쟁의 국면이 정해진 뒤 삼한(三韓)이 결국 폐허가 된 것이다. 오
호라! 내분과 외세에 의존하다 이처럼 신속히 망국에 이르렀는데, 우리
청국 정부가 이를 살피고서 어찌 두려워하지 않을 수 있겠는가. 지금 청
국의 경우 만주족과 한족이 국내에서 다투고 있다. 이렇게 내분이 극렬
해지면 필시 외세의 지원을 요청할 수 있다. 외국 세력이 닥쳐오면 그들
은 어느 편에 수긍하느냐를 따지지 않고 곧 자기들의 이익을 따라 편을
들 것이니, 이는 마치 집에 늑대를 끌어들인 격이라 한국의 사정을 보면
알 수 있다. 저들은 외교에 대하여 오로지 외세의 지원에 의존함을 유일
한 목적이라 주장한다. 그러나 국가가 지구상에 존립하여 스스로 분발을
추구하지 않고 오로지 외국인의 보호를 얻음을 다행으로 여긴다면 외국
인이 장차 기회를 틈타 침입하여 보호로 시작해 끝내 간섭하게 된다. 결
국에는 반드시 권리의 보호와 소요의 방지를 구실로 삼아서 우리의 종사
(宗社)를 옮기고 우리의 정권을 빼앗는 지경에 이를 테니, 이는 한국의
사정을 보자면 알 수 있다. 장차 중국이 삼한의 전철을 답습하지 않을
수 있다고 우리가 단언할 수 없도다.

『신보』는 그 잡보 한 구석에 한국 문제에 대한 전보를 다음과 같이 부기하였다.

> 조선은 오래된 나라로 수천년 동안 중국의 속국이었다. 그런데 시모노세키조약이 체결된 후로 조선이 중국에서 벗어나자 조선의 의식이 없는 자들이 흔연히 자득하였고, 일한협약이 체결된 때로부터 일본이 독립을 보호할 책임을 맡자 조선의 의식이 없는 자들이 믿음만 있지 두려움이 없다고 하였다. 그런데 오늘의 조선이 어떻게 되었는가. 오늘날 의존하려는 마음이 있는 자는 걸핏하면 말하기를 "어떤 나라는 우리 토지를 이용할 마음이 없다." 하고 "어떤 나라는 우리 주권을 꼭 보전해 줄 것이고 우리 독립을 꼭 유지해 줄 것이다." 하니, 이 사태에 직면해서 그 감정이 또한 어떠하겠는가. 아아!

모로코(Morocco)와 열국

모로코의 각 민족 간에 외세 배척의 열풍이 유행한지 또한 오래되었다. 알헤시라스(Algeciras) 회의가 체결되어 열국과의 관계가 확정된 이래로 각 민족의 열광이 한층 더 증진되어서 유럽인과 사루당과 마구젠[68] 등을 모조리 다 배척하지 않으면 자국의 독립을 유지할 수 없다고 주장하기에 이른 것이다. 요즘 저 모로코의 내지에 불온의 형세가 있어서 각 민족이 서로 연합하여 대소사를 행한다는 소식을 전하는 것은 필경 이 정세의 출현에서 기인한 것이다.

이러한 상황이 되자 유럽의 외교문제로 발칸의 일을 논의하는 것도 너무나 진부하고, 오스트리아와 헝가리의 미래를 논의하는 것도 그다지 절묘하지 않으니, 사람들이 이로써 모로코 사건에서 비롯해 각국의

---

68 사루당과 마구젠 : 미상이다.

합종연횡을 논하게 된 것이다. 대개 모로코는 북아프리카 뾰족한 끝 지역에서 지브롤터와 대치하여 지중해의 요충지를 장악하고 있고, 내부에는 대개 사나운 전투민족으로 가득차서 타인의 눈에는 전반적으로 위험하게 보인다. 더군다나 근대 유럽의 여러 나라들이 경쟁적으로 아프리카의 경영에 종사하니, 모로코는 프랑스령 알제리와 가장 밀접한 관계가 있고 그 밖의 이집트·콩고 및 독일령 아프리카 지역 등도 모종의 간접적인 관계가 없는 곳이 없다. 이로써 지난 모로코 문제로 인하여 독일과 프랑스의 분쟁이 일어나 프랑스가 전투준비에 8000만원을 소비하였다고 전하니, 이른바 알헤시라스의 외교라는 것도 현재 국제관계의 원인이 된 상태에 놓여 있다.

모로코 문제에 대하여 유럽의 여러 나라들이 마치 합의한 것처럼 독일을 배척하는 것도 기이한 일인데, 영국과 러시아 두 나라가 저 독일의 고립에 노력하는 것도 괴이할 바 없다. 이탈리아·오스트리아까지 삼국동맹의 옛 선언을 망각하고 영국과 프랑스 두 나라의 정략을 지원해야 하는 형세에 있지 않은가. 그러면 독일이 고립되었다는 소식을 사실상 확인시킨 것은 이 모로코 문제이다.

그러나 오늘날은 어떠한가. 독일이 비록 철저하게 배척되어 절대적 고립의 처지에 놓였지만 사지(死地)에 들어가야 살아날 수 있는 것은 외교적 상례이다. 이 사이에 독일은 한편으로는 모로코 왕의 궁정과 교분을 깊게 하고 다른 한편으로는 여러 민족과 교분을 깊게 하는 기회를 얻었다. 은행가와 무역인, 상업인도 정부의 당국자와 마음이 하나가 되어서는 대단히 정성을 들여서 어떠한 불편과 고난도 감수하고 분주하게 경영한 바가 있어서 마침내 상업적으로 독일인이 우위를 선점하였다고 일컬어지는 지경이 된 것이다.

이 무렵에 모로코의 여러 민족이 서로 연합하여 일어나는 등의 사건에서 가장 직접적인 원인은 프랑스가 모샴(Mauchamp) 사건으로 우다

(Oujda)[69]를 점령한 일에 격분한 탓이다. 저들이 말하기를 "예전에 독일인이 살해를 당한 적이 있었지만 독일 정부는 어떠한 침략의 수단도 행하지 않고 강요한 적도 없었다. 그런데 프랑스는 살해 사건 하나가 일어난 틈을 타서 곧장 요해처를 점령하고 끝없는 야욕을 채우려 하였다. 이것이 프랑스를 배제하지 않을 수 없는 이유이다." 하였다. 그러므로 모로코의 입장에서 국왕과 정부 모두 프랑스·스페인 양국의 간섭을 싫어하고 내지의 각 민족도 프랑스를 가장 싫어하며 독일을 선호하는 경향이 있음은 분명한 사실이다.

유럽의 외교무대는 이와 같아서 또한 이미 그 구태(舊態)를 일변한 것이다. 근래에 이르러 영국·프랑스·스페인·이탈리아의 4국 동맹의 설도 있고 영국·프랑스·스페인의 삼국 협상의 설도 있으며 고립으로 지목되는 독일도 이탈리아와 삼국동맹의 옛 조약을 모색하여 외교적 행보에 착수한다고 전하는데, 이는 다 모로코 문제가 발단이 되고 무대가 되어 일어난 것이다. 이 이후로 모로코의 내지에 중대한 사건이 일어나서 각국의 득실에 영향을 미친다면 유럽 외교계가 필시 복잡다단해지지 않을 수 없을 것이다.

러시아와 독일의 관계

러시아·독일 두 황제가 시비노우이시치에(Swinoujscie)에서 회합하였다. 유럽의 경우 황제의 회합이 1년 중에 2-3회 이상이니 이것이 비록 진귀한 일이 아니나, 이번은 양국의 외무대신이 그 자리에 참석하고 그 황족과 궁인을 배척하고 최상의 진면목으로 담론한 자취가 있었

---

69 우다(Oujda) : 모로코의 도시이다. 1907년 모로코 마라케쉬(Marrakesh)에서 프랑스 의사 모샴이 살해당하자 프랑스군이 이곳을 점령하였다.

기에 이 회합의 결과가 유럽의 외교상 중대한 관계가 있을 것이라 추측 하는 자가 많았다.

또한 러시아·독일 두 황제가 친교한 유래는 이제 재론할 필요가 없 고, 예전에 발틱(Baltic)[70] 해군이 반란을 기도하던 시기에도 독일 황제 가 전력을 다하여 러시아 황제를 위해 모의하여 독일의 구축함을 파견 하여 우편물의 발송을 지원한 것은 누구나 다 아는 일이다. 당시 양국 황제의 발틱 회합도 세상 사람들의 주의를 끌었다. 이로 말미암아 가장 신경이 쓰이는 나라는 스칸디나비아와 네덜란드였고, 스웨덴·노르웨 이도 자신을 위압할 이국동맹이 성립되었다고 여겼고, 네덜란드·벨기 에도 러시아 차르가 자신의 위급을 구제함을 독일 때문으로 여겨 독일 의 네덜란드 침략을 승인하지 않겠는가 하는 기우(杞憂)를 표한 것은 의심할 바 없다.

그러나 이번 회합의 경우 외교사회가 네덜란드와 스칸디나비아를 다 시는 거론하지 않고 모로코 문제와 발칸 정책을 논하려는 경향이 있었 다. 재작년 이래로 모로코 사건이 늘 있음에 러시아는 삼국동맹의 의리 상 프랑스의 곁에 서서 독일의 행동을 방해할 정황이 있으니, 이는 독 일 정치가가 감당할 수 없는 바이다. 그러므로 저들이 늘 기회가 있으 면 러시아를 끌어다 자신의 곁에 두려 하며 엄정한 중립의 태도를 취하 게 하려고 노력 중에 있음은 숨길 수 없는 사실이다. 이른바 삼국동맹 이란 것도 사실 발칸 문제로 인해 성사된 것이다. 그런데 독일 정치가 가 이를 이용하여 전 유럽을 조종할 바탕으로 삼은 것은 누구나 다 아는 일이다. 그런데 근년에 이르러 오스트리아가 러시아와 발칸 문제의 협 상을 완수하고, 이탈리아는 발칸에 그다지 많은 득실이 없을 뿐 아니라 프랑스와 친근하고 영국과 의지하는 형세를 이룬다면 삼국동맹은 유명

---

70 발틱(Baltic) : 발트 함대는 러시아 해군의 주요 함대였고 발트 해의 항구인 나르바 (Narva)에서 두 황제가 1890년에 회합하였다.

무실해져 독일은 완전히 고립된 처지에 빠질 수밖에 없는 것이다. 그러므로 이 두 문제에 대하여 러시아와 독일 간에 어떠한 교섭이 있을 것이라 하더라도 무리한 추측이라 강변하지는 못할 것이다.

그러나 이상은 오로지 독일의 입장에서 입언한 것이다. 그런데 저나라의 필요조건이 이 나라에 있는지는 비록 논할 바가 아니나 다만 러시아는 어떠한가. 저 나라는 근년에 이르러 국운이 몹시 곤란한 까닭에 강대국의 지원이 없으면 단 하루의 평화도 도모할 수 없는데 눈앞의 독일이 가장 신뢰할 만한 지원국이니 그 필요조건의 요구에 대해 비록 거부할 이유가 없을 것이나, 다른 한편으로는 프랑스라는 동맹국이 있고 영국과도 당장 협상 중이라 저 나라는 죄다 서로 화친하고자 하는 나라이니 신뢰할 만한 국가 하나와 동맹하려고 다른 여러 적국을 만드는 짓도 감히 할 수 없는 것은 자연적 형세이다. 지금까지 독일과 협상할 기회에 봉착하나 단 한 건도 성사되었다는 소식을 듣지 못하였다. 특히 영국과 프랑스 협상이 성사된 후에 영국과의 교섭에서 어느 정도 편의를 더하는 대신 독일과의 교섭이 한층 더 어려워지는 지경을 면하지 못할 것이다. 우리가 추측컨대 이번 회합도 그 성대한 관망자들과 소란한 세상의 비평에도 불구하고 그 성과가 극히 적을 것이고, 이 때문에 유럽 외교계의 현상이 무너지는 등의 큰 영향을 결코 바랄 수 없을 것 같다.

헤이그(Haag)의 평화회의 -6월 25일-

참여국과 위원

이번 평화회의에 참여를 승낙한 열국의 수는 실로 47개국이란 다수를 상회한다. 그 가운데 2개국은 무슨 사정인지 마침내 위원을 보내지 않았고 그밖에 45개국 다수의 대표자를 소집하기에 이르렀다. 양반구의 강대국은 물론이고 그 나머지는 사람의 주의를 끌지 못하여 기억하지 못하는 국가도 많다. 아마도 참여한 각국의 위원도 위원명부를 검토해야 이러한 독립국이 지구상에 있었는지 깨닫는 바도 적지 않을 것이다. 이에 농담하는 자가 말하기를 "이번 평화회의 참여국의 지리상 위치를 아는 자는 유독 온종일 지리서에 고군분투하는 중학생 중에서 찾을 수 있을 것이다." 하니 이로써 이번 회의가 그 세계의 평화회의라는 명칭에 부합하여 능히 세계를 넉넉히 대표하는 것임을 알 수 있다. 위원의 총수는 247인인데 소국은 수행원을 합쳐 대략 2인 내지 3인의 대표자에 불과하다. 그러면 위원의 머리수로 치면 역시 강대국의 대표자가 소국의 위에 군림한다. 그러나 국가 하나당 투표권 하나를 소유함에 불과하여 아무리 다수의 대표자를 소유해도 투표권에 변화가 전혀 없으니, 비록 무명의 소국이라도 투표권 하나를 장악한 시점에서 진실로 경시하기 어려운 바라 하겠다.

특기할 만한 것은 제1회 회의는 갑국(甲國)의 을국(乙國)에 대한 투표권 위임을 허가하였는데, 이번 회의는 시작부터 제1 영국 위원 프라이 경이 이 관례에 반대하고 각국의 찬성으로 마침내 폐지된 것이다. 그 결과 러시아는 몬테네그로의 투표권을 소유할 수 없게 되었다고 한다.

△ 헤이그의 불시(不時)의 저축

250명의 위원과 그 수행원·수종자 등이 있고 또 위원 중 부인과 가족을 인솔해 온 기자가 많았고, 게다가 각국에서 특파한 신문기자가 약 150인에 달하였다고 한다. 그렇다면 평화회의를 위해 헤이그에 집결한 외국인의 수가 1000인에 달할 것이다. 그러나 위원과 수행원을 막론하고 누구라도 국가의 사신이라 하여 십분 보상을 받는 까닭에 생활비가 소액이 아니니 이로 인하여 헤이그에 낙찰된 금품도 거액이 될 것이고, 위원과 신문기자가 그 대표된 정부에 보내는 전보비가 하루당 1만으로 추산되는 거액에 달한다. 이상을 다 계산하면 평화회의 중 헤이그에서 유통된 막대한 금액을 상상하기 어렵지 않을 것이다. 헤이그의 인구가 겨우 20만 내외인데 토지에 제조공업은 없고 상업은 겨우 도시인의 일상 필수품을 취급하는 데 불과하다. 그러므로 평화회의가 시작된 지 얼마 지나지 않아 물가가 폭등하고 특히 여관 등은 대도시의 큰 여관도 군침을 흘릴 만한 고가를 부과한 곳도 있다. 소문에 의하면 일본 스즈키(都筑)[71] 대사가 점령한 객실의 경우 한 칸의 접객실과 침실 및 한 칸의 작은 방 뿐이나 180굴덴-총65원-의 대실비를 지불하였다고 하는데, 이것이 최고가에 속하는지는 장담할 수 없다고 한다. 각 여관마다 그 숙박한 위원의 본국의 국기를 처마에 높이 걸었는데 많은 곳은 6-7개국의 국기가 휘날리는 곳도 있다고 한다.

재미있는 사건은 우편 회사 증기선 아와마루(阿波丸)의 선원이 로테르담(Rotterdam)의 착륙을 기회로 헤이그를 관람하다가 이 수많은 국기가 공중에 휘날리는 광경을 멀리서 보고는 저곳이 필시 관람회 내지 연극희(演劇戲)의 흥행장이라 여겨서 벗들을 불러 모아 입장하려고 하였는데 이곳이 각국 위원의 숙박소라 하여 헛걸음 했다는 이야기가 있다.

평화회의란 명칭은 서기 1816년 유럽에서 창시되었다. 1849년 8월 22일 프랑스 파리에서 1차 대회를 개최하고, 1867년 제네바에서 회동하고, 1871년 로제니아[72]에서 회동하고, 1890년 미국 워싱턴에서 회동하였다. 헤이그 만국평화회의는 1899년 러시아황제가 발기한 것으로 이번

71 스즈키(都筑) : 스즈키 케이로쿠(都筑馨六, 1861-1923)는 일본의 외교관이자 정치가로 남작 작위를 받았다. 제국대학을 졸업하고 베를린 대학에 유학하였으며 외무성에 근무하다가 만국평화회의에 특명전권대사로 파견되었다.
72 로제니아 : 미상이다. 기사에서 다룬 만국 평화 회의는 "Hague Conference"로 지칭하고 파리와 제네바의 회합은 "Friends of Peace"나 "International Peace Congress"로 부른다. 1871년에 보불전쟁의 평화조약이 체결되었다.

회의는 제2차 회의라고 한다. 헤이그는 네덜란드에 있다.

영국과 독일의 외교 관계

영국과 독일 황제의 회견은 유럽의 전보에 의하여 각 신문에 게재된 것이라 그 사실이 조만간 드러날 것이다. 그런데 최근 열국의 황제와 대통령 등의 회견이 외교 관계를 선도하고 있으니, 이로써 추정컨대 이 회견도 필시 영국과 독일의 외교관계에 어떠한 영향이 미칠 것이라 여겨진다. 다만 그 효과가 과연 어떠할지는 이후의 사실로 징험하는 것 외에는 다른 방도가 없다. 다만 최근 영국의 대 독일 외교를 관찰하여 이 회견이 촉구된 유래를 따지자면 첫째 영국의 최근 외교 방침에 대한 독일의 오해를 불식시키고, 둘째 독일의 외교 정책이 이미 시대에 뒤처짐을 경고하며, 셋째 독일을 영국의 외교 권역에 편입시키는 것 등이 영국의 본의이다. 이에 우선 두 황제의 회견을 시작으로 점차 영국과 독일을 접근시키고 이를 연장하여 세계평화의 일대 동맹을 촉구하고자 하는 것이다.

앞서 기술한 세 가지 논점을 상세히 기술하자면, 독일이 영국·프랑스·러시아·일본의 접근을 목도하고는 어떠한 야심이 있는 줄로 오해하여 독일을 거의 고립시키기 위해 이러한 접근이 있다고 함부로 판단하고, 자국의 입장에서 타국을 단정하여 점차 최근 유럽의 외교 사상과 격리되면서 자국의 그림자에 놀란 책임을 다른 국가들에 전가시킨 것이다. 그래서 적국이 없으면서 의심하고 두려워하는 짓이 현재 독일의 일대 미혹이라 함이 영국의 여론이다. 독일이 미혹된 원인은 독일 외교가 전제적이라 술책과 군비(軍備)에 의존한 탓에 여론을 경시한 데서 나온 것으로, 영국 외교의 인도적이고 문명적인 성격과는 상반된다.

마케도니아·아르메니아 학살[73]의 경우 영국이 인도적으로 응징한 데
불과한 반면에 독일은 야심으로 대응하였고, 영국이 문명의 군대를 일
으켜 미개국의 왕을 인도한 반면에 독일은 미개국의 왕을 지원하여 영토
의 이권을 얻고자 한다. 마침내 진정한 동양의 평화를 목적으로 삼는
4국 동맹[74]도 독일이 4개국에 어떠한 야심이 없는지 의심하여 비우호적
으로 적대시하고 러시아의 전제를 지원하여 이 사이에 어떠한 파탄을
일으키고자 한다. 요컨대 영국과 독일 간의 외교 방침의 근본적 차이를
설파하여 독일의 미몽을 깨우치고 최후에는 미국을 끌어들여 세계 평화
를 위해 열국 간의 대대적 접근을 시도하고자 하는 것이 영국의 국론이
다. 또한 영국의 외교 방침은 양국 황제가 회견한 후에 성과와 실패에
관한 어떤 소식이 영국과 독일의 외교관계에서 나타날 것이라고 한다.

일러협약의 정문(正文)

일러협약

일본국 황제 폐하의 정부와 전(全) 러시아 황제 폐하의 정부는 일본
국과 러시아국 간에 다행히도 극복된 평화와 선린(善隣)의 관계를 공고
히 함을 희망하고, 또 장래 두 제국의 관계에 일체 오해의 원인을 제거
하기 위해 다음과 같은 조관(條款)을 협정함.

제1조

체약국의 일방은 그 일방의 현재 영토 보전을 존중할 사안을 협약하

---

73 마케도니아·아르메니아 학살 : 당시 오토만 제국에서 마케도니아인과 아르메니아
인에 대한 학살이 자행되었다.

74 4국 동맹 : 1907년 불일협정·러일협약·영러협상이 체결되어 일본·영국·프랑
스·독일 4개국이 협조 관계를 맺은 것으로, 4국 협조체제라 칭하기도 한다. 이 1호의
논설과 일본 신문 기사 등에서 한일신협약의 근간으로 강조한다.

고 또 체약국 간에 등본을 교환한 체약국과 청(淸) 제국의 여러 현행 조약 및 계약으로 발생한 일체의 권리-다만 기회균등주의와 무관한 권리에 한함-와 1905년 9월 5일 즉 러시아력 8월 23일 포츠머스에서 조인한 협약과 일본국과 러시아 간에 체결된 여러 특종 조약으로 발생한 일체의 권리는 서로 존중할 사안을 협약함.

제2조

양 체약국은 청 제국의 독립 · 영토 보전과 또 청 제국에 열국 상공업의 기회균등주의를 승인하고, 또 자국이 취할 일체 평화적 수단에 의하여 현상의 존속과 앞서 기술한 주의의 확립을 옹호할 사안을 협약함.

한양보(漢陽報) 제1호

• 본보 정가
 1부 대금 15전
 반년분 선금 80전
 1년분 선금 1원 50전
 우편료 매부 5리

• 광고료
 4호 활자 - 매행 1칸- 금 15전
 2호 활자 4호 활자의 표준에 의거함

 융희 원년 9월 1일 인쇄
 융희 원년 9월 11일 발행
 -매월 1회 11일 발행-
 경성 남서 대화정 1정목 제32호

 발행소 한양사(漢陽社)
     -경성 서서 서소문내 전화 323번-

 인쇄소 일한도서인쇄주식회사
 편집 겸 발행인 닛토 카츠로(日戶勝郎)
 인쇄인 코스기 킨파치(小杉謹八)

 발매소 경성 중서 파조교 남측 광학서포 김상만(金相萬)
     중앙서관 주한영(朱翰榮)
     종로 대동서시 김기현(金基鉉)
     대광교 37통 서포 고유상(高裕相)

메이지(明治) 40년 ｜ 융희(隆熙) 원년 ｜ 9월 11일 제3종 우편물 인가(認可)

한양보

제2호

사고(社告) −발간 취지−

　한일(韓日) 관계가 비록 점차 친밀해지고 있으나 인심의 화평을 아직 다 이루지 못하니, 양국 식자들의 의견을 교환하여 그 내막을 다 토로하는 것이 양국의 평화적 행복상 지극히 요긴한 사안이 될 것입니다.

　인간 세상에 사소한 의혹과 과실로 인하여 의사가 소원해지고 감정이 충돌되어서 대세의 큰 성취를 그르치는 경우가 고금을 막론하고 종종 있으니, 일한의 현상으로 그 장래를 추론컨대 역시 이러한 기우(杞憂)가 반드시 없다고는 단언할 수 없을 것입니다.

　본지가 미력함을 마다하지 않고 양국 식자 간의 그 의견을 소개하여 쌍방이 다 일치되는 경지에 귀결토록 하고자 하니, 큰 성취를 바라지만 역량이 혹 미치지 못함을 우려하여 두려운 마음 그지없습니다. 양국 식자들의 큰 찬사를 다행히 얻어서 국교의 진보에 다소 보탬이 될 수 있다면 그 영광이 단지 본지에 그치지는 않을 것입니다.

주창자

한양보 주임 닛토 카츠로(日戶勝郎)

지지신보(時事新報) 지국(支局) 주임 히사다 소사쿠(久田宗作)
경성일보(京城日報) 주필 핫토리 아키라(服部暢)
오사카 마이니치(大阪毎日) 지국 주임 나카지마 시바스케(中島司馬助)
대한일보(大韓日報) 이사 토가노 시게오(戶叶薰雄)

찬성자

통감부 촉탁 우치다 료헤이(內田良平)
조선일일신문(朝鮮日日新聞) 주임 이마이 타다오(今井忠雄)
오사카 마이니치신보(大阪毎日新報) 기자 나라사키 칸이치(楢崎觀一)
조선타임즈 주임 하기야 토시오(萩谷壽夫)

주의

지방에서 구독을 청구하는 분에게는 본지 3개월 이상의 대금을 선납한
후에 발송토록 하겠습니다.

기고논문의 모집

논제는 한일의 평화정책
의론의 종횡을 꺼리지 마십시오. 그 책임은 전부 본지에게 있으니 기고
자에게 누를 끼치지 않겠습니다.

경성 대화정 1정목 32호
한양발행소

목차

한양보 제2호

사설

원로(元老)·유생(儒生)·지사(志士)에게 경고하다

해안의 절벽 위를 걸어갈 때 한 걸음만 잘못 디디면 목숨과 신체가 다 사라지게 마련이다. 한국의 현상이 이와 유사하다. 이러한 시기에 여러분은 어떠한 수단을 가지고 국운을 인도하겠는가. 혹 여러분의 심사를 헤아려보건대 필시 '한국의 형세를 이 지경에 이르게 한 것은 다 현 정부 구성원의 죄업이지 우리와 상관이 없으니 국가의 존망은 그 책임을 정부 구성원에게 다 전담시켜야 한다. 우리는 백안(白眼)으로 냉대하다가 송병준과 이완용의 고민하는 정상을 조소하며, 박수치고 스스로 통쾌히 여기면 족하다' 할 것이다. 이러한 헤아림이 어긋나지 않았다면 여러분은 하나만 알고 둘을 모르는 것이다. 송병준과 이완용의 실패는 곧 한국의 실패이다. 국권이 한 번 타인의 손에 옮겨가는 날 여러분과 현 정부 구성원이 다 망국의 백성이 될 것이다.

이 지경이 된다면 송병준과 이완용의 어리석음만 조소할 수 있겠는가. 여러분과 현 정부가 원수처럼 지내는 것은 내외에서 다 아는 바이다. 이는 설령 무방하다 하더라도 와각(蝸角)의 투쟁도 국가가 존재한 후의 일이다. 여러분이 이러한 시기에 수수방관하여 대세 조정의 책임을 현 정부 구성원에게 전가한다면, 국가의 존망은 실로 예측할 수 없게 된다. 또 현 정부가 전 한국인의 중망을 잃은 지 오래되어 한 번 명령하면 백성도 질시하고 사인도 멸시하니, 설령 통감의 후원이 있어도 현 정부 단독의 힘으로 불평 가득한 민심의 제지를 도저히 기대할 수 없다. 그러므로 이제 여러분은 마땅히 정적을 질시하는 사심을 버리고 선우후락(先憂後樂)의 취지를 진작시켜 통감과 현 정부의 손이 닿지 않는 지점에서 평생의 기량을 시도해야 한다.

폭동이 봉기한 이래로 지방에 흩어져 사는 일본 인민이 폭도의 습격을 당하여 하루도 안주할 수 없고 인명 피해와 재산 손실도 나날이 증가하여 수많은 남녀노소가 가옥을 버리고 가업을 그만두어 도성(都城)으로 피난하니 그 참상을 이루 다 말할 수 없을 지경이다. 일본인 뿐 아니라 한국인도 전란의 화를 입은 자가 부지기수이다. 가옥이 잿더미가 되고 사람이 해골이 되어 죄 없이 수라(修羅)의 거리에서 흐느낀다. 아아! 이것이 어찌 한국 당국자의 진의겠는가. 사세(事勢)가 분주한 나머지 통제하지 못하였기 때문이다. 폭동의 영향이 다시 각 항구의 무역에 연달아 미쳐서 일본·청국·서구의 수입품이 근래 그 수량이 몹시 감소한 탓에 한국에 불평하는 외국 상인이 적지 않다. 지금 이 불온한 형세가 진정되기 어렵다면 그 폭동의 원인이 어떠한지 상관없이 일본은 보호국의 권리에 의하여 비상한 수단을 단행할지 알 수 없다.

그러면 한인(韓人)은 도리어 말하기를 '일본이 폭력을 폭력으로 대하므로 잘못이 일본에게 있다' 할 것이다. 비록 그러하나 일본의 지위로 논하건대 제국의 면목을 유지하고 보호국의 위엄을 존중하기 위해 다소간 패권적 수단을 산출함이 실로 부득이한 형세이다. 근래 일본의 유력 신문에서 왕왕 붓을 놀려 통감의 완만한 태도를 질책하고 고압적 수단을 사용하라고 권고하는 자가 한 둘이 아니다. 통감은 원래 진중히 숙고하는 인물이라 비록 비상한 조치를 경솔히 취하지 않겠지만 사람의 인내심에 한계가 있다. 폭도가 발호하여 수개월에 걸쳐 그 기세를 거두지 않는 시기가 되면 송양(宋襄)도 혹 돌변하여 풍부(馮婦)의 용맹을 배울 수 있으니[1] 이는 한인이 잊어서는 안 될 긴요한 일이다. 여러분께 바라는 바는 다름이 아니라 그 평생의 자질·인망·식견을 활용하

---

1 송양(宋襄)도…있으니 : 송양은 송양지인의 송나라 양공이며, 풍부는 범을 잡는 것을 업으로 삼다가 공부하여 선비가 되었다고 한다. 이는 『맹자』 「진심(盡心) 하」에 나온다.

여 기치 하나를 높이 걸어서 각 도(道)의 양반・유생을 초빙하고 큰 단
체를 결성하여 세계의 형세를 주시하고 국력의 배양을 설파하여 저들
로 하여금 폭동이 국가에 무익하고 도리어 국운을 단축시키는 줄을 알
게 하는 것이다. 시급한 시무 중에 이보다 급한 바가 없다. 현 정부
역시 이와 같은 의사를 인민에게 설명할 것이나 아마도 현 정부의 설득
이 인민의 신뢰를 받지는 못할 것이다. 오늘의 시국을 구제하자면 여러
분의 작은 힘이 삼군(三軍)의 위력보다 월등할 것이니 노고를 사양해서
는 안 된다.

　여러분 가운데 혹 '우리도 이러한 의지가 있고 또 분발하여 종사하면
이 민심을 조율하고 이 대세를 만회하기도 필시 어렵지는 않을 것이다.
다만 우리가 수족을 한 번 놀리면 통감부와 현 정부가 원수처럼 여겨서
추방과 해산이 이어질까 두려운데 누가 스스로 함정에 빠지려 하겠는
가.'라고 할 수 있다. 예전의 형세로 헤아려보건대 혹 이와 같았다. 하지
만 오늘의 형세는 다시 예전의 하명을 용납하지 않거니와 또한 통감・
부통감의 신임(新任)이 실로 전 한국인의 명을 중시하고 장래의 신정책
을 숙고하는 의사에서 나온 것이니, 진실로 일본・한국의 진보・발달
을 돕는 자가 있으면 그 누구를 막론하고 흔쾌히 협력할 것이다. 그러
니 어찌 유독 일진회 내각만 비호하여 일본의 보호정책으로 삼겠는가.
여러분께 과연 공정하게 행하려는 의지가 있어서 양국의 의혹을 해소
하고 반도의 평화를 강구하고자 한다면 마땅히 작은 수고를 아끼지 않
을 것이다. 하물며 통감이 일본・한국의 대국에 착안한 자라서 애증의
사심이 전혀 없음이야 말해 무엇 하겠는가.

　우리는 평소 이렇게 여겼다. 일진회는 예컨대 진보당과 같고 여러분
이 새로 수립한 바는 예컨대 보수당과 같다. 한국에 이러한 두 거대
단체가 있어야 인심의 향배가 비로소 정해진다. 이는 마치 왼손・오른
손・왼발・오른발과 같아 나아감과 물러감, 커지고 작아짐을 반복하여

정권이 서로 치하하면서 국운의 큰 진전을 볼 것이다. 여러분은 이러한 시기에 마땅히 큰 단체를 조직하여 불평 산만한 민심을 일체 포섭하여 정계 양분의 계책을 세워야 한다. 일진회만 독주하게 하는 것은 국가를 위한 계책으로 이롭지 않다.

논설

장래의 영업

통감이 부임지로 복귀하고 부통감이 새로 와서 내각 관제(官制)와 통감부 관제가 면목을 다 혁파하고 한성 정부에 정연한 수많은 인재로 충원 배치되니 장래의 경영이 반드시 괄목하여 볼 만할 바 있을 것이다. 이러한 시기에 우리가 당국에 바라는 바는 먼저 인심의 불평을 제어함에 있다. 인심의 향배를 관찰하여 어느 지점이 불평의 지점이고 어느 지점이 귀순의 지점인지 파악하고 가려운 곳을 긁어주는 일이 가장 중요한 정치적 공평의 지능이다. 이는 자아의 사심을 떠나고 공리(功利)의 조급함을 버려서 한국의 발달과 양국의 조화에 성실히 자임하는 자여야 비로소 해낼 수 있다. 저 조혼 금지령과 단발령 등은 그 사안이 비록 훌륭하나 그 적기에 발표하지 않아서 폭도에게 불평의 화제거리를 제공하니 이는 다 당국자의 얕은 사려의 소치다.

가령 위장병에 걸린 자에게 폐를 강하게 하는 약을 쓰면 사람이 그 수단의 졸렬함에 놀랄 것이니 장래의 경영 착수를 이와 같이 해서는 안 된다. 지금 폭도를 진정할 방침은 참으로 식자도 고심하는 바이고 당국자도 고심하는 바이다. 하지만 우리의 입장에서 보면 폭도 같은 사안은 당면한 큰 문제는 아니다. 원래 폭도의 단체가 최후의 승산이 있는 것도 아니고 자립할 소굴이 있는 것도 아니라. 그저 한 때 당국자가 시정하는 절목이 내심 이해되지 않고 의사에 불만이 있어 격앙하여 갑자기 폭발한 것이니, 이는 이른바 감정의 충돌이라 주의나 견해의 반대로 볼 수는 없다. 그러므로 폭도의 기세가 간혹 극렬하더라도 취객이 이윽고 자연히 지치는 것처럼 저들도 분주하다가 지쳐서 굳이 소탕하지 않더라도 그 형체가 사라지는 데는 그다지 오래 걸리지 않을 것이니, 또한 어찌 깊이 근심할 필요가 있겠는가. 우리가 근심하는 바는 그림자가 아닌 형체이고 지엽이 아닌 근간이니, 바로 폭도가 아닌 폭도를 만든 민심의 불평이 그것이다. 이 불평의 마음이 사라지기 전에는 소요와 갈등의 기복이 심하여 중단될 기약이 없을 것이니, 불평의 마음이 곧 형체이자 근간이고 폭도는 곧 그림자이자 지엽일 뿐이다. 이 불평의 민심을 실로 완화시킬 수 있다면 마치 주머니 속 물건을 취하는 것처럼 경국안민(經國安民)의 공로를 이룰 수 있을 것이니, 오늘의 폭도를 장래의 양민으로 변화시키는 데 무슨 어려움이 있겠는가.

일반적 관점으로 살펴건대 오늘의 불평을 빚어낸 일대 원인이 선양과 협약에 있는 것 같다. 그러나 이 사안이 오늘의 큰 갈등을 야기할 가치가 굳이 있는 것도 아니다. 무엇 때문인가. 한국이 헤이그 밀사 사건을 제기한 이래로 평지에 파란이 일어나 선양과 협약을 일으킨 것이다. 불평으로 불평을 바꾼 격이니 이는 이른바 정치적 무역이라, 그 한 편만 편애하고 다른 편을 배척해서는 안 된다. 이러한 시기에 당국자는 마땅히 삼가 처신하고 세심히 숙고하여 민심을 완화할 방법을 모색해야 한다. 우리 같은 불초자도 몇 가지 시행할 수단이 없지 않다.

하지만 애석하게도 당국자가 교만방자하게 경거망동하여 '천하에 내 칼날이 닿지 않는 데가 없다' 여겨 정우(政友)[2]를 포박하고 정사(政社)를

2　정우(政友) : 정치적 우군을 의미하나. 1910년 대한제국에서 결성된 친일 정치단체인 정우회 같은 세력을 가리킬 수도 있다.

억압하고 단발령을 반포하고 군대를 해산하였다. 원하는 대로 하지 않음이 없어서 마침내 작은 갈등이 큰 갈등으로 변하고 작은 혼란이 큰 혼란으로 변하여 민심이 내몰려 불평의 지경에 처하게 된 것이다. 아! 당국자가 어찌 백성의 소요를 기뻐하여 그렇게 하겠는가. 대개 경세(經世)의 착안에서 그 요점을 그르쳤기 때문이다. 지금은 인민이 당국자를 원수처럼 여겨서 그 형세로 양립할 수 없다. 그 원한이 통감부에 미쳐서 신정책의 의의를 전 한국이 다 오해할 것이니 통한을 금할 수 없다. 그렇다면 장래를 경영하는 방법의 여하는 다름이 아니라 한인(韓人)을 이해시킴에 있다.

비록 한국에 인재가 없다고 하나 원로 유림 중에 중망을 진 자가 적지 않다. 이 무리로 하여금 정부에 달려가게 하여 그 바라는 바를 행하게 한다면 몇몇 큰 단체를 형성할 것이다. 단체가 형성되고 나서 경영의 방침을 제시하고 발달의 방법으로 인도하여 저들로 하여금 지방의 양반과 유생을 통솔하여 개국(開國)의 사업에 한 뜻으로 종사하게 한다면 인심이 점차 지향한 바를 알아서 오늘의 폭동을 다시 저지르지 않을 것이다. 새 법령을 발표할 때 그 사안이 실로 대국과 관련이 있다면 각 단체의 수령을 초빙하여 우리의 의견을 설명하고 저들의 언론을 청취하여 서로의 오해와 의혹을 없앤 뒤 공포하고 전력해야 조정과 재야의 인심이 하나가 되고 상하가 협력할 수 있다. 그러면 백만의 폭도가 있다 하더라도 틈탈 기회가 없어서 장차 모두 달갑게 우리의 부림을 받을 것이다. 대저 정(政)이란 정(正)·성(誠)이고 공평(公平)·무사(無私)이다. 국민의 마음으로 국민을 다스리면 천하에 다스리지 못할 국민이 어디 있겠는가. 하물며 한국처럼 간박(簡朴)하고 순량(順良)한 나라임에랴! 일진회 내각은 한국인의 일부이지 전체가 아니다. 지금 일부의 의견만 편애하고 전체의 의견을 무시한다면 정치라 할 수 있는가. 이와 같다면 끝내 민심의 불평이 마치 계곡의 운무처럼 겹겹이 드러나 쓸어

내도 다시 생겨서 영원히 근절되지 않을 것이다. 유념하고 또 유념해야
한다.

한국에 대한 니토베(新渡戶) 박사의 고언(苦言)

니토베 이나조(新渡戶稻造)[3] 박사는 일본의 유일무이한 학자다. 그는
메이지(明治) 37·38년(1904-1905) 이래로 자신이 느낀 바를 집필하여
그 기록의 제목을 『수상록(隨想錄)』[4]이라 하고, 영문으로 철습하여 영
문 잡지에 투고하였다. 그 담화들이 음미할 만하고 촌언(寸言)이 마음
을 자극한다. 이 가운데 한국에 관한 내용이 있는데 인도적 안목으로
일본의 관민을 각성시키니 착상이 심원하고 문장이 무르익어 독자가
한 번 읽으면 상쾌해진다. 이에 다음에 번역 채록한다.

일본이 아시아에 국가를 수립한 까닭은 황색 인종의 패권을 장악하고
자 한 것인가? 그렇지 않다. 그렇다면 침략하고자 한 것인가? 그렇지 않
다. …… 원래 인종적 경쟁에 대해 나는 그 의미를 잘 모른다. 낯빛의 차
이와 피부의 황색·백색을 가지고 전장에서 서로 살육하는 데 무슨 영광
이 있는가. 낯빛의 여하를 불문하고 단지 전 인류에 인도(人道)를 펴고
자 한다면 우리는 무기를 들고 설 것이라 싸워도 이를 위할 뿐이고 죽어
도 이를 위할 뿐이어야 가치가 있다고 할 수 있다. 지금 인도(人道)가
유럽에서 곤궁함이 극심하고 아시아는 이보다 더 극심한 줄 알 수 있다.
우리가 한국의 통치권을 주관하더라도 저 나라의 고통을 치유할 수 없다
면 우리는 한국에게 어떠한 우월한 권리도 요청할 수 없고, 인도에 어긋
나는 방책으로 약소국에 권력을 떨치고자 한다면 이러한 자는 참으로 가

---

3 니토베 이나조(新渡戶稻造) : 1862-1933. 일본의 사상가, 교육자, 외교가이다. 영
   어로 저술한 『*Bushido: The Soul of Japan*』이 유명하다.
4 『수상록(隨想錄)』 : 1907년에 간행된 『隨想錄』(東京 : 丁未出版社)으로 추정된다.

련하고 저열한 정치가일 것이다. …… 저 한국인이 새 주재자의 좋은 치적을 요청하면 이는 지당한 요청이니 반드시 응해야 한다. 그런데 이에 반하여 저 국민에게 받은 바를 물리쳐 버린다면 안타까울 것이다! 이는 우리 일본이 팽창하는 국가라는 명칭과 지위에 부적합함을 증명할 것이다. …… 지나에 대해서도 우리 세력이 간혹 그 법도를 그르쳐서 황색 화환(禍患)을 빚어내어 문명을 저해한다면 인도를 쇠퇴하게 할 것이니, 이 또한 우리가 아시아의 진정한 패왕(覇王)의 자격이 없음을 증명하는 것이다. 우리가 아시아에게 취할 것은 미래의 꿈이다.

　과연 진보하여 정의·자유·질서의 관념을 얻을까, 그렇지 못할까. 또 유럽의 압제자보다 한층 더 악독할 것인가, 그렇지 않을까. 이 흑백은 청컨대 미래의 역사로 그 여부를 심판할 지어다.

-메이지 38년 10월 기록-

농공(農工) 금융기관

　이토 통감이 회의에서 말하기를 "한국 문제를 단 한 마디로 정의하면 금융에 달려 있다" 하니 참으로 그러하다. 교육·농업·내정 등 온갖 발전이 다 금융에서 비롯되므로 통감이 지목한 바는 오직 정부의 재정에 국한된 것이다. 그러나 이것이 어찌 재정에 그치겠는가. 국민의 부력(富力) 개발과 국고(國庫)의 세원(稅源) 함양 역시 이 속에 함축되어 있다. 당장 긴요한 안건은 농공업을 행하는 자에게 있으니 특별 금융기관을 설치하여 전체적 발달을 도모함은 물론이고 지금 한국에 설치된 금융기관이 대개 일본인의 손에서 이루어졌는데 그 조직과 대출을 살펴보면 전부 상업자에 대한 편리만 있지 농공 업자에 대한 편리를 부여한 사례를 아직 보지 못하였다. 근년 각도의 관찰사 소재지에 농공 은행의 신설이 있으나 그 자금이 겨우 10만원 내외라 도(道) 전체의 농공업을 이롭게 하기는 도저히 부족하다. 그러니 식산 흥업의 논의만 무성하고 식산 흥업의 방도가 개발되지 않은 것도 당연하다.

몇 개월 전 경성·인천 및 기타 도시의 금융계에 공황이 발생하여 파산이 연이은 사태를 사람들이 다 안다. 그 원인도 농공 업자에 대한 금융기관의 방도가 개발되지 않은 데 있다. 인천의 일본인 상업회의소에서 그간의 소식을 자세히 조사하니 지난 달 통감부에 한국 농공 업자를 보조할 금융기관을 신설하는 안건을 제출하였는데, 통감부에서 그 필요성을 미리 숙지하고 한창 구상 중이며, 농상공부에서도 개간국을 신설하여 개척 사업의 업무를 담당하니, 진미를 곧장 삼킬 수는 없어도 끼니를 차릴 준비가 되었다는 풍문을 듣는다면 굶주린 배에 다소 위안이 될 것이다. 그저 원컨대 당국자가 전력을 기울여 농공의 발달을 도모하여 백성을 부유하게하기 바란다. 의식(衣食)이 충족되어야 예절을 알 수 있으니, 정치가의 고심은 바로 여기에 있어야지 구구한 당쟁의 말단에 있어서는 안 된다.

정사(政社) 문제

우리가 이미 제1호에서 단체를 해산한 실책을 통렬히 논하여 당국자에게 경고하였다. 그럼에도 불구하고 그 견해를 바꾸지 않으므로 부득이 거듭 논의한다. 한족(韓族)은 개인의 지능이 진보되지 않고 독행의 기상(氣象)[5]이 서지 않아서 반드시 단체의 세력이 있어야 사안 하나를 이룰 수 있고 결사(結社)의 역량에 의지해야 논의 하나를 결정할 수 있으니, 통솔의 적임자를 얻고 지도의 최선을 얻으면 참으로 통제하기 쉬운 국민이다. 당국자가 단체를 억제하는 의도가 폭동의 예방에 있다고 하는데, 한 번 묻나니 억제한 후에 폭동의 세력이 과연 감소되는가.

---

5 기상(氣象) : 원문의 '氣衆'은 '氣象'의 오기라 이와 같이 옮겼다.

도리어 늘어나지 줄어들지 않을 것이니, 이는 사실의 증명이라 논쟁할 바 아니다. 그렇다면 억압주의는 헛되이 백성의 원망만 초래하지 사안에 무익하다. 차라리 공적으로 허가하여 몇몇 단체를 형성하여 민심을 한 곳에 집합시키는 편이 정책상 더 편리하다.

비록 인심의 차이가 그 얼굴의 차이와 같다고 하나, 일국의 향배와 추세로 징험컨대 큰 구별이 두세 가지에 불과하고 그 수령 역시 약간의 무리에 불과하다. 능한 자가 위에 있어 판단하고 위무하면 마치 손아귀의 물건을 놀림과 같으니 사나운 무리를 제어함에 무슨 걱정이 있겠는가. 문명의 열강도 이미 이런 수단이 있는데 하물며 오늘의 한국임에랴. 인민은 도살장에 끌려가는 양떼 같고 당국자는 날개 단 호랑이 같으니 설령 백만의 단체라 해도 손가락질, 고갯짓 사이에 다스릴 수 있다.

지금 금지 억압하여 해산시킨다면 거미나 벌떼 무리 마냥 뿔뿔이 흩어져서 지능으로 통솔할 자가 없고 형성으로 결집할 자가 없어서 완미함이 완미함을 더하고 시기와 의심이 시기와 의심을 더하게 될 것이다. 정부를 원수의 가문처럼 경계하고 관리를 원한의 도적처럼 간주하여 수만 사람이 수만 가지 마음이 될 것이다. 그러면 어찌 명령 하나로 다스릴 수 있겠는가. 도처에 무리를 이루고 사방에 폭동을 일으켜 관군은 급한 명령에 헛되이 지치고 정부의 진의는 민심의 신뢰를 얻지 못하게 될 것이다. 관무(官務)가 황폐해지고 민업(民業)이 쇠퇴하여 수천만 금전을 허비하게 될 것이다. 아! 천하의 어리석음으로 이보다 더한 것이 있겠는가.

모름지기 정사를 공인하고 단체를 장려하여 민심을 통일하고 국가의 지혜가 균등해지기를 기대해야 한다. 이는 비유컨대 병독이 전신에 다 번지면 한두 군데만 따로 치료하다가 조제를 포기하기[6] 십상인 것과

---

6 조제를 포기하기 : 원문의 '下七投藥'의 '七'은 '匕'의 오기. '匕'는 약품 조제를 의미하는 '匙'와 통한다. '匙を投げる'는 치유가 어려워 진료를 포기한다는 뜻이다.

같다. 당국자가 일대 방침을 확립하여 천하에 공시하고 각 단체로 하여금 이 방침을 받들게 하고, 그 가운데 식견과 인망이 두루 뛰어난 이를 선발하여 정권을 담당하게 한다. 그러면 각 단체가 주야로 급급히 심력을 다하여 이 방침을 완성하는 것 외에는 여념이 없을 것이니, 어느 겨를에 유혈사태에 목숨을 걸고 경거망동으로 자멸하겠는가. 이것이 당국자가 가만히 앉아서 천하를 다스리는 도리이니, 지혜로운 자는 마땅히 이 의론을 채용할 것이다. 가만히 생각건대 조정의 여러분과 통감부의 관원들이 다 빼어난 인재이니 이에 착안하지 못할 리가 없다. 그러나 착안하고서도 이 의론을 발하지 않는 것은 단지 때가 되지 않아서일 것이다. 비록 그러하나 이는 우리 같이 당국자를 깊이 신뢰하는 측에서 생각한 것이니, 불신하는 측의 생각은 일진회를 비호하고 여타 단체를 억압한다고 여길지 알 수 없다. 사곡(私曲)이 이와 같으니 이는 국가의 화근이다. 우리는 한국인의 불행을 고민하기에 우선 당국자에게 조의를 표하고자 한다. 무엇 때문인가. 당국자가 손수 벼린 칼날로 도리어 자신의 배를 찌르고 있기 때문이다. 한국인이 망하기 전에 정부가 자멸하려 하고 있으니 어찌 조문하지 않을 수 있는가!

타인을 원망하기보다는 자신을 수양하는 편이 낫다

장용한(張龍韓) 기고

근래 문인(文人)·지사(志士)가 각자 자신의 의견을 기술하여 잡지·월보(月報) 등의 책을 간행하니 사람들이 이루 다 볼 수 없어 왕왕 항아리 덮개[7] 신세가 되거늘, 내가 췌언을 거듭해 구독자의 두통을 더하고

---

7   항아리 덮개 : 원문은 '覆瓶'으로 책을 낮잡아서 이르는 표현이다.

싶지는 않다. 그러나 말이 죽을 때 울음을 멈추지 않고 사람이 죽을 때 말을 그치지 않는 법이니, 지금 2천만 생령[8]이 진멸하는 지경을 당하여 어찌 말 한 마디가 없을 수 있으리오. 이에 몽당붓을 잡고서 한 획에 세 번 생각하며 몇 줄 적으니, 언사가 비루하여 여러 군자들의 감상에 제공할 만하지 못하다. 천근한 말이라도 살펴보고 나무꾼에게 묻던 아름다운 뜻으로[9] 외로운 등잔에 잠 못 자는 밤과 밝은 날 차 마시는 틈에 마음 비우고 한 번 읽는다면, 종이와 먹 사이를 잡고서 길고 짧은 탄식에 담긴 뜻과 비처럼 흘린 피와 눈물의 흔적을 그대로 볼 터이다. 또 내외 상하의 사상을 보완할 바가 있겠다.

　　지금 논자들이 다 말하기를 "일본이 한국을 망친다"고 한다. 그러나 가령 일본이 아니면 한국의 소행으로 오늘의 세계에 처하여 나라가 어떻게 될 것이라 여기는가. 천하의 이치에서 '자초하지 않은 바가 없다'[10] 하니 '흥망이 타인에게 달렸다'는 말을 나는 믿지 않는다.

　　옛날 동협(東峽)[11]의 한 선비는 술주정을 잘 부렸다. 하루는 그가 이취(泥醉)하여 성질내고 객기를 부리니, 문짝을 차 부수고 처자를 때려 쫓고 홀로 밤에 알몸과 맨발로 다니며 어지러이 미친 듯 소리쳤다. 굶주린 곰이 산에서 나는 듯 내려왔는데 유호(乳虎)가 제 새끼를 해칠지 염려하여 곰을 쫓아버리고 취객을 지나치다 돌연 바닥에 널린 고깃덩이 하나를 보고 천지에 감사드리며 기쁨을 이기지 못하였다. 이에 사방을 곁눈질하면서 취객을 주시하고 오래도록 진퇴를 반복하다가 점차 그 누운 곁에

8　생령 : 원문의 '生靈'은 '生靈'의 오기.

9　천근한…뜻으로 : '察邇'는 『중용(中庸)』 6장의 '순임금이 천근한 말도 자세히 살폈다'는 문구를 취한 것이고, '詢芻'는 『시경(詩經)』「대아(大雅)·판(板)」의 '어진 자는 천민에게 묻기를 부끄러워하지 않는다'는 구문을 취한 것이다.

10　자초하지…없다 : 『맹자』 「공손추(公孫丑) 상」의 "화와 복은 다 자신이 초래하는 것이다〔禍福 無不自己求之者〕"는 문구를 차용한 것이다.

11　동협(東峽) : 동협(東峽)은 축자적으로 동쪽의 산지를 이르는데, 여기서는 우리나라를 빗댄 것으로 추정된다.

다가 가서 잠꼬대 소리를 들어보고 코로 짙은 냄새를 맡고 발톱을 늘려 등을 살짝 당기고 소리를 높여 그 잠을 깨우고 한 번 그 왼발을 물고 다시 그 오른손을 물었다. 그래도 취객은 여전히 잠에서 깨지 않고 그저 입에서 혼란스런 고통의 소리를 내면서 사지가 잠깐 준동하는 모양뿐이었다.

취객의 처가 이웃집에서 자식들에게 말하기를 "별안간 들리는 호랑이 소리가 우리 집에서 나온 것 같으니, 우리 어른이 위험하지 않나." 하니, 어느 한 자식이 말하기를 "호랑이가 어찌 사람을 먹겠습니까?" 하고, 그 다음 자식이 말하기를 "설령 호랑이가 우리 아버지를 해치려 하더라도 필시 우리 이웃의 손에 먼저 죽을 것입니다. 서쪽 이웃인 미장(米丈)[12]은 변장(卞莊)[13]의 용맹이 있고 우리 아버지와 정이 두텁습니다. 그리고 북쪽 이웃인 노군(魯君)은 왕년에 바닷가에서 사냥하다가 어린 표범에 몰려서 그 총은 부서지고 말을 잃으니 기사(騎射)에 능하다던 수십 년 명성이 하루아침에 꺾였습니다. 그러한 까닭에 지금도 호랑이에게 절치부심하니 이 두 분이 호랑이를 본다면 필시 쌍창을 나란히 들 것입니다." 하였다. 말을 주고받는 사이에 호랑이가 취객의 준동을 보고 그 여력이 있을지 우려하여 한 번 솟구쳐 취객의 머리와 덜미 사이를 한 번 깨무니, 취객이 반성(半聲)으로 여섯 번 부르짖음에 이미 유명(幽明)을 달리하였다. 처자식이 그 다급한 절규를 듣고서야 경악해 슬피 울부짖으며 울타리의 버려진 장대와 아궁이의 장작을 가지고서 이웃에게 소리치며 씩씩 헐떡대며 달려가나, 아아! 망자가 어찌 회생할 수 있겠는가. 남은 것은 단 몇몇 잔해뿐이거늘 호랑이는 여전히 호시탐탐 떠나지 않고 온 땅 가득한 피를 혀로 핥고 호랑이 새끼는 그 잔해를 다투며 장난을 친다. 이웃의 장자가 이에 비통함을 토로하며 망자의 자식을 책망하였다.

"그대들은 호랑이를 원망하지 마라. 육식은 호랑이의 천성이거늘 호랑이가 어찌 그대들의 아버지를 알아주겠는가. 다만 염려할 일은 속담에

---

12 미장(米丈) : 일본에서 미국을 이르는 호칭인 "米國"에서 비롯되어 미국을 빗댄 표현으로 보인다.
13 변장(卞莊) : 중국 춘추시대 노(魯)나라의 장사로 호랑이 2마리를 한꺼번에 잡았다고 전해진다.

'사람이 호랑이 먹이가 되면 그 귀신이 창귀(倀鬼)가 되어 필시 그 혈족을 다 이끌어 호랑이 먹이로 삼는다. 그러므로 한 사람이 호랑이에게 죽으면 온 일가의 우환이 된다' 함이다. 너희는 술주정으로 처자식을 축출하는 짓도, 문짝을 부수고 홀로 밤에 알몸으로 나다님도, 미친 듯 어지럽게 울부짖는 짓도 막지 못하였다. 아이가 태어나면 효제(孝悌)와 의용(義勇)으로 가르치고 환란을 막음에 반드시 우수한 총과 예리한 검을 갖추고서 시급한 일이 생기면 타인을 의뢰하지 말고 일가의 사람들이 만사일생(萬死一生)의 각오를 새겨야 한다. 이렇다면 먹이를 탐내는 호랑이를 함정에 빠트릴 수 있고 호랑이가 새끼를 업고 물을 건널 수 있다.[14] 하지만 그대들 가풍이 습관이 되어서 그대들 아버지가 호랑이에게 상하던 때와 같이 한다면 호랑이가 그 창귀를 이용하여 그대들 족속이 남아나지 않을 것이다."

이는 내가 어릴 적에 마을의 이야기를 들은 것이다. 창귀라 함은 야인(野人)의 황당한 말이라 하겠으나, 그 자초한 바를 경계하고 자기수양에 힘쓰라는 점은 가히 오늘날 한국의 형세를 일깨울 만하다고 하겠다. 한국이 망하지 않기 위해 힘써야 할 사안과 방도가 손으로 일일이 다 셀 수 없을 정도인데, 이를 반성하지 않고 강한 이웃만 원망하는 짓이 마치 취객의 집안이 미리 방비하지 못함을 깨우치지 않고 호랑이만 원망하는 것과 무엇이 다른가. 지금 한국이 위망(危亡)하는 원류(源流)의 만분의 일이나마 아뢰어 천근한 말도 잘 살피실 군자들에게 드린다. 이는 마치 죽을병을 고치고자 하면 병든 원인부터 강구해야 하는 것과 같다.

---

14 호랑이가… 있다 : 『통감절요(通鑑節要)』의 "지방관이 정치를 잘하자 '호랑이도 다 새끼를 업고 황하를 건넜다〔虎皆負子渡河〕'"는 고사를 차용한 것이다.

○ 한국 위망(危亡)의 원류(源流), 그 제일은 규모의 협애(狹隘)이다

우리나라가 5백년 내내 쇄국하고 자수(自守)에 전념한 나머지 인민의 견문이 고루하여 무단히 나만 옳고 존귀하다는 버릇을 양성하였다. 스스로 자랑해 꼭 말하기를 우리가 동방예의지국이니 소중화(小中華)이니 삼대(三代)의 제도를 가졌다느니 한나라와 당나라의 문물이니 공맹(孔孟)의 도(道)니 정주(程朱)의 학문이니 하고, 외국을 비판하면서는 이적(夷狄)이니 금수(禽獸)니 귀자(鬼子)니 인류가 없다느니 법률이 없다느니 한다. 그 사람을 평가함에 목을 빼고 엿보며 왁자지껄 분주하고 그 물건을 보면서는 잠깐 살피고 사납게 깎아내려 그 사람을 접하지 않고 그 물건도 쓰지 않음이 고상하다고 여긴다. 관청도 이렇게 백성을 가르치고 아비도 이렇게 자식을 가르치고 남편도 이렇게 아내를 가르치고 스승도 이렇게 제자를 가르친다. 청국의 경우 조빙(朝聘)과 경조(慶弔)에 사절이 서로 이어지는 반면 백성의 통상을 금하고 왕래를 끊었다. 간혹 양국 변경의 주민이 몰래 무역을 하다가 관리에게 적발되면 잠상(潛商)이라 하여 즉시 참수하고 압록강 가에 열 길 장대로 내걸어서 대중에게 경고하고, 봄 3월과 가을 9월 사절의 왕래 시기에만 개시(開市)를 인준하여 상인의 무역을 허락하였는데, 이것만 가지고도 충분히 전국의 수요를 보충하고 팔도의 상업에 제공할 수 있었다. 만일 조속히 그 제한을 철폐하여 인민으로 하여금 막힘없이 왕래하여 그 지식을 교환하고 유무(有無)를 교역하며 병사(兵事)를 시찰하고 실업을 견습하게 하였더라면 오늘날 우리 3천리 강토의 형편이 어찌 지나만 못하였겠는가.

지나는 자고로 사실상 동양문명의 스승이거니와 조선이 태초에 백성이 탄생한 이래로 지나와 서로 소통한 지 무려 수천 년이나 되는데도 사실상 단절됨이 오히려 이와 같거늘, 하물며 거리가 먼 유럽 여러 나

라와의 관계야 어찌 논할 수 있으랴. 뿐만 아니라 같은 국내마저 일시
동인(一視同仁)하지 못한다. 팔도(八道)가 경향(京鄕)으로 나뉘고 경성
(京城)도 사색(四色)으로 나뉘고 사색에도 고저와 강약의 구분이 있는
데, 그 나머지는 다 배척하여 다른 종자나 열등한 종자로 대한다. 비록
영웅·호걸의 출중함과 재주·식견의 절륜함을 갖춘 인재라도 봉록(俸
祿)·국사(國事)를 함께 할 수 없고 그저 굴레에 얽매여 부역이나 바칠
뿐이다. 규모가 이토록 악착스러우면 한 가문도 제대로 꾸릴 수 없거늘
하물며 어찌 나라를 논하리오. 우리가 오늘에 이르러 전멸할 지경이
된 것은 사실상 규모가 협애함에서 비롯된 것이다. 지금의 세계는 인문
(人文)이 육벽(六闢)[15] 하여 구시대와는 전혀 다르니, 비분강개의 뜻을
지닌 전국의 동포들이 각자 분발하여 과거의 원한을 설욕하고 장래 활
로의 개척을 도모해야 한다.

　지금 대세는 서양이 사실상 승자의 지위를 점유하고 일본이 일찍이
문명을 수입하여 동양의 개화(開化)에 가장 먼저 착수하여 은연히 국가
운영의 선각이 되었고, 또 우리 한국은 일본과의 긴밀한 관계가 없어서
도 안 되고 없을 수도 없는 형세에 있다. 그러니 우리 한인(韓人)은 마땅
히 기(氣)가 웅장하되 지(志)는 겸손하고, 행(行)이 고상하되 예(禮)는
비근해야 한다. 관(官)과 관이 교류하고 민간과 민간이 사귐에 상대가
계략을 쓰더라도 우리는 성실로 대응해 사력(死力)을 다하여 그 장점을
배우고 단점을 버려서 그 공업·농업·상업·단체·용기를 배우고 그
정치를 연구하고 군제(軍制)를 시찰하여 황급히 우리의 자강(自强)을
도모해야 한다. 그러면 천시(天時)·인사(人事) 또한 세월이 지나면 장
차 변할지 모르겠으나, 실지에 근거하지 않고 실제 사무에 착수해서
헛된 비분강개의 태도로 완고와 묵수에 몰두한다면 실력이 어디서 비

15　육벽(六闢) : 여섯 번이나 개벽되었다는 뜻이다. 또는 "大"를 "六"으로 오기한 것으로
　　볼 수 있다. 그러면 "크게 열려" 정도의 의미가 된다.

롯하리오.

우승열패(優勝劣敗) 시세가 닥쳐와서 우리 한국 인종이 자연스레 날마다 달마다 감소할 것이니, 오늘의 2천만이 결국 얼마나 남아서 어디서 살고 무슨 땅을 경작하고 어느 곳에서 행상하다가 어떤 곳에서 상봉하여 대한(大韓) 당시의 일을 말하고 옛 강산의 새 풍경에 한 움큼 뒤늦은 눈물을 뿌릴지 알 수 없다. 만일 청산녹수에 깊이 숨어서 시사(時事)에 무지한 탓에 이 말을 불신하는 자가 있다면 시험 삼아 한 도시·한 항구·한 정거장을 보게 하고 이 한 지역으로 전국을 헤아려 보게 하며, 10년 이전을 가지고 10년 이후를 헤아려 보게 하라. 어디서나 살 만한 땅에 우리나라 사람이 희박한데 이웃나라 사람이 조밀하고, 또 우리나라 사람에게 길이 안정을 누릴 형세가 전무한데 이웃나라 사람에게 홍수가 태산을 뒤덮듯 나날이 번성할 형상이 있다. 이로써 미루어 보건대 좋은 밭과 너른 집을 가질 수 있겠으며 이름나고 아름다운 산수를 가질 수 있겠는가! 도검으로 대결해 살육하며 서로 빼앗음이 아니라고 해도 저는 강한데 우리가 약하고 저는 부유한데 우리가 가난하니, 정권(政權) 내지 재력으로 저들이 바라는 바를 반드시 남김없이 다 취할 것이다. 그렇게 된다면 우리는 매서운 바람에 구름이 흩어지듯 동서로 영락할 것이니, 이 어찌 필연의 형세가 아닌가!

그러나 이는 이웃 사람이 악행을 저질러서가 아니라 우리가 용렬한 탓에 자초한 것이다. 가령 이웃 마을에 가업을 탕진한 자가 있으면 우리도 장차 금전을 축적하고 시기를 기다려서 그 전토를 매수하고 그 보화를 교역하지 어찌 수수방관하면서 타인의 이익이 되기를 바라겠는가. 이웃 간에도 경쟁심을 면하기 어렵거늘, 하물며 국경이 다른 사이임에랴. 우월함으로 열등함을 이기고 지혜로 우둔함을 취하고 부유함으로 가난함을 삼키는 것을 우리가 어찌 감히 원망할 수 있는가. 그렇다면 어찌 해야 하는가. 일단 그저 과거 쇄국 시절의 형편없이 고루한 짓을 되풀이 하지 말고, 각자 분발하여 우리를 이긴 자를 배워야 할 따름이다. 원컨대 우리 2천만 동포들이 다 부형은 그 자제에게 전하고 관헌도 그 백성에게 권면하여 '학(學)'자 하나에 힘쓰기 바란다. (미완)

시사

이토 통감 환영회의 연설

도쿄시의 이토 통감 환영회를 9월 13일에 우에노(上野) 공원 구박람회(舊博覽會)[16] 내 연예관(演藝舘)에서 개최하였는데 통감의 연설이 다음과 같다.

참석해주신 각하와 내빈 여러분. 여러분은 본관이 작년에 한국 통감으로 부임한 이래로 오늘에 이르러 최후의 계약을 체결한 미약한 노고에 대하여 우리 대제국을 대표하여 특별히 환영의 연회를 개최해주었다. 오늘 같이 융숭한 대우를 위해 애쓴 노고에 대해서는 여러분께 무한한 감사의 말씀을 가릴 수 없는 심정이다. 특히 여러분의 의사를 대표하여 시부사와(澁澤)[17] 남작이 본관에 대하여 여러분의 환영하는바 취지를 낭독하는데 공손히 들으며 여러분께 거의 응답할 바를 알 수 없었노라. 그 환영사 속 상찬의 언사에 이르러서는 결코 감당할 바가 아니며 중대한 임무를 가지고 한국에 주재하며 스스로의 심력을 다하여 대명(大命)의 기대를 저버리지 않음이 진실로 평소에 스스로 기약한 바이다. 오늘의 일을 가

---

16 구박람회(舊博覽會) : 1877년 일제는 우에노 공원 소재의 국립박물관 부지에서 내국권업박람회(內國勸業博覽會)를 개최한 적이 있다.

17 시부사와(澁澤) : 시부사와 에이이치(澁澤榮一, 1840-1931)는 일본의 실업가이자 정치가로 일본 자본주의의 아버지로 불린다. 1920년에 자작이 되었다.

지고 성공이라 한다면 그저 본관이 그 사명을 다함에 불과하며, 우리 지존(至尊)의 위덕과 최근의 대전(大戰)에서 육해군의 용감한 건투의 공적과 우리 일본 제국의 신민이 일치단결하여 우리 국위의 선양에 전력을 다한 결과라고 부득불 말하겠다. 본관이 곧 위로는 지존의 대명과 문무 관원들을 미처 다 언급하지 못하나, 우리 전 국민의 힘의 여광에 의지해 이러한 목적을 달성한 것이라 스스로 생각하는 바이며, 결코 스스로 이로써 자신의 위대한 공적이라 인정하지 않노라. 여러분이 이와 같이 성대한 모임을 준비해 간절한 대우를 베풀어주신 일에 대해 당부당(當不當)을 차치하고 감격스런 사례의 지극함을 감내하기 어렵다. 또 방금 내빈의 하나인 육군대장 가쓰라 다로(桂太郎)18 백작의 진술한 바에 대해서는 내가 미약한 힘이나마 여러분과 우리 국가 후원의 여광 하에 다하겠노라고 한 마디로 답변할 일일 따름이노라. 대개 한국의 상태나 장래의 희망 등에 대해서는 다소 고려하는 바가 있는데, 여러분이 아시는 바와 같이 한국의 형세는 작년 이래로 인심이 동요하고 또 음모를 하는 자가 있어 아직도 그대로이다. 그러므로 지금 여러분 앞에서 미리 말할 수 없으나 혹 실행하는 형세를 따라 변이해야만 할지 알 수 없기에 오늘 말씀드릴 일은 과연 우리가 오늘의 국시를 관철할 수 있는지 여부에 대한 나의 의견이다.

국시란 것은 무슨 일인가 하면 나는 현재 일본제국을 대표하여 한국에 임하여 재정과 외교 등에 일본 지존(指尊) 하에 저 나라의 개량을 계획하고 저 나라의 백성을 수백 년간 퇴폐된 재앙에서 구출하고 이를 문명의 위치로 유도하고자 함이다. 이는 한국인이 기필코 완우(頑愚)하다 말함이 아니고, 또 한국에 대한 일본의 지당한 시책을 기필코 알지 못함이 아니로다. 저들이 자진하여 개량을 수행할 수 없고 또 타국인의 지도에 기꺼이 종사할 수 없는 모양이라 장래 일본에 대해 저항을 다한다면 우리가 나아가 멸망시킴이 아니라 자포자기로 자초함이다. 본관은 실로 이는

---

18 가쓰라 다로(桂太郎) : 가쓰라 다로(桂太郎, 1848-1913)는 일본 제국의 군인이자 정치가이다. 제11, 13, 15대 내각총리대신을 지냈고, 대만협회학교를 창립하여 초대 교장을 지냈다. 다로는 통칭이며 본명은 기요즈미(清澄)이다. 자작에서 공작까지 승작한 불세출의 인물이다.

우리 지존의 예려(叡慮)가 아니고 한인에 대한 우리 국민의 희망이 아니라 여긴다. 오직 일이 그 바람에 어긋날까 기우(杞憂)를 품고 본관은 미약한 힘을 다하여 이를 개량하고 이를 기르며 이를 키우고 이를 가르쳐 이로써 우리 황상의 은택을 누리기를 희망하나, 저들이 만일 자포자기로 대책이 나오지 않는 지경이라면 부득이 할 줄로 생각하노라. 그러나 이는 감히 바랄 바가 아닌 까닭에 본관은 오늘까지 방침을 성심성의로 국시에 있는 바를 실행하고자 한다.

다만 정세에는 장래를 우려할 바 있으니 어떠하던지 지극히 어려운 일이라 여러분의 후원이 없이 본인의 미약한 힘만으로는 곤란이 더함이라. 이로써 일본 국민 여러분께 원조를 바라며 내 자신 하나가 진력할 일을 여러분 앞에 진술하니, 또 장래의 일은 사실에 의거해 밝게 살피기를 바람이라. 오늘 이 성대한 환영회를 맞아 여러분의 친절한 대우에 감사를 표하노라.

○ 동양협회에서 통감의 연설

통감이 도쿄로 복귀하는 중에 동양협회(東洋協會)[19] 석상에서 연설한 요지가 다음과 같다.

오늘날 한국의 국정(國情)은 우리 메이지 초년과 유사하니, 한국을 개량 진보하고자 한다면 반드시 온전한 인물에 의지해야 한다. 이러한 까닭에 본관이 도쿄로 복귀하면 장차 조정의 여러분과 더불어 그 실행을 협의하여 착수할 것이다. 한국 금일의 사상은 고루한 유생들이 지배하게 되어 우리가 유신 이전에 『정헌유언(靖獻遺言)』[20]을 읽고 비분강개하던

---

19 동양협회(東洋協會) : 일제가 1898년 청일전쟁으로 획득한 식민지 대만에서 식민 활동을 위해 결성한 대만협회를 계승하여 1907년 창설되었다. 학회와 대학을 설립하고 기관지도 발행하였다. 다쿠쇼쿠 대학 등이 여기서 창설한 학교이다.

20 『정헌유언(靖獻遺言)』 : 아사미 케이사이(淺見絅齋, 1652-1712)가 지었으며 굴원(屈原)·제갈량(諸葛亮)·문천상(文天祥)·방효유(方孝孺) 등 충신의 평전 형식이다. 메이지 유신에 영향을 끼쳤다.

것과 다름이 없다. 이 무리는 유독 빠르게 다스리기 어렵겠으나 기타의 관민은 교육이 거의 없는 자들이라 통치하기 몹시 용이하겠다.

○통감 정치 -일본 『코쿠민신문(國民新聞)』-

일한의 관계가 신협약 이래로 급격히 변하고 진전된 결과 한국에서 통감의 위치가 더욱 중대해졌다. 종래 외교상 지도자인 통감이 내정과 외교와 기타 일체 한국 정무에 대한 유일의 통솔자가 된 사실은 통감부 관제 개정에서 명백히 제시된 것이다. 이에 한국 통감은 명실상부 한국의 부왕(副王)이라는 직무와 권위가 확실하게 되었다.

개정된 관제 중에 특기할 것은 부통감 신설이 그것이다. 우리는 이 특별한 위치에 대해 부위(副位) 설치의 필요 여부를 의심하지 않을 수 없다. 대만 총독에 부총독이 없고 이집트에 대한 사실상 부왕(副王)도 겨우 총영사와 이사관의 명분으로 그 실권을 떨치니 그 부위의 존재는 전대미문이다. 그렇다면 통감 같은 특별한 위치는 부위의 부재를 원칙으로 삼아야 할 듯하다. 그러나 이번 부통감 신설의 경우 우리가 굳이 반대할 필요가 없다. 무엇 때문인가. 이토 후작 그 사람의 제국 내외 현상을 관찰하면 우리는 부통감 신설이 우연이 아님을 볼 수 있기 때문이다.

이토 후작은 지존의 좌우에서 밀접하게 보좌할 수 있는 원훈(元勳)의 중요한 1인이다. 이토 후작이 비록 원기왕성하나 연령이 고희(古稀)에 달하니 이 사람으로 하여금 한국에 머물게 하여 주야로 온갖 정치를 관장하게 하는 것은 인물을 경제적으로 쓰는 현명한 방법이라 할 수 없다. 우리는 부통감 신설이 충분한 사고와 숙려에서 나온 결과임을 의심하지 않고, 또 이토 통감이 국가를 위하여 그 정력을 가장 유력하게 사용할 것을 의심하지 않는다. 그러므로 원칙상 무용에 가깝지만 사실상 유용이라 하는 것이다.

만일 그 전임 참여관(參與官)[21] 2인을 신설하고 또 내국인이 한국 각 부처(部處)의 차관으로 더해지면, 이른바 실제로 통감부가 내각을 조직함과 같으니 가장 시의적절한 개정이라 하지 않을 수 없다. 저들은 나가면 한국 정부 각 부처의 차관이 되고 들어가면 통감부의 참여관이 되니, 그 전임자 2인은 관제에 규정이 없지만 사실상 그 1인이 법제부장이 되고 그 1인이 외교부장이 될 것이다. 이와 같이 하여야 통감 정치가 원만히 시행되는 도리라 할 것이다.

관제 문제도 이미 해결되고 인물 문제도 해결되었다. 이 이상은 그 운용의 여하를 사실에 징험하는 것 외에는 없으니 우리는 그 통일과 협력을 바란다. 이와 같은 경우에 사소한 공명(功名)에 구애되어 서로 사소한 다툼을 일삼아서 통감 정치에 방해를 일으키는 것은 결코 우리 국민의 신탁(信託)을 보전하는 방도가 아니다.

오쿠마 백작의 한국에 대한 의견

사법제도의 확립

이토 후작도 근래 회견(會見)한 바 있거니와 원래 한국과 신협약을 체결하여 부축 지도하는 이상 가장 큰 문제가 사법제도의 확립이다. 즉 한국이 서구의 여러 외국과 체결한 각종 조약은 신협약 체결 후에도 존속될 것은 명백하니, 이는 물론이고 치외법권의 조약이 있다. 그렇다면 당장 가장 큰 문제라 함은 한국으로 하여금 그 조약을 파기시키고 열국에게 대산(對算)[22] 조약을 체결하기까지 진전을 구하는 것이다. 이에 대한 당면 사업이 법률의 제정과 사법의 독립에 달려 있음은 두 말할

---

21 참여관(參與官) : 일제의 관리 직제에서 대신을 보좌하는 고등관의 일종이다.
22 대산(對算) : 기존의 조약에 대하여 대체(對替)가 가능하다는 의미로 추정된다.

필요가 없으니, 이에 상응하는 처리는 법률가를 임용해야 한다. 내치 (內治)에서 경찰관의 증가 등도 장차 시행해야 할 주요 사항이니, 신협약에 '일본인을 한국 관리로 임용한다'는 조관을 신설한 진의도 여기에 있음이 분명하다.

정비(政費)의 보급

과연 그렇다면 장래 한국의 정비(政費)[23] 증가는 당연한 사실이니, 이에 상응하는 비용 지출도 당장의 한국 재정으로는 도저히 불가능하다. 이에 대하여 우리나라가 보조를 지급해야 하는 것은 대개 중단할 수 없는 수순이나 보급 연도는 결코 영구히 지속될 수 없다. 우리나라의 재정은 이토 역시 충분히 다 아는 까닭에 지나친 금액을 요구할 수 없고 200만원 내외를 한도로 정할 것이다. 또 한국의 재정을 보건대 군대를 해산한 결과 100만 원 이상의 여유를 얻을 수 있고, 또 현재 토지정리를 실행함에 적지 않은 은전(隱田) 등도 정리한 이상 기존 지방관 등의 횡포에 의하여 미정된 국고의 수입을 확실히 하였다. 현재 세율을 증가하지 않더라도 충분히 국고의 수입과 지출에 평형을 이룰 수 있는 사실을 머지않아 볼 수 있다고 확신한다. 또 식산과 공업에 관한 경우 필요에 따라 그 사업비를 얻는 데는 공채나 차관 등 온갖 도리가 있는 일인데, 시의 적절하게 시행하면 장래에 충분한 보상을 얻을 것이라 생각한다.

인물의 공급

대체로 일본인을 관리로 임용하면 지금의 관리와 같은 박봉[24]에 도저히 불응할 자도 있을 것이다. 이에 대해서는 가급적 그 보조를 병행하

---

23 정비(政費) : 여러 행정 조치에 들어가는 경비를 가리킨다.
24 박봉 : 원문의 '薄給'은 '薄給'의 오기라 이와 같이 옮겼다.

면 일본의 국립대학 졸업생은 물론 각종 사립대학도 충분히 공급할 수 있다고 확신한다. 저 나라의 경찰 관리는 다수를 요하지만 우선 5-600명을 송출하면 충분할 것이다. 요컨대 한국에 대한 당면문제는 인물 공급의 문제이다. 이에 수반되어 비용문제가 야기될 것이다. 앞서 논술한 바와 같이 차관·보급·일시적 정부 보조 등은 우선 중단할 수는 없다.

정진(政進)의 근접 문제

이토와의 회견에 대하여 '근접의 정도가 어떠한가'라고 묻는 자도 있다. 그러나 특별한 사정이 없고 오래 된 친우인 까닭에 우의가 서로 두터운 것뿐이다. 한국의 문제는 외교 관련 사안이라 열국의 주시 속에서 우리 일본이 한국을 지도하는 실체를 조치함에 있어 충분히 우리의 진의를 보이기 위하여 이를 친절하게 담당해야 함은 두 말할 필요가 없는 일이다.

한국에 대한 우리 국민의 주의

우리 국민은 한국의 일이라 하면 하나도 둘도 없이 혹 합병한다던지 국왕을 어떻게 처리한다던지 하여 어떠하던지 가혹하게 대하려는 경향이 있는 것 같은데 참으로 이해할 수 없는 일이다. 독일이나 미국처럼 신진기예(新進氣銳)의 대국에게 혹 강경한 수단을 쓸 수도 있겠지만, 저항력이 없는 나라에게 이와 같이 가혹하게 대하는 짓은 참으로 취해서는 안 될 것이다.

간도(間島) 문제

함경도 서북 변경에 인접한 청국과 한국 양국 간에 소속 미정인 한 지방이 있으니 세상에서 간도라 칭하는 곳이 그곳이다. 토지가 비옥하여 농작에 가장 적합한 까닭에 청국과 한국 양국인의 이주자가 매년 증가한다고 한다. 통계에 근거할 바 비록 없으나 세간에 전하는 바에 근거하면 한국인 6만, 청국인 4만의 재류민이 있다고 한다. 간도의 소속은 수년간 청국과 한국 양국 간의 분쟁 문제이다. 혹 감계사(勘界使)[25]를 서로 파견하여 조정을 시도하기도 하고 외교 수단에 의지하여 해결을 시도하기도 하였는데 그 목적을 이루지 못하고 양국의 국경 문제가 여전히 해결되지 못하여 오늘에 이르렀다. 소속이 결정되지 못한 까닭에 그 정치 역시 청국이나 한국이 전담하지 못하고 양국이 상당한 관리를 각기 파견하여 자국 인민 보호의 임무를 맡겼다. 그런데 일본과 러시아 개전 이후에 한국 관리가 이 지방에서 축출된 이래로 재류 한인(韓人) 등이 보호가 전무한 상태에 빠져서 마적이나 그 밖의 무뢰배가 이 사이에 횡행하여 약탈을 전횡하였다. 이 까닭에 한국 조정에서 작년 11월부로 한국인을 보호하기 위하여 일본 관리를 특별히 파견하기로 통감부에 신청하게 된 것이다.

대저 간도 문제의 근본은 청국과 한국 양국의 경계를 논하는 것이나 그 획정은 지금도 상호 결부된 해결을 쉽게 바랄 수 없다. 하지만 한편으로 재류 한국인 보호는 초미(焦眉)의 위급함이 당장 닥친 까닭에 일본 정부에서 한국 조정의 청구에 응하여 약간의 관리를 동 지방에 파견하여 한인 보호의 임무를 맡기기로 결정하니, 해당 관리의 한

---

25 감계사(勘界使) : 1885년 · 1887년 고종은 이중하(李重夏)를 대표로 보내 청국과 간도의 국경을 조사토록 한 적이 있다. 이 과정에서 이중하는 『감계사등록(勘界使謄錄)』을 남긴다.

집단이 본월 20일부로 간도에 부임하였다. 요컨대 이상의 관리를 파견하는 동시에 그 취지를 청국 정부에 통지하여 동국(同國) 관헌으로 하여금 오해가 없도록 하는 필요 수단을 청구하는 것이다. 사이토(齋藤) 중좌는 병사를 인솔하려는 의사를 보고하였는데, 호위와 정찰의 목적으로 소수의 헌병만 동반하게 하고 병사를 인솔하게 하지는 않는다고 한다.

간도문제의 현상 -9월 6일-

간도 문제의 진행에 대하여 다시 들은 바에 의하면 일본 정부가 간도의 한국인 보호를 위하여 상당한 관리를 파견하기로 결정한 동시에 일본 주재 청국 공사에게 훈령하여 청국 정부에게 공식적으로 이 취지를 통첩하게 한 것이다. 그 요지는 다음과 같다.

간도 재류 한국인 등이 마적의 창궐 및 그 밖의 문제로 인하여 비상한 곤란에 빠져서 보호가 필요한 까닭에 이번 한국 정부의 위임에 따라 일한 양국의 관헌을 동 지방에 파견하는 것이다. 그러나 일본 정부의 이 처치가 한국인 보호 외에 다른 의도가 전혀 없으니 청국 정부는 이 의사를 헤아리기 바란다. 그리고 청국과 한국 양국 간에 수년간 현안이 된 국경 획정에 대해서는 장래의 결정을 기다릴 것이다. 우리는 청국 정부에 만일의 오해를 방지하기 위해 이 통첩을 특별히 보내는 것이다.

그런데 지난 20일에 출발한 사이토 중좌 일행이 간도에 도착하자 동 지방의 청국 관헌이 일행에게 동 지방이 청국의 영토라는 이유로 시급한 철수를 요구하였다. 그러나 중좌는 다음과 같이 답하였다.

"본국 정부의 명령에 의하여 한국인 보호의 목적으로 부임한 것이니, 본국 정부의 명령이 아니면 이 지역을 떠날 수 없다. 소속 문제 등에 대해

서는 일본과 청국 양국 정부가 외교의 사안으로 처리하는 것이지 내가
관여해 알 수 없는 일이다."

동시에 북경 정부가 일본 외무성에게 공식 조회를 보냈으니, 이 문제
에 대하여 양국 정부의 교섭 왕복이 이로부터 점차 빈번해질 형세가
되었다.

간도에 있는 청국 관청은 청국 인민의 보호를 목적으로 한 것이지
영토권에 근거한 지방 관청이 아니다. 대저 간도 일대가 양국의 분쟁
지역이 된 이상 청국 관청의 성질이 이와 같아야 하는 것은 사리에 당연
한 것이다. 원래 청국이 그 영역이라고 주장하나 한국도 이 지방에 대
한 청구권을 주장하니, 그 소속 여하의 결정은 한국의 이익을 대표하는
일본과 청국과의 교섭을 기다리는 것[26] 밖에 다른 방도가 없다. 이번
일본에서 파견한 관리는 한국인 보호를 목적으로 하는 자이니, 간도에
는 양국이 각자 그 관리를 파견하여 각자 그 인민을 보호하는 수순이다.
그런데 한국이 이 지방에 관리를 배치한 것은 결코 이번에 시작한 것이
아니라 예전에 그 제도가 있었으니 이번은 일시 중단된 제도를 복구한
데 불과하다.

간도와 일청군대

간도에 원래 청국 관청이 몇 개소가 있다. 경찰 그 밖의 민정을 맡을
뿐 아니라 다소의 정규병으로 각지에 분산 주둔된 그 수가 약 400명이
라고 한다. 그리고 청국 정부에서 다시 동삼성(東三省)의 병력, 즉 북양
(北洋) 군대에서 소수의 부대를 파견하라고 동삼성 총독에게 명하였는
데 도착하였다는 보도는 지금도 접하지 못하였다. 이는 대개 청국에서

---

26 기다리는 것 : 원문의 '俟'는 '候'의 오기.

일본 육군이 동 지방에 주둔한다는 오보를 잘못 들었기 때문이다. 원래 동 지방에 일본병이 1인도 주둔하지 않았을 뿐 아니라 사이토 중좌 일행에게도 병사는 1인도 없고, 단지 마적이 횡행하는 위험 지역이라 보통 경찰관 대신 헌병 60여명을 더하여 일행을 호위하고 아울러 지방 경찰의 일부를 취급하려는 데 불과하다.

간도의 정형

강북 백두산 아래 한국의 이정(里程)으로 주위 1천 여리 되는 지방이 있다. 이는 여진의 옛 지방인데 고려의 시중 윤관이 개척, 정계하고 비석까지 세운 곳이니 그 한국 판도 중의 한 구역임이 분명하다. 그 산세의 괴걸함과 지리의 비옥함이 촌토마다 황금이라 할 만하고, 또 인걸이 지령(地靈)이라 원(元)·명(明)·청(淸) 삼국의 시조가 다 이 지방 출생이다. 한국과 청국 양국이 이 지방에서 영웅이 다시 출생할까 우려하고 또 변경에서 갈등의 단초가 시작될까 염려하여 백성의 거주를 금지하여 마침내 황무지가 되었으니 이것이 폐사군(廢四郡)이다. 근래부터 서북의 인민이 관리의 탐학을 견디지 못하고 행장을 꾸려 국경을 넘어 개척하여 거주하니, 전토가 비옥한 까닭에 인가가 점차 늘어나서 3-4만 호에 달하였다. 그 산품은 금은과 봉은(鋒銀)인데 아직 채굴을 개시하지 않았고, 곡물은 벼·기장·콩·보리인데 다른 지역의 배나 산출되고, 재목은 소나무·삼나무·연(椽)나무·전나무인데 거개가 아름드리로 다 쓸 수 없고, 그 밖에 우마와 털가죽 부류도 다 있다. 그 경계가 한국·청국·러시아 삼국의 목구멍에 자리하여 산으로는 장백산·백두산·선추령(先秋嶺)[27]이 있고, 물로는 압록강·송화강·두만강이 있어서, 남쪽으로 청국 통화현(通化縣) 요동과 접하고, 서쪽으

---

27 선추령(先秋嶺) : 미상이다. 간도의 경계를 정하는 산으로 선춘령(先春嶺)이 있다.

로 청국 봉천(奉天) 심양(瀋陽)과 이어진다. 북쪽으로 황제평(皇帝坪)·
영고탑(寧古塔)[28]·길림(吉林)·블라디보스토크 등지와 통하고, 동쪽으
로 혼춘(琿春)·한국 함경도 무산·종성·경원·경흥 등지와 통하는
데, 서로 거리가 겨우 강 한 줄기에 불과하다. 길림·혼춘 이외에 블라
디보스토크로부터 두만강에서 바다로 닿고 서로부터 요서(遼西) 아래
부터 우장(牛莊)으로 황해 바다를 마주한 곳이 이른바 요동 간도이다.
근래에 육로로 철로의 연통이 있고 해로로 항구의 개설이 있으니, 이처
럼 그 지역이 광활하고 물산이 풍족한 요해지를 등한히 두어서는 안
된다. 하물며 일본과 거리가 멀지 않고, 또 블라디보스토크와 인접하고
우장 만(牛莊灣)[29]과 연결되어 있음에랴. 이 러시아가 동아시아를 탐내
는 시기에 뜻 있고 힘 있는 자가 어찌 이 지역에 전력을 다하지 않을
수 있겠는가.

조선 사건과 영국

지난 수개월 동안의 국제 현상에서 조선 사건처럼 대단한 주의를 환
기한 것이 없다. 영국의 신문사라고 일컬어지는 신문은 대개 일본의
강경하고 솔직한 수단을 비평하니 본일 『타임즈 지』에 논한 바가 다음
과 같다.

　금후 일본이 조선에 가할 지배는 합병과 용어가 명백히 서로 다름이
있으나, 외교가 등이 서로 언급할 때가 아니면 서로 다름을 거의 알아낼

28　황제평(皇帝坪)·영고탑(寧古塔) : 황제평은 평안북도 만포(滿浦)의 건너편에 있
　　는 곳이고 영고탑은 현재 헤이룽장 성 닝안(寧安) 현이다.
29　우장 만(牛莊灣) : 우장은 랴오둥 만 연안에 위치해 있다. 청일전쟁 때 전투가 벌어
　　진 지역이기도 하다. 원문의 '滿'은 '灣'의 오기.

수 없다. 내가 어제 모 탁월한 정치가를 찾아 조선 문제에 대해 언급하니
그가 논하기를 "현재 조선에 대한 일본의 위치는 당시 이집트에 대한 영
국의 지위와 흡사하다. 그러나 일본은 영국에 비하면 너무 자유로우니
왜인가. 조선에는 외국과의 조약이 없고 또 이집트처럼 혼합재판소(混合
裁判所)[30]도 없고 또 조선과 관계가 있는 외국의 자본가도 없다. 그러므
로 일본이 조선에서 큰 내란을 겪을 일이 없고 또 외국의 음모를 우려할
필요도 없다." 하였다.

『타임즈 지』는 또 다음과 같이 논하였다.

  식민의 국민이라는 일본의 기량은 성급히 판단해서는 안 된다. 일본이
조선에 예외적 자유를 시행하였기에 그 성공과 실패에 대한 책임이 한층
더 중대하니, 일본은 오직 그 결과에 따라 판단할 뿐이고 또 일본은 이러
한 자각이 있는 까닭에 거듭 분발하여 종사해야 함이 필연이다. 만약 확
실한 수단 및 인내와 숙련에 의거해 일본이 조선 인민을 마침내 귀순시킨
다면, 이는 일본이 타국에 한 교훈을 주는 것이다.

일불협약과 지나 신문

일불협약(日佛協約)[31]에 대한 지나 몇몇 대형 신문의 논조를 소개하겠다.
『시보(時報)』[32]에서 논설하기를 '일영협약(日英協約)[33]의 성립으로 장

---

30 혼합재판소(混合裁判所) : hybrid courts라고 하며 국제 재판소와 국내 재판소가
    함께 사법 과정을 관리하는 경우를 이른다.
31 일불협약(日佛協約) : 1907년에 일본과 프랑스가 아시아에서 서로의 기득권을 존
    중하기로 하고 맺은 조약이다. 1호에서 언급한 불일협정이다.
32 『시보(時報)』 : 1904년 상해에서 창간된 신문으로 보황파(保皇派)의 입헌군주제
    노선을 전파하였다.
33 일영협약(日英協約) : 일본과 영국은 1902년과 1905년 두 차례의 협약을 체결하여
    영일동맹이 유지되었다.

강(長江)의 대사는 다 글렀고, 일불협약의 성립으로 요동·광동·광서
의 대사는 다 글렀고, 일러협약의 성립으로 몽골·신강(新疆)의 대사는
다 글렀다' 하고, 단정하기를 '일미의 조약은 아직 미래에 속하나 필시
태평양 전역에 영향이 있음은 의심할 바 없다. 그 폐단을 받는 나라는
청국뿐이라' 하고는, 일청전쟁부터 지금까지 동아시아의 대세를 개론
한 후에 본론에 들어가기를,

　　"오늘의 멸국신법(滅國新法)[34]은 초기에 명분을 주권 존중이라 하여
　그 개발 중인 상공업을 흡수하고, 마침내 구실을 치안 보전이라 빙자해
　자원을 가진 국가를 관리하는 권리 전부에 미치게 된다. 대개 주권을 존
　중한다고 하지 않으면 토인(土人)의 저항심을 가라앉힐 수 없고 그 관리
　하는 권리를 빼앗지 않으면 완전한 성과를 기약할 수 없으니, 일본의 조
　선에 대한 책략과 프랑스의 베트남에 대한 정책을 관찰하면 그 조치의
　차례와 완급을 충분히 알 수 있다. 우리 국민은 이 뜻을 알지 못하고 오호
　(五胡)·요나라·금나라의 지난 사적으로 오인하여 주권 존중의 말을 듣
　고는 다 내심 기뻐서 말하기를 '서구인은 결코 우리를 망하게 하지 않을
　것이다.' 하고, 근래 시국을 다소 아는 학자마저 경제 전쟁이 기필코 토지
　를 점령할 수 없는 것으로 안다. 그러므로 정부도 그 설을 자주 듣고 역시
　기뻐서 생각하지 않고 말하기를 '비록 나라가 망하더라도 그 빼앗기는 것
　은 단지 민간 생계에 불과하고 관리의 권위는 여전히 무사하리라.' 한다.
　이러므로 재야의 비분강개한 소리는 일체 방치하여 막연히 고려하지 않
　으니 국정 개혁의 기회는 점점 더 바랄 수 없게 되었다."

하였다. 그리고 동 신문에서 또 몽골에 대한 러시아 정책을 대략 평가
하면서 끝맺기를 "청국이 과분(瓜分)된 사태는 일영동맹으로 시작되고

---

34 멸국신법(滅國新法) : 다른 나라를 멸망시키는 새로운 법이라는 의미이다. 1901년
　양계초가 발표한 「멸국신법론」에서 유래하였다. 이 글은 현채(玄采)가 번역한 『월남
　망국사』(1906)에 수록되어 유통되었다.

일러협약으로 끝났다." 하였다.

『중외일보(中外日報)』에서 「일러협약은 중국에 큰 해가 있음을 논한다」는 제목의 논설을 개제하였다. 즉 '대지상에 설립된 그 전후좌우의 여러 국가들은 원근을 막론하고 항상 몰래 분할의 책략을 수립한다'는 말을 서두로 삼아 진행하면서 개탄하기를,

> "근래 청국과 이해관계가 있는 나라들이 다 맹약을 맺어서 청국의 독립과 영토의 보전(保全)을 승인한다고 선언하였다. 그러나 청국에게 독립의 실체가 있도록 하는데 어째서 이 나라들의 승인 여부에 번민하며, 청국에게 결함의 형상이 되도록 하는데 어째서 이 나라들의 보전 여부에 번민하는가. 지금 이 나라들이 명백히 승인과 보전이라 일컫는 말은 저들의 돌의(突意)이니, 이 나라들의 승인과 보전이 없다면 청국이 독립하고 영토가 보전될 수 없다고 단정할 것이다."

하였다. 또 일본신문의 논조를 인용하며 논하기를

> "외국인들이 분명히 청국을 보전할 만한 나라라고 단정하나, 저들이 협약을 맺은 실체가 결코 청국을 위한 것이 아님을 분명히 말하였다. 잘 모르겠다만 청국 정부가 이 소식을 듣고 내심 동요가 있는지 없는지 힐문하노라."

하였다. 또 일본신문의 논조를 인용하며 논하기를

> "일본신문에서 의론하기를 '청국으로 하여금 위기에 빠지게 하였음을 안다면 오직 내정을 개혁하여 위해를 외부에 더하지 말고, 일본·영국·프랑스·러시아 4개국으로 하여금 협약을 실지(實地)로 응용(應用)하지 못하게 해야 한다'고 하였다. 이 '실지응용' 네 글자는 어의가 혼합되어

있어 비록 그 방법을 기언(期言)하지 않았으나, 이것이 협약이 가장 위험한 이유이다. 만약 청국의 소행에서 그 승인에 지장이 있거나 보전에 방해가 있으면 청국은 자위의 계책으로 별도의 방법을 실시해야 한다. 이는 일본이 조선을 대하는 법과 같으니, 허명만 청국에게 주고 각국이 자연히 그 실권을 장악하는 식이다. 이른바 '위해를 각국에 더한다' 함은 각국이 단지 청국을 억압하는 상황에서 청국이 그에 맞서서 버텨 낸다면 이를 가리켜 '각국에 위해를 더하는 것이라' 하여 그 역취순수(逆取順守)의 계책을 행할 것이라 단언하는 것이다. 과연 그렇게 된다면 청국은 사사건건 오로지 각국의 명령에 따르면서 남은 명줄이나 구해야 할 것이다. 그런데 특별히 가장 기이한 것은 일본 당국이다. '일본은 결코 외몽고에 대한 러시아의 행동을 승인하지 않는다'고 선언함에도 불구하고 일본 신문에 은밀한 개별 조항을 공공연히 제시하니, 그 재앙을 어찌 이루 다 말할 수 있겠는가. 생각건대 협약은 청국의 영토 보전으로 말하여도 만일 몽고를 러시아에 위탁한다면 '기회균등' 네 글자가 여기서 홀연히 출현하여 영국이 홍콩·위해위(威海衛) 부근·서장(西藏), 프랑스가 운남(雲南)·광동성과 광서성, 독일이 산동성, 일본이 복건성·삼성(三省) 등에 반드시 균등의 전례를 원용하지 않을 리가 없다. 이를 계기로 어떤한 한 국가가 다른 국가보다 많이 얻는다고 서로 다툰다면, 요구하고 또 요구하면서 할거를 반복하는 짓이 영원히 끝나지 않는 지경이 될 것이니, 청국은 장래 무엇으로 이에 대처할 수 있겠는가. 이는 비록 장래의 일에 속하나 그 형세상 반드시 이 지경이 될 것이다. 이와 같은 협약의 효과는 이미 청국을 사지에 몰아넣고 발전의 희망이 없게 한 것이다. 잘 모르겠다만 우리 정부와 우리 인민 또한 척연(惕然)히 동심(動心)함이 있는지 없는지 모르겠다."

하였다.

이토·오쿠마 두 원로의 관계

이토 후작과 오쿠마 백작은 다 일본정계에서 대치하는 거암(巨巖)이
니, 하나는 조정에서 존중되고 하나는 재야에서 존중된다. 일본인이
다 평하기를 "이토와 오쿠마의 거리는 조정과 재야의 거리와 같다" 하는
데, 이는 그들이 끝내 화합되기 어려움을 일컬음이다. 달포 전에 이토
통감이 귀국하자 양자 간의 교분이 급히 가까워졌다. 이토 후작이 먼저
오쿠마 백작을 그 사저로 방문하여 몇 시간 환담하고, 오쿠마 백작이
그 다음으로 이토 후작을 그 여관으로 방문하여 몇 시간 환담하며, 그
후로도 서로 초대한 모임이 있었다. 양자 간의 이러한 왕래는 예전에
없던 일이다. 이에 도쿄 여러 분야의 인사들이 추측하기를 "이는 이토
후작이 오쿠마 백작의 성원을 빌려서 진보당의 의회에 대한 일치된 협
찬을 구하고자 함이다." 하고, 혹자는 말하기를 "두 원로들이 제휴하여
야마가타(山縣)[35] 후작의 세력에 대항하고자 함이다." 하는데, 요컨대
다 정치적 의미로 억측함인데 정치가의 이합집산이 실로 정치적 의미
가 있음은 의심할 바 없다.

그런데 당시 일설이 있었다. 즉 "이토·야마가타·이노우에 가오
루·오쿠마 등이 젊어서부터 국사(國事)에 분주하다가 만년에 이르러
오쿠마 백작만 홀로 하야하여 여러 원로들과 불화하니 이는 국사에 몹
시 불리하다. 이에 그 사이를 중재하는 사람이 있어서 두 원로의 완화
를 도모하니, 오쿠마 백작은 이토 후작이 만년까지 국사에 분주하는
노고를 위로하고, 이토 후작은 오쿠마 백작이 다년간 역경(逆境)에 고
립되어 세교(世敎)를 유지한다고 칭찬하였다. 그리고 이토 후작이 한국
체류 중에 수차례 의견을 교환하여 옛 교분이 자연히 좋아져서 이번에

---

35 야마가타(山縣) : 야마가타 아리토모(山縣有朋, 1838-1922)는 육군 원수이자 총리
를 2회 역임한 바 있다. 군국주의의 대표자로 1907년에 이토와 함께 공작이 되었다.

가까워지게 되었다." 하니 그럴 수 있다. 이 두 원로의 한국에 대한 의견 역시 점차 근접해져 이토 후작은 오쿠마 백작의 충언을 기쁘게 받아들이고 오쿠마 백작은 이토 후작의 실정(實情)을 헤아려서 서로 원조하는 것 같다고 한다.

담총

서창독어(書窓獨語)

○어제 이미 죽었거나 내일 태어나지 않더라도 우리가 할 수 있는 것은 오늘의 사업 뿐이다.

○원로·재야 정객·유생·퇴임 관리 등이 심혈(心血)이 약동하여 일대 단체를 조직하고자 하였는데 한 사람도 감히 발언하지 못하였다. 그 까닭을 물으니 답하기를 "추방과 해산이 연이어 오니 두렵기 때문이다." 하였다. 아아! 이 무리는 생각건대 어제의 꿈에서 깨어난 자이다.

○일진회 운동원이 매달 500원으로 분주히 밤낮을 연이어 당파 세력의 확장을 도모하니 의기가 아름답다. 반대파가 말하기를 "우리도 또한 의기가 있으나 추방과 해산만 시키니 어쩌겠는가."라고 하는데, 이미 '추방과 해산을 시키면 어쩌겠는가'라고 한다면 의기가 어디에 있는가. ········ 문명적 질서와 문명적 조직으로 정정당당하게 정견을 발표하고 동지를 규합하면 누가 능히 막을 수 있는가. ········[36]

○추방과 해산은 음모한 자에게 쓰는 것으로 어쩔 수 없이 쓰지만········ 만일 음모하지 않은 정정당당한 자에게 쓰면 쓰는 자가 도리

---

36 ··· : 이 기사의 말줄임표는 검열의 흔적으로 보인다.

어 음모한 자이다.

○누가 말하기를 '통감이 일진회를 엄호한다'고 한다. 통감은 곧 일본에서 대관(大官) 중의 대관이니, 그 몸이 비록 경성에 있으나 그 마음이 세계 정책에 늘 가 있다. 어찌 일개 한국의 일로 마음이 가득하겠는가, 하물며 구구한 일진회임에랴! "통감이 귀임 후에 농상공부 대신 송병준을 잡고서 한 번 큰 소리로 그 소행을 꾸짖고 또 행정의 실책을 주의시켰다"는 소문이 있다. 이 때문에 이쪽을 편애하고 저쪽을 배척한다면 이는 계집종의 정이니 통감의 총기로 어찌 모를 리가 있겠는가. 여러분이 한 번 통감의 마음속 기획을 토로해 달라 청하면 이 원로가 꼭 흔쾌히 귀 기울여 줄 터이고, 혹 엄호를 구한다면 그 엄호 또한 일진회와 같이 해주어 선후나 우열을 따지지 않을 것이다. 여러분은 자신의 생각을 주저하며 그 뜻을 펴지 않고 그 견해를 알리지 않으면서 맹목과 억측을 자행하니, 이는 과실이 여러분께 있는 것이다.

○평안도·황해도·함경도 사람은 솔직하고[37] 강건하니 북방의 강자라 하겠다. 귀중하고 또 귀중하므로 이미 죽은 것을 회생시키고 이미 망한 나라를 보존하고자 한다면 마땅히 종용하고 주밀하며 원대한 대책을 세워야 한다. 하루아침에 격노하여 그 몸을 잊음이 저 질투하는 아녀자 같아서는 안 된다. 혹자가 이탈리아 애국자 가리발디(Giuseppe Garibaldi)에게 묻기를 "그대는 어째서 혼인하지 않는가." 하니, 가리발디가 답하기를 "이탈리아가 내 부인이다. 내 5척의 몸이 국가와 일체로 감응한다." 하였다. 이와 같아야 비로소 사(士)라 할 수 있겠다.

○혹자는 "이용구(李容九)가 총리대신이 된다." 하고 혹은 "현 내각은 전도되고 김윤식(金允植)이 내각을 조직한다." 하고 혹은 "송병준이 총리가 될 뜻이 원래 있으니 일진회 회원으로 이완용을 사직 권고하게

---

37 솔직하고 : 원문의 '賣直'은 '率直'의 오기.

만든다." 하니 ……… 풍설이 풍설을 낳고 와전이 와전을 낳기에 경성이 마계(魔界)와 다름이 없어 망령이 횡행하니, 통감이 이때 어떠한 조마경(照魔鏡)을 취하여 이 추미(醜美)를 판별하겠는가.

○한국인이 선호하는 자를 채용하여 한국인을 통치해야 할 것이다. '천하를 통치하는 것은 작은 생선을 굽는 것과 같다' 하니, 노자(老子)가 우리의 마음을 얻었다.[38]

○군수(郡守)를 고쳐서 군장(郡長)이라 하고 군주사(郡主事)의 칭호를 고쳐서 서기랑(書記郞)이라 하니, 정부가 단단히 마음먹고 관제 개혁에 노력한다고 하겠다. 한국인 벗이 비웃으며 묻기를 "시정개선이 이를 말한 것인가." 하니 ……… 일본과 한국의 반듯한 인사들이 갑자기 무명 인사에게 한바탕 비웃음을 당하니, 마땅히 스스로 반성함이 옳겠다.

○이완용·송병준의 무리는 보부상 단체를 끌어들여 자신의 도당으로 만들려고 백방으로 권유하였다. 그런데 이규항(李圭恒)[39]은 오연(傲然)히 동요하지 않고 풍운 속의 기회를 서서히 기다리니, 이 사람이야 말로 한국의 기걸(奇傑)이라 할 만하다.

계발록(啓發錄)

늙은 여승의 덕

어느 한 여승이 암자를 지어 정거(靜居)함에 정행(淨行)이 몹시 높았다. 하루는 심야에 강도떼가 들어와서 소유한 의복과 기물을 모조리

---

38 노자(老子)가…얻었다. : 원문은 '老子가吾心을得홈이로다'이다. '가'와 '吾心' 사이에 누락된 부분이 있는 것으로 보인다.

39 이규항(李圭恒) : 그는 1906년 일진회의 하부조직인 보부상단의 진흥회사(進興會社)를 조직한 바 있다.

다 빼앗는데 여승은 전혀 움직이지 않았다. 강도떼가 떠난 뒤 잊어버린 단의(短衣) 하나가 있었는데, 여승은 곧 어린 승려를 시켜 강도떼의 뒤를 쫓게 하여 '이 물건 역시 너희가 남긴 물건이니 남김없이 다 가져가라.' 하며 정녕 돌려주었다. 강도 몇몇이 의아해하며 말하기를 "지금 같은 세상에도 이처럼 행동과 마음이 높고 깨끗한 사람이 있었던가. 우리의 추태가 어찌 부끄러워 죽을 지경이 아닌가." 하고는 곧 어린 승려와 함께 그 암자로 돌아가 여승을 방문해 그 훔친 물건을 다 돌려주는데 성심이 가득한 얼굴로 그 무례함을 사죄하였다. 그런데 여승이 묵묵히 듣고 나서 예배를 드림이 부처를 공경함과 같았다. 강도떼가 멈칫대고 어쩔 줄 몰라 묻기를 "귀하께서 저희 머리를 아프게 후려침이 마땅한데, 무슨 까닭으로 도리어 부처처럼 예배와 공경을 드리시는지요." 하자, 여승이 답하기를 "너희가 앞서 마귀의 마음으로 온 까닭에 예를 갖추지 않았으나 지금은 회개하여 불심(佛心)을 보여주니, 이는 강도가 아니라 불신(佛身)이다. 그러니 어찌 감히 예배하지 않겠는가." 하니, 강도떼가 거듭 머리를 조아리고 물러났다. 이로부터 도적질을 다 그만두고 종신토록 빈민의 구제를 지업(志業)으로 삼으니, 온 고을에 그 은택을 입은 자가 몹시 많았다고 한다.

이 일이 수백 년 전에 있었는데도 매번 이야기를 하면 동서의 사람들이 분발하여 뜻을 펼치게 하니, 덕(德)의 힘으로 사람을 교화하고 세상을 감동시킴이 이와 같다. 그리스의 대철학자 소크라테스(socrates)가 단언하기를 "천하가 비록 광대하나 우리를 복종시키는 자는 제왕도 아니고 삼군(三軍)도 아니고 엄청난 부자도 아니라 오직 덕 뿐이다. 천하를 난동시켜 일대 제국을 다투기보다 차라리 빈천한 신분으로 도덕을 수양하여 무궁한 즐거움을 누리는 편이 더 낫다." 하니 그 말이 참으로 그러하다. 지금 한국이 비록 거의 쇠망할 지경이 되었으나 이는 단지 국가의 형체에 관한 일이다. 진정 이러한 마음이 아직 죽지 않았다면 오랜 세월이 지나도 분발하기 어렵지 않을 것이니, 뜻을 같이 하는 자 3·4명 내지 7·8명이 마음과 뜻을 합쳐 결사 역행한다면 세계 문명을 압도할 수 있어서 한국이 영영 죽지 않을 것이다.

신의술자(神醫術者)의 출현

의학의 진보가 근래에 더욱 현저하여 매년 신약이 발견되니 이는 인간 세상의 행복에 몹시 기쁜 일이다. 그러나 고금을 막론하고 양약이 없는 난치병도 적지 않으니, 폐병(肺病)과 신허(腎虛) 등이 그것이다. 폐병의 치료법은 구미 각국의 의학계에서 주야로 연구하고 일본 기타사토(北里)[40] 박사가 다시 혈청(血淸)[41] 요법을 발견하나 여전히 미흡하다. 신허병은 종종 신체가 허약한 자에게 발생하여 남녀 간의 정교를 다하지 못하게 한다. 이 증상의 대응책 또한 도처에서 발명하나 여전히 미흡하다. 이러한 시기에 일본에서 신의술이 출현하여 폐병에 대응할 묘약과 신허에 대응할 영약이 생긴 것이다. 이 두 가지 큰 질병의 치료법은 복용 외에도 궁행자양(躬行自養)의 방법도 있어서 자못 간단하다고 한다. 이 치료법을 접한 자의 말을 들건대, 폐병자로서 폐 하나가 없는데도 생존한 자도 있고 광자(狂者)로서 즉시 회복한 자도 있으며 혹 앉은뱅이로서 일어나 걸은 자도 있다고 하니, 세상 의사들이 치료를 포기한 병이거늘 이 방법으로 인하여 건강을 회복한 자가 만 명으로 추산된다고 한다. 한국에 희망자가 다수 있으면 이 사람을 초청하는

---

40 기타사토(北里) : 기타사토 시바사부로(北里柴三郎, 1852-1931)이다. 그는 동경 제국대를 졸업하고 베를린대학에 유학하였다. 제1회 노벨 생리학·의학상의 후보였다. 일본의사협회를 창설하고 남작 작위를 받았다.

41 혈청(血淸) : 원문의 '血精'은 '血淸'의 오기. 기타사토가 발견한 혈청 요법은 파상풍과 디프테리아 치료에 썼다고 한다.

것도 혹 어렵지 않을 것 같다.

로크의 자유담 (속)

인간 세상의 자연 상태는 다 자유·평등이다. 따라서 누구를 막론하고 개인이 타인을 압제할 리가 만무하다. 그러므로 왕후의 권리나 엄부(嚴父)의 권리를 막론하고 그 신하와 자식을 압제해 예속시킬 리는 없다.

자식이 아비를 대하는 바는 노예가 주인을 대하는 바와 대등하게 논할 바가 아니다. 대개 이른바 부권이란 본래 자식을 길러 성인으로 만들기 위해 설정한 것인즉, 자식에 대한 아비의 제어는 곧 자식이 장성한 날 그 자유권을 반환하고자 함이니, 자식이 장성하여 스스로 잘 처신하여 그 자유권을 회복하고 나면 그 아비는 다시는 제어할 수 없는 것이다.

그러므로 부권이란 본래 당연한 한도가 있고 본래 다해야 할 의(義)가 있다. 한도란 무엇인가? 아비가 자식을 맡은 책임을 함이 이것이오. 의란 무엇인가? 이 책임을 지고 다함을 이름이다.

자식에 대해 아비는 기르는 책임도 있고 가르칠 책임도 있다. 만일 이 책임에 태만하여 다하지 않는다면 자식이 추위와 굶주림을 면할 수 없게 된다. 행여 추위와 굶주림을 면하더라도 의식(衣食)이 미흡한 탓에 자식이 병약해지거나 또 교육에 태만한 탓에 자식이 배우지 못해서 기술이 없다면, 부권(父權)이 실추됨에 장차 관청에서 그 아비에게 강요하여 그 책임을 다하게 할 것이다.

또 부권과 정부의 권한은 그 본원과 종지(宗旨)의 차이가 매우 크다. 아비와 자식은 그 지식에 정도의 차이가 있고 그 자유에 정도의 차이가 있거니와, 정치를 시행하는 자와 통치를 봉행하는 자는 양자 간의 관계가 완전히 대등하다. 만일 관리의 지식과 관리의 자유가 다 서민의 위라고 한다면 천하에 어찌 이러할 리가 있겠는가. 따라서 부권과 정부의 권한을 대등하게 논할 수 없는 것이다.

정부의 권한이 성립되는 바는 오직 재단(裁斷) 하나 뿐인데, 그 재단의 권한은 다시 몇 종류로 나뉜다. 대개 재단하고자 하면 그 죄악의 대소를 저울질하여 그 징벌의 경중을 정해야 옳은지라 여기서 법률의 설치가 있어서 입법권이 나온 것이고, 법률이 이미 있으면 시행하지 않을 수 없는지라 여기서 행정권이 나온 것이며, 국내에 행정권이 이미 있으면 비로소 외국에 사안이 있어서 전쟁 내지 화평의 사안을 담당할 자가 없을 수 없는지라 여기서 교섭권이 나온 것이다. 그러나 이 권한은 사실상 행정권 내에 있으니 그 명목을 따로 설정할 필요는 없다.

정부의 권한은 당연히 제한이 있어야 하고 전횡해서는 안 된다. 사람이 사람에게 사안을 위탁하고 그 권한이 있는 사람에게 수여함에 반드시 그 종지가 있어야 한다. 위탁을 받은 자가 그 권한을 사용하는 것도 이 사람의 종지를 받은 것뿐이니, 만일 그 종지에 반하여 그 권한을 행한다면 이는 위탁을 저버리는 짓이다. 그렇다면 정부를 건립한 까닭은 다름이 아니라 생명[42] · 재산 · 자유권을 잃지 않게 하기 위함이다.

입법권과 행정권은 정부의 두 가지 대권이다. 입법권이 그래도 중요하니, 이른바 주권(主權)이다. 행정이란 입법권이 제정한 바를 봉행하는 것뿐이다.

입법권이 비록 주권이나 제한이 결코 없지는 않다. 이른바 주권이라 함은 각 개인 고유의 권리를 취합함에 불과하다. 무릇 우리가 우리 자신에 대해 자살의 권한이 전혀 없고, 우리가 타인에 대해 살인의 권한이 결코 없으며, 우리가 우리 자신에 대해 우리 자신을 스스로 굽혀서

---

42 생명 : 원문의 '情命'은 오기.

노예가 될 권한이 전혀 없고, 우리가 타인에 대해 타인에게 강요하여 노예가 되게 할 권한이 결코 없다. 그렇다면 입법권은 우리를 보호하기 위해 설치한 것이니, 그것이 우리를 살육하고 우리를 노예로 할 권한이 없다. 따라서 입법권이 비록 주권이나 무한의 권한이 있는 것은 아니다.

사람들이 비록 정부를 공동 설립하여 입법과 행정이란 두 가지 대권을 설치하나, 만일 국민의 위탁을 받아서 행정과 입법의 권한을 집행한 자가 혹 그 위탁받은 종지를 배반하여 국민의 권리를 파괴하거나 자신의 이익만 도모하여 인민의 병폐를 구휼하지 않는다면, 이는 애당초 계약의 취지를 배반한 것이다. 이와 같다면 인민이 반드시 무리지어 일어나서 병력으로 정부에 저항하더라도 역모로 보기는 어려울 것이다. 이것이 대개 정부에서 불화의 단초를 우선 계도하는 이유이다.

정부와 종교의 권한 이 두 가지는 서로 간섭하지 않아 전부 독립되어 있어 서로 의지하지 않는다. 대개 정부의 주의점은 현세에 있고 종교의 주의점은 내세에 있으니, 서로 간섭하지 않음이 마땅하다.

정부의 대의는 사람들로 하여금 각자의 소유권을 보호하게 함에 있으니, 각자 선호하는 종지를 택하여 봉행함은 정부도 방해할 수 없는 것이다.

정부가 직분상 다해야 하는 일도 다 자유에 속하기에 속박되지 않는 것이고, 종교가 직분상 다해야 하는 일도 다 자유에 속하기에 속박되지 않는 것이다.

실업

한국 수출세를 전폐(全廢)

-『마이니치 전보(每日電報)』[43]의 논설-

오늘날 일한(日韓) 양국 간의 관세를 지금과 같이 존속하면서 피아 간의 경제 소통을 도모하고자 함은 도저히 불가능한 일이라 하겠다. 그렇다면 일한 무역의 발달을 도모하고 한국에 대한 우리의 경제적 경영을 유지하기 위해 양국 간의 관세 철폐가 긴요한 일임은 두 말할 필요가 없다. 그러나 한국은 우선 온전히 우리 속국이 아니며 상업상의 기회균등주의도 타국과 마찬가지로 우리나라가 공인한 바이니, 청국과 한국의 어떠한 분야라도 오직 우리나라 국민만 무역의 이익을 농단하는 짓은 공명정대한 우리 정책과 어긋나며 열국(列國)도 승인하지 않을 것이다. 또 일한 관세 동맹 등의 사안은 피아 양국의 이익 한 가지로 말하자면 단행할 수 있겠으나 그 결과는 자연히 열국의 한국 무역에 영향을 미치지 않을 수 없다. 이토(伊藤) 통감이 해당 문제에 대하여 몹시 진중한 태도를 유지하고 급격히 결행할 의지가 없다는 의사를 피력한 것도 당연하다고 하겠다.

이 때문에 한국의 관세 문제를 해결하고자 한다면 점진적으로 이 문제에 임하여 한편으로 일한 양국 간의 이익을 도모하고 또 한편으로 열국의 이해관계를 급격히 변경하지 않는 범위에서 서서히 개정하는 편이 사려 있는 방법이라 할 수 있다. 그러나 이는 첫 착수이니, 이 무렵에 단행을 선결할 바가 한국 수출세 철폐에 있지는 않다. 자국 수

---

43 『마이니치 전보(每日電報)』: 『전보신문(電報新聞)』이라는 명칭으로 창간되었는데, 1906년 『오사카마이니치』에 인수되어 『마이니치 전보』로 개명되었다. 1911년 『도쿄니치니치 신문(東京日日新聞)』에 흡수되었다.

출품에 부과한 관세가 졸렬한 계책임은 깊이 따질 여지없이 분명하기 때문이다. 그런데 한국의 국고가 수출세에 따라 매년 어느 정도의 세입을 얻는지 따져보면 겨우 대략 50만원 내외에 불과하다. 그러므로 한 쪽의 근소한 재원을 얻기 위해, 다른 쪽인 한국의 농업을 크게 압박하여 농민이 받는 손해도 의외로 막대히 한 처사는 참으로 현명하지 않다고 하겠다. 더구나 현재 한국의 재정에서 50만원의 재원을 잃는다면 어느 정도 고통에서 벗어날 수 없다. 그러니 단호히 수출세를 철폐한다면 수출의 증진을 기대할 수 있을 것이다. 그러므로 수출의 증가에 따른 한국인의 구매력 증가는 참으로 그럴 것이다. 과연 그렇다면 그 결과 또한 수입 무역상에 미쳐서 수입 관세가 증수될 것도 틀림없다. 이러한 까닭에 어느 정도 재원을 아껴서 장래에 수출세를 유지하고자 하는 짓이야말로 어리석음의 극치라고 하겠다.

　원래 수출세 전폐의 경우 한국의 거류민과 농업 경영자 등이 일찌감치 창도한 바로써 한국 정부를 거듭 압박하였다. 그러나 당시 한국 정부는 이로 인해 세입을 잃을까 두려워한 나머지 단호히 거부하며 응하지 않았을 뿐이었다. 통감부를 설치한 이래로 다시 1년여 세월이 지나서 알아보니, 통감의 일대 방침 역시 이제 한국 산업의 개발을 지향한다고 한다. 그런데 수출세 같이 산업에 유해한 세금이 지금도 존속되어 있어 그 시행의 방침과 서로 배치되는 지점이 없을 수 없으니, 이 어찌 참으로 유감이 아닌가. 한국의 재정이 어째서 궁핍한지 예를 들자면 이 유해한 세금을 철폐하지 않았기 때문이다. 그러므로 만일 통감의 당국자가 헛되이 사소한 세입이나 아끼면서 이 유해한 세금의 철폐도 단행하지 못한다면, 우리가 통감부에서 한국 정부로 하여금 무엇을 택하게 할지 의심할 것도 당연하지 않은가. 일한 관세 동맹 등이야 점차 해결책을 찾을 수 있을 것이라 하나 이번에 수출세라도 신속히 철폐를 단행해야 한다.

한국의 임업(林業)

첫째, 삼림과 기후가 조화되는 관계를 서술하겠다. 기후 중에서 삼림과 온도의 관계는 물과 온도의 관계와 같다. 무릇 뜨거운 물은 열을 받는 속도도 늦고 또 열을 잃는 속도도 늦는 까닭에, 물로 둘러싸인 지방의 경우 여름에 그 더운 정도가 완화되고 겨울에 추운 정도가 완화된다. 하루의 일교차도 이와 같아서, 주간에 더운 정도가 완화되고 야간에 추운 정도가 방지된다. 이것이 이른바 '해양의 기후'라는 것인데, 기후에 있어 더욱 중요한 관계이다. 이에 반하여 '대륙의 기후'라는 것은 기후를 조화시킬 물이 없는 까닭에 추위와 더위가 전부 그 극점에 달한다. 즉 여름에 화씨 100도(섭씨 37.7도) 이상에 달하고 겨울에 섭씨 영하 2·30도 이하에 달할 때도 있어 인류의 건강에 몹시 해롭다.

그런데 삼림은 기후에 대하여 물과 같은 효력이 있다. 무릇 공기의 온도는 태양으로부터 직사되어 오는 광선에 의해 직접 따뜻해지는 경우가 적고, 대부분 지면과 그 밖의 물체로부터 반사되는 열에 의해 따뜻해지는 경우가 많다. 삼림의 경우 태양 광선이 직접 지면에 도달하는 양이 다른 나지(裸地)보다 적고, 이에 따라 공기의 온도도 다른 곳보다 온기가 적다. 게다가 나무 자체는 늘 그 잎으로부터 수분을 증발시킴으로써 그 요구되는 열량이 점점 삼림 내 공기의 온도를 저하시킨다. 여름철 뜰 앞에 물을 뿌릴 때 시원함을 느끼는 것도 역시 뿌려진 물의 증발로 인하여 공기 중의 열을 빼앗기 때문인데, 물이 증발할 때 다량의 열이 필요해진다. 더 나아가 나무 자체의 온도도 이전의 실험에 의하면 여름에 둘러싼 주위 공기보다 낮은 경우가 보통인 고로 삼림 내의 공기가 여름에 늘 나지의 공기보다 낮은 경우가 보통이다. 이 관계가 또 하루 내로 주간의 온도를 낮추어 그 더위를 완화시키는 작용이 있다.

야간의 경우 지면이 그 열을 방출시키는데, 삼림으로 덮인 곳에서는 그 수관(樹冠)에 의해 이 작용을 차단하는 고로 야간에 도리어 다른 곳보다 더 따듯해진다. 또 이와 같은 원리에 의해 겨울에는 그 기후의 혹한을 방지하는 효과가 있다. 요약해 말하면 삼림은 기후를 조화시켜 추위와 더위의 극단에 이름을 방지하는 것이다. 이러한 관계가 단지 삼림 내로만 한정된 것이면 중요하다고 보기에 부족하나, 공기는 원래 유동성인 고로 기후에 대한 삼림의 영향이 삼림 내로만 한정된 것이 아니라, 그 근처 사방에까지 멀리 미치는 것이다. 특히 수십 리에 걸친 큰 삼림의 경우 그 관계가 자못 커서 일종의 삼림 기후가 된다.

공기에 대해서도 역시 삼림이 큰 관련이 있다. 무릇 공기 중에는 다소 수증기가 포함되어 있는데 그 양은 때와 장소에 따라 차이가 있다. 공기는 원래 수증기를 무한 함유한 것이 아니라 혹 온도에 대해서는 그 머금는 수증기양에 한도가 있어서 온도가 상승할 때는 그 수증기를 머금는 힘이 늘어나고 온도가 하강할 때는 그 힘이 줄어든다. 이처럼 수증기를 머금는 극한도에 달한 공기를 기상학에서 '포화(飽和)된 공기'라 칭하니, 일정한 온도에 대해 각기 일정한 양을 유지하는 것이다. 예컨대 100도의 공기가 15관(貫)이 되기까지의 수증기를 머금는 것이라 하면 50도의 공기는 이만한 수증기를 머금을 수 없는데, 가령 8관이 되기까지의 수증기를 머금는 것이라 하면 그 여분의 7관이 물로 변하는 것이다. 지금 삼림이 여름에 그 더위를 순화시키고 겨울에 한기를 약화시키는 작용이 있음은 앞에서 기술한 바와 같거니와, 이를 1년으로 평균하면 나지인 곳보다 다소 온도가 낮음이 보통이다. 이 때문에 혹 수증기를 머금은 공기가 삼림 내로 부는 온도가 낮은 고로 미처 포화되지 않은 공기도 삼림 내로 불 때는 자연히 포화되어 비 내지 안개 등으로 변화되는 것이다.

일본 속담 중에 "산이 비와 구름을 부른다"는 말이 있는데 이는 산이 부르는 것이 아니라 삼림이 부르는 것이다. 고로 한국 같은 민둥산[44]인

경우 이 속담이 부당하다. 그리고 이 관계는 여름에 특히 심하니 왜인
가. 여름에 삼림 내와 삼림 외 사이의 온도차가 가장 크기 때문이다.
그밖에 나무는 늘 다량의 수분을 증발시키는 고로 이 또한 삼림 중의
공기로 하여금 포화점에 빠르게 도달시키는 것이라 한다. 내가 깊은
삼림 중에 들어갈 때 늘 습기를 느끼는 것은 완전히 이러한 이유로 인한
것이다.

　이 삼림과 습기의 관계도 온도의 관계와 같으니, 만약 삼림 내로만
일어나는 것이라 하면 각별히 중시할 필요가 없다. 그러나 수증기는
사방으로 유동하기 극히 쉬운 것인 고로 삼림 밖 부근 지역에까지 그
영향이 미쳐서 그 지방의 습기의 수량을 증가시켜 농작물과 그 밖의
식물의 생육을 양호하게 한다.

　다음으로 삼림과 습기의 관계부터 강우량과 연관된 것이 그것이다.
즉 삼림 외에 있어 포화되지 못한 공기도 삼림 내에서는 포화되어 수증
기로 변하고 비나 안개 등이 됨으로써 삼림은 그 지역의 강우량을 증가
시킨다. 예로부터 삼림의 남벌(濫伐) 때문에 그 지역의 강우량이 가장
현저히 감소된 사례가 적지 않다. 한국의 강우량 통계를 보면 일본보다
매우 적은 양인데, 이는 삼림 황폐 역시 일대 원인이 됨을 의심할 바
없다. 그리고 이 강우량의 관계는 토지의 높이를 높임에 따라 현저해지
는 것인데, 저지대인 경우 삼림의 유무가 그 강우량과 거의 연관이 없
으나 강우의 정도가 몹시 증가되는 것이니, 이른바 편중된 날씨의 피해
를 없애고 이에 따라 홍수와 가뭄에 의한 피해를 줄인다.

　둘째, 삼림과 수원(水原) 함양의 관계를 서술하겠다. 앞에서 기술한
바와 같이 삼림의 경우 습기와 강우량이 많은 고로 물론 수원 함양과
관계가 있음이 분명하나, 지금 이러한 기후의 관계를 도외시하고 연구

44　민둥산 : 원문의 '縷山'은 '裸山'의 오기.

하더라도 오히려 삼림이 수원을 대단히 함양하는 작용이 있는 것이다. 그 이유가 어떠한지 말하면 삼림의 지엽(枝葉)이 토지를 그늘지어 광선과 바람을 차단하여 지상의 수분 증발을 크게 방지하여 빗물을 고지대에 보존시키고 점차 유출시켜 부단한 수원을 함양하는 작용을 한다. 또 삼림 내로 늘 수증기가 포화되고 포화점에 가까워짐으로써 수분이 지면으로 증발하는 양을 감소시킨다. 사람 중에 간혹 수목의 지엽에서 증발하는 수량이 적지 않음을 보고 삼림이 도리어 토지의 수분을 감소시키는가 의심하는 자도 있다. 그러나 이러한 수목의 지엽에서 증발하는 대부분의 수분은 그 뿌리를 따라 토지의 하층에 있는 이른바 지하수로부터 취하는 것인 고로 수원 함양에 영향이 없다. 환언하면 삼림은 지상의 수분 증발을 방지하며 강하하는 빗물을 지상에 보전시켜 그 강우량의 과반을 지면에 체류시키고, 단지 그 소량만 뿌리로 빨아올려 그 잎으로 증발시키고 그 나머지는 완전히 지하로 침전시켜 수원을 이루는 것이라 한다. 그밖에 삼림의 수원 함양에 큰 관계가 있는 것은 삼림 내의 낙엽과 이끼라 한다. 이와 같은 것은 지면을 늘 덮어 수분 증발을 방지함으로써 앞에서 기술한 임목의 작용을 돕는다. 학술상 실험에 의하면 동일한 습기가 있는 두 가지 지면에서 수분을 증발시켰는데, 삼림이 없는 지대는 삼림이 있는 지대의 4배 반 가량 더 증발시킨다고 한다. 또한 삼림 지대 1평방 마일당 40만 입방, 즉 770만석의 물을 보유한다고 하니, 삼림이 없는 지대로 하면 1초의 시간에 1평방 마일의 지면에 20 내지 30입방 미터의 강우량이 15시간 동안 내리지 않는다면 이 정도의 물을 얻을 수 없다. 그런즉 하천의 수원지에 삼림을 조성하면 현저하게 그 평소의 수량보다 증가되고, 이에 반해 그 삼림을 벌채하면 수원이 급속히 마르는 현상을 보게 된다.

미국 대통령 후보자, 장차 일어날 두 영웅의 다툼

태프트 씨와 브라이언 씨

'태프트(William Howard Taft) 대 브라이언(William Jennings Bryan)' : 당장 루스벨트(Theodore Roosevelt Jr) 씨의 계승자로 알려진 대통령 후보자 중에 그 환호성이 가장 높은 자는 현 육군 장관 태프트 씨다. 미국의 정계는 형세가 동요되면 쉽게 급변하는 것이 거의 확정된 사실이다. 지금 공화(Republican)와 민주(Democratic) 등의 대 정당에서 차기 대통령 선출할 사안이 이제 1년 내로 임박하였다. 그런데 이 양당이 과연 어떠한 인물을 후보자로 추대할지 미정된 운수이다. 그런데 최근 한 정황으로 살펴건대 공화당의 태프트 씨가 민주당의 브라이언 씨와 대립하여 중원축록(中原逐鹿)45 할 것임은 의심할 바 없는 사실이다.

△라이트 후보자 : 소수당 민주당의 대표자는 브라이언 씨 단 한 명 뿐이다. 풍설에 의하면 지난번 일본 주재 대사를 사임하고 고향인 신시내티(Cincinnati)로 복귀하여 법률 사무를 관장하는 라이트(John Vines Wright) 씨도 사실은 대통령 후보자에 뜻을 둔 자이다. 라이트 씨가 오늘까지 대통령 후보자 준비에 태만하지 않음은 사람들이 다 아는 바이니, 당에서는 일부 인사 중에 그의 출마를 희망하고 그의 필리핀 행정의 수완을 관찰하여 루스벨트 대통령의 후계자 되기에 부끄럽지 않다고 확신하는 자가 적지 않다. 다만 라이트는 루스벨트에 비하면 보수적이라 다르다. 오늘 미국의 정계는 민주당 때문에 계획적으로 남부 지역

---

45 중원축록(中原逐鹿) : 사슴이란 제왕의 자리를 비유한 것으로, 난세가 되면 영웅호걸들이 다 일어나 제왕(帝王)의 자리를 다툼을 이른다. 『통감절요(通鑑節要)』 권5에 보인다.

의 여러 주에서 인물을 추천하는 것이 편하다는 정황이 있다. 현 라이트 씨는 신시내티 출신이니 그를 후보자로 추대함이 자연스런 요청이 될 것으로 보이나 공화당 내 간부로 유력한 인사 중에 이를 반대할 의견이 있는 자가 적지 않은 모양이다. 그러므로 라이트의 추대를 반드시 예상할 수는 없는 것 같다.

△브라이언의 운명은 어떻게 되는가 : 그렇다면 브라이언 씨는 어떠한가. 그는 이미 2차례 실패를 겪었으나 여전히 민주당 거물의 지위를 잃지 않았다. 그래서 선거 대회에서 그가 후보자로 천거됨은 의심할 바 전혀 없다. 그러나 천하의 대세가 여전히 공화당에 귀의하고 있고, 동당의 인망을 일신에 받은 자는 루스벨트 씨다. 만약 그에게 동당의 재선거를 승낙하면 반드시 대다수로 당선될 것이니, 루스벨트 씨를 숭배하는 자는 단지 공화당 뿐 아니라 중립파 및 반대당에도 대거 보인다. 그러니 브라이언 씨의 운명을 짐작하기 어렵지 않다.

△공화당의 약점 : 다만 공화당은 당내 여러 분파로 나뉘어 있다. 실업계의 유력자, 즉 스탠더드 오일 트러스트 회사 및 거대 철도회사 등을 대표하는 해리먼(E.H. Harriman)・모건(J.P. Morgan) 등의 자본가는 언제든지 루스벨트 대통령의 정책에 반대한다. 그러나 루스벨트 대통령의 세력이 지극히 강대한 까닭에 실제로 어떠한 영향도 미치게 하지는 못할 것이다. 동 대통령에 대한 국민의 두터운 개인적 신뢰는 전대에 거의 그 비견되는 인물을 볼 수 없을 정도이니, 이러한 반대 세력도 루스벨트 씨의 지위를 어찌할 수 없다. 그러나 만약 그가 인망이 없어지고 그 동일한 정책을 답습하는 후계자가 있다면 그 인물의 당선은 거의 가망이 없다고 할 것이다. 이 점에서 태프트의 장래도 성공을 확신할 수 없는 것 같고 브라이언의 운명도 결코 비관에 그칠 것은 아니다. 내부에 이러한 사정이 있는 미국 정계가 이제 어떻게 급변할지 크게 주목된다.

영국령의 배일(排日) 폭동

9월 9일 발 뉴욕 전보에 의하면 "완강한 배일사상에 의해 밴쿠버 (Vancouver)의 상태는 몹시 불가사의한 성질을 띠었다. 위기를 피하고 자 하면 캐나다 관헌(官憲)은 속히 일한배척(日韓排斥) 동맹회[46]의 노동 자 폭행 방지를 위해 응급수단을 내어야 한다. 밴쿠버에 재류하는 일본 인은 자위를 위해 민첩한 조치를 취하고 또 공격에 대응하면서 만반의 비상사태 대비를 위해 완전한 무장으로 당장 그 재류 구역을 충분히 순찰하였다. 오늘까지 백인 폭행자는 이미 일본인 점포 50군데를 파괴 하고 또 일본인 몇 명은 밴쿠버만으로 투신하였다. 당시 밴쿠버 유람 중인 이시이(石井)[47] 통상국장은 일요일 새벽 폭행자에게 지목되어 던 진 돌에 맞았으나 다행히 중상은 면한 것 같다." 하였다.

일본 전보에 의하면 "가네코(金子) 남작[48]은 오타와에 주재한 노세(能 勢)[49] 총영사를 거쳐서 캐나다 정청(政廳) 총리 로리어(Laurier) 경[50]에 게 통고하였는데 일본 외무성은 이번 폭동에 대해 낭패와 경악이 전혀 없다는 취지라고 한다." 하였다.

---

46 일한배척(日韓排斥) 동맹회 : 아시아 배척동맹(Asiatic Exclusion League)을 번역 한 것으로 보인다. 여기서 서술한 반 동양인 폭동(Anti-Oriental riots)은 9월 7일 부터 9일에 걸쳐 일어났다. 차이나타운의 피해가 컸으나 기록하지 않았다.
47 이시이(石井) : 이시이 기쿠지로(石井菊次郎, 1866-1945)는 일본의 외교관이며 정치가이다. 당시 통상 국장이었고 국제연맹 대표와 외무대신을 역임한 바 있다.
48 가네코(金子) 남작 : 가네코 겐타로(金子堅太郎, 1853-1942)는 정치가로 일제 헌 법 제정에 참여한 바 있다. 하버드대학에 유학하고 러일전쟁에서 미국의 지원을 이 끌어내며 그 후에 백작의 작위에 오른다. 루스벨트 대통령과 직접 교류한 바 있다.
49 노세(能勢) : 노세 다츠고로(能勢辰五郎, 1856-1911)는 외교관으로 샌프란시스 코, 몬트리올 등의 영사관에 근무하고 조선총독부 시절 전라남도 장관을 역임한다.
50 로리어(Laurier) 경 : 로리어 경(Sir Henri Charles Wilfred Laurier, 1841-1919)으로 1896년부터 1911까지 캐나다의 총리를 지냈다.

밴쿠버 폭동의 상황

샌프란시스코 전보에 의하면 "밴쿠버에서 배일 폭동이 더 심해져서 일본인이 영업하는 각 상점 18곳, 여관 9곳, 목욕탕과 제화점 각 2곳, 이발소 5곳, 은행·신문사·요리점·제조장은 각각 1곳이 파괴되었다."고 한다.

평화회의의 성안(成案) 2가지

9월 7일 헤이그 평화회의에 가결된 전투 개시에 관한 의안(議案) 및 중립국의 권리와 의무에 관한 규칙은 다음과 같다.

전투 개시에 관한 의안

제1항 체맹국은 체맹국 간에 이유를 덧붙인 개전의 선언에 대해 그 명료한 통고를 미리 하지 않으면 개전할 수 없다.

제2항 전쟁 상태의 성립은 중립국에 통지를 지체해서는 안 된다. 이 통지는 전보로 할 수 있다. 전쟁 상태는 통지를 수령한 후가 아니면 중립국에 대해 효력이 발생하지 않는다. 다만 중립국이 실제 전투 상태의 성립을 인지하는 정황이 명백한 경우 중립국은 통지가 없었다는 이유로 항변할 수 없다.

또 중립국의 권리와 의무에 관한 규칙은 12조인데 그 중요한 규칙은 다음과 같다.

1. 중립국의 판도는 불가침이다. 교전국은 군대와 기타 양식·병기 등의 군수품으로 중립국의 판도를 통과할 수 없다.
1. 교전국은 육상과 해상에서 교전국의 군대와 통신하는 목적이 있는 무선 전선과 기타 일체 통신 기관을 중립국 판도 내에 설치할 수 없다.
1. 교전국은 중립국 판도 내에서 병사를 모집할 수 없다.

1. 이상은 중립국에 대한 교전국의 의무이니 중립국도 이를 자국의 판도 내에 행할 수 없는 것이다.

1. 중립국은 개인이 자유로이 교전 국경을 통과하여 군대에 참가하고 병기·탄약 등을 교전국에 전송하는 일을 중지시킬 의무가 없다.

1. 중립국은 도주한 포로를 수용하였을 때 이를 해방하고 그 판도 내에서의 체류를 허가할 때 거처를 지정해야 한다.

1. 중립국은 중립의 침해 방지를 위해 병력을 활용하는데 이를 적대행위로 간주할 수 없다.

평화회의의 성안(成案) 3가지

21일 발 헤이그 전보에 의하면 평화회의는 본일에 개회하고, 의제는 지난 위원회에서 결정된 육상 중립 규정, 국제 심검소(審檢所)[51]의 안건, 제3회·제4회 평화회의 개최기일에 관한 건이다.

제1안 : 육상 중립의 규정은 이의 없이 만장일치로 가결되었다.

제2안 : 국제 심검소의 안건은 판사 임명의 조항 하나를 제외하면 소국(小國)도 찬성하였다. 그러나 유보(留保)하는 주요국들이 일본과 러시아 양국이라 만장일치의 결과를 보지 못하였다. 이러한 까닭에 영국 위원이 '본안을 특별안(特別案)으로 삼아야 한다'고 제의하여 곧장 가결되었다. 여기서 특별안이란 만장일치가 되지 않았다는 이유로 폐안(廢案)이 되지 않고 찬성한 국가 사이의 이 결의만 유효[52]로 간주하여 성립될 수 있는 것이다. 즉 일본·러시아 양국을 제외한 대국이 다 본안에 찬성하면 사실상 본안은 확정된 국제 성법(成法)이 되는 것이다. 이 결과 본 결의에 가맹하지 않은 일본은 판사 4인 조직의 법정에 1인의 판사를 임명할 권리를 허가할 뿐이니 조만간 여기에 가맹 될지는 알 수 없다.

---

51 국제 심검소(審檢所) : 국제 분쟁을 담당하는 재판소로 보인다. 1899년 1차 평화회의부터 상설중재법원(Permanent Court of Arbitration)이 결성되었고 1920년에 국제사법재판소가 되었다.

52 유효 : 원문의 '有効'는 '有效'의 오기.

제3안 : 제3회 평화회의 기일의 안건은 개회기를 매 7년으로 명확히 규정하지 않고, 제1회·제2회 평화회의 사이의 기간과 대략 동일한 연한 으로 개최하기로 정하였다. 이는 특별한 이유가 있어서가 아니라 오직 제1회·제2회를 주장한 러시아에 대해 예의를 갖추는 태도와 같은 것으 로 여지를 남긴 절차이다. 이 결의에서 비롯하여 지금부터 평화회의는 자동적으로 개최될 것이다. 회의 준비 등의 경우 준비위원을 개설하여 의안 정리 등 일체 사항을 담당하게 한다고 한다.

평화회의의 일단락

육군에 관한 의안은 본일의 본회일로 전부 성안하고 귀결되었다.

○ 3국의 청국에 대한 교섭 -9월 1일-

불일협정과 러일협약이 성립된 결과 프랑스는 운남성, 러시아는 외 몽골, 일본은 복건성에 대해 당장 청국과 교섭 중인 안건인데 그 사실 이 조만간 드러날 것이라 한다.

○ 만한(滿漢) 정권의 이동 -11일-

원세개(袁世凱)·장지동(張之洞) 두 원훈(元勳)이 입각한 결과 중앙과 지방의 주요 관직에 이동이 생겨서 정국의 형세에서 주목할 만한 변화 가 일어났다. 기존에 만주족이 세력을 점유하던 중앙과 지방의 정권이 점차 한인(漢人)에게 돌아가고 있다.

즉 군기처(軍機處)는 경친왕(慶親王)을 중심으로 하고 전부 원세개· 장지동 두 사람의 세력 범위에 귀의한 것이다. 각 부의 아문(衙門)은 그 머릿수로 하면 만주족이 여전히 다수를 점유하나 가장 핵심적 지위 에 있는 외무부 아문은 원세개가 상서(尙書)가 되고 육군 상서의 의자 도 철량(鐵良)[53]에게 낙적되나 장지동이 이를 점유할 형세가 있고, 지방

독무(督務)에 있어 직례(直隷)·호광(湖廣)[54]·사천(四川) 총독의 후임도 원세개와 장지동 2인의 고굉(股肱)으로 보완하고 각 성의 순무(巡撫)도 한인이 다수를 점하면서, 정권 이동의 추세가 역력히 볼 만하다.

이 인사이동 이후의 현임 인사를 언급하면 다음과 같다.

만주인(滿洲人)	한인(漢人)
군기대신(軍機大臣)	
총리(總理) 경친왕(慶親王)	원세개(袁世凱)
나동(那桐)	장지동(張之洞)
세속(世續)	손가정(孫家鼎)
철량(鐵良)	녹전시(鹿傳柴)

상서(尙書)	
민부(民部) 숙친왕(肅親王)	외무부(外務部) 원세개(袁世凱)
탁지부(度支部) 예친왕(禮親王)	우전부(郵傳部) 진벽(陳璧)
육군부(陸軍部) 철량(鐵良)	이부(吏部) 육윤상(陸潤庠)
농공상부(農工商部) 부광(溥廣)	
학부(學部) 영경(榮慶)	

총독(總督)	
양강(兩江) 단방(端方)	호광(湖廣) 조이손(趙爾巽)
운귀(雲貴) 석량(錫良)	양광(兩廣) 장인준(張人駿)
섬감(陝甘) 승원(升元)	직례(直隷) 양사양(楊士驤)
관서(關西) 송수(松壽)	사천(四川) 진기룡(陳夔龍)
	동삼성(東三省) 서세창(徐世昌)

---

53 철량(鐵良) : 1863-1938. 만주족 출신의 정치가로 신해혁명 이후에도 청국 복벽(復辟)을 시도한 바 있다.

54 호광(湖廣) : 호북성과 호남성을 통칭하는 표현이다.

순무(巡撫)

강서(江西)	단량(端良)	하남(河南)	임소년(林紹年)
산서(山西)	식수(息壽)	섬서(陝西)	조홍훈(曹鴻勳)
신강(新疆)	연괴(聯魁)	절강(浙江)	장증양(張曾敭)
		안휘(安徽)	풍행(馮幸)
		광서(廣西)	가봉시(柯逢時)
		산동(山東)	오정빈(吳廷斌)
		호남(湖南)	잠춘훤(岑春萱)
		강소(江蘇)	풍여의(馮汝毅)
		봉천(奉天)	당소의(唐紹儀)

밴쿠버의 일본인 박해

-샌프란시스코 특전 9월 9일 오후 일본 특파원 발-

밴쿠버의 일본상점은 어젯밤에 대략 1000명의 폭동에 의해 피습되어 전부 파괴되었는데 일본인이 이에 저항하여 백인 4인을 찔러 죽였다고 한다.

손해배상의 담판

앞서 보도된 밴쿠버 일본인 박해 폭동에 대해 손해배상금 25,000불을 요구하니 시장 알렉산더 베쑨(Alexander Bethune)[55] 씨가 이를 거절하였다. 이에 해당 사건은 캐나다 정부에 이관되어 일본의 국제적 재판[56]이 되어 일본 정부와 캐나다 정부 간에 교섭을 개시하였다고 한다.

---

55 알렉산더 베쑨(Alexander Bethune) : 원문은 데무시모지만, 당시 밴쿠버 시장이 알렉산더 베쑨이므로 오기로 판단하여 수정하였다. 그는 아시아 배척동맹의 지지자였다.

56 재판 : 원문의 '識判'은 '裁判'의 오기.

샌프란시스코·캐나다의 배일 연합

지금도 해당 지역의 배일 열기가 더 심해져서 동 지역의 일본인 배척 동맹회와 결합하고 또 저들이 어제 대회를 개최했다는 풍설이 있다고 한다.

배일 폭동의 심화

밴쿠버의 배일 폭동은 갈수록 더 심해져서 일본인이 영업하는 상점 18곳, 여관 9곳, 목욕탕과 제화점 각 2곳, 이발소 5곳, 은행·신문 사[57]·요리점·유리상 및 수차(水車) 각각 1곳이 파괴되었다고 한다.

내보

기사 -8월 29일부터-

○ 척식회사(拓殖會社)에 관한 내용

근래 귀족원(貴族院)과 중의원(衆議院)의 의원(議員) 및 그 밖의 주요 한 실업가가 발기(發起)한 한국 척식회사[58]는 꽤 큰 조직 경영체이다. 내지에 있기 때문에 많은 인구를 이주시켜서 경작을 개량하고 황무지 를 개간하는데, 이를 통해 한국의 부원(富源)을 개발하고, 이주자에게 는 적당한 보호를 제공하고, 개간지에 대해서는 차례대로 소유권을 부 여하는 등 쉽게 이에 종사할 수 있는 방법을 강구하게 한다. 동시에,

---

57 신문사 : 원문의 '新同社'는 '新聞社'의 오기. 이 부분은 이전 기사와 거의 중복되나. '제조장'이 '유리상'으로 변경되고 '수차(水車)'가 추가되는 등 일부 수정된 부분이 있다.
58 한국 척식회사 : 1908년 설립된 동양척식회사의 전신으로 추정된다.

다시 한편으로 금융 기관을 설립하여 일반 척식에 대한 편리를 도모하고, 전체적으로는 금융을 원만하게 함으로써 농업·공업·상업의 발달을 촉진한다는 취지로 한국 척식회사를 설립하고, 그 회사 내에 척식부(拓殖部)와 금융부(金融部)를 설립한다.

이를 발기한 사람 중 주관할 사람은 귀족원 의원으로는 코마츠바라 에이타로(小松原英太郎)·홋타 마사야스(堀田正養)·오카다 나가모토(岡田長職)·오오기마치 사네마사(親正町實正) 씨 등이고, 중의원 의원으로는 미노우라 카츤도(箕浦勝人)·노다 우타로(野田卯太郎)·시바 시로(柴四郎) 씨 등이며, 실업가 쪽에서는 시부사와 에이이치(澁澤榮一)·오오쿠라 키하치로(太倉喜八郎)·토요카와 료스케(豊川良助)·아사부키 에이지(朝吹英二) 씨 등 수십 명이다. 넓게는 각 단체와 각 정당이 두루 참여하고, 원로 가운데 이노우에 가오루 후작과 가쓰라 다로 후작이 가장 열심히 찬성하였는데, 이토(伊藤) 통감이 조정으로 복귀하는 길에 앞서 언급한 두 후작이 계속 간곡히 전하니, 통감도 몹시 찬성의 의사를 표하였다.

상세한 내용은 가까운 시일 내에 가쓰라 후작이 한국에 와서 통감과 합의할 것이다. 회사는 이자를 대어주는 등과 같은 금전적인 보조를 정부에 요구하지 않지만, 매수하는 토지에 대해서 각종 특권을 얻는 것으로 대략 당국자의 동의를 얻은 상황이다. 가쓰라 후작이 조정에 돌아간 뒤에 공개적으로 사회에 발표하여 세간의 찬성을 널리 구할 예정이라 한다.

○ 즉위 의식 -29일-

그저께 오전 9시 반부터 태황제께서 돈덕전(惇德殿)에서 즉위 의식을 거행하기로 하셨다. 그날 대한문(大漢門)에서 돈덕전까지 그 사이에 수많은 한국군·일본군·경관(警官) 등이 늘어서 있고, 돈덕전 정문에 큰

국기를 교차시켜 두었다. 예정된 시간에 먼저 조 법상(趙法相)[59]과 궁내
부 대신, 예식관(禮式官) 등이 식장에 입장하였다.

9시가 되자 하세가와 요시미치(長谷川) 대장[60]이 일본 기병 2소대·
황제께서 파견하신 한국 보병(步兵) 1소대 등과 함께 본국의 서신을 받
들어 올리고, 나베시마(鍋島)[61] 총장·나이토(內藤) 부관 등이 각기 황
색의 교여(轎輿)를 타고 식장에 입장하였다. 그 다음 총리 이완용 이하
각 대신·기타 내외 문무관·각국 영사 등이 이어 참석하여 돈덕전 휴
게실로 들어갔다.

9시 40분에 새 황제폐하께서 이 궁내대신·민 시종원경[62]·이 시종
무관장[63]·내관(內官)·여관(女官) 등을 거느리고 만희전(晩喜殿)으로
거둥하신 뒤 2개 소대의 보병과 기병의 경호를 받으면서 황색의 교여
(轎輿)를 소환하여 돈덕전 이문(裏門)에 오르셨다. 각 대신은 같은 문
앞에 나아가 맞이하니 폐하께서 편전(便殿)[64]으로 들어가셨다. 이날 폐
하께서 착용하신 복장은 황색의 예복에 사각형의 상판에 네 모서리를
무명실로 장식한 보관(寶冠)을 쓰셨다.

9시 50분 정각이 되자 풍악의 연주를 시작하니, 궁내대신 이완용이
휴게실에 가서 참석자 전원을 식장으로 입장토록 하였다. 식장은 돈덕
전 우측으로, 석차(席次)는 옥좌(玉座)로 향하게 하였다. 옥좌에 가까운
좌측에 시종원 경 민병석·하세가와 대장·국무대신·칙임관·주임관
(奏任官)·고빙된 외국인 순으로 자리하고, 우측에 친임관(親任官)으로

---

59 조 법상(趙法相) : 정미칠적 조중응(趙重應, 1860-1919)이다.
60 대장 : 원문의 '大使'는 '大將'의 오기.
61 나베시마(鍋島) : 나베시마 케이지로(鍋島桂次郎, 1860-1933)는 외교관으로 당시
　 통감부의 외무(外務) 총장이었다. 1909년까지 통감부에 근무한 바 있다.
62 이 궁내대신·민 시종원경 : 궁내대신은 이완용이 겸직하였고, 시종원의 경(卿)은
　 정미칠적인 민병석이었다. 원문의 '鄕'은 '卿'의 오기.
63 이 시종무관장 : 정미칠적 이병무(李秉武, 1864-1926)이다.
64 편전(便殿) : 원문의 '使殿'은 '便殿'의 오기.

1·2등 칙임관·3등 칙임관·주임관 등의 순으로 자리하였다. 폐하께서 면복(冕服) 차림의 예장(禮裝)으로 시종원 경·궁내대신·시종무관장 등을 거느리고 편전에서 곧장 임어(臨御)하여 옥좌에 착석하셨다.

전표관(展表官)이 표안(表案)-진하문(陳賀文)-[65]을 의자 앞에 놓자, 총리대신이 국궁(鞠躬)한 뒤 옥좌 앞에 나아가 삼배(三拜)·구배(九拜)를 행하니, 전표관이 다시 나아가 표안을 정돈하였다. 이때 여러 신하가 찬의(贊議)의 소리에 따라 최상의 경례를 행하고, 총리대신이 하표의 낭독을 마치자 전표관이 해당 표안을 가지고 나갔다. 당시 풍악의 연주와 아울러 입장한 여러 대신이 다시 국궁하고 사배(四拜)하니 풍악이 그쳤다. 태황제 폐하께서 시종원 경 등을 거느리고 편전으로 환어(還御)하고는 다시 찬란한 금꽃으로 장식된 대원수의 복장을 소환하고 식전(式典)에 재림하셨다. 이에 통감 대리 하세가와 요시미치가 옥좌 가까이 나아가서 통감의 축하사를 낭독하니, 한국 관원이 이를 번역하였다. 다음으로 벨기에 영사가 각국 영사를 대표하여 축하사를 낭독하니 한국 관원이 이를 번역하여 상달을 마쳤다. 총리대신 이완용이 옥좌 가까이 나아가 북면(北面)으로 서니, 그 사이에 군악대가 애국가를 연주하였다. 찬의의 발성으로 대한국 황제 폐하의 만세를 삼창하였다.

10시 40분에 예식을 마치고, 일동이 최상의 경례를 행하니, 폐하께서 편전으로 환어하시고 나머지 문무관이 차례로 물러났다. 폐하께서 편전에서 잠시 휴식하신 뒤 황색 예장을 다시 갈아입고 궁궐 부대가 마주해 여관과 내관 수십 명을 거느리고 교여에 올랐다. 돈덕전 뒤편에 있는 종묘(宗廟)와 선원전(璿源殿)[66]에 참배하여 즉위식을 무사히 종료한 취지

---

65 표안(表案)-진하문(陳賀文)- : 표안은 궁정 예식에서 쓰는 문서를 두는 책상이다. 진하문은 축자적으로 축하문인데 표안에 놓인 하표(賀表)를 이르는 것으로 보인다. 전표관은 이 예식을 담당하는 관리이다.

66 선원전(璿源殿) : 원문의 '濬源殿'은 '璿源殿'의 오기.

를 아뢰셨다. 그리고 공신문(拱辰門)을 지나 중명전(重明殿)[67]에 다시 거 둥하여 태황제 폐하께 즉위식을 무사히 종료한 취지를 아뢰셨다.

○ 선유사(宣諭使) 차견(差遣)

각 지방에서 불령(不逞)한 무리가 양민을 선동한다고 하여, 종2품 정 인흥(鄭寅興)[68]을 경기도 선유사로, 종2품 김중환(金重煥)[69]을 경상북도 선유사로, 평리원(平理院) 판사 홍우철(洪祐哲)을 강원도 선유사로, 정3 품 이순하(李舜夏)를 충청북도 선유사로 차견하고, 기타 각 도(道)는 해 당 관찰사로 하여금 신칙하고 권유한다고 한다.

○ 헌병 해산

한국 헌병대 역시 해산하고 다음날 해산식을 거행한다고 한다.

○ 죄수 석방 -9월 5일-

평리원·한성 재판소에 수감된 죄수로서 기결수와 미결수의 석방의 순서를 수정하여 법부대신 조중응(趙重應) 씨가 상주(上奏)하여 재가되 었는데, 평리원에 44명이고 한성재판소에 45명이라 한다.

○ 양주(楊州)의 불온(不穩) -동일(同日)-

3일 발 수원(水原) 전보에 의하면, 지난 1일 경성(京城) 동북쪽 5리 되는 양주군 무구면(鵡口面) 덕지리(德智里)에서 지평(砥平)·양근(楊

---

67 공신문(拱辰門)을 지나 중명전(重明殿) : 공신문은 창덕궁 후원(後苑)의 문이고, 중명전은 덕수궁에 딸린 서양식 전각으로 고종과 순종이 거처하였다.

68 정인흥(鄭寅興) : 생몰 1852-1924. 그는 판사·중추원 찬의 등을 역임한 바 있다.

69 김중환(金重煥) : 생몰 1863-미상. 그는 중추원 의관·개성부윤 등을 역임한다. 1905년부터 학교운영에 종사하다가 1907년 전후로 사임하였다고 한다.

根)⁷⁰ 방면으로 폭도 450명이 침입한 까닭에 인심이 흉흉하다고 한다.

○추봉(追封)의 성전(盛典) -6일-

고(故) 흥선대원군을 왕으로, 여흥부대부인(驪興府大夫人)⁷¹을 비(妃)로, 완화군(完和君)⁷²을 왕으로, 연원군부인(延原郡夫人)⁷³을 비로 추봉하라는 명을 내렸다고 한다.

○특별 사면을 내릴 예정

법부대신이 유길준(俞吉濬)・장박(張博)⁷⁴・조희연(趙羲淵)⁷⁵ 씨의 특별 사면에 대한 주본(奏本)을 받들어 올렸다고 한다.

○폭동에 대한 보고

어제 안성(安城) 북쪽 현내면(峴內面)에 폭도 30명이 출현하여 일진회(一進會) 회원 2명을 살해하였다는 수원의 전보가 있었다. 그리고 지난 2일 200명⁷⁶ 가량의 폭도가 연풍읍(延豐邑)⁷⁷을 습격하여 군수를 포박하고 금품을 강탈하고, 양주 덕지리의 폭도가 더욱 늘어나서 총기 20자루를 탈취하고, 그 일부는 가평군(加平郡) 방면으로 떠났다는 전보

---

70 지평(砥平)・양근(楊根) : 현재 양평군과 가평군 일부이다.
71 여흥부대부인(驪興府大夫人) : 생몰 1818-1897. 그는 고종의 모친이다.
72 완화군(完和君) : 이선(李墡, 1868-1880)이다. 그는 고종의 서자이다.
73 연원군부인(延原郡夫人) : 의친왕(義親王) 이강(李堈)의 비(妃)이다.
74 장박(張博) : 생몰 1848-1921. 그는 후에 장석주(張錫周)로 개명한다. 한성순보와 한성주보를 발행하고 김홍집 내각에서 대신으로 지내다가 아관파천으로 인해 일본에 망명한다.
75 조희연(趙羲淵) : 생몰 1856-1915. 그는 무관으로 동학군을 진압하고 김홍집 내각에서 대신으로 지내다가 일본으로 망명하였다.
76 명 : 원문의 '各'은 '名'의 오기.
77 연풍읍(延豐邑) : 현재 괴산군이다.

가 있었다.

○책봉식(冊封式) 거행 -9월 7일-

이날 황태자의 책봉 예식을 경운궁(慶運宮)의 중화전(中和殿)에서 거행하는데, 문무백관이 일제히 참여하여 하례한다고 한다.

○태황제의 존호를 올리는 조칙 -동일-

황태자 책봉식을 거행한 뒤 태황제의 존호를 바치는 예식을 거행한다고 한다. 황제 폐하께서 백관을 거느리고 덕수궁(德壽宮)에서 친히 치사(致詞)를 올린다는 요지로 조칙을 내리셨다 한다.

○안성(安城) 일본인의 피난

지난밤 안성에 폭도 수백 명이 습격하여 일본인의 가옥을 파괴하니, 일본 거류민 40명을 성환(成歡)으로 인도하였는데, 사상자가 명확하지 않아서 취조 중이라는 지난 7일 발 수원 전보가 있었다.

○진천(鎭川)의 전투

지난 4일 진천에서 일본군이 폭도를 습격하니, 사상자가 대략 30명이고 노획품이 한총(韓銃) 10자루·탄약 약간·서류 약간·짐말 1두(頭)라고 한다.

○자선의 미거(美擧)

여자교육회에서 우환과 질고에 시달리는 일반 동포들을 위해 해당 교육회 내에 공립병원을 설치하고 병원의 사무를 음력 8월 1일부터 실시한다고 한다. 군인·순검(巡檢)·학생들은 반값으로 치료받게 하고, 특별히 고아원 학생들은 무료로 치료받게 한다고 한다.

○군관의 일괄 해임

육군 부장(副將) 이하 일반 군관은 일체 해임되고, 현직 군부대신과 근위대 관원만 예전대로 시행한다고 한다.

○태황제 폐하께서 존호를 올린 역사 -9월 10일-

태황제 폐하께서 어극(御極)하신지 이제 44년이 되었는데, 10년 계유(癸酉, 1873)-음력이다. 아래도 같다.-에 통천융운필극돈륜(統天隆運筆極敦倫)이라는 존호를 올리셨고, 20년 무자(戊子, 1883)에 정성광의명공대덕(正聖光義明功大德)이라는 존호를 올리셨고, 27년 경인(庚寅, 1890)에 요준순휘우모탕경(堯峻舜徽禹謨湯敬)이라는 존호를 올리셨고, 29년 임진(壬辰, 1892)에 응명입기지화신열(應命立紀至化神烈)이라는 존호를 올리셨고, 광무(光武) 4년 경자(庚子, 1900)에 외동홍업계기선력(巍動洪業啓基宣曆)이라는 존호를 올리셨고, 광무 6년 임인(壬寅, 1902)에 건행곤정영의홍휴(乾行坤定英毅弘休)라는 존호를 올리셨고, 융희(隆熙) 원년(元年) 정미(丁未, 1907)에 수강(壽康)이라는 존호를 올리셨으니, 정미에 존호를 올린 날은 바로 지난 8월 초3일이었다. 같은 날 황제폐하께서 백관을 거느리고 경운궁(慶運宮)에서 존호를 올리는 의식을 거행하는데, 종친과 문무백관이 중화전(中和殿)에 나란히 나아가 하례를 드리고, 각 부(府)·부(部)·원(院)·청(廳)과 각 공·사립학교와 각 상점과 일반 신민의 집안까지 국기를 높이 게양하여 경축의 의사를 표하였다.

○영월(寧越)의 전투 -동일-

지난 5일에 영월 동쪽 50리 되는 지역에서 폭도 50명이 일본군 1부대에 패하고 흩어지니 3명이 사망하고 나머지는 미상인데 일본군 1명이 사망하였다고 한다.

○성주(星州)의 정보 -동일-

지난 8일 오전 3시에 인원 미상의 폭도가 성주 분파소(分派所)를 습격하여 포위 공격하니, 경무(警務) 보조원이 중과부적이라 달아났고 해당 폭도가 해당 분파소에 방화하고 떠났다는 성주 경무서 보조원의 정보가 있었다.

○충주(忠州) 부근의 전보(戰報) -동일-

지난달 23일 오전 11시에 약 200명의 폭도가 제천(堤川)의 가도(街道)에서 충주군으로 진격한다는 보고가 있었던 까닭에 일본군 호죠(豐饒) 부대가 북문을 점령하고 니노미야(二宮) 부대가 성벽 동북쪽 구석을 점령하고, 또 전투의 척후가 교동의 고지와 남부의 고지에 출현하여 병영을 수비하더니 오후 0시 30분에 니노미야 부대가 논을 지나 야현(冶峴)의 고지를 점령하니 의도(義徒)가 차례로 후퇴하는 양상을 보였다. 그러한 까닭에 호죠 부대가 제천의 가도로 돌격하니 해당 의도가 사격하다가 이윽고 다 퇴각하였다. 호죠 부대가 급히 추격하여 한강(漢江) 부근까지 추격하고 귀환하였는데, 같은 날 5시에 해당 의도가 점차 접근하여 강경히 항거하니 일본군이 다시 추격하여 사상자가 자못 많았다고 한다.

○ 황태자의 유람 -9월 13일-

황태자 전하께서 어제 오전 10시경에 관립 한성고등학교[78]·무관학교를 관람하신다고 하셨다. 그런데 다시 들으니 인후(咽喉)의 통증으로 편찮으셔서 당분간 연기되고 며칠 뒤 경성박람회에 유람하실 예정이라 한다.

○ 박람회 개회식

오는 15일 오전 9시에 박람회장 내 무도장에서 개회식을 거행하는데, 참석자는 재경(在京) 일한의 고등관(高等官)·각 재판관·사무관(事務官)·민장(民長)[79]·관찰사(觀察使)·군수(郡守)·신문기자·출품인·박람회와 협찬회의 역원(役員) 등이라 한다. 개회식이 끝나면 모의 점포를 열어서 내빈을 접대하고, 또 관기(官妓)와 예기(藝妓) 등의 가무도 있을 예정이라 한다.

○ 조서를 내려 이씨(李氏)를 봉하다 -14일-

종2품 이준용(李埈鎔)[80] 씨를 특별히 종1품에 초자(超資)하고, 영선군(永宣君)에 봉하라는 조칙을 내리셨다고 한다.

○ 문경(聞慶)의 경보(警報)

지난 9일 약 1500명의 폭도가 문경에 침입하여 약탈을 자행하고 그 일부가 광원(廣院) 강포(康浦) 부근과 마포원(馬浦院) 서남쪽 촌락에 있

---

78 한성고등학교 : 1906년에 개교하여 1911년 조선총독부의 학제 개편 때 폐교된 중등교육 기관이다.
79 민장(民長) : 백성 가운데 부유한 자가 맡아서 민간의 사소한 일을 처리하는 위치라고 한다.
80 이준용(李埈鎔) : 생몰 1870-1917. 그는 고종의 조카이다.

는 것 같은데 주흘관(主屹關)에서 문경까지 그 사이의 전선을 전부 파괴
하였다고 같은 군(郡)으로 향한 정찰대의 보고가 있었다.

○군의 주사가 해를 입다 -16일-

화천군(華川郡) 주사(主事) 심의도(沈宜道) 씨가 폭도에게 해를 입었
다고 한다.

○추봉(追封)과 시호(諡號)

홍선대원군을 대원왕(大院王)으로 추봉하고 시호를 헌의(獻議)로 하
고 여흥부대부인을 대원비(大院妃)로 추봉하고 시호를 순목(純穆)으로
하기로 논정하였다고 한다.

○괴산군(槐山郡)의 참혹한 보고 -17일-

괴산군 주사(主事) 홍승준(洪承濬) 씨가 내부에 보고하기를 "음력 7월
22일에 의병을 자칭한 자 300명이 음성군(陰城郡)에서 본군으로 돌입[81]
하여 일본군 10명과 교전하다가 중과부적이라 일본군이 충주군(忠州
郡)으로 퇴각하였다. 이튿날 다수의 일본군이 습격하여 의병 무리가 음
성으로 도피하였다. 본 군수가 21일에 기미를 감지하여 화를 피하고
서기들도 다 흩어지는 바람에 온 고을이 텅텅 비게 되었다. 교전 중에
피살된 자가 총 12명이고 충주로 압송하던 38명 중에 도망하거나 은신
하여 생환한 자가 19명이고 사망한 자가 19명인데, 이들은 다 이 고을
의 양민이라 가엾기 그지없다."고 하였다.

---

81 돌입 : 원문의 '突立'은 '突入'의 오기.

○ 황상(皇上)께서 이어(移御)하다

병시(丙時)에 함녕전(咸寧殿)의 즉조당(卽阼堂)으로 이어하셨는데, 궁내부대신 이하 일반 관리와 각부 대신 등이 예궐하여 알현하였다고 한다.

○ 세 영사의 회심(會審) -19일-

어제 오전 12시경에 프랑스·일본·청국 세 나라의 영사가 변호사를 대동하고 한성재판소에서 회심 재판하였다고 한다. 그 안건에 대해 대략 들으니, 수년 전 경리원(經理院)에서 관삼(官蔘)을 청국 사람에게 판매하였다가 다시 일본인에게 헐값으로 처분한 사건이 있는데, 아직 판결이 확정되지 않았다고 한다.

○ 금융조합 현사(現事)의 도래(渡來) -20일-

각 지방 금융조합의 현사(現事)로 수용하기 위해 일본인 30여 명이 건너왔다고 한다.

○ 홍천(洪川)에서 온 확실한 보도

동쪽에서 온 확실한 보도에 의하면, "횡성(橫城)·원주(原州)·인제(麟蹄) 등지에 의병 무리 5·600명이 집결하였다. 그 중에 원주의 부대에서 해산된 병정 200여 명·경성의 부대에서 해산된 병정 300여 명 등이 합세한 까닭에 홍천군 남쪽 10리 되는 지역에 주둔하였다. …월[82] 26일에 원주 주재 일본군 20여 명이 가서 공격하다가 중과부적으로 퇴각하고 춘천(春川) 주재 일본군 40여 명과 합세하여 공격하니 그 무

---

[82] 주둔하였다. …월 : 원문의 '주둔하'와 '月' 사이가 파손되어 글자를 식별할 수 없다.

리가 동쪽과 남쪽으로 흩어졌다. 이에 일본군이 성(城) 앞의 마을 100여 호를 다 불태우고 다시 홍천으로 갔다. 같은 달 그믐 새벽에 의병 무리 500명이 홍천의 남산과 북산을 점거하고 일본군과 교전하다가 일본군의 돌격을 견디지 못하고 도주하였는데, 해당 무리 중에 사망자가 30명이라."고 한다.

○ 조칙(詔勅)을 내리다

황제께서 다음과 같이 말씀하셨다. "식견이 얕고 우매한 짐이 대업을 계승함에 재주가 박하고 역량이 부족하여 우리 태황제의 엄중한 부탁을 저버릴까 두려워서 밤낮으로 근심하고 두려워하면서 잠시도 쉴 겨를이 없다. 무릇 나라를 다스리는 방도는 오직 제때 적절한 조치를 취하는 데 있다. 그러므로 짐이 즉위한 이래로 대조(大朝)의 처분을 삼가 받들어 옛 병폐를 통렬히 혁파하고 새로운 제도를 널리 시행하니, 결연한 일념이 진실로 나라를 이롭게 하고 백성을 편하게 하는 데서 벗어나지 않았다. 그러나 경장(更張)할 때 처음 보는 일이 많아서 어리석은 백성들이 오해하여 근거 없는 소문으로 서로 선동하고 무도한 백성이 반란을 일으켜서 곳곳에서 소요를 일으키니, 재앙이 무고한 백성에게 미치고 피해가 이웃 상인에게 미치게 되었다. 그러므로 그 떠돌아 도주하는 고생과 부르짖고 허덕이는 정상은 차마 상상할 수 없는 바 있다. 그렇게 된 까닭을 가만히 생각건대 짐이 즉위한 지 얼마 안 되어서 덕택이 백성에게 미치지 못하고 사려가 진실하지 못하여서 원망과 고생의 사정이 위로 전달되지 못하였기 때문이다. 허물이 다 짐에게 있으니 너희 백성을 어찌 나무랄 수 있는가. 이에 사신을 나누어 파견하여 각 도(道)에 선유(宣諭)하도록 명하니, 부디 너희 백성은 짐의 뜻을 밝게 알아서 잘못된 생각을 버리고 무장을 해제하고 집으로 돌아가서 왕법을 저촉하지 말고 부모·처자와 태평의 복을 함께 누리도록 하라. 지금

벼와 기장이 들을 뒤덮어 수확이 눈앞에 있거늘 거처를 정하지 못한다면 그 형세상 칼날에 걸리지 않으면 얼어 굶주리는 환란을 면치 못할 것이다. 생각이 여기에 미치니 어찌 불쌍하여 내 몸이 상하는 것 같은 심정이 없겠는가. 이에 속마음을 펴서 백성에게 고하노라. 짐은 다시 말하지 않겠으니 잘 알아들었으리라 생각한다."

○ 300만 환(圜)의 국채(國債)를 상환하다

탁지부(度支部)에서 개국 540년 일본 은행에서 차관(借款)한 300만 환을 상환하고, 잔액 25만 환과 6년 9개월 25일 치의 이자 101,013환 69전 9리를 이방상환(理方償還)하려고 하는데, 그 원금과 이자를 합친 351,013환 69전 9리를 산외지출(算外支出)하기로 작정하였다고 한다.

○ 군수가 해를 입다 -22일-

양성군수(陽城郡守) 조한철(趙漢哲) 씨가 폭도에게 해를 입었다고 해당 도의 관찰사 이규환(李圭桓) 씨가 내부에 보고하였다고 한다.

○ 통감통부관제(統監統府官制) 개정 -24일-

일본에서 통감부관제를 개정하였다. 그 조항은 다음과 같다.

통감은 한국에 대해 일본 정부를 대표하여 조약과 법령에 기초한 여러 정무를 통할(統轄)함.

부통감을 설치하니 친임관(親任官)이라 하여 통감을 보좌하고 통감에게 사고가 있으면 그 직무를 대리함.

총무장관(總務長官)은 예전대로 존속한다. 다만 '통감을 보좌한다'는 조목을 '상관(上官)의 명을 받는다'라고 개정한다. 참여관을 설치하니 전임 2인인데 칙임이라 상관의 명을 받아 부(部)의 사무를 관리한다. 그리고 한국 궁내부·각 부(部)의 차관도 참여관(參與官)이 된다. 그리고 외무총장(外務總長)·농공무총장(農工務總長)·경무총장(警務總長)은 폐지하고, 또 통감부 이사청(理事廳)도 감시를 폐지하고 경부(警部)를 폐지하고 순사(巡査)도 폐지하니 한국의 경찰은 한국 정부의 관리로 귀속된 것으로 간주해야 함.

비서관(祕書官)은 전임 1인을 추가 설치하고, 기사(技師) 6인과 통역관 1인을 감원하고, 이사청에 간수장(看守長)을 신설하고, 통감부의 재정감사장·감사관은 폐지함.

부통감은 연봉이 5천 환-한국에서의 재임 일수를 다 채우면 별도로 가봉(加捧)함-이고 교제 수당은 7천 환을 주어 외교 사무를 담당하게 하고, 참여관에게 교제 수당 2천 환을 주되 한국 정부의 차관으로 참여관이 된 경우 참여관의 봉급은 정지하고 여비(旅費) 등도 지급하지 않음

본 관제 개정은 공포일로부터 시행하고, 경찰관에 관한 규정은 11월 1일부터 시행함.

○일본 동궁(東宮)의 도한(渡韓)

일본 황태자 전하께서 10월 10일에 도쿄(東京)를 출발하여 한국 시찰 길에 오른다는 취지를 20일에 알리셨다. 공봉(供奉)은 특명으로 아리스가와(有栖川) 해군 대장 전하로 시작하여 받들고, 해군으로 도고(東鄕) 대장, 육군으로 카츠라(桂) 대장, -야마가타(山縣) 원수(元帥)에게 내명(內命)이 있었으나, 노구(老軀)를 이유로 사퇴의 뜻을 올렸다고 한다.- 기타 하나부사(花房) 궁내차관, 이토(伊藤) 별당(別當)·키도(木戶) 시종장·무라키(村木) 무관장·카츠라 주사(主事) 이하 수십 명이 배행(陪行)한다. 소함(召艦)은 제 1함대의 카지마(鹿島)이고, 공승함(供乘艦)은 카토리(香取) 이하 제 1함대 전부이다. 요코하마(橫濱)에서 배에 오르실 것인데, 한국에 도착해서는 이토 통감의 관저를 숙소로 삼고, 아리스가와 전하는 신의화(新義和)의 관저[83]를, 도고 대장은 미야오카(宮岡) 소장(少將)의 관저를, 카츠라 대장은 텐신로(天眞樓)를, 이토 별당은

코야마(小山) 기사(技師)의 관저에서 투숙할 것이다. 이토 통감의 관저는 전체를 전하께서 거둥하시는 숙소로 충당하기 위하여 다른 곳으로 이전한다. 전하께서는 2주간 체류하실 예정으로, 한국 황제폐하·태황제 폐하와 상견하고, 돌아가는 길에 인천(仁川)과 진해만(鎭海灣) 등지를 순회함으로써 전적으로 한국의 인정과 풍속과 정치와 경제 등을 남김없이 시찰할 예정이라 한다.

○ 부통감 친임식(親任式)

21일 오전 10시에 일본 궁중에서 친임식을 거행하고, 소네(曾禰) 추밀고문관(樞密顧問官)이 통감의 대명(大命)에 제수된다고 한다. 부통감은 이토 통감과 같은 배로 22일 부임 길에 오른다고 한다.

○ 죽산군(竹山郡)의 의요(義擾) -25일-

죽산군의 경내에서 일진회(一進會) 회원 20명과 순사(巡査) 10명이 합세하여 의병 무리를 습격하였다가 일진회 회원 5명과 순사 2명이 피살되었다고 해당 도의 관찰사가 내부에 보고하였다고 한다.

○ 마츠이(松井) 씨의 의견

지방의 불온함에 대한 내부(內部) 경무국장(警務局長) 마츠이 시게루(松井茂) 씨의 의견을 대략 들어보니 "지방의 소요를 진정시키고자 한다면 먼저 법령을 신실하게 하여 해를 입은 군수에게 위로금을 지급하고 행정상 처리를 타당하게 한 군수에게 포상을 시행해야 한다." 하였다.

---

83 관저 : 원문의 '宮邸'는 '官邸'의 오기.

○일본군이 관동 지역으로 향하다

사흘 전에 일본군 수백 명이 군량과 군기 등 30여 태(駄)를 대동하고 동대문(東大門)을 나서 관동(關東)으로 향하고, 이날 병사들이 또 군량과 군기 60여 태를 대동하고 동대문에서 출발하였다고 한다.

○일본인이 해를 입다 -27일-

강화도(江華島)에서 해산된 병사가 오천군(鰲川郡) 녹도(鹿島)를 습격하여 일본군 3명·순사 1인·상인 2명 등을 사살하였다고 북관찰사(北觀察使)가 내부에 보고하였다고 한다.

○일본 동궁의 출발 -10월 10일-

도쿄(東京)의 특별 전보에 의하면, "황태자 전하께서 이날 오전 10시에 아오야마(靑山) 숙소에서 출문하여 9시 30분에 신바시(新橋) 발 특별 열차를 타고 무사히 도한(渡韓)의 길에 오르셨다. 아리스가와(有栖川) 궁전하·카츠라 후작·도고(東鄕) 백작 이하 공봉원(供奉員) 등이 다 수행하고, 황태자비 전하·각 황손(皇孫) 전하·후시미(伏見) 대장 궁전하·기타 각 황족 전하 등이 시봉(侍奉)[84]하니, 전송하는 자가 5백여 명에 달하였다. 이날은 아침부터 날씨가 쾌청하였다. 시민들은 국기를 게양하여 전송하는 의사를 표하였다."고 한다.

○소함(召艦)의 항로 -동일-

소함 카토리(香取) 이하 공봉(供奉)의 제 1함대와 여러 함대는 칸몬(關門) 해협을 피하여 분고(豊後) 해협으로부터 사츠구(薩隅) 해안을 따라 항해할 예정이라 한다.

---

84 시봉(侍奉) : 원문의 '始奉'은 '侍奉'의 오기.

○동궁(東宮)의 입궐 기일

황태자 전하께서 인천에 도착하셔서 나와서 맞이하는 한국 황제폐하와 회견하시고, 그 뒤에 같은 길로 입경(入京)하여 남대문 역에 있는 마차로 입궐하여 두 왕후와 두 폐하를 정식으로 회견하신 다음에 우리 지존의 전언을 전하실 예정이다. 그날 궁정의 형편에 따라 정식 회견은 이튿날인 17일 돈덕전(惇德殿)[85]에서 행하기로 결정하였다고 한다.

○시정(施政) 개선

통감부 막료 관헌(官憲)의 말을 들어보니 이토(伊藤) 통감이 도쿄(東京)로 복귀한 뒤 도쿄 원로의 대신 회의에서 제의하여 그 협조를 구한 바 다음과 같다고 한다.

첫째, 시정 개전에 필요한 증액 비용의 금액을 해마다 300만 원(圓) 이상이 되도록 한다. 이 금액은 5·6년간 도쿄 정부에서 보조할 것이며, 보조하는 기간 동안 한국 재정을 열심히 정리하여 스스로 마련할 수 있는 길을 열어준다.

둘째, 사법(司法) 제도인 지방 재판소·공소원(控訴院)·대심원(大審院)의 세 가지 제도를 설치하고, 세 가지 논의가 확정되면 현재 우메(梅) 법학박사의 재판소 구성법 초안 중에 형법·민법·상법을 점차 제정할 것이다. 이 세 가지 법이 제정되기 전에는 한국 종래의 민법·형법의 성문법을 적용하여 일본 법관 하에서 치우치지 않는 공정한 재판을 시행한다.

셋째, 일본인으로 한국 사법·행정 관리가 된 자를 두 종류로 구분한다. 일본 관리면서 한국 관리로 임명된 자는 일본에서의 지위로 대우하고, 일본 관리가 아니면서 한국 정부에서 새로 임명된 자는 한국에 상응하는 대우를 한다.

넷째, 통감부 조직을 변경하여 외무·법제 두 부서로 정하고, 그 외 참

---

85 돈덕전(惇德殿) : 원문의 '悖德殿'은 '惇德殿'의 오기.

사관(參事官) 여러 명을 임용할 따름이다. 이는 곧 통감부 막료 조직의 종전의 규모를 축소하는 것이고, 각 지역 이사청(理事廳)의 경우 치외법권(治外法權)이 철거되는 시기를 기다려 변경할 예정이다.

○ 하세가와(長谷川) 대장의 유시(諭示)

일본 사령장관(司令長官) 하세가와 대장이 작금에 폭도가 더욱 창궐하는 까닭에 다음과 같은 유시를 각 지역의 한국민에게 전하였다.

"한국 주차(駐箚) 군사령관 육군대장 남작(男爵) 하세가와 요시미치(長谷川好道)는 대한국 각 도 백성에게 고하노라. 지금 대한국 정부는 우주 자연의 추세로 살피건대 정치의 혁신이 필요한 시기에 임박하였다. 이에 태황제폐하의 성지를 준봉하여 여러 제도의 개정을 도모하고 있다. 그런데 천하의 정세에 어둡고 순역(順逆)의 대의(大義)를 모르는 자가 유언비어를 퍼뜨려 인심을 선동하여 지역의 무뢰배로 하여금 부화뇌동으로 봉기하게 하고 있다. 그리하여 내외의 양민을 죽이고 다치게 하거나 재물을 겁탈하거나 관아와 민가를 불사르거나 교통기관을 파괴하거나 하는 등 흉포한 짓을 저지르지 않음이 없으니 그 죄과는 천지에 용납되지 못할 것이다. 그럼에도 불구하고 이와 같은 불령(不逞)한 무리가 '충군애민(忠君愛民)'을 외람되이 빙자하여 '의병(義兵)'이라 자칭하고 있다. 그러나 이들은 원래 유신개혁(維新改革)의 성지에 어긋나서 나라를 좀먹고 백성을 해치는 비적(匪賊)일 따름이니, 이제라도 신속히 제거하지 않는다면 그 재앙은 실로 예측할 수 없을 것이다.

나는 이에 한국 황제폐하의 성지를 준봉하여 이와 같은 비도(匪徒)를 소멸시켜 백성을 도탄에서 구제하고자 하니 너희 양민은 안도하고 각자 자신의 생업을 잘 지키면서 감히 염려하고 두려워하지 마라. 그 하루아침에 방향을 그르쳐서 비도에 가담한 자라도 통렬히 뉘우치고 신속히 귀순하는 자는 그 죄과를 묻지 않을 것이고, 그 비도를 사로잡거나 그들의 소재를 밀고하는 자는 반드시 무거운 포상을 내릴 것이다. 다만 완고하고 어리석어 뉘우치지 못하여 비도에 가담하거나 비도를 피신시키거나 흉기를 은닉

하거나 하는 자에 대해서는 가차 없이 엄벌에 처할 뿐 아니라 그 책임을 현재 범한 마을에 부담시켜 그 부락을 전부 엄중히 처벌할 것이다. 너희는 내 성의의 소재를 잘 이해하고 허물이 없기를 기약해야 한다."

○ 통감부 사무 분장(分掌) 규정

개정 후의 역원(役員) 임명은 다음과 같다.

통감관방장	통감부총무장관 츠루하라 사다키치(鶴原定吉)
외무부장	통감부참여관 나베시마 케이지로(鍋島桂次郎)
감사부장	동 이시즈카 에이조(石塚英藏)
지방부장	통감총무장관 츠루하라 사다키치(鶴原定吉) 통감비서관 후루야 히사츠나(古谷久綱)
통감관방문서과장	통감부서기관 겸 통감비서관 코쿠분 쇼타로(國分象太郎)
동 인사과장	통감부서기관 백작 코다마 히데오(兒玉秀雄)
동 회계과장	통감부통역관 마에마 쿄사쿠(前間恭作)
통감부방문서과근무	통감비서관 남작 사다치 미노리(佐立美準)
통감부방문서과근무	
외무부근무	통감서기관 코쿠분 쇼타로(國分象太郎)
동	동 코마츠 미도리(小松綠)
동	통감부통역관 혼다 코마타로(本多駒次郎)
동	동 토리이 타다요시(鳥居忠恕)[86] 통감서기관 오기타 에츠조(荻田悦藏)
감사부 겸 지방부근무	
지방부근무	동 사와다 우시마로(澤田牛麿)
외무부근무	통감부촉탁 히로타 나오사부로(廣田直三郎)
동	통감부기사 오다 요시(小田善)
동	통감부촉탁 코지마 타카사토(兒島高里)
동	동 무라카미 료조(村上龍造)

---

86 토리이 타다요시(鳥居忠恕) : 원문의 '怨'자는 '恕'자의 오기.

○ 한성부윤(漢城府尹)의 내정(內定)

"신 협약의 결과 한성부윤 역시 일본인을 채용할 것이다. 예전에도 그 후보자 2·3명을 발표하였거니와 현 경성이사관(京城理事官) 미우라 야고로(三浦彌五郎) 씨의 지지가 가장 많은 까닭에 대략 내정하였다." 고 한다. 다만 이사청을 한성부와 합병하는 여부에 대해서는 현재 논의 중이라 한다.

한양보(漢陽報) 제2호

- 본보 정가
  1부 대금 15전
  반년분 선금 80전
  1년분 선금 1원 50전
  우편료 매부 5리

- 광고료
  4호 활자 -매행 1칸- 금 15전
  2호 활자 4호 활자의 표준에 의거함

  융희 원년 9월 1일 인쇄
  융희 원년 9월 11일 발행
  -매월 1회 11일 발행-
  경성 남서 대화정 1정목 제32호

  발행소   한양사(漢陽社)
           -경성 서서 서소문내 전화 323번-

  인쇄소   일한도서인쇄주식회사
  편집 겸 발행인   닛토 카츠로(日戶勝郎)
  인쇄인   코스기 킨파치(小杉謹八)

  발매소   경성 중서 파조교 남측 광학서포 김상만(金相萬)
           중앙서관 주한영(朱翰榮)
           종로 대동서시 김기현(金基鉉)
           대광교 37통 서포 고유상(高裕相)

원문

漢陽報

한양보

明治四十年 ｜ 隆熙元年 ｜ 九月十一日第三種郵便物認可

漢陽報

第壹卷 第壹號

社告 (發刊趣意)

韓日關係가雖次第加密이나人心이平調홈을尙未全得ᄒ니兩國識者의意見을交換ᄒ야其底蘊을吐盡홈이兩國平和의幸福上에極緊ᄒ事件이라

人世ㅣ些少ᄒ疑惑過失를因ᄒ야意思疎隔ᄒ고感情衝突ᄒ야全局의大成을誤ᄒᄂ者ㅣ古今往々有之ᄒ니日韓의現狀으로其前途를推想홈에亦這般杞憂가必無타斷言치못홀지로다

本誌가不顧力微ᄒ고兩國識者의間에其意見을紹介ᄒ야雙全一是ᄒ地에歸케코져ᄒ노니望大而力或不伴홀가慮ᄒ야不勝戒懼라兩國識者의高贊을幸得ᄒ야國交進步上에少補를貢獻ᄒ즉其光榮이本誌에不止홀진져

主唱者

漢陽報主任　　　　　日戶勝郎

時事新報支局主任　　久田宗作

京城日報主筆　　　　服部暢

大阪每日支局主任　　中島司馬助

大韓日報理事　　　　戶叶薰雄

贊成者

統監府囑托	內田良平
朝鮮新報主任	熊谷直亮
朝鮮日々新聞主任	今井忠雄
大板每日新聞記者	栖崎觀一
朝鮮タイムス主任	荻谷籌夫

注意

地方購讀ᄒ기請求ᄒᄂ니에게ᄂ本誌三個月以上代金을前納ᄒ後에發送ᄒ깃삽

寄稿論文의募集

論題ᄂ韓日의平和政策

議論縱橫에不用忌憚이니其責任은總在本誌오不及累於稿者ᄒ리이다

寄稿ᄒ실限은本月卄八月內로홈(或過限이되면第三號에揭載ᄒ깃삽)

京城大和町一丁目三十二號

漢陽發行所

目次

漢陽報 第一卷 第一號

社說

問現內閣大臣

(欲向何事效全力)

禪讓及新協約이是於韓國政界에重大혼問題也라 李朝五百年間臣僚中에這般大問題를處決ᄒ야得혼者ㅣ能有幾許오而現內閣員이僅々數日內에容易遂功ᄒ고綽々有餘ᄒ니手腕力量이洵可謂大矣라今也震主의勢를負ᄒ고全韓을睥睨ᄒ야一言이足히써 皇室를威迫홀지오一行이足히써統監을歡合홀지라政敵이皆屛息雌伏ᄒ고國民이悉戰慄膝行ᄒᄂᄃ就中宋秉畯之名이轟々雷鳴ᄒ야十三道의兒啼를可止ᄒ니亦丈夫兒光榮이라

當此時ᄒ야天下之事惟意所欲이니不知諸公은將向何事效全力乎아吾人注目이一在乎此ᄒ노라

或이現內閣을爲ᄒ야費辭ᄒ야曰李宋輩가固雖人材나過失이無ᄒ기ᄂ往々難保니過失이旣有혼즉上下의信任과統監의庇護를安能得永久리오今間에自家의黨與를援引ᄒ야官界要部에推選ᄒ야써他日의潛勢力을養홈만不如ᄒ다ᄒ니宛是挾雜의口吻이오政治家의見地ᄂ아니라堂々諸公의게以此陋態로擬ᄒ니恐是辱人者오或曰鑛山荒蕪地漁業의利를一網打盡ᄒ야巨萬運動費를作홀지니此時를捨ᄒ고何時를復期ᄒ리오ᄒ니更히噴飯을不禁홀지로다公器를利用ᄒ야私曲을經營홈은商估도尙不爲之ᄂ니況名士自處者乎아

此國從來慣習으로써論ᄒ건디收賄網利와搆陷讒誣의事가大臣의茶飯常事라無足怪者ᄒ니今以李宋勢力으로暗夜瀆行을敢行ᄒ여도誰復怪之리오마ᄂ雖然이나今日時勢ᄂ非昔日時勢也며今日政治ᄂ非昔日政治也라新協<1>約成立以來로京城內閣이日韓의共同責任이되니往年의狂態私曲을又不見容이오且韓皇及統監이所以勞諸公者ᄂ新政改善의

績을擧ᄒᆞ야使之模範的政治家됨에在ᄒᆞ고諸公의勢利를爲ᄒᆞ야公器를
弄置홈이非也ᄂᆞᆫ勿論ᄒᆞ고自古로勢力所在에弊毒이必伴之ᄒᆞᄂᆞ니吾人
의諸公이此弊에陷홈을切警ᄒᆞᄂᆞᆫ者ᄂᆞᆫ諸公의게模範的政治家되기를望
홈에不止ᄒᆞ고更히深理由의存홈이別有ᄒᆞ니라

(現內閣與保護政策의關係)

事變以來로旣經月餘에禪讓協約의眞意가民心에未孚ᄒᆞ야解散兵丁과
地方暴民이意氣相結ᄒᆞ야抗慨激越ᄒᆞ야暴動區域이將漸各道에蔓延ᄒᆞ니
當局政治家가宜鞠躬盡瘁ᄒᆞ야改善施政ᄒᆞ야民利를開發ᄒᆞ야寸刻을尙惜
ᄒᆞ야新協約의利澤을弘布홀時니何暇에自家勢利를企圖ᄒᆞ리오韓國人民
이皆謂禪讓協約이是日本의倂呑的第一步인디李完用宋秉畯이實爲之先
驅ᄒᆞ야　皇上을威迫ᄒᆞ면社稷을傾危ᄒᆞᆫ다ᄒᆞ니卽以諸公이統監府의信홈이
됨으로一倂仇讎로作觀ᄒᆞ야諸公이右馳ᄒᆞᆫ즉曰是日本使命이라ᄒᆞ며諸公
의一擧一動이皆與日本이로消長相關이라使諸公言之면或曰吾爲韓國大
臣ᄒᆞ야强奏禪讓ᄒᆞ며締結協約ᄒᆞᆫ者ᄂᆞᆫ國家의運命을計考ᄒᆞ야其輕을舍ᄒᆞ
고其重을取홈이니何必日本의게一々聽命ᄒᆞᆫ後에行홈이리오ᄒᆞ리니理固宜
如此로되恐컨딘韓民이不貸홀지라人皆胡澹菴이槪를抱ᄅᆞ고諸公을王倫
秦檜의徒로써擬ᄒᆞᄂᆞ니狀勢如此之時에諸公이若朋黨相私ᄒᆞ야壟斷網利
ᄒᆞ야自家의計를立홈에熱心ᄒᆞ고新政改善ᄒᆞᄂᆞᆫ디怠慢ᄒᆞ면民怨의諸公
에게歸홀이諸河가大海로注홈과如ᄒᆞ야現內閣이不久에四面楚歌裡에
陷ᄒᆞ리니諸公一<2>身의窮通榮辱은日韓大勢上에雖不足間이나此災
厄이日本에引及ᄒᆞ야排日氣勢媒介의因이되면忍ᄒᆞ기斷々不能이니諸
公인즉於其間에서多少利益의自喜홀者가或有홀지나日本이徒蒙其全
弊면是ᄂᆞᆫ諸公二三子의私利를爲ᄒᆞ야保護政策의信用을犧牲홈이니統
監이雖曰寬大나安能容之리오
　虎威를假ᄒᆞ야狐行을逞ᄒᆞᆫ다ᄂᆞᆫ語가古來有之ᄒᆞ니諸公이須自省念홀지

어다吾人이無端히苦言을提擧ᄒ야諸公을警戒ᄒᄂ所以ᄂ豈是曲筆舞
文ᄒ야一時의意를護快홈이리오近來諸公의陰秘를探聞홈이二三에不
止로니女官을籠絡ᄒ야巨大利益을引出코져홈과幾個鑛山荒蕪地를私
黨의게曲約홈과某會議所會頭를普通官衙에抱留홈과平生所忌政敵을
搆陷코셔홈과如홈이니政社의賴勢營私ᄒᄂ類가果如風說이면使人憤
然攘臂ᄒ면怫然作色홀지라特聞

凡不問事爲何事ᄒ고私心을挾ᄒ야公位에處ᄒ고成功혼者ᄂ自古未有
ᄒ니今也韓國中興維新之時에諸公以俊才로立朝ᄒ야范仲淹韓琦의心으
로써爲心홈이宜혼지라夙夜로國事를念ᄒ고身家를忘ᄒ야此君을導ᄒ야仁
厚之君이되게ᄒ며此民을導ᄒ야忠實之民이되게ᄒ야此事를至誠自當ᄒ면
衆望이歸我에中外稱德ᄒ야每一令出에人民이歡迎ᄒ야怨嗟之聲이變ᄒ
야謳歌之頌이되리니便是眞正大臣의眞正勢力이라此時에何憂反對黨之
乘間耶<3>며何用懊惱於權勢維持耶아諸公이或欲去其職이라도君民이
挽袂望留職이必矣어니와若此忠言을用ᄒ기不能ᄒ고挾雜私曲으로濫用
權勢ᄒ야急於一時名利ᄒ면則全韓이將鳴鼓ᄒ야諸公을攻홀지오不獨韓
民이라吾人이亦將揮筆ᄒ야諸公을擊홀지오不獨吾人이라韓皇與統監이
亦應諸公을信用홈이如舊치못홀지니라

(現下急務)

今日急務가惡政史弊를根絶홈에셔急홈이無ᄒ니個人의權利를尊重
히ᄒ며人民의財産을保護ᄒ야民으로ᄒ야곰其堵에安케홈이政治의主
眼이라新協約中司法權獨立이란一項이如홈이此權利財産保證홀意로出
혼者니願夙夜勵行ᄒ야着着現效ᄒ야使人民으로新協約이於邦家進運에有
益無害홈을知케홈이實諸公의任이라諸公이 皇上의怒를冒ᄒ며人民의怨
을沽ᄒ야政友를捕縛ᄒ며兵士를斬殺ᄒ야一身의危險을不顧ᄒ고協約을賛
成혼所以가其志ᅵ亦社稷民人의幸福에在ᄒ고一身勢利에不在홈은論을

不待홀지라由來此國이惡政頻發ᄒ고吏弊疊々ᄒ야民人의權利財産者를視
如糞土ᄒ야一汚吏의叱咤가千百民命을尙能殺活ᄒ야無罪로謫所의月를
眺ᄒ며無能으로榮華의夢을耽ᄒ야皆是賄賂有無와奸智多少로爲之斟酌
이라正德力量之士가不必世所推며勤勉勞作之民이不能必積富오汲々所
念者가只是暴臣汚吏의爪牙에脫홀而已라弊習之久에自暴自棄之心이漸
發ᄒ야滔々相率ᄒ야馴致惰性ᄒ야終見今日貧弱ᄒ니嗚呼亦可憐ᄒ도다

　今能此惡弊를根絶ᄒ며此風氣를淸新ᄒ야權利財産의保證으로ᄒ야곰
斷々無憂케ᄒ면人民의新政을迎홈이大旱에時雨를逢홈과如ᄒ<4>야殖産
文敎의開發이令을不待ᄒ고全道競起홀지라政治의訣이民의所病을先除
홈에在ᄒ니其病이旣除則人々個々將自活動ᄒ야他手를煩ᄒ기不要홀지라
彼官制改革과法律編制와如홈은雖千回百回라도畢竟徒法空文堆積에不
過홀지니病患未除之間에病者의게多食으로써頻勤ᄒ면腹胃를不損홈이幸
而已니라惡政吏弊를殲除ᄒᄂᆫ語ᄂᆫ三尺童子도亦能知之ᄒ니諸公之賢이
不知홀理가豈有ᄒ리오唯知之易오行之難이라不能自醫者가奚能醫他人
病이며心中賊을斫ᄒ기不能ᄒᄂᆫ者가奚能破山中賊이리오諸公이果以
政治家自任이면先須汝胸中으로從ᄒ야其惡弊를除去홀지어다閣員全
體에要迫ᄒ기不敢ᄒ거니와李宋二公으로先始ᄒ니二公이動而閣員이
皆動이오閣員動而全道官吏皆動ᄒ야其勢가千仞之谿에圓石을轉홈과
如ᄒ야全韓風氣가一令을不待ᄒ며一法을不制ᄒ고도朞年에能히一掃
淸新了니此誠大丈夫不世出之事業이오又韓日百年之大幸也라諸公力
量이此大事를擔當ᄒ야得ᄒ즉終身在職이라도不爲長이오若不擔當得
ᄒ고惡弊ᄒᄂᆫ團中의魁라却爲ᄒ면一日在職이라도尙不爲短이라去就
進退의決이一懸於此ᄒ니請諸公은自判이可也라吾人이醜惡의風說를不
忍永聽ᄒ야敢問

　此稿를終了혼後에同友自强二會가解散됨을忽聞ᄒ고吾人이啞然不知
所言이로다噫라當局此擧가蓋治安維持之意에出홈이니其結果가足能維

持治安乎否아前途를恨々念之호노라

格言

(一)

　마루징、루―데루가宗敎改革을唱호다가羅馬法皇의怒를觸호야「워루무―즈」審問所에<5>召喚을被호지라友人이皆遮曰往必誅謬이니不如不行이니라루―데루曰

　　「워루무―즈」惡魔가비록屋上의瓦와갓치群集홀지도吾必往이니라

(二)

　마호메즈도가「고―랑」經을說出홈에一州皆怒호야目之以異端호야妨害百端이라身命危險이刻々迫來호니老叔父가憂悶不措호야마호메즈도다려徐誠호야曰汝口를暫緘호고時機의到홈을待호라마호메즈도가謝曰

　　日坐於吾右호며月坐於吾左호야向我命緘默호니吾斷不能從이라호니라

論說

戒暴動團

　客月政變以後로地方暴動이日益蔓延호야解散兵士와無賴無産之徒가相結호야橫行流血호니其目的이何處에在호뇨或一釰之力에倚호야日本

을驅逐코져ㅎㄴ냐愚迷ㅎ기亦甚ㅎ도다日本이於兵力에世界에希有홈이되야旣破淸軍ㅎ고又破露兵이라餘鋒所閃에列强逃避ㅎ니則軍事ㄴ日本의惟一所長이거눌今率衰殘韓兵ㅎ야欲與之爭鋒ㅎ니病牛가猛虎의게向홈과似ㅎ야咬碎抓裂이恐無日이라所謂以我之短으로向彼之長이니成敗가較홈을不待ㅎ고昭々ㅎ니라

萬一日本或現政府에向ㅎ야不平을可訴홀者有ㅎ면腕力의爭을不用ㅎ고筆舌의爭을用ㅎ며干戈手段을不取ㅎ고平和手段을取ㅎ야一郡의意見을可以團結이며一道의意見을可以團結이며全國의意見을可以團結ㅎ야正々之理와堂々之論으로他를向ㅎ야理非를相爭ㅎ며曲直을相辨ㅎ야百折不沮ㅎ며千挫不撓ㅎ고筆舌平和의態로써始終貫之면老子所謂對<6>剛以柔對强以弱의道니如此則諸君의意志를若干伸暢홈을庶幾乎得이어니와計不出此ㅎ고客氣自驅ㅎ며蠻行自恣ㅎ야敗銃을提ㅎ며鈍刀를揮ㅎ야天下强國의게向ㅎ니不亡而何待리오是ㄴ忠義之志가도리여亡國之端을開홈이니可不傷心哉리오

當今之時ㅎ야一朝一夕으로日本의羈絆에脫出ㅎ야獨立自快코져ㅎ면時勢를不解홈이亦甚이로다今也世界强國을指數ㅎ면英、佛、俄、日、德、美로六强國이라ㅎㄴ디此中英佛俄日의四國이互結協約ㅎ야東洋現狀을維持ㅎ기로誓ㅎ여신즉日本對韓의現在位地가이미英佛俄三國의承認ㅎ바되야協約上으로確然不可動이오雖德美二國이라도亦爲默諾ㅎ야西電公報가時々有之ㅎ니天下所共知也라今에弱韓一國의力으로써列國意向을變코져ㅎ면비록畢生의力을竭ㅎ야도恐難成矣니今時에及ㅎ야翻然改志ㅎ야與日本으로百年提携의計를立ㅎ야東洋文明을促進홈만不如ㅎ니라若夫政治의是非得失에至ㅎ야ㄴ是政府當局者의任인즉宜乎無能者를斥之ㅎ며能者를薦之홀지오或如統監府에셔無能者를保護ㅎ고能者를不揚ㅎ거든此事에關ㅎ야侃々力爭ㅎ야連年葛藤홀지라도於國家에有益而無害니此所謂政黨的君子之爭이라列國의共有흔바아니라

今日暴動의用ᄒᄂᆞᆫ바力을轉ᄒᆞ야政黨的에用ᄒᆞ고干戈手段을代호되平
和手段으로以ᄒ면惡政府를驅逐ᄒᆞ고善政府를立ᄒ기와如ᄒᆞᆫ은反掌의事業
이어늘舍此不爲ᄒᆞ고迷走盲動ᄒᆞ야岩石을向ᄒᆞ야卵을投去ᄒᆞ야國家運命
이沒々ᄒᆞ야危險을見ᄒᆞᆯ而已오無一所得ᄒᆞ니戒之ᄒᆞᆯ지어다

治安維持乎治安妨害乎〈7〉

自强同友二會를解散ᄒᆞ며朴泳孝를放逐홈을當局者가作言ᄒᆞ야曰出於
治安維持之意라ᄒ니是當局者臆測에不過ᄒ지라此擧가果能治安을維持
ᄒᆞᆯᄂᆞᆫ지否ᄒᆞᆯᄂᆞᆫ지自非神明이면知ᄒ기不能이오或治安妨害의因이되ᄂᆞᆫ지도
亦未可知也니라

解散以後에基督靑年會門前에俄見雜沓ᄒᆞ야會에新入ᄒᄂᆞᆫ者一日計六
百人以上이라ᄂᆞᆫ디及其姓名을査ᄒᆞᆫ즉悉是自强同友二會의殘黨이라ᄒ니
然則解散者ᄂᆞᆫ空名而已라減於東而起於西ᄒᆞ야彼等團體ᄂᆞᆫ依然存在니라

道路相傳曰現內閣及一進會를庇護ᄒ기爲ᄒᆞ야一切團體를將爲解散이
오且今後에ᄂᆞᆫ不許樹立이라ᄒ니愚亦甚이로다一方으로ᄂᆞᆫ政社를許ᄒᆞ고一
方으로ᄂᆞᆫ政社를不許ᄒ니天下何國에有此橫暴리오且韓國政治ᄂᆞᆫ以韓國
人民으로爲本位니現內閣과一進會와如ᄒᆞᆫ은九牛一毛而已니라

禪讓、協約、軍隊解散以來로一千萬韓民이不平鬱勃ᄒᆞ야死且不避의
色이有ᄒ니當此時ᄒᆞ야今次處置가使民心으로加其激發케ᄒᆞ야將外敎의
援助를借ᄒᆞ야此怨을酬호려ᄒᆞ야滔々相率ᄒᆞ야靑年會에趨歸ᄒ리니古人이
曰爲叢驅雀者ᄂᆞᆫ鸇也라ᄒ니爲靑年會驅韓人者ᄂᆞᆫ誰也오治安을維持코져
ᄒᆞ야反或治安妨害의機를作ᄒᆞᆫ즉當局者가將何以自謝乎아

朴泳孝를放逐홈이可謂得計乎아雖然이나現內閣政敵된者가何止於一
個朴泳孝리오若當局이失態再三則全韓手戈皆立이니及此時ᄒᆞ야欲放逐

一千萬人乎아

　現內閣은是宋秉畯의內閣也라吾友知宋者不少흔데皆曰一代才人也라
頃來公私處置를見홈에慓輕淺浮가可驚이오且長於搆陷擠排라<8>ᄒ니
戒之戒之어다可畏之敵이不在於外間이오在於汝胸中이니라

讀淸國殖産興業의上諭

　過日有人自北京으로殖産興業에關흔上諭를報來흔지라余輩는該上諭
를通讀ᄒ고現今北京朝廷이國勢의振興에如何히煩悶홈을知ᄒ깃스며又
北京朝廷에達識흔政治가無홈을知ᄒ깃도다

　北京朝廷이列國의大勢에照ᄒ야其國力의微弱홈을深慨ᄒ며富榮을增
進홈이急務됨을察ᄒ고農工商各業의振興을期ᄒ기爲ᄒ야破格의獎勵法
을用ᄒ야爵位도亦非所惜이라宣諭ᄒ고從來農工商의萎靡不振홈으로써
當局官吏提唱의力이猶爲不到흔데歸ᄒ니今回의上諭로써各省督撫를鞭
撻ᄒ야富國의實를擧ᄒ려ᄒᄂᆫ者와似ᄒ도다

　其意氣가雖曰大善이나北京朝廷은其末를知ᄒ고其本을不知ᄒ며農工
商業不振의現狀을知ᄒ고其原因을不知ᄒ야當局官吏提唱의不到홈을徒
說ᄒ고人民이何故로奮ᄒ야其業을勉치아니ᄒᄂᆫ原因에想到치아니ᄒ니此
와如ᄒ고百千의上諭를發ᄒ야도何效가有ᄒ리오方今諸文明國民이各其
業務에勤ᄒ야國家의富榮을增進케ᄒᄂᆫ所以는決코官吏提唱의結果뿐이
아니며又懸賞獎勵의結果뿐이이니라要ᄒ건딘各個人이其權利를確定保
證ᄒᆯ法律의效力을信賴ᄒ야其業務에勤홈으로由홈이니라

　個人의利益은個人이最能知之며且增進之오他人의提唱獎勵홈을待흔
後에知홈이아니라然而淸國人民이諸文明國民에比ᄒ면勤勉力行이不足
흔所以는個人의性이列國의民에劣홈이아니라列國과如흔權利의保證明確

홈이<9>無홈으로由홈이니現今淸國民中富豪의徒가其本國政府를信用
치아니ᄒᆞᄂᆞᆫ結果로外國人을結託ᄒᆞ야會社를組織ᄒᆞ고資本을投下ᄒᆞ야外國
法律의保護를得ᄒᆞ야業務를營ᄒᆞᄂᆞᆫ者有홈은余輩의常々히聞知ᄒᆞᄂᆞᆫ바니라

淸國人民이商業에敏活ᄒᆞᆫ技倆이有홈은人皆知悉ᄒᆞᄂᆞᆫ바라說明을不要
ᄒᆞ려니와惜哉淸國의政治組織이完全치못ᄒᆞ야法律이有ᄒᆞ나無홈과如ᄒᆞ야
財産의安固ᄂᆞᆫ勿論ᄒᆞ고生命의保證도安全치못홈을爲ᄒᆞ야此商業的人民
으로ᄒᆞ야곰其特長을充分히發揮홈을不得케ᄒᆞ니엇지遺憾이아니리오

今北京朝廷이有何所見ᄒᆞ야如此ᄒᆞᆫ上諭를發ᄒᆞ얏ᄂᆞᆫ지不知ᄒᆞ거니와特
其中會社組織을獎勵홈과如홈은最不堪噴飯홀지로다淸國에在ᄒᆞ야會社
을組織호려ᄒᆞᄂᆞᆫ者ᄂᆞᆫ如何ᄒᆞᆫ法律의規定으로此를組織홀을可得歟아出資者
의信賴安心홀法律의保證이無ᄒᆞ니何由로會社의成立을望ᄒᆞ기可得歟아

如此不可行의上諭를濫發홀으로ᄂᆞᆫ北京朝廷이몬져淸國엣司法制度
를確立ᄒᆞ야個人의權利財産에對ᄒᆞᆫ法律上의保證을明홀지니是蓋淸國
엣急務中의急務니라

夫淸國急務ᄂᆞᆫ卽吾韓急務니此余輩의淸國殖産上에對ᄒᆞ야立論ᄒᆞᄂᆞᆫ所
以也라今吾韓이殖産을振興코져홀진디亦權利財産을確實保證ᄒᆞᆫ後에庶
幾成功이니果能從來惡政을改革ᄒᆞ고司法權을獨立ᄒᆞ야人民의權利財産
을尊重히ᄒᆞ야他人으로ᄒᆞ야곰容易히窺치못케ᄒᆞ면吾人民이漸次安堵ᄒᆞ야
殖産興業이他獎勵를不待ᄒᆞ고自然勃興홀지라今淸帝의上諭를讀홈에感
想을不禁ᄒᆞ야彼의欠点을指摘ᄒᆞ야短評을畧加ᄒᆞ노니願컨딘吾當局者ᄂᆞᆫ彼
의欠点으로써吾의欠点을反省ᄒᆞ야當務의急을急行<10>홀지어다

時事

伊藤統監의演說 －七月廿九日－

日本人俱樂部晚餐會席上에셔伊藤侯의演說ᄒᆞᆫ中에對韓政策을可見ᄒᆞᆯ 것이有ᄒᆞᆷ으로其要旨의意味를左에摘錄ᄒᆞ니筆責은勿論記者에在ᄒᆞ니라

所謂韓國의獨立　韓國이國際法上의主權國이되ᄂᆞᆫ與否ᄂᆞᆫ姑舍ᄒᆞ고政治 上의歷史를有ᄒᆞᆷ은不認키不能ᄒᆞ거니와建國以來固有의獨立國이되여列 强間에公認을受ᄒᆞᆷ은非也라支那의屬國又ᄂᆞᆫ附庸國이되여僅히其形式的 存在를認ᄒᆞᆷ에不過ᄒᆞᆫ지라明治八年九月에我軍艦雲揚號가航路를測量ᄒᆞᆯ 目的으로朝鮮沿海를廻航ᄒᆞ다가炭水가缺乏ᄒᆞ야月尾島를不過ᄒᆞ야江華 灣에入ᄒᆞ야小艇으로漢江을遡ᄒᆞᆷ에韓國砲臺의守備兵이突然히我에砲擊 을加ᄒᆞᆫ後로日韓兩國間의紛爭을惹起ᄒᆞ야我使節을派遣ᄒᆞ게되야其結果 로所謂日韓修好條約이締結되여스니此時를當ᄒᆞ야韓國은其獨立國歟아 將支那之屬國歟아此ᄂᆞᆫ本件에對ᄒᆞ야廟堂의先決ᄒᆞᆯ問題라余와如ᄒᆞᆫ者ᄂᆞᆫ 韓國의獨立國됨을主張ᄒᆞ고且廟堂의意見도此에一決ᄒᆞ엿ᄂᆞᆫ지라卽修好 條約에ᄂᆞᆫ此로其重要件을삼아朝鮮의獨立國됨을明記ᄒᆞ고同時에此를淸 國에言明ᄒᆞ고進ᄒᆞ야世界에紹介ᄒᆞᆫ지라夫明治十五年의變亂을生ᄒᆞᆷ에淸 國은李鴻章의言을用ᄒᆞ야居中調停의策을試ᄒᆞ려ᄒᆞᄂᆞ我ᄂᆞᆫ明治九年의日 韓修好條約을因ᄒᆞ야韓國의事ᄂᆞᆫ淸國의干與ᄒᆞᆯ바안이오獨立國된朝鮮이 自手處決ᄒᆞᆷ이可ᄒᆞ다고斷然拒絶ᄒᆞ여스니所謂濟物浦條約이此時에締結 된것인디其約款의要旨ᄂᆞᆫ朝鮮의獨立을淸國으로認케ᄒᆞ고又朝鮮에<11> 對ᄒᆞ야셔ᄂᆞᆫ日淸兩國의權利勢力이均一케ᄒᆞᆷ을確保ᄒᆞᆷ에在ᄒᆞᆫ지라然ᄒᆞᄂᆞ淸 國은爾來此條約을無視ᄒᆞ고朝鮮에對ᄒᆞᆫ我特權을毀害ᄒᆞ야暴威를逞ᄒᆞᆫ結 果로畢竟日淸戰爭을惹起ᄒᆞ고其餘勢가轉ᄒᆞ야日露戰爭이되여스되其間 我對韓政策은一貫韓國의滿圓ᄒᆞᆫ獨立을保維ᄒᆞᆷ에在ᄒᆞ니換言ᄒᆞ면韓國自

身은獨立國됨을主張치못홀지라도我國은더욱韓國의獨立을鼓吹ᄒ야始終不止ᄒᄂ然ᄒᄂ韓國의獨立이自身으로其固有ᄒᆫ獨立을完全케ᄒ려ᄒ지안이ᄒ고常히第三國에依ᄒ야其生存을維持ᄒ려ᄒᄂ지라我國이從來韓國을爲ᄒ야苦心經營ᄒ엿ᄂᄃ彼韓國이此眞意에對ᄒ야ᄂ죠곰도謝ᄒᄂ바無ᄒ고도리여我를沮害ᄒ려홈에至ᄒ니實로言語가同斷홀次第라云々

    我의對韓策根本義   所謂我對韓政策이라ᄒᄂ것은韓國으로ᄒ여곰自己의立場을解ᄒ야我國과互相提協ᄒ야卽東洋의平和를維持ᄒ고進ᄒ야世界永遠의平和를確保ᄒᄂ任에當홈을認케홈에在ᄒ니此目的를達ᄒ기爲ᄒ야我國은彼를指導ᄒ며彼를扶植ᄒ려홈에威德의兩釖을提ᄒ야此에臨ᄒᆫ것이오韓國을倂呑ᄒ며或은滅亡케ᄒ야我手中에收入ᄒ려홈과如ᄒᆫ것은我對韓策의根本義에不在ᄒ지라假使韓國으로固有의獨立國된資格이完全備具ᄒ고內治外政이整頓되여我國과提携協力ᄒ야所謂東洋의平和와世界의平和를永遠히保維홀能力이有ᄒ면我ᄂ何故로彼韓國을絶對的으로我保護下에置ᄒ려ᄒ리오我ᄂ此完全ᄒᆫ獨立者能力者가되게코져ᄒᄂ故로多少의苦心과資産을投ᄒ고韓國에對ᄒᄂ者라然ᄒᄃ彼의頑迷固陋ᄒᆫ것은我好意를能解치못ᄒ고妄히權謀術數的奸ᄒᆫ手段을弄ᄒ야我保護權에脫ᄒ기로焦心ᄒ다가畢竟其國을危ᄒ며<12>其社稷을顚ᄒ메至ᄒ여도尙히覺悟치못ᄒ니實노可憐ᄒ지라殷鑑이不遠ᄒ니彼密使事件과如홈은韓皇이陷穽을自穿ᄒ야其身을危케홈이니我對韓策의根本義에ᄂ何等異狀을生치안이ᄒ고唯此를爲ᄒ야我保護權의一層言質的되ᄂ必要를感홀而已라故로這般新日韓協[1]約을改締홈에至ᄒ엿스나此亦韓國의圓滿ᄒᆫ幸福을增進케ᄒ여日韓兩國의親睦을計ᄒ며延ᄒ야永遠ᄒᆫ平和의基礎를鞏固케ᄒᄂ意에不外홈이라云々

---

1 協 : 원문은 '恊'이나 '協'의 오기라 정정함. 이하 동일.

伊藤統監의演說 -八月卄二日-

日本衆議院歡迎會에셔伊藤統監의演說이如左ᄒ니

衆議院議長閣下及諸君、本官이此時公務를帶ᄒ고歸朝ᄒᆷ에際ᄒ야諸君이今夕의宴을張ᄒ고韓國輓近에生ᄒᆫ事件의終了에微功이有ᄒ다ᄒ야諸君의厚意로歡迎의榮을蒙ᄒᆷ에對ᄒ야스々로無限의感을懷ᄒ야諸君의厚意를應ᄒᆯ言語를選ᄒᆷ에苦ᄒᆫ이有ᄒ로라

帝國議會의一半되ᄂᆫ衆議院議員은直接으로我國民의選出에係ᄒ야卽帝國々民의意志를代表ᄒᆫ바의諸君이라此立法部의諸君으로셔多少의功이有ᄒ다ᄒ야本官을歡迎ᄒᄂᆫ事ᄂᆫ我憲法의實施以來未曾有의事니實是望外名譽로思ᄒ노라昨年統監으로赴任ᄒᆫ以來職務上에力之所及은盡ᄒᆷ이有ᄒ나果然其事가日韓兩國에如何ᄒᆫ利益을與ᄒᄂᆫ지ᄂᆫ自擅ᄒᆯ바아니라今回ᄂᆫ事情을奏聞ᄒ고且將來의經營에就ᄒ야廟堂의諸公과打合相議ᄒᆯ事가有ᄒ야歸朝ᄒᆫ지과一昨日闕下에伏奏ᄒ야至尊의襃詞를承ᄒ야心竊恐縮ᄒ야不堪ᄒᆯ바有ᄒ고今日은直接으로日本의國民을代表ᄒᄂᆫ諸君의歡迎을蒙ᄒᆷ은自分終身의名譽가如何타ᄒᆯ슈無ᄒ지라況我가敢히諸君의게要求ᄒᆷ이<13>아니오諸君으로셔如此ᄒᆫ待遇를蒙ᄒᆷ은一面으로ᄂᆫ名譽오一面으로ᄂᆫ慙愧를不堪ᄒᆯ지라唯今夕은憲法上에日本國의大權에贊同ᄒᄂᆫ諸君에게如斯ᄒᆫ厚遇를蒙ᄒᆷ은眞是望外라幾回語를重疊ᄒᆯ外에ᄂᆫ諸君을向ᄒ야感謝ᄒᆷ에適當ᄒᆫ言辭를看出키不能이라心中에銘ᄒ야諸君의厚意를感謝ᄒ노라尙其上에我의最喜ᄒᄂᆫ것은衆議院이라ᄒ면則國民代表의立法部되기ᄂᆫ何國도同樣인디議院에種々ᄒᆫ黨派가有ᄒᆫ지라然ᄒ나各派의諸君의如斯히一致協同ᄒ야我를招待ᄒᆷ은特히無限ᄒᆫ感謝를不堪ᄒ깃도다卽諸君이韓國의關係가日本國에頗重大ᄒᆫ事柄이有ᄒᆷ을何如턴지滿足ᄒᆫ結果잇기로思ᄒ니是ᄂᆫ更히諸君의게感謝ᄒᄂᆫ바로라

日韓關係의過去現在ᄂᆫ勿論ᄒ고將來의事에就ᄒ야腹에隱藏ᄒᆷ이無ᄒ

고諸君의게語ᄒ기스되此宴席에셔ᄂᆫ到底히盡키不能ᄒᆯ가恐ᄒ야略ᄒ거니와其中諸君을更見ᄒᆯ時가有ᄒᆯ지니任에再就ᄒ기前에반다시諸君의게語ᄒ기로思ᄒ노라韓國의現狀은固諸君의承知ᄒᄂᆫ바오諸新聞에도彰現ᄒ야格別大差홈이無ᄒ거니와日本國으로韓國에對ᄒᄂᆫ所謂將來의施設經營으로써對韓方針이라ᄒ니是에就ᄒ야ᄂᆫ尙히諸君의게依賴치아니홈을不得ᄒᆯ지라此施設經營에就ᄒ야ᄂᆫ本官도未定ᄒᆫ問題가猶多ᄒ니此ᄂᆫ當局者와商議를盡ᄒ야決定ᄒᆫ後에赴任ᄒ기로思ᄒ노라對韓의事業은政府事業ᄲᆫ不啻며國民의事業ᄲᆫ不啻라立法部에셔도十分注意ᄒ야終局을完全케ᄒᆯ시니西人의諺에曰戰爭을ᄒᄂᆫ딕大砲의後에ᄂᆫ國民의援助가不可無라ᄒ니我ᄂᆫ外交上의事도亦然이라ᄒ노라朝鮮의事ᄂᆫ必是外交라云홈으로써結홀터은아니로되今日은日本國의派出<14>權으로處理ᄒᄂᆫ事가有ᄒ니此派出權의處理홈은政府ᄂᆫ勿論ᄒ고立法部의援助에不得不依賴ᄒᆯ지라尙又自己도段々老衰ᄒ고縱令身體ᄂᆫ强健ᄒ더리도腦髓가健全치못ᄒ면如此ᄒᆫ事를當ᄒ기不能ᄒᆯ지라故로常自試今日ᄭᅡ지ᄂᆫ支持ᄒ얏거니와日韓關係의終局ᄭᅡ지ᄂᆫ我가不能ᄒᆯ지라此ᄂᆫ後輩의俊秀의개願ᄒᆯ外에處ᄒ야辭코져ᄒ야도不能ᄒᆯ次第가有ᄒᆫ故로協約에基ᄒᆫ바의事項實施의端緒ᄂᆫ啓ᄒᆯ지라今晚宴席의各派諸君이協同一致ᄒ야我를歡迎ᄒ니韓國에對ᄒ야立法部에셔一致協同ᄒ야韓國의經營을完홈에援助ᄒ기를偏望ᄒ노라

今晚諸君의厚意에對ᄒ야ᄂᆫ感謝ᄒᆫ言辭를擇ᄒ기不能ᄒ야辭를重ᄒ기幾度를ᄒ야厚意를感謝ᄒ노라

大隈伯의伊藤侯를評홈

伊藤侯의歸朝ᄒ난一要件은對韓施政에關ᄒ야經費의增額을本國政府에要求ᄒ기爲홈이라傳ᄒ난者有ᄒ고又近日各新聞上에統監府의豫算이

擴大호다는報가有호느余는想컨디以上의說은訛傳이안이면侯를中傷호기
爲호야호는바言이라信호노라余는伊藤侯가財政上에深甚흔知識이有호다
고는謂치안이호느侯난思慮가有흔政治家이라國家公經濟의策에關호야侯
의意念호는바는必也現內閣諸公에比호야一頭地를擢흔者有홈은無疑흔
지라阪谷大臣과如히豫算의綱目을能히通曉호는者라도惜哉大体의財
政々策에就호야識見이缺乏흔故로其所施設이殆無可見호야到底히財政家
라可許치못홀지라侯난此點에關호여能히時勢를達觀호야適宜의措置에不
過호는技倆은其眼者의夙知호는處라日本이韓國에保護權을確立흔것은
一言以蔽之曰日韓兩國<15>의利益을增進호기爲홈이라日本이韓國을爲
호야幾多尊重흔犧牲을供흔事歷이有호고今에又至高最善흔義務를韓國
을爲호야盡호는지라韓國統治호기爲호야要호는經費는宜乎韓國은²로호
여곰悉히支辦케홀자니韓國은富饒흔地라此를開發호야適切흔政治를布호
며國民의賦役을肅整홈은治民의大眼目인디國民이此를爲호야安堵호며財
源이此를因호야生홀지라由來韓國民은苛政을懼호야土地의所有權을確
定치못홈에郡守와觀察使는此虛을乘호야賦役을貪호는디此不法의所得
이是皇室所有에歸호야各種罪惡의資源에供호느니故로韓國統治의急要
는土地를整理호며租稅를均等히徵收홈에在호니其如此則韓國에셔三千
萬圓의高額을得홈은決코難치아니호고外交와軍備는此國家存立의必要
條件되는二大裝飾物인디今에此를撤호야我國에負托흔以上에는韓國政
府의歲出은大히削減홈에至홀지라故로歲入의三分의一乃至二分의一은
殖產事業에轉用홀수能홀것이요政府從來의顧問를廢호고代호되統監府
의重職으로政府의要路에立케호면統監府는事實上韓國政府가되야統監
府에要홀經費는殆乎無矣라余는統監一身에屬호는待遇의費用도韓國政
府가支辦홀義務가有호다思惟호야統監府의豫算과如히本國政府의支給

2　은 : '으'의 오자.

을要치안이홀지니라然혼디統監府의存立혼以上에若干의經費눈辭홀바안이나本國政府의負擔을擴大홀必要눈果在何處乎아聞혼즉侯눈구로메루卿의爲人을愛好호다호눈디英國의植民政策은其國土에應順호눈政治로臨호야아모됴록母國의扶助를避호야獨立發達의道를求홈에在호니侯눈英國政策의典範을深通호고且其感化를受혼人이라韓國統治의方針에關호야눈必<16>也卓拔혼成竹의存홈은無疑라故로余눈侯가此際에本國政府에多大의負擔을要求혼다홈과如혼報道눈侯의眞意로認知호기不得호고何處싄지라도其爭說됨을信호노라

大隈伯의日韓新協約의評論

對韓問題에關호야最初로我當局의態度가强硬호며軟弱홈을是非호눈者有호다홈은實로謂홀수無혼事이요或有호다홀지라此눈日韓의關係를明識지못혼評論이라稱홀지라韓國은我國에對호야全然히對抗홀能力이缺乏혼者가其收호야保護國을삼옴에名은保護國이라호눈實際로言호면日本의屬國이라且韓國이日本의屬國됨은世界列强이敢히異히네기지안이호눈바오日本도又保護權의設定以來로協約以上의施設을홈을是又世界萬邦의認혼바라韓國이如斯혼弱者의地位에在혼디此에臨홈에恰然히猫를擊홈에虎를擊홈과如혼姿勢를出호라謂홈은事理를不辨호눈無意空言에在호고

又某一派의人은速히韓國을併呑홀것이라唱호야米國之於布哇와佛國之於安南의例를引호야韓國의處斷을希望호눈者有호니是等急激혼論者로觀호면今番의新協約은大段히手緩혼嘆聲을發홀지나物이順序가有호고事눈形式을要홀지오況前述홈과如히韓國은事實上으로이믜我附屬國이된以上눈何故로苦心호야名稱의末에抱泥호면且何故로佛國의屢屢失敗혼歷史를趁호눈愚者를作호리오我國은何處싄지라도王者의道로써韓國에

臨홀지니라

余는如此홀意見에依ᄒᆞ야今番新協約의內容을最히切當ᄒᆞ다ᄒᆞ야滿足의意를表ᄒᆞ기不吝<17>ᄒᆞ는者라伊藤統監이統監의任으로韓國에臨홈이旣二個年이라一意專念으로韓國의利益을目的ᄒᆞ야指導ᄒᆞ는任에當홈은侯自聲明홀바인디世界列國의萬衆이統監의唇頭를通ᄒᆞ야日本帝國의韓國對ᄒᆞ는措置如何홈을業已知悉홀바오只日本內地에셔時로侯의施爲言行이往往緩慢軟弱에失ᄒᆞᆫ다는批難이不無ᄒᆞ야以爲伊藤侯態度가偶偶ᄒᆞ야韓延의誤視홀바되여도리여今回事件의素因을作ᄒᆞ엿난지도不可知라ᄒᆞ나侯의苦衷도亦不可不察也라大抵韓國은이믜行政上實權을我에委ᄒᆞ야大小官僚의任免은統監의推擧에據ᄒᆞ는故로韓國政治는一切統監의意에悖ᄒᆞ면何事를勿論ᄒᆞ고施爲無術ᄒᆞ니統監은事實上으韓國政權의衡에當ᄒᆞ야其權威는幾乎絶對라稱ᄒᆞ여도無妨홀지라統監의權威를換言ᄒᆞ면日本帝國의權力이韓國全土에普及홈과共히其職責任務의廣大重要홈도又非前日之可比也라余는統監府의職員이意氣慢盛ᄒᆞ야韓國民의反感을挑發ᄒᆞ야韓國開發의障害를作홈과如ᄒᆞᆫ愚事를不爲ᄒᆞ도록警戒치안키不得ᄒᆞ니韓國將來의運命은指敎의善不善과我國民의實力發展如何에存ᄒᆞᆫ지라旣往으로言ᄒᆞ면外交權之把握과運輸交通金融等의存立ᄒᆞ야國家가되는大動脈을占守ᄒᆞ고更進ᄒᆞ야內政權를掌握ᄒᆞ야스니産業의發達ᄒᆞ며鑛山의開掘ᄒᆞ는等事에韓民를利導ᄒᆞ여彼我間互相協力ᄒᆞ야未拓의富源을導홈에至ᄒᆞ여야協約의精神이始可活躍홀지라果能如此면彼覇者의戀戀ᄒᆞ는바空虛홀美名에抱泥ᄒᆞ야財政上母國의補助를要홈과如ᄒᆞᆫ處置에比較ᄒᆞ면其優劣이果何如哉아

春帆樓上統監

先般伊藤統監이歸東途次에馬關春帆樓에셔<18>宿ᄒ더니此時에歸韓之途에恰在ᄒ趙義淵兪吉濬一行이統監을訪問ᄒ고此外에도訪客이接踵이라統監이浴後에藤榻에倚ᄒ야談論이風生ᄒ니其一節에曰

辭任風說云々이是余所不夢이라新聞記者의捏造에不過ᄒ니東京滯留가約一個月半에將速歸韓이로라

近時에韓皇의게拜謁ᄒ이二回로니一則協約成立의時오一則今回歸東ᄒ際에約二時間種々卑懷를陳上ᄒ고又英皇太子日本遊學의件도亦奏勸ᄒ엿노니來年에或見實行ᄒᄂ지未可知라太子가漸十一歲에脩學이乃習字讀書오西洋婦人家庭教師가別有ᄒ야英語를學ᄒ而已러라

太皇帝來遊之事ᄂ日本人希望이却多ᄒ니是何意오余若奏請이면勅許를或得ᄒ야來遊ᄒ실지라도恐컨디互無所得이오世人의耳目을徒駭ᄒ지니不若不爲니라

趙義淵等亡命客의歸韓이固無妨이오朴泳孝ᄂ日本에長留ᄒ야韓國事情에自暗ᄒ야終乃奇禍를招ᄒ지라罪ᄒ며罪치아니ᄒ은固統監府의關知ᄒ바非也니라

內地人의所論日韓關稅同盟者ᄂ余輩가一向不可解라今日唯條約所示를行ᄒ면足이니他國의嚬을效ᄒ야同盟을作ᄒ이何利益이有耶아

次日於觀瀾閣席上에셔演說ᄒ이如左ᄒ니

今에勅許를得ᄒ야歸京의途에在ᄒ야諸君의歡迎ᄒᄂ盛意ᄂ感謝를不耐ᄒ깃노라余가昨年統監의任을奉ᄒ以來로大命을果完成ᄒᄂ지只恐力不及이로라吾陛下鴻謨가固是東洋平和에在ᄒ며世界平和에在ᄒ시나所以成此鴻模의手段方法은余의身心全力으로써當코져ᄒ시니故로余가韓國人民<19>을向ᄒ야亦誠意正心으로指導ᄒ고一言도欺치아니ᄒ노라余ᄂ人心을得ᄒᄂ道가一誠에唯在ᄒ줄로信ᄒ노니甘言餘語ᄂ足히一時을糊

塗홀지나써陛下의鴻謨를副ᄒᆞᄂᆞᆫ바道아니라明治九年征韓論使西鄉、大久保二傑이意見不合ᄒᆞ니二人의意見政略이雖異ᄒᆞ나二人의心이皆國家를念ᄒᆞᄂᆞᆫᄃᆡ셔出ᄒᆞ야誠僞가有二홈은非也라爾來日淸戰爭과日露戰爭를³經過홈에日韓關係가亦昔의比가아니니余가將一層의力을鼓ᄒᆞ야陛下의게竭ᄒᆞ깃노라ᄒᆞ얏다더라

大隈伯의談話

　世人이韓國經營의實績이如意치못홈을見ᄒᆞ고伊藤統監의無能을非難ᄒᆞᄂᆞᆫ者ㅣ有ᄒᆞ니是不思홈甚ᄒᆞ도다試見英國이埃及에數十年을已經ᄒᆞ야스나全爲解決ᄒᆞ기尙且不能ᄒᆞ니況日本의韓國을保護國이라홈은日露戰爭以來의事인ᄃᆡ伊藤侯의統監을任ᄒᆞ야韓國에赴홈은昨年에不過ᄒᆞ니此困難혼事業에對ᄒᆞ야如斯短淺혼日月의間의實績을何能大擧리오

　今大局으로察ᄒᆞ건ᄃᆡ韓國은名實이皆日本의保護國이라홀지라縱令表面으로도韓帝ᄂᆞᆫ我國에依賴ᄒᆞ며伊藤統監을信任ᄒᆞ시고而外交權은我國의手中에全在ᄒᆞ야大局이決定ᄒᆞ야亦不可動이라只今後ᄂᆞᆫ一千萬의韓民을利用ᄒᆞ야韓國의富源을開發ᄒᆞ야與他共利홈에在혼지라現下韓國에셔最不可不急히設施홀것은北韓方面에鐵道의敷設이라惟컨ᄃᆡ今後露國이或極東에셔爭衡지아니홈에至ᄒᆞᄂᆞᆫ지도雖不可知나然ᄒᆞ나浦鹽斯德을尙有ᄒᆞ니浦鹽斯德은露國의極東엣勢力의根據라此를有혼間은露國의極東엣勢力은決코輕혼ᄃᆡ附去홈을不許홀지니故로我國은期々코北韓에鐵道를敷設ᄒᆞ야一朝有事의用에不可不備오若東<20>淸鐵道의吉林方面에分岐ᄒᆞ야浦港에達홀線路를求得ᄒᆞ야敷設ᄒᆞ면更妙홀지라北韓方面의鐵道ᄂᆞᆫ此를急爲敷設홀必要가有ᄒᆞ니此鐵道를縱橫敷設ᄒᆞᄂᆞᆫ同時에韓國엣日本의經

3　를 : '을'의 오자.

濟的勢力은愈益增加홈에至홀지니라

英國의印度에對ᄒᆞᄂᆞᆫ態度ᄂᆞᆫ頗爲壓制라由來英國의更紗業은印度로셔輸入ᄒᆞᆫ것이라然ᄒᆞ나一度其事業이英國에起홈으로印度의更紗에對ᄒᆞ야는重稅를課ᄒᆞ야撲滅ᄒᆞ고又印度에ᄂᆞᆫ四十手以上의綿絲製造를不許ᄒᆞ니是ᄂᆞᆫ英國의綿絲紡績業을保護홀目的으로出홈이요又英國政府가印度에政治、法律、宗教、文學等의學問에關ᄒᆞ야ᄂᆞᆫ何等의制限을不設ᄒᆞ나獨科學은全禁ᄒᆞ니獨科學을嚴禁ᄒᆞᄂᆞᆫ所以ᄂᆞᆫ無他라科學은卽工業의毋니英國은印度로自己製造品을販케ᄒᆞ기爲ᄒᆞ야印度에工業이起홀가恐ᄒᆞ야工業의母되ᄂᆞᆫ科學教育을禁止홈에不外홈이니則英國이印度의更紗業을撲滅ᄒᆞ며綿絲의番手를制限ᄒᆞ며科學教育을禁止ᄒᆞ야壓制的으로印度의工業的進步를禁遏ᄒᆞ얏스나吾輩ᄂᆞᆫ我國이此로써韓國에臨홈을不欲ᄒᆞ고可授홀教育은授홀지며可起홀工業은起케홀지오別히人爲的으로壓制를加홀必要가有홈을不見ᄒᆞ깃도다然ᄒᆞ나韓人의性能을熟察ᄒᆞ건딘韓人은要是勞働者也ᅵ며農夫也ᅵ오其以上에出ᄒᆞ기不能홀듯ᄒᆞ지라所聞으로由ᄒᆞ건딘統監府에셔工業試驗所를韓國에設置홈과如홈을吾輩ᄂᆞᆫ無用의擧로思ᄒᆞ노니縱令不爲無用이라ᄒᆞ나更히急要ᄒᆞᆫ事業의몬져施設홀것이多有홈을信而無疑ᄒᆞ로라

又日韓間엣關稅同盟을主張ᄒᆞᄂᆞᆫ者가有ᄒᆞ나是亦机上의空論이며實際에迂遠ᄒᆞᆫ愚論이니想韓國의諸外國과의通商條約에ᄂᆞᆫ最惠國條款으로規定홈이라此로써縱令日韓間에關稅<21>同盟을締結ᄒᆞ야도諸外國은最惠國條款의適用으로由ᄒᆞ야直與日本으로利益을同霑홀지니果然則日韓關稅同盟論과如홈은机上의空論이아니면實際에不通ᄒᆞᄂᆞᆫ迂論이아니리오乃日韓關稅同盟論과如홈은顧홀價値가雖無ᄒᆞ나韓國通商條約의改正은實로直着手홀最肝要ᄒᆞᆫ事業이라ᄒᆞ노니夫我國은韓國에對ᄒᆞ야保護權을樹立ᄒᆞ야韓國의外交ᄂᆞᆫ我國에全爲掌握ᄒᆞ고諸外國도亦此保護權을承認ᄒᆞ야何國이던지韓國엣公使舘을撤去홀지라若夫一步를更進ᄒᆞ야我政府가韓國의外國通商條約을改訂ᄒᆞ면韓國에對ᄒᆞᄂᆞᆫ我國의優越權은益爲明白

ᄒ며益爲鞏固ᄒ다ᄒᆯ지니此條約改訂事業은開始ᄒᆯ時期에已達ᄒᆫ지라若
我政府當局이此를處ᄒᆷ에最機敏用意ᄒ여스면日露戰爭中에早已韓國의
通商條約의改正에從事ᄒᆯ時機가熟ᄒ여ᄉᆯ지라然而獨此稀有의好機對露
戰勝ᄒᆫ機會를乘키不能ᄒᆷ이遺憾될쓴아니라今日에도對韓經濟上此最肝
要ᄒᆫ條約改正의業에着手치아니ᄒ니是豈當局의一大惰慢이아니리오吾輩
ᄂᆫ當局의此事業을早々完成ᄒ기를希望ᄒ노라

又日韓間의貿易은年々增進ᄒᆯ지라韓國의人口一千萬인즌其外國品輸
入力은少ᄒ야도一人拾圓까지ᄂᆫ發達될지니一人十圓의一千萬人은實一
億圓이라今後韓國의內地에鐵道를縱橫敷設ᄒ야農鑛業、林業、牧畜業
等改良發達ᄒᄂᆫ時에ᄂᆫ我國이實로韓國에對ᄒ야一億以上의製品을供給
ᄒᆷ을得ᄒᆯ지니韓國으로셔ᄂᆫ米、棉、牧畜産其他原料品을輸入ᄒ고其近海
로셔ᄂᆫ各種의水産을漁獲ᄒᆯ지라日韓間經濟的關係ᄂᆫ正히如斯ᄒᆫ運命이
有ᄒᆫ지라此關係가今後年與發達ᄒ야漸加密接ᄒ야終에ᄂᆫ此兩國이經濟
上融合混和ᄒ야事實上別國된<22>實를消滅ᄒᆷ에至ᄒ지니라

伊藤統監과貴族院

日本衆議院이伊藤統監歡迎會를催ᄒ고新協約의成立을祝호려ᄒᆷ에對
ᄒ야貴族院이衆議院側의交涉을拒絶ᄒ야何等의催도不爲ᄒᄂᆫ事에就ᄒ
야其貴族院議員이語ᄒ야曰吾人이歡迎의企를不爲ᄒᆷ은平素伊藤侯의게
慊焉ᄒᆫ私情에驅ᄒᆷ이되야然ᄒᆷ이아니라韓國의時局에侯의勤勞ᄂᆫ大且多ᄒ
다ᄒᆯ者가有ᄒ나尙이侯의奏功을謳歌ᄒ야歡迎에狂奔ᄒᆯ時機ᄂᆫ非也라新協
約을實施ᄒ야對韓政務의擧ᄒ며擧치못ᄒᆷ은侯가今侯의努力如何로由ᄒᆯ者
多ᄒ니暴民이尙所在蜂起ᄒ야韓半島의秩序가尙未復舊라統監의苦心을
要ᄒᆯ須要案件이不少ᄒᆫ今日에他를得意의地에引上ᄒᆷ은侯의게도心이苦

홀次第가될지라然ᄒ나政黨者流가韓國의機務를協議ᄒ야將來의案件은決
定ᄒ기爲ᄒ야歸朝ᄒᆫ侯를擁ᄒ며或自黨의私利的運動에利用ᄒ려홈과如
ᄒᆫ擧ᄂᆫ吾人의避홀바어니와侯의成功을祝ᄒ야其勤勞를酬홈은其時期가別
有홀지라今日은寧韓國經營의大責任을全ᄒ기爲ᄒ야侯의게一段努力을
望홀것이라ᄒ얏다더라

對韓言論(日本各新聞)

日韓新協約(國民新聞)

新協約을觀察ᄒ면此를因ᄒ야韓國에對ᄒᆫ日本帝國의實力은이믜全혀
扶植ᄒ얏다ᄒ여도可ᄒ니新協約은七個條로成立ᄒ여스나其眼目은第一第
二의二個條에不過ᄒ니其第一條에ᄂᆫ韓國의政府ᄂᆫ其施政改善에就ᄒ야
統監의指導를受홀事라ᄒ엿고第二條에ᄂᆫ韓國政府의法令制定과及重要
ᄒᆫ行政上외處分은豫히統監의承認을受홀事라ᄒ여스니이믜指導<23>라
云ᄒ면全혀統監의指揮誨導下에立홀것이오其法令의制定과及行政上重
要ᄒᆫ處分에就ᄒ여ᄂᆫ統監의處分을受홀것이라云홈에至ᄒ여ᄂᆫ統監이韓國
政府에對ᄒᆫ任置를最히明白케ᄒᆫ것이라卽立法行政의事項에就ᄒ야統監
의承認을受케ᄒ면韓國政府의實權은韓國政府에不在ᄒ고統監府에在홈
이斷斷乎無疑ᄒ니其第一條에ᄂᆫ指導의二字가眼目이되고第二條에ᄂᆫ承認
의二字가眼目이되ᄂᆫ디此指導와承認의四字ᄂᆫ日本帝國이韓國을支配ᄒ
ᄂᆫ樞杆이라其能使此로有效케ᄒ며交較의有效치못ᄒ게홈은惟컨디統監의
手段如何에存ᄒ니所願者ᄂᆫ文句에不在ᄒ고實行ᄒᆫ手段에在ᄒ니韓國
의君民으로ᄒ여곰此條約를導守케못ᄒ면其上은可爲홀方針이無ᄒ니卽平
氣로言ᄒ면惟合倂홀而已라故로彼等은須히自覺홀지라若韓國이獨立을
失홈은是ᄂᆫ韓國이自招ᄒᆫ所以오決코日本帝國의關知홀바無ᄒ니라

日韓新協約(日本新聞)

日韓協約은去二十四日에調印되엿는디此를一讀홈에吾人의第一感ᄒ
는것은其穩當홈이是也라我國의論者中에는合倂을說ᄒ는者도有ᄒ고韓皇
에對ᄒ야云々ᄒ는者도有ᄒ고且現今韓人의多數는韓皇이日本에拉去홈을
憂慮ᄒ고世界列强도亦倂合을斷行ᄒ여도不警홀論調를示ᄒ지라然ᄒ디我
政府는此種過激手段을不取ᄒ고要求ᄒ는것은唯內治權의掌握과政治의
改善에止ᄒ니處置의形式이極히穩當ᄒ지라然ᄒᄂ一步를進ᄒ야新協約
의內容을見ᄒ면其含容ᄒ것이甚廣ᄒ야日韓兩國의關係에根本的大變動
이됨을不認키不得ᄒ고抑日韓의關係는從前三回條約을因ᄒ야第次로密
接의度를加ᄒ나朝鮮이我保護國됨은<24>外交權의點에在ᄒ고內治의權
에關ᄒ야는唯日本政府의忠言을容홈이요且邦人財務顧問을備聘홈에止
ᄒ엿는지라勿論事實上에就ᄒ여는統監이內治上에도至大ᄒ勢力을振ᄒ야
大臣의任免이라도其意에戾ᄒ면不許ᄒᄂ是는勢所固然이요且伊藤侯個
人的勢力의大홈에由ᄒ것이오日本은敢히內治上에絶對의權力을有치못
ᄒ고朝鮮內治上에猶히獨立主義를認홈이러니今回의新協은此點의大變
革을斷行ᄒ여朝鮮의內治權을全然히我手에握ᄒ니保護國이되엿던朝鮮
의性質을一變ᄒ여內治外交를通ᄒ여共히我指導下에셔活動케ᄒ니라

新協約의成立(大阪每日新聞)

新協約은所謂避名取實之策에出홈인디吾輩의主張ᄒ는것과其形式과
其程度의異홈은今回에止홀뿐안이라或은是拙速을捨ᄒ고巧遲를取ᄒ아老
練을示ᄒ는所以라홀지나此와如히ᄒ면其禍根을果然除得홀난지疑홀뿐안
이라韓日一体의理想을違홈에는尙히前程이存ᄒ디此理想을違홀好階段
은此際에可히登攀得盡홀터인디特히最後二三級을未畢ᄒ야九仞之功에
猶有餘力而其完成홈을尙히一簣에保留함과如ᄒ感情이不無ᄒ니想컨디

此寬大의處置는韓國人의意想外리니其卽時承認홈이其爲此故歟아

日韓新協約成立(時事新聞)

日韓新協約은二十四日에京城에셔調印호지라試호야從來의協約과比較홈에日韓議定書에는施政의改善은日本政府의忠告을容홈에止호엿더니今에는統監의指導를受호게되여스니更히一步를進호엿다可謂홀지오又日韓協約을據호면日本政府는韓國의外交關係及事務를管理指揮홈을規定호야統監의任務는<25>專혀外交에關호事項을管理홀而已오內政에就호여는協約上에明文이不在호더니今에는立法及行政上의處分도豫히統監의承認을經호게되여統監의權力이內政에꾸지及호게되어스니是又一進步라可謂홀지라司法權의獨立이施政改善上에可히缺치못홀必要호個條됨은固不俟論이요韓官吏의任免은統監의同意를要호고又統監의推薦호日本人를同國官吏에任命케홈은新規의規定인디新協約은我統監政治에一步를進호얏다호느從來統監의威信은自然히彼의內政治上에도及호야內閣의更迭과如홈도實際로統監의承認을經치아니호면行치못호여신즉現在의事과新規를比較홈에或心中에慷然히네기는者가有홀지라特히此際에決心호고一大勇斷을奮發홈이可호다主張호는人等은不滿足의感이有홀뜻호나試호야其條項에就호야實上에可現홀效果를吟味호즉施政의改善은一々統監의指導를受호고立法及重要호行政上의處分은豫히統監의承認을經홈과如홈은統監의地位는卽是韓國의攝政이라고可見홀者인디韓國의立法施政은統監의承諾을不經호면行호기不能호니若或行之면卽條約違犯의罪를施홀지라內閣은勿論호고雖　皇帝라도其責任을能免치못홀지오韓國官吏의任免은統監의同意를要호고又推薦호日本人을韓國官吏에任命호는事에就호야若不得已호必要境遇를當호면統監은協約上의職權으로日本人을用호야內閣을組織홈도亦可得也니卽新協約의效果는名實이共히統監의權限을擴張호야內治外交의全權을我에收홈이니彼大勇斷

云々과如き것은惟名義上에一片의布告를發ㅎ며不發ㅎ는相違에不過홀而已니我輩는名義의如何홈은不關ㅎ고唯以實質로以爲滿足者也로라<26>

日韓新協約과外字新聞

쟈반、구로니구루난客月二十七日紙上에韓國密使의米國行이全然徒勞라豫言흔後에日韓新協約의評論에一轉ㅎ야以爲自今以後로若干期間은韓國에自然不平不滿의紛擾가有홀지나南阿鎭壓흔後에英人이보-아(南阿弗利加)人에對ㅎ난關係에比ㅎ면密接흔關係가有흔日韓兩國民은漸次서로融和ㅎ야協約의所謂富强幸福에進步흔다홈은無疑라云ㅎ여日本이戰爭에偉大흔資質을發揮흔名譽에又시로히貧弱흔保護國을指導ㅎ야一層名譽되난平和的經營에眞正政治家의器度識見을立證홈을希望ㅎ얏더라야

日本千賀博士의談

日韓新協約은日本이國家의防衛上及平和의保持上韓國을倂呑ㅎ는一階梯를作흔것인디日本의게利益잇는優越權을獲得흔者됨이無疑흔지라卽其第一條로依ㅎ야統感은韓國의施政改善에對ㅎ야韓國을指揮ㅎ는權能을得흔지라故로統監의意로現制度를改케ㅎ야써日本에利益잇는施政을홈을可得홀지오第二條로依ㅎ야法令의制定並重要흔行政上의處分은統監의承認의不經ㅎ고는此를施行ㅎ기不能홀지라故로韓國政府가日本의게不利益될立法又行政處分을ㅎ려ㅎ는境遇에는此를斷然打破ㅎ기可得홀지오第三條로依ㅎ야普通行政과司法과를區別ㅎ야超然흔司法官을設置ㅎ며法典을制定ㅎ야써韓國行政官이自己의意로司法事務를左右홈과如흔從來의弊害를削除홀지며韓國司法及行政上에截然흔一大改革을可見홀지오第四條로依ㅎ야內閣各大臣으로브터各道巡檢其他高等官吏에는日

本에利益잇ᄂᆞᆫ者任命을見홈에可至홀지오第五條로依ᄒᆞ야韓國中央政府及各方面의官衙<27>日本人의官吏라ᄒᆞᄂᆞᆫ者가續出ᄒᆞ야學士及其他各學校卒業生의供給을可見홀지오第六條로依ᄒᆞ야外國人은統監이日本의必要上備聘ᄒᆞᄂᆞᆫ者外韓國을籠絡ᄒᆞ야自己의利益을謀홈과如홈은全然히其跡을絶홈에可至홀지니要之컨딘新協約의結果로韓國은將來統監의게一々相談홈으로써不可不統監과共同ᄒᆞ야政治를行ᄒᆞ야屬國되ᄂᆞᆫ性格을充分히發揮ᄒᆞᆫ者라可謂홀지니世界의屬國中韓國과如히其權利를束縛홈이된者ᄂᆞᆫ未有ᄒᆞ지라而此協約에對ᄒᆞᄂᆞᆫ歐米各國의意嚮이如何홈을見ᄒᆞ건딘何等反對의色이無ᄒᆞ고只從來의關係上異議를唱홀慮가有ᄒᆞ고露國도不日發表홀日露協約에韓國의日本勢力範圍에屬ᄒᆞ기로承認홈으로써新協約에對ᄒᆞ야異議를唱치아니홀지라然ᄒᆞ나余로써見ᄒᆞ건딘新協約으로由ᄒᆞ야日本의受홀利益의不少홈을認홀지나一步를更進ᄒᆞ야斷然히韓國을日本에合倂아니홈으로遺憾이라ᄒᆞ노니何爲然也오ᄒᆞ면韓國엣農業牧畜、漁業、鑛山、森林其他富源은歐米人의夙爲垂涎ᄒᆞᄂᆞᆫ處인디現今彼等이殷山金鑛其他二三의事業을經營홈에止ᄒᆞᆫ者ᄂᆞᆫ韓國에對ᄒᆞ야不安의念慮가有홈인즉今後日本이韓國을指導홈에至ᄒᆞᆫ득彼等이其生命財産의保障을得홈을利ᄒᆞ야是等無盡의富源은攫得ᄒᆞ야諸種의計畫을ᄒᆞᄂᆞᆫ者續出ᄒᆞ지라勿論日本人이此種의經營에就ᄒᆞ야歐米人에比홈에非當ᄒᆞᆫ便宜를비록有ᄒᆞ나一方으로ᄂᆞᆫ最惠國條款의存홈이有야韓國과의締盟國된歐米人에對ᄒᆞ야日本人뿐其富를占有ᄒᆞ기不能홀지오而歐米人의實業上의手腕은日本人의及ᄒᆞ기不能홀바라是以로新協約後엣韓國의富源은何時의間이던지歐米人의게吸收홈이될지니後年韓國을日本에合倂ᄒᆞᆫ時에ᄂᆞᆫ日本人의受<28>홀産業上의利益이甚少홀지라日本人은惟政治上엣뿐威를張得홀狀態가될ᄂᆞᆫ지도不可知홀뿐아니라假使日本이第三國과交戰ᄒᆞᄂᆞᆫ境遇에交戰國과韓皇과의間에秘密條約을結ᄒᆞ야交戰煽動下에叛亂其他妨害的行動을日本에向ᄒᆞ야行홈이有ᄒᆞᆫ즉日本은此로由ᄒᆞ야非常ᄒᆞᆫ損失를受홈에

至홀지오更히交戰은無호야도雜輩의奸策으로因호야日本이韓國을併呑호
는上에不便을生홈도不無호故也라是故로日本이早晩韓國을不可不併呑
홀者인즉寧此際에斷然흔處置를行호야後年의不便障碍를除홈만不如흔
지라日本은今日韓國을併呑호는利益及此를홀充分흔理由와權를有호엿
스니遲疑逡巡홀必要가烏有乎아然즉併呑의結果如何를云홀진딘日本이
韓國을併呑호는時는從來韓國과의間에結흔歐米各國의條約은自然히消
滅홀지라只治外法權、關稅率、居留地問題就中治外法權에對호야多少
抗辯을見홈은雖不可疑나此에對호야는併呑前에韓國과締結흔歐米의各
條約國에對호야는暫時의間卽日本이韓國엣定寧의保護를得以保障홈에
至호기까지治外法權을特許호고然後에更히新條約을締結호면佳호다홀지
라而我政府에向호야今回의協約以上의手腕을望홈은到底至難흔注文이
라余는只比較的으로能히홈을認홈에止홀쑨이로라

千賀博士의日韓新協約에就호야흔論談이如右호니夫日本之於我韓에
十餘年來로獨立之說이變爲保護호고保護之說이變爲屬國호야今則至有
併呑之說이騰諸論壇에少無顧忌호니噫라如此者는日本矣而使之如此者
는果爲誰耶아水淸來纓이오水濁來足이라天之方蹶에猶然泄々호니言之寧
不痛心이리오<29>

目賀田顧問의談

十四日朝에目賀田顧問、岡[4]總長、兒玉書記官及目賀田氏의家族等이
關釜聯絡船壹岐丸을乘호고馬關에着호야他는皆東上의途에就호고目賀
田氏는同地에一泊호야十五日伊藤統監으로共與東上호얏는디目賀田氏

4　岡：'岡'의 오자.

가如左호談이有호니

　新協約의結果로韓國財政의膨脹홈은勿論호고歲出에도軍部費의大部分과如홈은節減호지나諸制度의改善에巨額을要호고收入에셔現今의收稅制度를改善호면今日보다三倍의增收가有홀지오國民의納稅負擔力에는變化가無호니此是予의唱호바라以前은收稅官吏로爲호야大部分은烏有에歸호엿는디彼等이此를正當호다호니何爲然也오호면收賄를計算호야官職을賣買호는故也라此惡習을除호려호야昨年收稅官吏는郡守에不止호고其監督機關으로收稅官을別設호야比較의善良호韓人으로써充호엿스나亦是郡守의下에惡호官吏가有호야不正을不除호야租稅의實數는依然호고納稅의高는甚히懸隔홈으로今回新協約에日本人으로收稅官에充호야實數를增加홀지오更히收稅制度를根本的으로改善호면予의豫想으로三倍의增收는無疑호나唯諸制度改善에는巨額의費用을要호고收稅의改善은一朝一夕으로行홀것이아니라統監府官吏縮小說이官吏가他에轉홀而已만縮小홈이오世間에唱홈과如히多大히縮小홈은아니라統監이縮小說에反對호기爲호야辭職혼다홈은思치아니홈이라予의度支部次官은何를호는지不知호거니와現職의財政監査總長으로財政實權의掌握은無慮호지라日本人으로大臣을不爲라는內約은內約〈30〉이아니라도大臣에는不爲홈이便宜호고日韓關稅同盟에는予는不敢反對로되惟其時機가아닐쑨이니時機가到來호야我가專賣品과如혼者의輸入方法에就호야又韓國々庫의收入에激變이無호면或無妨호니其時機는云홈을不得홀지라滯京이約一月의豫定인디統監으로共히再爲渡韓홀지라호얏다더라

○兪吉濬氏의新協約에對호談

　日韓新協約에對호야別로意見이無호지라余의境遇에는自然의勢를隨홀外에는他道가無호거니와惟欲一言辯之者는朴泳孝의事라新聞을據혼즉暴徒煽動者라호야捕縛홈과如호나余의推察에는朴氏今回의事는絕對

的으로認치안이ᄒᆞ노니朴氏가二十年間을外國(卽日本)에在ᄒᆞ야內外의情
勢를通ᄒᆞ야常히故國을憂ᄒᆞᄂᆞᆫ지라余가故國에在ᄒᆞ여ᄂᆞᆫ寧히氏의反對가될
것이나同히日本에亡命客이됨에互相往來ᄒᆞ며互相慰藉ᄒᆞᄂᆞᆫᄃᆡ昨年之今
에地方暴徒의起ᄒᆞᆫ報를接ᄒᆞ야朴氏가語於余曰日韓協約成立의上에ᄂᆞᆫ宜
乎其意를体ᄒᆞ야專心으로國政의改善에向ᄒᆞ야進步ᄒᆞᆯ지니其動輒國民의
誤解ᄒᆞᆷ에阻害를被ᄒᆞ야國運을妨ᄒᆞᆷ은慨嘆ᄒᆞᆯ而已인ᄃᆡ特히宮中의雜輩가皇
帝의明을掩ᄒᆞ야私利를爭ᄒᆞᆷ은日韓協約를無視ᄒᆞ기甚ᄒᆞᆫ것인ᄃᆡ韓國의前途
가深慨ᄒᆞᆫ지라余ᄂᆞᆫ一次歸朝ᄒᆞ야彼等雜輩를掃除ᄒᆞ고宮廷을廓淸ᄒᆞᄂᆞᆫ策
을任ᄒᆞᆯ것이라ᄒᆞᆷ은朴氏의口에恒常不絶ᄒᆞ여스니其平生의議論과意志와經
驗으로觀ᄒᆞ건ᄃᆡ氏가歸朝ᄒᆞᆷ에今回의變에對ᄒᆞ야如何ᄒᆞᆫ事情이有ᄒᆞ다ᄒᆞᆯ지
라도精神에異狀이無ᄒᆞᆫ以上에ᄂᆞᆫ決斷코煽動ᄒᆞᆫ다ᄒᆞᄂᆞᆫ事ᄂᆞᆫ無ᄒᆞ다確信ᄒᆞ노
니此間에何等消息이有ᄒᆞᆯ지라氏의嫌疑가解ᄒᆞ야靑天白日의身됨이不遠
ᄒᆞᆯ지니<31>라

今番讓位中에代理라ᄒᆞᄂᆞᆫ事件이有ᄒᆞ니此ᄂᆞᆫ先帝時代에도前例가有ᄒᆞ
야舊帝ᄂᆞᆫ大朝라稱ᄒᆞ고新帝ᄂᆞᆫ小朝라稱ᄒᆞ되其政權의實은大朝에在ᄒᆞ고小
朝ᄂᆞᆫ形式에止ᄒᆞᄂᆞᆫᄃᆡ今番의代理라ᄒᆞᆷ도亦此大朝小朝에擬ᄒᆞᆫ것인ᄃᆡ先帝
ᄂᆞᆫ此大朝에隱ᄒᆞ야實權을掌握ᄒᆞ려ᄒᆞᆷ에不外ᄒᆞᆫ지라朴氏가讓位前의任命
은不受ᄒᆞ고讓位後에任命을受ᄒᆞᆷ은恐컨ᄃᆡ宮中廓淸의宿志를實現ᄒᆞᆯ줄로覺
悟ᄒᆞᆷ인ᄃᆡ事爲齟齬ᄒᆞ야何等誤解의下에捕縛의身이되니라

韓國의事ᄂᆞᆫ皆韓國自身의業이라日本이過去現在에韓國의事에關與ᄒᆞᆷ
은畢竟韓國에서依賴ᄒᆞᆫ故라日本은決코自求ᄒᆞ야韓國에手를出ᄒᆞᆫ者아니
오止ᄒᆞᆷ을不得ᄒᆞ야招ᄒᆞᆷ이라韓國이特爲招置ᄒᆞ고不服을唱ᄒᆞ며不平을鳴ᄒᆞᆷ
이義理에도不在ᄒᆞ니라從來日本策은皆此筆法을慣用ᄒᆞ니日本을招待ᄒᆞ
면셔도리여虐待를極히ᄒᆞᆷ과恰如ᄒᆞᆫ지라不見乎아日淸事變까지ᄂᆞᆫ日本이韓
國의獨立을認ᄒᆞ야擁護ᄒᆞ더니爾來幾回變遷ᄒᆞᆫ後에今日의關係된지라事
變의生ᄒᆞᆫ바ᄂᆞᆫ반다시日本으로ᄒᆞ야곰怒케ᄒᆞ고事件의起ᄒᆞᆷ은반다시日本으

로ᄒ야곰惱케홈에在치아니ᄒ냐

　今回의新協約은盖國本을定홈에偉大ᄒ者인디同時에多少騷擾를免치
못ᄒ니人은韓國民을目ᄒ야無氣無力ᄒ고國家心이無라ᄒ나是ᄂ大不然
ᄒ지라國民은忠義에富ᄒ니暴徒로써指目을被ᄒᄂ彼等이實로忠義ᄒ國民
이라國家에忠義點에ᄂ日本國民과비록異ᄒ바無ᄒ나唯頑迷ᄒ야事理에暗
ᄒ야卽日本을誤解ᄒᄂ國民의忠義ᄂ暴徒되야蜂起不止홈에至ᄒᄂ니今回
新協約을見ᄒ國民은多少의動搖를不免홀지라日本에셔此를小事로眞靜
홈을<32>也得ᄒ면於此에最後段落을告홀지니幹根을旣斷ᄒ면枝葉이何
事가有ᄒ리오

○板垣伯의談話 －八月九日－

　日本에亡命ᄒ얏던兪吉濬氏가歸國홀時에板垣伯을訪問ᄒ고敎를乞ᄒ
니伯이自家의對韓政策을諄々縷述ᄒ後에過般印度人이予를訪問ᄒ고英國
의壓迫을速免ᄒ려ᄂ意를語홈에對ᄒ야予ᄂ印度人이露國與英國의羈絆
을脫ᄒ기試홈과如홈은甚히心得에違ᄒᄂ지라與其如是로ᄂ國民을文明位
置에導ᄒ야□富强의道를學홈이最要急務라盖國民智識의進步와國土富
力의增加가印度獨立에最大原因이라語ᄒ얏노라予가足下의게呈홀것도亦
此意味의一言으로以ᄒ려ᄒ노라抑前年本邦의露國과로干戈를交홈에至
홈은實로東洋永遠의平和를鞏固히홈에不外ᄒ고其後貴國과로協約을結
ᄒ며貴國을保護ᄒ려ᄂ大趣旨도東洋의平和와文明의發達을思ᄒᄂ所致
인즉貴國에셔도本邦의精神을諒ᄒ야此際輕擧妄動치아니홈을望ᄒ노라歐
米人이日本의文明을評호되下着이無ᄒ「후롯즉구고-투」를着홈과恰如ᄒ
야其表面은文明을裝ᄒ엿스나裏面은野蠻의風習을尙未脫却이라嘲笑ᄒ
ᄂ故로予ᄂ其下着의改良을ᄒ기爲ᄒ야社會改良을企ᄒ야目下銳意盡力

ᄒᄂ中이로니足下等도歸國ᄒᆫ後에社會의下層에留念ᄒ야改良進步에返
케ᄒ기로致力ᄒ기를欲ᄒ노라ᄒ야長時間을告諭ᄒᄂ바有ᄒ지라兪氏가其
意見을稱謝ᄒ얏다더라.

實業

○韓國엣日本農業者

日本人이目下京城에居를搆ᄒ고五千圓以上의資本을扱ᄒ야農林을經
營ᄒᄂ者五人이有ᄒ야着々奏功ᄒᄂᄃ今其詳細를聞ᄒ니西署<33>에住
ᄒᆫ金部爲秋氏ᄂ五萬圓을扱ᄒ야京畿道富平郡馬場面에荒蕪地四百町步
를購入ᄒ야灌漑의良否로應ᄒ야田과畓을作爲ᄒᆯ計畫인ᄃ本年一月以來
로開墾에從事ᄒ야本年內에少ᄒ야도五十町步를開墾ᄒᆯ지라目下事務員
三名日本農夫九名韓農夫十五名을使役ᄒ야熱心히經營ᄒ고明治町二丁
目伊野雄七郎氏ᄂ約三萬圓으로全羅南道榮山浦同北道全州及京畿道水
原等地에셔現今土地를盛히買ᄒ收ᄂ中이오南大門通三丁目浦田政吉氏
ᄂ五一萬千圓으로仁川附近富峴의地에셔韓人으로ᄒ야곰小作一切經營
을當케ᄒ고未墾畓十町步同田六十步餘를有ᄒ야目下의米麥蔬菜를播種
栽培ᄒᄂᄃ地味肥沃ᄒᆫ中又都府에近接ᄒᆷ으로써前途有望者의一됨을不
失ᄒᆯ지오最好望이有ᄒᆷ은九千圓을扱ᄒ야一切韓人의게任ᄒ고自己ᄂ間接
으로管理ᄒᄂ橋邊豐藏氏의西大門外八角亭及阿峴等의經營이라同地ᄂ
着手ᄒᆫ後日이尙淺ᄒ야僅不過二年이나土壤이頗肥沃ᄒ고灌漑가甚良好
ᄒ니將來의發展이蓋豫想에有餘ᄒᆯ지오其他瀧原顯氏의七千圓을扱ᄒ야
京畿道富平郡에經營ᄒᄂ菜果葡萄의事業이有ᄒ야目下栽培中인ᄃ加之
稚樹가非常히多ᄒ니將來에ᄂ最有望ᄒᆯ지로되目下에可云ᄒᆯ事가無ᄒ지라

同氏가五年前菜果葡萄를日本에셔移植ᄒ야現今菜菓千二百株葡萄二千株를栽培ᄒ고且明治四十一年度에ᄂᆫ約二千株를移植ᄒ기로豫定ᄒ얏다더라

○平井義人의韓國鹽業私見

韓國의鹽業이果然有望ᄒᆯᄂᆫ지目下未解의問題라予가在韓約四個年에每有機會에斯業을調查研究ᄒ얏노니今予의眼에映ᄒ韓國의鹽業方案될者를開陳ᄒ야當局者及有志家의參<34>考에資코셔[5]ᄒ노라

食鹽産出에ᄂᆫ三種의別이有ᄒ니岩鹽、天日製鹽、煮沸製鹽이卽是也니라

巖鹽은東洋에ᄂᆫ絶無ᄒ고唯歐羅巴의露西亞墺太利、獨逸等에存在ᄒ니世界中誠屬稀有라此巖鹽은石炭을得ᄒᆷ과恰如ᄒ야地層中으로採掘ᄒ야此로粉末을作ᄒ야市中에賣捌ᄒᄂᆫ것인ᄃᆡ其品質의良好ᄒᆷ과價格의低廉ᄒᆷ이到底히日本及韓國鹽의比ᄒᆯ바아니라彼時日本에셔獨逸鹽의輸入이稍々增加ᄒᄂᆫ傾向이有ᄒ야日本産鹽이悲境에陷ᄒᆯ가恐ᄒ야當時外鹽輸入防遏策의問題가起ᄒ니其獨逸鹽은卽巖鹽이라斯와如히遠ᄒ日本에輸送ᄒ야來ᄒᄂᆫᄃᆡ도尙且日本鹽을壓倒ᄒᆯ形勢가有ᄒ니其元價의低廉ᄒᆷ을想像ᄒ기不難ᄒ지라若韓國에셔此岩鹽層을發現ᄒ면恐컨ᄃᆡ東洋의一有利ᄒ事業이되렷마ᄂᆫ韓國은勿論ᄒ고東洋에ᄂᆫ如此天惠物이絶無ᄒᆯ듯ᄒ故로吾人은日製鹽이던지煎沸製鹽이던지에不外ᄒ니라煎沸製鹽法은專혀日本及韓國에行ᄒᆯ쑨인ᄃᆡ世界各國中今은其迹이殆絶ᄒ고天日製鹽法은歐米各國은勿論ᄒ고臺灣과金州半島와如ᄒ到處에盛行ᄒᄂᆫᄃᆡ世에셔支那鹽이라稱ᄒᄂᆫ大粒黑色의鹽이卽是天日鹽이라煎沸製鹽이던지天日製鹽이던

---

5 셔 : '져'의 오자.

지海水를資料로ᄒᆞ야製鹽ᄒᆞ기는雖同ᄒᆞ나其製鹽費에至ᄒᆞ야는實로霄壤의
差가有ᄒᆞ야天日鹽은非常히廉ᄒᆞ고煎沸鹽은此에反ᄒᆞ니然則何故로日本
과韓國은此有利ᄒᆞᆫ天日製鹽法을不探ᄒᆞ고不經濟ᄒᆞᆫ煎沸鹽法으로依ᄒᆞᄂᆞᆫ
가ᄒᆞᄂᆞᆫ것은必起ᄒᆞᆯ疑問이라此에는大理由의存ᄒᆞᆷ이됨으로써左에項을別ᄒᆞ
야述ᄒᆞ노라

　日本의鹽業은煮沸制鹽法이通有ᄒᆞᆫ지라海水로鹽되기까지作業을執ᄒᆞᆷ
이二種의異가有ᄒᆞ<35>니第一의鹽田으로依ᄒᆞ야海水(보-메氏驗液器의
二、五乃至三ᄒᆞᄂᆞᆫ者)보다十八度乃至二十二度의濃厚ᄒᆞᆫ鹹水를造ᄒᆞ고然後
此鹹水를釜에容ᄒᆞ고燃料를用ᄒᆞ야煮ᄒᆞ여야純白細粒의食鹽을於是始得
ᄒᆞᄂᆞᆫ것이라鹽田에採鹹方法과如ᄒᆞᆷ이其技術方法으로는巧則巧矣로되惟其
勞力을費ᄒᆞᆷ이夥多ᄒᆞᆷ으로써鹽의生産費에影響의及ᄒᆞᆷ이頗大ᄒᆞ고加之不廉
ᄒᆞᆫ燃料를費ᄒᆞᆷ으로以ᄒᆞ야鹽一石의生産費가實一圓三四十錢의多額을要
ᄒᆞᄂᆞᆫ지라尙且今後文明의進ᄒᆞᆷ으로從ᄒᆞ야燃料는益々騰貴ᄒᆞ고人夫의賃이
亦昇騰ᄒᆞᆯ터인즉多少의改良을加ᄒᆞ야生産費의節減을圖ᄒᆞ더리도現今以下
의節減은到底不可望이오然則天日製鹽은如何ᄒᆞᆫ뇨此又到底不可能ᄒᆞᆯ事
에屬ᄒᆞ니元來天日製鹽을ᄒᆞᆷ에는最爲必要ᄒᆞ야缺ᄒᆞ기不可ᄒᆞᆫ二箇의條件
을不可不具備니第一地質粘土가鹹水의散漏치아니ᄒᆞᆷ이오第二晴天日數
多ᄒᆞ고降雨日數少ᄒᆞ야空氣乾燥ᄒᆞᆷ이卽是也라然ᄒᆞ나日本沿岸은到處砂
地라適當ᄒᆞᆫ粘土地는一도不見ᄒᆞ니卽第一의條件에不叶ᄒᆞ고次에天候는
如何ᄒᆞᆫ뇨製鹽ᄒᆞ기最緊要ᄒᆞᆫ期節에屢々降雨ᄒᆞ야五日間晴天의續이稀ᄒᆞ고
其他時期에도雨當多ᄒᆞ야空氣濕潤ᄒᆞ니卽第二의條件에缺ᄒᆞᆫ것이라此二
箇의條件은如何히人力을加ᄒᆞ며學理를應用ᄒᆞ여도如此히大ᄒᆞᆫ天然力을
左右ᄒᆞ기到底不可得이니小笠原島엣田中鶴吉과相州平塚엣平井太郎의
失敗가其實例를示ᄒᆞᆫ것이라元來我日本鹽業改良은二十幾年前에이믜問
題되야爾來官民이共與調査ᄒᆞ며視察ᄒᆞ며試驗ᄒᆞᆷ에方法을盡ᄒᆞ야斯業의
改良發達을試ᄒᆞ여스나其根本氣候地味에缺ᄒᆞᆫ處가有ᄒᆞᆷ으로以ᄒᆞ야良方

法을不能一得ᄒ야現今專賣法을實施홈에至혼지라專賣法의實施홈<36>이ㅣ로ᄂ비록國庫의財源을得홈에在ᄒ나實은日本鹽業의將來를慮ᄒ야日本鹽業의衰滅를防홈에不外ᄒ다ᄒ니是或然也니라

次에韓國鹽業의現況에就ᄒ야述ᄒ지라鹽田은其地味氣候의關係로由ᄒ야多少異趣ᄒ니元來韓國의沿岸은到處에粘土地라天然의恩惠를蒙홈이頗大혼者비록有ᄒ나韓人은此天然의恩惠를利用홈이大爲幼稚홈으로써其採鹹費와如홈은日本에比홈에多額을尙要ᄒ니今鹽田의構造를改良ᄒ야此地質를好爲利用ᄒ야相當혼設備를施ᄒ면現今보다遙爲低廉혼費用으로써多量의鹹水를得ᄒ기不難홀지라現不安北道와如홈은予가行ᄒ고져ᄒᄂ方法을實行홀바有ᄒ니其方法은天日鹽田과如히蒸發池를設ᄒ야天日과空氣乾燥力에依ᄒ야水分을蒸散케ᄒ야濃厚혼鹹水를밍그ᄂ것이라此와如혼方法이其設備得宜ᄒ면大히費用를減홀지니其改良의餘地를存홈이日本의比홀바아니로되惟惜韓國이一般燃料가乏ᄒ야價格이不廉홈으로써制鹽費의高價됨을不免ᄒᄂ지라現今韓國의生産費로見ᄒ건디鹽一石에對ᄒ야二圓內外의多額에達ᄒ니實可驚也라

予ᄂ現在의製鹽方法을改良ᄒ면비록生産費를多少節減ᄒ기可得홀지나現今의情勢를熟考ᄒ건디區々혼改良으로ᄂ韓國이鹽業이終乃滅亡의悲運에陷홀虞가有ᄒ니每年支那鹽의輸入의實로夥多혼것인디韓人이亦能使用에慣ᄒ야益々需要를增ᄒᄂ現況이라金州半島에ᄂ幾百萬圓의大會社가多有ᄒ니今後幾年의後에其大鹽田의成功을告ᄒ고販路를韓國에求홈에至ᄒ면韓國의鹽業은如何홀ᄂ지予ᄂ實로寒心을不堪ᄒ노라由來韓國鹽業이란것이世人의注意를多大히促지아니ᄒᄂ듯<37>ᄒ나鹽業은韓國産業中主要혼者의一이니決코輕視ᄒ기不可혼지라現今全國에消費ᄒᄂ食鹽額이二百萬石에不下홀지니此로써推ᄒ건디一石에二圓으로ᄒ야도實로四百萬圓의多額에達ᄒ니此是予의杞憂인디單不過杞憂則已어니와若事實이來ᄒ면韓國의財政上에影響所及이決코寡少ᄒ다못홀지라予ᄂ思ᄒ니

韓國鹽業의硏究는目下의緊急用件이오亦最有興味호問題라ᄒ노니試思
廣漠혼干潮露地(干瀉)는沿岸到處에有ᄒ야幾百萬町步에及ᄒ기無慮ᄒ니
此를利用ᄒ야써有利有望혼事業을起得홀者實로鹽業만如ᄒ이無ᄒ니予
는速히此廣漠혼幾萬町步의未墾地를鹽田으로化ᄒ야써一大産業을振起
ᄒ야韓國經營의實를擧ᄒ기로熱望不已ᄒ노라

　予는今日의境遇區々혼改良方法은避ᄒ고支那鹽의輸入을杜絶ᄒ기可
得혼所謂根本的改良을試코져ᄒ는者인디而其方法은天日製鹽法만如혼
者無혼줄로信ᄒ노라

　予는天日製鹽를行홈에는二個의必要條件이有홈을已述ᄒ여스니韓國
의地味氣候는此條件에適合ᄒ야天日製鹽을行홈에最爲適當이라卽第一
沿岸到處粘土地인디鹹水의散漏치아니홈은現木浦에던지平安道의製鹽
地에던지予의親히目擊혼바라其鹹水溜를造홈에只底部에不規則으로玉石
을敷홀쑨이오周圍의粘土는聊爲打固ᄒ야鹹水漏의用을能爲ᄒ는지라平安
道와如혼鹹水製造에天日鹽田엣蒸發池와同혼方法을行홈이有ᄒ니此等
은鹹水의散漏치아니홈을證明홀것이오第二天候는結冰期雨期를除혼所謂
製鹽期에는降雨가稀ᄒ기도ᄒ거니와降雨가有ᄒ야도其雨量이至少ᄒ야槪
晴天이續ᄒ고且空氣가乾燥ᄒ야蒸散力이多ᄒ니卽第二條件에適合혼者
라韓國<38>의氣候地味가如此히天日製鹽에適홈은韓國鹽業을爲ᄒ야可
欣홀事인디模範을示ᄒ야天日製鹽法을全國에普及ᄒ야써鹽業의隆盛을
來케홈이將非吾人의不可不爲之義務乎아

　思컨디韓國에在ᄒ야는晴天의續이長홈으로써予의意見을行ᄒ기易ᄒ
고而其生産費와如홈은極爲低廉홀지라予가臺灣에在홈에當時總督府가
百斤을買上ᄒ는디下等鹽十三錢五里中等十八錢이라(此平均十六錢弱)製鹽
者가半額을鹽田主의게納ᄒ고半額을自己의收入으로ᄒ니然則百斤에僅
히八錢을生産費로見홈을可得이니此로써如何히生産費의低廉홈을推知
ᄒ기不難ᄒ니라

天日鹽의生産費低廉홈은世에定論이旣有흔지라如我日本은此를行코
져ᄒ나地味氣候의不許홈이有ᄒ야百方盡術ᄒ야今日에至ᄒ기까지此希望
을再起흔者無ᄒ니此와如흔國柄에至ᄒ야는人力의可及홀바아니리斷念홀
外에는無ᄒ거니와韓國의氣候地味는能히天日製鹽에適ᄒ야間然홀處가殆
無ᄒ거늘此가有홈을尙且未聞ᄒ고依然히舊慣을墨守ᄒ야金州半島의産
鹽에壓倒홈이될傾向이有ᄒ되此를不知ᄒ니天與의恩惠를顧치아니홈에至
ᄒ야는予의一日도安然ᄒ기不能흔바也라所以로所見을聊爲記述ᄒ야我當
局者와及有志家의參考홈에供ᄒ려ᄒ노라

○財界의一奇傑

去月十六日倫敦에셔逝去흔아루후렛즈도、바이도氏는英國第一等富
家인디故시-시루로-즈氏와同功一體의人이라本是獨逸에셔生ᄒ야二十
歲에單身으로南亞弗利加에赴ᄒ야赤手로産을興코져ᄒ야足이其地에一踏
홈에忽然金剛石業의前途에着目ᄒ야身을委ᄒ야未幾에他日南亞諸鑛山
을掌握홀端緖를開<39>得ᄒ니라시-시루、로-즈氏가南亞弗利加에赴홈
은盖바이도氏에셔後홈이數年이라其至홈에兩氏가意氣相投ᄒ야交加水
魚ᄒ야拮据經營에力을倂ᄒ야南亞金剛石業을獨占홈에至ᄒ고又바이도
氏는爾後鐵道銀行等事業에着々延手ᄒ야其所企劃이一도成功을見치못
홈이無호디特其金剛石及金鑛의富는南亞弗利加中一人도此에遠及홀者
無홈에至ᄒ니라바이도氏가終身不娶ᄒ야女嫌의稱이有흔지라此에就ᄒ
야一佳話가有ᄒ니氏의襟懷를尤見ᄒ깃더라一日氏의秘書가投來ᄒ야一日
의休暇를求ᄒ면셔自謂妻를將迎ᄒ깃노라흔디바이도氏가聲色을勵ᄒ야曰
汝가妻를迎ᄒ면我가汝를不能復用이니汝가見用ᄒ기를顧ᄒ면妻를不可迎
이니汝意如何오今霄一夜를篤考熟思ᄒ야明朝에余의게答ᄒ라秘書가還

ᄒ얏다가翌日에再來ᄒ야云ᄒ되決斷코初志를翻ᄒ기不能이라ᄒ고因ᄒ야
解任ᄒ기를請ᄒ거놀바이도氏가一議도不及ᄒ고直罷之ᄒ고結婚ᄒᆯ前에
前秘書를急히招ᄒ야婚後의幸福을視ᄒ고且一封書를交付ᄒ면셔戒ᄒ야曰
婚禮後이아니면汝가此書를披치勿ᄒ라秘書가謹受而歸ᄒ야婚後에怪而
披讀ᄒ니此是同少年秘書의斷而不引ᄒᄂ勇氣를稱ᄒᆫ者인ᄃ且五萬圓의
小切手로써添ᄒ지라少年의驚喜를可知러라

　바이도氏가旣往數年來慈善事業에投ᄒᆫ金額이年々平均五百萬圓에上ᄒ
엿다云ᄒ더라氏의遺産은槪其弟의게讓ᄒ고餘ᄂ公共事業에寄附ᄒᆷ이後者
뿐으로도約二千萬圓에及ᄒ더라其故鄕漢堡의別莊은漢堡市에寄附ᄒ고貴
重ᄒᆫ美術品은伯林의帝國博物館과倫敦의英國美術舘에寄贈ᄒ고南亞弗利
加의敎育과慈善과로爲ᄒ야寄贈ᄒᆷ이五百萬圓이오英國에<40>도同目的
으로써約二百萬圓을寄贈ᄒ고但其最大ᄒᆷ은喜望峯改羅縱貫鐵道及電信敷
設計畫中에一千二百萬圓을投ᄒᆫ者인ᄃ氏가其遺囑證書에寄贈의目的을自
敍ᄒ고曰亞弗利加의地에文明을扶植ᄒᆷ은鐵道電信等凡交通의要具를待ᄒ
지나萬里未墾之野에人의資本을放下ᄒᆷ을不可不期라故로余의微意가此를
獻ᄒ야其一端에資ᄒ기를願ᄒ노라ᄒ여스니喜望峯改羅縱貫鐵道ᄂ故시-
시루、로-즈氏의大志니바이도氏의此寄附ᄂ亞弗利加의開發에資ᄒᆯ뿐이
아니라又志를齊ᄒ고逝ᄒᆫ親友로-즈氏의志를助ᄒᆫ者라可謂ᄒᆯ지라凡此와
如ᄒ고富而不散ᄒ여스면金錢이亦丈夫의事됨을不失ᄒ지니라

談叢

啓發錄

　重約束ᄒ며殉公德ᄒᄂ念이國民의精神을司配ᄒᄂ間은其國이强盛

을不失ᄒᆞ다가此念이一去ᄒᆞ면其國이衰弱立到ᄒᆞᄂᆞ니人이生氣를一失ᄒᆞ면雖有神藥이나亦不可救와如ᄒᆞ니라今省韓國現狀이實爲如何오士ᄂᆞ信義爲何物인지不觧ᄒᆞ고民은公德이爲何物인지不知ᄒᆞ야擧世가利害窮通의役使ᄒᆞᄂᆞ바되니其心理를照燭ᄒᆞᆷ에亦可憫憐이라此虛僞精神을矯揉ᄒᆞ야士風을作興치아니ᄒᆞᆫ즉中興自强을何日能得이리오

羅馬勇士렝규라스

「自國의利益을爲ᄒᆞ야外國을欺ᄒᆞ다」ᄂᆞ語ᄂᆞ古來外交家의常誦ᄒᆞᄂᆞ바라雖然이나士의貴ᄒᆞᆫ所以ᄂᆞ自己의生命을輕히ᄒᆞ며自己의言責을重히ᄒᆞᆷ에在ᄒᆞ니昔時렝쥬지스가가루세-작에被囚ᄒᆞᆷ에가루세-지人이彼로ᄒᆞ야곰其古國羅馬에歸ᄒᆞ야和議를周旋케ᄒᆞᄂᆞ디其發<41>ᄒᆞᆷ에臨ᄒᆞ야彼의게强誓를要ᄒᆞ야曰汝若和議를調ᄒᆞ기不能ᄒᆞ면此邦에再還ᄒᆞ야幽囚身이될지니라렝쥬루스가快諾ᄒᆞ고去ᄒᆞ더니彼歸故國ᄒᆞ야羅馬政府를說ᄒᆞ야曰媾和가不利ᄒᆞ니가루세-지의要請ᄒᆞᄂᆞ바를斷々勿聽홀지라ᄒᆞ니和議가遂不成ᄒᆞᆫ지라於是에彼가루세-지에還코져ᄒᆞ더니羅馬議官高僧이彼의爲人을惜ᄒᆞ야抑留ᄒᆞ야曰汝가가루세-지에再還ᄒᆞᆷ이不可ᄒᆞ니前日汝의契約ᄒᆞᆫ바ᄂᆞ是가라세-지人이暴力으로强要ᄒᆞᆫ것이니何可株守리오렝규라스가昻然히答ᄒᆞ야曰「汝等이知名譽爲何物乎아神聖誓約을破毁ᄒᆞ고生命을비록貪ᄒᆞ나所得이果幾許오吾의道를吾惟可行이니苦痛酷刑이前途에橫在與否ᄂᆞ吾不欲問也라吾가不名譽行爲를行ᄒᆞ야良心의責罰를受ᄒᆞᆷ은酷刑을受ᄒᆞᄂᆞ苦痛에比ᄒᆞ면更覺苦痛이니予今也下賤가루세-지의奴隷而已로되一片稜々ᄒᆞᆫ羅馬魂이尙存이라一朝에誓를旣立ᄒᆞ니再歸就囚ᄒᆞᆷ이是吾職分이라其餘의事ᄂᆞ惟神知之오吾所不關이로라」ᄒᆞ고彼遂가루세-지에歸하야斬殺를彼ᄒᆞ니라孟子曰志士ᄂᆞ溝壑에在ᄒᆞᆷ을不忘ᄒᆞ고

勇士는其元을喪홈을不忘흔다ᄒ시니렝규라스가一言의信을守ᄒ야敵
人의手에委命ᄒ고悔치아니ᄒ니是所謂羅馬魂鬱勃者라吾儕每讀之에
憮然長嘆홈을不覺ᄒ노니噫라吾朝鮮魂은果何物也오

시-자-의 確信

人이困難을遭홈에意氣銷沈ᄒ고智力疲憊ᄒ야用되기難흔者十中八九
라終爲困難所捕로되若夫勇敢不動之士는人世에不可勝홀困難이無ᄒ다
ᄒ야每遭一難에意氣加振ᄒᄂ니시-자-航海中에在ᄒ야偶然히颶風을遇
ᄒ야船長覆沒者數次라船長水夫等이畏怖遑遽ᄒ<42>야不知所爲호되獨
시-자-가神色自若ᄒ야如步平地ᄒ야船中卑劫의態를見ᄒ고則起身大
喝曰「汝輩何懼乎아此船이是시-자-의坐乘흔바니吾身이此船에在흔間
에는雖百萬龍神이襲來라도시-자-를何能勝之리오棹를握ᄒ고起ᄒ야
懼치말라」狂風怒濤의中에此一語가滿船之人으로ᄒ야곰活躍케ᄒ야恐懼
가心에在홈을不知ᄒᄂ者갓타니盖確信所發之言과神勇所出之聲이電氣
를接觸홈과如ᄒ야使人不知不覺에感動이되게홈이라시-자-狀貌가如
婦人이로되方寸之中에此神祕的確信을藏ᄒ여스니其로-마의帝冠을着得
ᄒ고一時世界를振撼홈이宜ᄒ도다吾韓은卽亡國이라人心이皆萎縮ᄒ니
此時를當ᄒ야시-자와如흔者一人이有ᄒ야疾聲大呼曰吾在韓의間에는
汝輩勿懼ᄒ라中興을可矯足而待라ᄒ면自信自任ᄒᄂ如此之聲이將全
韓草木을蘇케홀지니라傍人이曰吾曾聞其聲이오未見其心이며見其心
이오未見其人이로라ᄒ니噫라

○鳥飼의 名人

日本의淸水榮吉의談, 三番叟를踊ᄒᆞᄂᆞᆫ鸚鵡

鳥類에言語를敎홈에ᄂᆞᆫ爲先其鳥에馴ᄒᆞᄂᆞᆫ것이第一인ᄃᆡ此人이안이면餌를不得ᄒᆞᄂᆞᆫ事를鳥의頭에侵入케ᄒᆞ야恰然히親子의關係를作ᄒᆞ야此人이안이요又此人의云ᄒᆞ난ᄃᆡ로不爲ᄒᆞ면食을不得홀줄로思ᄒᆞ야習慣을成ᄒᆞ면此間에言語로形容홀수無ᄒᆞᆫ愛情이兩者의間에出來ᄒᆞ야玆에비로소鳥난飼人의云ᄒᆞ난ᄃᆡ로形容도ᄒᆞ며又云ᄒᆞ난事를聽ᄒᆞ난것이니鳥의質에依ᄒᆞ야如何히敎ᄒᆞ여도能치못ᄒᆞ난것도有ᄒᆞ나自幼時로人에게飼ᄒᆞ던鳥인즉大槪簡單한言語에十이라던지二十이라던지난覺來<43>ᄒᆞᄂᆞ니余가一次言語를善히ᄒᆞ난鴉를置ᄒᆞ엿더니此鴉가鷄의鳴聲을形容홈에木物로思치안이홀者無ᄒᆞ고鶯의鳴聲을敎ᄒᆞᄂᆞᆫᄃᆡ亦人이鶯의聲을形容홈과如히ᄒᆞ야滋味가無ᄒᆞᆫ故로本物鶯으로ᄒᆞ여곰其鳴을敎케ᄒᆞ엿더니今에ᄂᆞᆫ本物鶯의音色을出ᄒᆞ난치라一次此鴉의鶯聲을聞ᄒᆞ고本物이라思ᄒᆞ엿ᄂᆞᆫᄃᆡ某人이余處에來ᄒᆞ야此鴉의鶯聲을聞ᄒᆞ고余에對ᄒᆞ야言ᄒᆞ되君處에好鶯이有ᄒᆞ니余에게賣ᄒᆞ라ᄒᆞ니其至此則言語로形容홀수無ᄒᆞᆫ樂이自在ᄒᆞ니라

鸚鵡라ᄒᆞ난鳥의怜悧홈은實로鳥類以上에在ᄒᆞᆫ지라余가一次置ᄒᆞ엿던鸚鵡난實로犬과猿의及홀바안인ᄃᆡ此鸚鵡ᄂᆞᆫ何事이던지一遍에覺ᄒᆞ야余의云ᄒᆞ난事ᄂᆞᆫ何이던지善히聽ᄒᆞᄂᆞᆫ지라後二年許에此鸚鵡에三番叟를踊ᄒᆞ난事를敎ᄒᆞ야全然히能ᄒᆞ엿ᄂᆞᆫᄃᆡ其三味綿과苗을持ᄒᆞ고舞臺에登ᄒᆞ야余의指敎ᄃᆡ로三味綿을彈ᄒᆞ며苗을吹ᄒᆞ며左右의翼을擴ᄒᆞ고「豊歲也豊歲」를歌ᄒᆞ면셔前後左右로舞回ᄒᆞᄂᆞᆫ貌樣은可憐ᄒᆞ다云홈보다는實로奇觀이라觀者가誰이던지驚ᄒᆞ며感치안이홀者無ᄒᆞ니余가神戸에在홀時에一次外國人에게示ᄒᆞ니其外國人이此를觀ᄒᆞ고非常히感心ᄒᆞ야期必코賣ᄒᆞ라ᄒᆞᄂᆞᆫᄃᆡ余도窮居ᄒᆞ난故로千圓이면放賣ᄒᆞ겟다ᄒᆞᆫ즉千圓은少ᄒᆞ니又五百圓을出ᄒᆞ겟다ᄒᆞ난故로千五百圓에賣ᄒᆞ얏난ᄃᆡ其時ᄂᆞᆫ余가子를別홈과如ᄒᆞ야今에도能忘치못

ᄒ노라其後로ᄂ余가此를味ᄒ야不少ᄒ金을出ᄒ고多數의鸚鵡를買ᄒ야盡心而敎之라도無一能者라余가此事로貧乏에至ᄒ얏ᄂ디人에도團十郞과攝津大椽의後에ᄂ繼者가出來치안이홈과同히鳥에도如此ᄒ名鳥난容易히得지못홀지니라<44>

從來余ᄂ家에五六種의動物은絶홀時가無ᄒ더니昨今兩年은針灸療治의本職에紛忙ᄒ야今에ᄂ猿一頭와九官一首만有ᄒᄃ디此猿도余의云ᄒᄂ事ᄂ一々聽之ᄒ야「에」라던지「실소이다라」던지對答을ᄒ고又九官도아직雛이나犬과猫의鳴을形容ᄒ며二十이란言은能ᄒ고朝餌를與ᄒᄃ디少遲ᄒ면「시댱ᄒ다배곱푸」다云ᄒ야催促ᄒ고余가「시쟝ᄒ야餌을주러」ᄒ즉「주십시오」라고對答ᄒ니實로可愛라ᄒ더라

陸克의自由談

陸克은英人이라一千六百三十二年에生ᄒ야一千七百四年에卒ᄒ니近時歐洲各國에自由의說를倡ᄒᄂ者가無慮百數로되陸氏가最著ᄒ지라今에其言을譯載ᄒ야써諸君子의閱覽ᄒ심을供ᄒᄂ이다

權理의最要ᄒ것이自由에莫踰ᄒ니人의斯世에立ᄒ所由ᄂ平等而已라然ᄒ나苟無自由면不能平等이니故로自由란것은平等權의由ᄒ야出ᄒᄂ바라重히아니홈이可乎아

昔에霍布士가言을有ᄒ야曰「野蠻의民이權도不知ᄒ며義도不知ᄒ고强이弱을凌ᄒ며衆이寡를暴ᄒ야惟利是圖ᄒᄂ니人世自然홀狀態가固如是也라」ᄒ니是則不然이라人世의眞狀態가人々이其性의自然을各率ᄒ야人으로交接홈에在ᄒ니吾人本性의自然이決코暴力으로써尚치아니ᄒ고自由로써尚홀지니人々이自由로써尚ᄒ면此平等의由ᄒ야出ᄒᄂ바니라

假令人與人相接ᄒᄂ際에各其暴功을奮ᄒ면所謂自由도無ᄒ며所謂平

等도無ᄒ고强者가其威福을獨擅ᄒᆷ에至ᄒᆯ지니人世自然의狀態가決不如
是라盖我도其自由를保守ᄒ고人도亦其自由를保守ᄒ면人我의間에平
等아니리<45>無ᄒᆯ지니此所謂自然의狀態니라

故로邦國을未建ᄒ며制度를未設ᄒᆫ以前에人世自然의交際와人世自然
의法律이固有ᄒ니所謂邦國의制度가正히此自然의法律自然의制度로由
ᄒ야出ᄒᆫ것이니라

霍布士又謂邦國未立ᄒᆫ以前에凡人의欲ᄒᄂ바ᄂ皆取之無禁ᄒ야其他를
不顧라ᄒ니夫邦國未立制度未設ᄒᆫ以前에凡土地畜産을人々得而有之ᄂ固
也라雖然이나吾有吾身에吾身을擧ᄒ야惟吾의所欲爲者ㅣ權이라吾身이
旣惟吾所欲爲則吾身의勞作이吾의自然權이오吾가吾勞作所得의物를取
ᄒᆷ이亦吾의自然權이라故로不論何人ᄒ고其人의勞作으로由ᄒ며或其人의
智巧로由ᄒ야得ᄒᆫ者ᄂ他人이侵ᄒ기不得ᄒᆷ은何故오勞作은我의勞作이오
他人의勞作이아니며智巧ᄂ我의智巧오他人의智巧가아닌故니라

夫我其勞作을施ᄒ며我其智巧를運ᄒ고我가獨享ᄒᆷ이此理最明ᄒᆫ지라
況我가所畜을私有코져ᄒ나我의故로以ᄒ야衆人으로乏絶케ᄒᆷ이아니라衆
人도亦其勞作을施ᄒ며亦其智巧를運ᄒ기綽々히餘地가有ᄒᆫ즉我의私有權
이衆人의權에少도害ᄒᆷ이無ᄒ니私畜ᄒᆷ이有何不可리오

且所謂先得之權은他人의下手ᄒ기前에我가獨得ᄒᆫ것이니此正所謂
勞作이니라他人에先ᄒ야得ᄒᆷ이悉皆辛苦中으로由ᄒ야來ᄒᄂ니哥崙布의
航海ᄒ야美洲에至ᄒ야其地를占ᄒᆷ과如ᄒᆷ이是也라豈惟是哉리오凡其力
을勞ᄒᆫ者ᄂ卽其勞가至微ᄒ나勞가有ᄒ면權이卽有ᄒ니一枝를折ᄒᆷ과一果
를取ᄒᆷ과如ᄒᆷ도亦未嘗不勞인故로其果가他人의게不歸ᄒ고我가先取ᄒ
야有ᄒ니所謂自然權이니라

故로凡於土地에勞作을施ᄒ야其地의所生을<46>得ᄒᆷ인皆折技取果의
類라且土地所生의物ᄲᆫ如是ᄒᆯ것이아니라卽土地를擧ᄒ야有ᄒᆷ도其理亦如
是ᄒᆫ지라我의力으로써播種ᄒ며我의力으로써耕耨ᄒ야石田이되며汗萊가

됨에至치아니케ᄒᆞᆫ것은皆吾의得ᄒᆞ야有ᄒᆞᆫ바인듸但土地로言ᄒᆞ면限界가無
치아니ᄒᆞ니라

今에一地가有ᄒᆞ니或煙草를植ᄒᆞ며或蔗를蒔ᄒᆞ며或麥을種ᄒᆞ야其地가
幾無空處ᄒᆞ고又一地가有ᄒᆞ니其廣狹이此로相等호되播種의功을不施ᄒᆞ
면兩者의間에其價値의高下가爲如何耶아是로由ᄒᆞ야觀ᄒᆞ건딘土地가物
를生ᄒᆞ고若干의價値가相當ᄒᆞᆫ것은悉皆勞作으로由흠인주를知홀지니라

萬一耕地의所出에就ᄒᆞ야其十分의九를目ᄒᆞ야勞作의力으로由ᄒᆞ얏다
謂ᄒᆞ여도其計筭이猶未得爲當이니라

土地의未墾ᄒᆞᆫ者ᄂᆞᆫ一無可貴ᄒᆞ고其可貴ᄒᆞᆫ者ᄂᆞᆫ人力을旣施ᄒᆞᆫ後에在ᄒᆞ
니故로萬一無主ᄒᆞᆫ地가有흠을我가開墾ᄒᆞ며播種ᄒᆞ며耕耨ᄒᆞ엿스면此地가
我의有됨이亦理에當然ᄒᆞᆫ바니라

陸克의意가盖謂吾人이所畜을私有코져홀진딘要款二項이有ᄒᆞ야不守흠
이不可ᄒᆞ니一은其所有者를保護ᄒᆞ며利用ᄒᆞ야暴殄치아니홀지니故로人이
萬一果를取ᄒᆞ야盡食ᄒᆞ기不能ᄒᆞ야以至敗壞면猶是人의所有를據ᄒᆞ야奪흠
이오又人이有ᄒᆞ야土地를占有ᄒᆞ고絶不耕耨ᄒᆞ야其荒蕪흠을聽ᄒᆞ거나或收
穫ᄒᆞᄂᆞᆫ바有ᄒᆞ고其紅腐흠을聽흠이亦他人의所有를奪흠으로無異ᄒᆞ니何則
고此地를我若不占이면他人이其勞作을施ᄒᆞ야써自利흠을得홀니故로土
地의荒蕪ᄒᆞᆫ것은비록人의樊籬中에在ᄒᆞ나其人이耕耨를苟不施ᄒᆞ면我가
取흠을亦得홀지라故로若其物이極多ᄒᆞ야限量이無ᄒᆞᆫ者ᄂᆞᆫ我가暴殄
<47>ᄒᆞ야도他人이其異議를容홀바固無ᄒᆞ니海水와如흠이是也오若其
物이苟有限量이면其物를有ᄒᆞᆫ者가其勞作을施ᄒᆞ야其物를利用치아니
ᄒᆞ면其權을長保키不能이니土地及一切貨物의類와如흠이是也라其第
二要款은我의私有로以ᄒᆞ야遂使衆人으로乏絶케아니홈이是也니陸氏之言
에曰吾가大河에셔飮ᄒᆞ야도其水가少減이無ᄒᆞ고衆人이仍取ᄒᆞ야도竭치아
니ᄒᆞ니我가衆人의게固爲無害라ᄒᆞ니此言이誠當이라但土地則一定ᄒᆞᆫ限量

이有호야河水의無盡藏과不如호니陸氏가土地로河流에比홈은謬戾홈을不
免홈이로다然이나所謂勞作은一物로호야고其形狀을改變호야써世에有益
케홈에不過홀而已오其物의本質에至호야는變更홈이有치아님이라故로土
地의耕耨所得을吾가固有홈을得호나土地까지擧欲有之면制限이無키不能
혼者는勢也라苟其有權을限制호야衆人으로其勞作의所得을享케코져홀진
딘其道가將何由홀는지此是天下一大問題인딘能決혼者가未有혼지라於是
乎財産共有의說이起호니此則不獨土地而已也니라(未完)

前農商工部次官劉猛氏의逸話

中央政府의官制는郡衙의人數가郡主事以下大槪八人에不過호는디因
襲의久弊로何處의郡衙에던지多則四五十人이요少不下三十人의無事徒
食之輩가在호니如此之輩는元來定혼俸給으로衣食호는者안인즉上을誣
호며下를虐홈에各種日實을設호야良民의膏血을絞호야自己의所欲디로自
己의口腸을肥호는디此等의弊를矯호랴고預爲期待호엿던劉猛氏<48>가
某郡守되여실時에赴任卽日에勿勿히四十餘人의下人輩를放逐호야爲先第
一官衙의大肅淸을斷行홈에雖捷敏혼下人이라도度膽을被奪호야二言을
更出치못호엿다호니聽之에不勝擊節而嘆美호노라

郡守의大都演說에라호면不問可知十當八九는是俳日演說인디此郡守
의演說은志趣가自異호야其趣味가津々혼지라今에其要領을搔摘호야記호
건디勸業敎育衛生은勿論外人를對호여는交際上多大의注意를要홀必要
가有홀뿐안이라當히便宜을得호야國交의圓滑을謨홀지니外人排斥이라던
지鎖港攘夷라던지騷言호야忠臣義士로自處호는人이수룩國家의亂臣賊
子라호니此一語千金의妙味는一喝에迂儒의膽을寒케호고更히語를轉호
여曰規則以外의租稅는決코取치안이홀것이요又決코納지안이홀것이니汝

等이若奸吏의誅求를甘容ᄒ면實로國家의大患이라云ᄒ되怡然히慈母가
赤子를說喩홈과如히ᄒ야一言一句가皆肝膽으로出ᄒᄂ지라大小人民이莫
不敬服ᄒ여或者ᄂ堯舜之治라稱ᄒ며或者ᄂ周公之德이라頌ᄒ니此郡守
의鼻ᄂ一時에히말나야山보다高ᄒ엿것다로라

　某日에何許屠殺人이此ᄂ慣例이오니伏願納受라ᄒ며셔若干의黃白을
贈ᄒ거ᄂᆯ此郡守가大喝而斥之ᄒ니自此以後에ᄂ郡內에一般贈賄의弊가
頓止ᄒ엿다더라

美人談義

　歐洲의美人系라云ᄒ면先土耳其,羅馬尼亞,高加索이오次ᄂ伊太利,墺太
利,匈牙利인디盖土耳其,羅馬尼亞,高加索에何故로美人의産出이多ᄒ뇨東
洋과西洋의界에國ᄒ故로東西兩洋의所長을備ᄒ야其婦人의美가殆乎完
<49>全에近ᄒ다ᄒᄂ니라

　메리-루이로始ᄒ야歷史有名ᄒ美人은佛蘭西,伊太利,墺太利에多ᄒ니
嘗巴里의有名ᄒ寫眞師가世界第一美人될資格을定ᄒ야懸賞을行ᄒ던時
에伊太利자유-링府의音樂家의娘마지루다가當選ᄒ야歐洲第一의名을博
ᄒ엿ᄂ니라

　其後近世々界第一의美人이라稱홈은佛國즈로-메의보-루와우위구니
에-가有ᄒ니彼女의嬌名이歐米를鳴ᄒᄂ지라見ᄒ려ᄂ戀이憧々ᄒ銀鞍白
馬의貴公子오보-루를ᄒ기爲ᄒ야身을裏ᄒ富豪의子弟도不少ᄒ고又當時
의詩家文人은必也보-루를集中의一題로ᄒ여야其詩文이人의게見讀홈이
多ᄒ엿다云ᄒ더라

　此와如ᄒ美人이有홈으로一度戶外에出ᄒ면數多ᄒ民衆이先後를爭ᄒ
야보-루의艶容을見ᄒᄂ故로大騷動을惹起홈이有홈에至ᄒᄂ지라於是市

會가決議를고보-루外出홀時는必覆面ᄒ라命ᄒ엿더니市民이市會의決議를反抗ᄒ는지라보-루도行홀術이窮ᄒ더니結局市會가覆面의命令을取消ᄒ고更一週間에二回其家의窓에立호되每回一時間을限ᄒ고民衆의게面을見케ᄒ기로보-루를命ᄒ니라尤道德美人은極稀ᄒ야何時라도無有라佛蘭西,伊太利,墺太利의婦人은化裝術이巧ᄒ야人工的의美人이多ᄒ고天成의美人에至ᄒ야는土耳其,羅馬尼亞,高加索에到底不及ᄒ고英國美人은艶麗婀娜흔容姿에乏ᄒ나氣韻이具ᄒ고米國,匈牙利等에는美人은可ᄒ나人種이錯綜ᄒ야其國固有의美人을認ᄒ기苦ᄒ니라

三十二相은日本美人의最上資格인ᄃ歐洲美人은如何흔것을最上의容色이라ᄒ는지不知<50>ᄒ거니와或雜誌에歐洲美人의廾七相이라書홈이有ᄒ니皮膚,齒,眼의三은白ᄒ고眸子,睫毛의二는黑ᄒ고唇,頰,爪의三은紅ᄒ고口,鼻,頭의三은小ᄒ고頭髮,手,體長의三은長ᄒ고耳,足,齒의三은短ᄒ고指,唇,頭髮의三은狹ᄒ으로上乘이라ᄒ니是는東洋의三十二相과同흔資格이完備흔美人은恐컨ᄃ無有홈이러라

美人이란것은天成的資格ᄲᆫ不啻라人工的資格도必要ᄒ니髮의結方과服裝과化裝法과如흔所謂時代의風俗이婦人의美를一層發揮ᄒᄂᆫ者有흔지라所謂天授의資格은東洋과西洋에恐컨ᄃ一이나有홈으로思ᄒ노라

內報

政變記事 −起七月十三日止廾七日−

○海牙事件　七月十三日海牙萬國平和會議에李相卨李儁李瑋鍾三人이密行參列코져ᄒ다가拒絶을當ᄒ고李儁氏가自殺ᄒ얏다더라

○代理詔勅　十八日에　大皇帝陛께ᄋᆸ셔軍國大政을皇太子ᄭ셔로代理ᄒ

랍신詔勅을下ᄒ시다

　　詔曰嗚呼라朕이
　　列祖丕基를嗣守ᄒ야于今四十有四載라屢經多難에治不徯志ᄒ야進庸
　　이或非其人에騷訛日甚ᄒ고施措가多乘時宜ᄒ야艱虞方急ᄒ니民命之困
　　瘁와國步之岌業이未有甚於此時ᄒ야慓慓危懼에若涉淵氷이라幸賴元良
　　이德器가天成ᄒ고令譽가夙彰ᄒ야問寢視膳之暇에裨益弘多ᄒ고施政改
　　善之方은付托有人이라朕이窃惟倦勤禪은自有歷代已行之例ᄒ고亦粤我
　　先王朝盛禮도正宜紹述이나朕이今玆軍國大事를令皇太子로代理ᄒ노
　　니儀節은令宮內府⟨51⟩掌禮院으로磨鍊擧行ᄒ라
　　　　　　　　　　　　　　　　　　　　　　　　光武十一年七月十八日

○東宮疏批　十九日 皇太子殿下太씨ᄋ셔代理ᄒ라신 詔勅을奉承ᄒ신
後萬難奉承ᄒᆯ意로率百官庭請ᄒᆸ시고上疏를奉呈ᄒᆸ셧ᄂᄃ如左ᄒ신批
旨를下ᄒ셧다라더

　　省疏具悉爾懇今此曠典이寔述我列聖故事而迨此岌業之際維持大局鞏
　　固宗祊垂基無疆實汝爲孝之道其於巽讓美飾今不暇論爾其深諒勿復煩請
　　　　　　　　　　　　　　　　　　　　　　　　　　　　　　再次

　　省疏具悉爾懇孝莫先於順志義莫大於濟艱已有心腹之喩宜其體諒而又
　　此申複於孝於義未知其宜萬無聽施之理更勿煩提

○人民激昂　京城內一般人民等이代理事件에對ᄒ야疑懼를懷ᄒ야漸益
激昂ᄒ야多數人民이大漢門前에會集ᄒ야演說ᄒ다가日兵日巡查의沮遏
를被ᄒ고表勳院에數千名以上人民이會集ᄒ야慷慨ᄒ演說도開ᄒ며悲憤
ᄒ淚를灑ᄒᄂᄃ城內外各坊曲支所巡檢은一齊撤去ᄒ야皇宮警衛에盡力
ᄒ고京城各市廛은一齊撤廢ᄒ얏더라

○**砲火相交** 日巡査憲兵이鍾路에會集ᄒᆞᆫ人民을解散ᄒᆞᄂᆞᆫ同時에韓國兵丁數名이突出ᄒᆞ야砲火相交ᄒᆞ얏ᄂᆞᆫᄃᆡ人民이逃走ᄒᆞ다가銃丸에致死ᄒᆞᆫ者十餘名이오負傷者ᄂᆞᆫ不知其數라더라

○**彈丸沒收** 去十八日軍部大臣命令으로各隊兵丁의彈丸을收入ᄒᆞ고幾間式만餘在ᄒᆞ얏더니兵丁이突出ᄒᆞ야日巡査와接戰ᄒᆞᆫ後에該彈丸을沒數收入ᄒᆞ얏다더라

○**太皇帝尊奉詔勅** 皇太子殿下ᄭᅴ옵셔代理ᄒᆞ신후 詔勅을下ᄒᆞ옵셔曰旣承大朝處分矣太皇帝尊奉儀節令宮內府掌禮院設都監<52>擧行ᄒᆞ라ᄒᆞ옵셔더라

○**下詔告諭** 詔曰咨爾大小臣民은明聽朕詔ᄒᆞ라朕이

大朝의明命을敬承ᄒᆞ야庶政을代理ᄒᆞᆫ지라値此維新之時ᄒᆞ야國是를不定ᄒᆞ고時勢를誤解ᄒᆞ면毫厘의差에忠逆이判焉ᄒᆞᆯᄲᆞᆫ더러貽害宗國이亦不尋常ᄒᆞ나니寧不可愼哉아挽近以來로或稱憤慨ᄒᆞ고或藉忠義ᄒᆞ야處々騷訛가在々駭聽이거늘屢降 勅諭ᄒᆞ샤敷示衷曲ᄒᆞ시되頑不止戢ᄒᆞ고一向執迷ᄒᆞ니不勝憫惻이라嗟爾有衆은鎖國獨處ᄒᆞᄃᆞᆫ舊習은膠守치勿ᄒᆞ고考其天時ᄒᆞ고稽其人事ᄒᆞ야宇內萬國時措之義를適合케ᄒᆞ야中興鴻業을肇開케ᄒᆞᆯ지니爾有衆은朕이아니면誰를事ᄒᆞ며朕이爾有衆아니면誰를使ᄒᆞ리오爾有衆은完此國是ᄒᆞ고職次道理ᄒᆞ야更勿妄動ᄒᆞ고其各安業ᄒᆞ야繼自今으로朝廷之上에ᄂᆞᆫ便民利國之政을實行ᄒᆞ고閭巷之間에ᄂᆞᆫ殖産興業敎育之事를硏究ᄒᆞ야我赤子로共濟文明之域永享升平之福ᄒᆞᆯ지니咨爾有衆은克體朕意ᄒᆞ야協贊大業ᄒᆞᆯ지어다嗟爾有衆아

○**諸氏被拿** 二十二日宮內府大臣朴泳孝待從院卿李道宰前弘文館學士南廷哲三氏가今番大典에偃然不參이라ᄒᆞ야被拿되고陸軍叅領李甲□領魚潭叅領張桂林氏等도被提되엿더라

○**日韓新協約** 總理大臣以下各大臣과日本長谷用軍司令官과日外務大臣林董氏가統監邸에會同ᄒᆞ야日韓新協約을調印ᄒᆞ얏ᄂᆞᆫᄃᆡ其要領이如

左ᄒᆞ니라

一、韓國政府ᄂᆞᆫ施政改善에關ᄒᆞ야統監의指導를受ᄒᆞᆯ事
二、韓國政府의法令의制定及重要ᄒᆞᆫ行政上의處分은預히統監의承認
　　을經ᄒᆞᆯ事〈53〉
三、韓國의司法事務ᄂᆞᆫ普通行政事務와區別ᄒᆞᆯ事
四、韓國官吏의任免은統監의同義로써此를行ᄒᆞᆯ事
五、韓國政府ᄂᆞᆫ統監의推薦ᄒᆞᆫ日本人을韓國官吏에任命ᄒᆞᆯ事
六、韓國政府ᄂᆞᆫ統監의同義업시外國人을傭聘치못ᄒᆞᆯ事
七、明治三十七年八月卄二日調印ᄒᆞᆫ韓日協約第壹項을廢止ᄒᆞᆯ事

第一項廢止件大韓政府ᄂᆞᆫ大日本政府가推薦ᄒᆞᆫ바日本人一名을財政顧
問으로ᄒᆞ야大韓政府에備聘ᄒᆞ야財政에關ᄒᆞᆫ事項은一切其意見을詢ᄒᆞ야
施行ᄒᆞᆯ事

右爲證據홈으로下名을各本國政府에셔相當ᄒᆞᆫ委任을受ᄒᆞ야本協約에
記名調印홈이라

光武十一年七月二十四日

內閣總理大臣 李完用印

統監 侯爵 伊藤博文印

○**年號改定**　八月二日年號를隆熙라改元ᄒᆞ고內部에셔十三道에發訓ᄒᆞ
얏다더라

○**軍隊解散詔勅**　同日 詔曰朕이惟컨디國事多艱ᄒᆞᆫ時를値ᄒᆞ야極히冗
費를節略ᄒᆞ야利用厚生之業에應用홈이今日의急務라竊惟我現在軍隊ᄂᆞᆫ
備兵으로組成ᄒᆞᆫ故로未足爲上下一致國家完全之防衛일시朕은從今軍制
刷新을圖ᄒᆞ야士官養成에專力ᄒᆞ고他日徵兵法을發布ᄒᆞ야鞏固ᄒᆞᆫ兵力을
具備코져홈으로朕이兹에有司를命ᄒᆞ야皇室侍衛에必要ᄒᆞᆫ者를選置ᄒᆞ고其
他ᄂᆞᆫ一時解隊케ᄒᆞ노라朕은汝等將卒의宿積之勞를顧念ᄒᆞ야特히隨其階
級ᄒᆞ야恩金을頒與ᄒᆞ노니汝等將校下士ᄂᆞᆫ克體朕意ᄒᆞ야各就其業ᄒᆞ야無

懲흉을期ᄒ라

○**韓日兵衝突**　二日侍衛第一聯隊第一大隊<54>々長朴星煥氏가解隊事件에對ᄒ야不勝忿憤ᄒ야自刎而死ᄒ니其部下兵士가擧皆憤激ᄒ야遂至擧兵이라第二聯隊第一大隊도呼應相合ᄒ야南大門外日本兵舍를襲擊코져ᄒᄂᆫ디日兵이應戰ᄒ야兩隊兵營이日兵의占領홈이되고侍衛一隊에셔脫營ᄒᆫ兵卒一小隊가南門外에出ᄒ야日本兵丁及巡查로約半時間交戰ᄒ엿ᄂᆫ디兩便의死傷이甚多ᄒ고韓兵이更起ᄒ야日兵을攻ᄒ려ᄒᄂᆫ디日兵이應戰ᄒ야機關砲를使用홈이城內城外에砲聲이震動ᄒ더라

○**地方通信**　三日江原道地方에셔決死隊二百名이各持銃釖ᄒ고分派所를襲擊ᄒ고竹山郡에韓兵四十名이集合ᄒ야各處暴徒로相應ᄒᆫ다ᄒ며六日原州에셔人民數百名이會集ᄒ야日木守備隊二小隊兵으로約二時間交戰ᄒ야郵便取扱所를打破ᄒ고同日忠州郡에셔義兵數百名이郵便取扱所를打破ᄒ고數時間을交戰ᄒ얏고其他江陵榮川堤川春川通津平昌驪州清風端川江華等地에셔暴徒가處々蜂起ᄒᆫ다더라

○**皇太子冊封**　七日詔曰英王垠爲皇太子冊封儀節令宮內府掌禮院照禮擧行ᄒ라ᄒ압셧다더라

○**尊號議定**　十二日 太皇帝尊號를壽康二字로尊奉都監에셔議定奉上ᄒ엿다더라

○**早婚禁令** -八月十六日-

詔曰人生三十而有室과二十而嫁ᄂᆫ古昔三代盛法이거ᄂᆞᆯ挽近早婚의弊가國民의病源이莫甚ᄒᆫ故로年前禁令이有ᄒ되迄未實施ᄒ니豈非有司之過리오今에維新之秋를當ᄒ야風俗을改良홈이最是急務라不容不參古酌今ᄒ야男年滿十七女年滿十五以上으로始許嫁娶ᄒ야懍遵無違ᄒ라<55>

○**斷髮詔勅** -仝日-

詔曰朕이將施政改善ᄒ야一世에維新을圖홀진디必自朕躬으로始홀지

라當於卽位에斷髮戎裝ᄒᆞ리니臣民은知悉ᄒᆞ야克遵朕意ᄒᆞ라

○二會解散 -二十二日-

同友會及自强會에對ᄒᆞ야警視總監丸山重俊氏가一昨午前에二會의會長을警務廳으로呼出ᄒᆞ야左와如ᄒᆞᆫ解散을命ᄒᆞ얏다더라

　　通牒
　　本會ᄂᆞᆫ安寧秩序에妨害가有ᄒᆞ기로保安法第一條에依ᄒᆞ야內部大臣의命令으로解散을命ᄒᆞᆷ

　　　　　　　　　　　　　　八月十八日
　　　　　　　　　　　　　　警視總監丸山重俊

○自强會의解散通告書

大韓自强會에셔今番解散ᄒᆞᄂᆞᆫ事에對ᄒᆞ야各支會에通告ᄒᆞᆫ全文이如左ᄒᆞ니

　　通告書
　　內部大臣은本會의存在로써國家의安寧秩序에妨害가有ᄒᆞᆫ者라ᄒᆞ야保安法第一條에依ᄒᆞ야本會의解散을命令ᄒᆞ야昨日下午五點鍾半警視總監으로ᄒᆞ야곰此를本會에傳達케ᄒᆞ니夫本會ᄂᆞᆫ人種의自由를尊重ᄒᆞᄂᆞᆫ同時에國家의安寧秩序를尊重ᄒᆞ야古來未曾有의國運을逢着ᄒᆞ야民擾騷訛의今日를當ᄒᆞ야節制를能守ᄒᆞ야愼重ᄒᆞᆫ態度를益勉ᄒᆞ야一人의犯法觸罪ᄒᆞᆫ者無ᄒᆞᆷ은世人의認ᄒᆞᄂᆞᆫ바라然ᄒᆞ나內部大臣이이의安寧秩序에妨害가有ᄒᆞ다ᄒᆞ야解散을命令ᄒᆞᆫ以上은國民의義務로其命令을不可不服從이니若地方會員에셔其不當命令됨을鳴ᄒᆞ며又國家非常ᄒᆞᆫ境遇됨을論ᄒᆞ야或命令을不服ᄒᆞ야騷擾를釀ᄒᆞᆷ과如ᄒᆞᆫ事가有ᄒᆞ면도리여內部大臣의게先見之名이되게ᄒᆞ야益益民論〈56〉制을壓ᄒᆞᆯ口實를供給ᄒᆞᄂᆞᆫ者인즉此際에能히沉着ᄒᆞ야命令을服從ᄒᆞ야一陽來復의時機를待ᄒᆞᆯ치라盖敎育을振作ᄒᆞ며

産業을獎勵ᄒᆞ야祖國의精神을發揮홈으로써貫ᄒᆞ야我國前途의支柱됨을
期홀者ᄂᆞᆫ惟有本會而已而今日乃無ᄒᆞ니嗚呼本會ᄂᆞᆫ其形體雖失이나其精
神은乃國前途로爲ᄒᆞ야永遠히保存홀지니라

○ **地方紛擾(二十一日)**　淸風郡에屯聚ᄒᆞ얏던暴徒ᄂᆞᆫ本月十四日移屯堤
川ᄒᆞ고原州隊解散三四百名은合堤川ᄒᆞ고忠州泉浦等地에屯聚ᄒᆞ얏든二百
餘名은十四日陰城無杜場墟로移集ᄒᆞ얏고十四日義徒七十餘名이各持銃劍
ᄒᆞ고自堤川郡으로來到丹陽ᄒᆞ얏다忠北警務官이內部에報告가有ᄒᆞ고

忠州守備隊六名이自呂州長湖歸路에暴徒가襲擊ᄒᆞ야卜馬三匹은奪取
ᄒᆞ고馬夫一名은被害ᄒᆞ고長湖院南約一里間에電柱二十餘箇가折倒ᄒᆞ얏
고平昌에在흔約三百名이十六日朝에向寧越ᄒᆞ고又十二日頃平昌에來到
흔約三百名韓兵이分二道ᄒᆞ야一向酒泉ᄒᆞ고一向寧越ᄒᆞ얏ᄂᆞᆫ디其根據ᄂᆞᆫ
道欺里以南寧越堤川附近에在ᄒᆞ다고各有電報ᄒᆞ고

忠州郡長湖院地方에暴徒約二百名이本月十日日人에게相關된韓人屋
을襲擊ᄒᆞ야財物를奪取ᄒᆞ고陰城郡黃金山金鑛役夫를集合ᄒᆞ야同地를襲
擊ᄒᆞ얏다日人의報告가有ᄒᆞ고

二十二日　十九日暴徒數百名이坡州一山驛鐵道停車場을來襲ᄒᆞᄂᆞᆫ디長
湖院等地에셔電信工夫二名이被害ᄒᆞ고十五日楊根郡에셔百餘名이分派
所郵便所取扱所를襲擊ᄒᆞᄂᆞᆫ디日人이知機逃走라暴徒가北方十里許龍門
山에入據ᄒᆞ야傳布檄文ᄒᆞ며募集徒黨ᄒᆞ고洪川那十四日七八十名이武器
를携帶ᄒᆞ고該郡에到<57>着ᄒᆞ야日人의家屋을破壞ᄒᆞ니日人이內三浦로
逃走ᄒᆞ고麟蹄暴徒가楊根暴徒과로合勢ᄒᆞ야徒黨을聚集ᄒᆞᄂᆞᆫ디該地山砲
가聞風來赴ᄒᆞ야形勢益壯이라忠州로向ᄒᆞᄂᆞᆫ日人二名이被殺ᄒᆞ고副理事
官의貨物約二千圓을見奪ᄒᆞ얏다地方의來信이有ᄒᆞ고

麻田竹山兩郡々守가暴徒의게被殺ᄒᆞ얏다ᄂᆞᆫ說이有ᄒᆞ고本月十九日百
餘名이砥平郡衙에突入ᄒᆞ야郡守金泰植이가日兵을宰片接待홈으로郡守

를捕縛ᄒ야市街에셔砲殺ᄒ얏다더라

李氏의遺告林公使書

陸軍㕘領李東暉氏가本月十三日警視聽에被逮ᄒ얏ᄂᆞ니氏가光武九年中日本公使林權助氏의게遺告ᄒᆞᆫ書其全文이如左ᄒ니

貴我修交以來로兩國의休戚에關ᄒ야未嘗協和妥好ᄒ야敦睦을務ᄒᆞᆫ치라

我韓이列强의間에介在ᄒ야自力으로써立ᄒ기難ᄒ야唇齒輔車의勢로貴邦에依賴ᄒᆞᆫ者多ᄒᆞᆫ지라曩之日淸戰爭은我扶植의基라謂ᄒ고日露의爭은我發展의機라謂ᄒ야於是에擧國一致로貴政府의一視同仁의情을望ᄒ더니其後局勢大變ᄒ야前所謂扶植이란者ᄂᆞᆫ侵畧의策이되고一視同仁云者ᄂᆞᆫ弱肉强食의態된지라自是로輿論이一變ᄒ고友誼가漸疎ᄒᆞᆷ은貴公의諒曾ᄒᆞᆫ바也라

今回新條約이란것은其意의所在를不知ᄒᆞᆯ지라凡條約이란것은利益의交換과意思의自由로써本質이라ᄒ고平等으로써締結의方式이라ᄒᆞᄂᆞ니今回의協約은果爲如斯成立者乎아當日의事ᄂᆞᆫ不問ᄒ고是果我君臣上下의所容者乎아是로由ᄒ야輿論이再變ᄒ야友誼가益衰ᄒᆞᆷ에至ᄒ니라<58>

亂臣賊子가國家를亟誤ᄒ니邦刑으로써罪를正ᄒᆞᆯ지나是로因ᄒ야修好를害ᄒᆞᆯ가恐ᄒ야誅를加치못ᄒ니是로由ᄒ야輿論이三變ᄒ야國交가將絶ᄒ니라

彼賊輩를時日의間에生存케ᄒ면我宗社를覆ᄒᆞᆯ뿐아니라其害가東亞의一局에及ᄒ깃기로써其首를斷ᄒ야禍를未萌에防ᄒᆞᆯ지라ᄒ노라貴邦의對韓策을試問ᄒ면必曰韓은自力으로써立ᄒ며自强으로써進ᄒ기不能이라凡我所爲ᄂᆞᆫ自衛上已ᄒᆞᆷ을不得ᄒᆞᆷ에出ᄒᆞᆷ이라ᄒ리니或然ᄒᆞᆯ듯ᄒ나我韓으로觀ᄒ면其自衛ᄂᆞᆫ是我國權을害ᄒᆞᄂᆞᆫ것이라

貴公使嘗曰韓은日本을信賴치아니ᄒᆫ다ᄒ니固然이라엇지自國權을喪ᄒ고强ᄒ야他를信賴ᄒᆞᆯ者有ᄒ리오

數年以來로兩國의間에常生葛藤ᄒ야外七分은雖有交好나三分仇敵으로視ᄒᄂ지라

貴邦은東亞의先進邦國이라責任의所在가果如何오小를營ᄒ고大를失치勿ᄒ며自厚ᄒ고他를薄치勿ᄒ고公明正大一視同仁의情으로써我를扶植ᄒ며我를維持ᄒ야人道를尊ᄒ고友誼를重ᄒ야써兩全의策을保ᄒᄂ事를希望ᄒ노라

○三氏放送(二十三日) 平理院에서法部訓令을據ᄒ야笞八十에宣告ᄒ朴泳孝李道宰南廷哲三氏를執刑放送ᄒ얏더니綠何事故인지朴泳孝氏가席還第홈에不暇煖ᄒ야警廳에셔還又招去ᄒ얏다더라

○三氏無罪放免(二十五日) 陸軍法院에被囚ᄒ얏던李甲、李熙斗、魚潭三氏가昨日無罪放免되얏더라

大內斷髮

二十七日 太皇帝陛下와皇帝陛下皇太子殿<59>下겟업셔昨日上午十二時에一體斷髮ᄒ옵셧다더라

卽位行禮

仝日 本日巽時에大皇帝陛下겟압셔卽位禮式을惇德殿이셔行ᄒ시ᄂ디親勅奏任官이進參賀禮ᄒ되外國官吏ᄂ殿이狹窄홈으로奏任三等以上만參與ᄒ다더라

○內訓各地方(仝日) 向日內部에셔斷髮詔勅을奉承ᄒ야留案ᄒ엇다가昨日에漢城府와各觀察道에發訓ᄒ야 大皇帝陛下의聖詔를懇激曉飭ᄒ야克遵仰體케ᄒ라ᄒ얏다더라

○ **暴徒益熾(同日)** 廣州郡에暴徒約四百名이二十四日에該郡日進會支部를燒火ᄒᆞ고首領南大熙가自己家舍를自燒ᄒᆞ야決死心을發現ᄒᆞ얏다ᄒᆞ며陽智郡方面에셔日兵이相鬪ᄒᆞ다가避走ᄒᆞ얏다고該郡에셔電報가各有ᄒᆞ다더라

堤川方面으로셔二十四日約二百名이忠州에在ᄒᆞᆫ日兵을猛烈히襲擊ᄒᆞ고漢江을涉ᄒᆞ야京城街道로退軍ᄒᆞ고午後二時頃에約二百名이淸風方面을襲擊ᄒᆞ야日兵으로相拒戰ᄒᆞᆫ約二時頃에日兵이多數被傷ᄒᆞ얏다ᄒᆞ고其他堤川鐵原、麟蹄、楊口、新昌、盈德、蔚珍、平海等地에處々蜂起ᄒᆞ으로該等地에在ᄒᆞᆫ郵便取扱所日人과居留日人等이紛々逃避ᄒᆞ다더라

又日前忠州方面에日本騎兵隊가來着ᄒᆞ에山砲一隊가火繩銃을持ᄒᆞ고茂林中에셔突出ᄒᆞ야一時射擊중에日騎兵이倒盡無餘라ᄒᆞ며利川方而에셔暴徒가日兵으로交鋒ᄒᆞᄂᆞᆫ디山砲의銃에死傷이衆多ᄒᆞ야日兵이敗走라가村閭에放火ᄒᆞ야該地北面一部ᄂᆞᆫ燒蕩無餘라고東來人의傳設이有ᄒᆞ더라<60>

外報

淸國新報의韓國事變

此次我韓의事變에對ᄒᆞ야支那中外日報及申報에外援을依賴ᄒᆞᄂᆞᆫ非를鳴ᄒᆞ야殷鑑의不遠을主唱ᄒᆞ엿스니淸國人의立場으로ᄂᆞᆫ固宜如此어니와我韓에在ᄒᆞ야其感情이又當如何耶아玆에其所言을譯載ᄒᆞ노라中外日報ᄂᆞᆫ其社說欄에云ᄒᆞ되

今也韓皇이海牙會議에委員을私派ᄒᆞ야日本을訴ᄒᆞᆫ事洩ᄒᆞ야遂迫讓位
ᄒᆞ니記者ᄂᆞᆫ三韓을爲ᄒᆞ야亡國을悲ᄒᆞ기不暇ᄒᆞ고我政府에對ᄒᆞ야此亡國
의事情에鑑ᄒᆞ기를不得不望ᄒᆞ노라夫韓國의亡ᄒᆞᆷ은黨爭에亡ᄒᆞ고黨爭의
端은外人을依賴ᄒᆞᆷ에起ᄒᆞ니大院君은守舊黨의領袖로專혀淸國에依賴ᄒᆞᆷ
으로以爲主義ᄒᆞ고閔妃ᄂᆞᆫ開化黨의領袖로專혀露國에依賴ᄒᆞᆷ으로以爲主
義라所以朝局이水火에內訌이不止ᄒᆞ야初焉甲申의變을釀ᄒᆞ고繼之甲午
의變을釀ᄒᆞ고終也日俄戰局이定ᄒᆞᆫ後에至ᄒᆞ야三韓이遂墟ᄒᆞ니嗚呼라內
訌과依外의足以亡國이如此其速ᄒᆞ니我淸國政府ᄂᆞᆫ觀之可不懼乎아今也
淸國은滿漢이交鬨ᄒᆞ야門內鬩墻ᄒᆞ니內訌이極ᄒᆞᆷ에外援을必乞이라外援
이一至ᄒᆞ면其何黨에左袒ᄒᆞᆷ을不問ᄒᆞ고卽因利乘便ᄒᆞ야引狼人室은是韓
國의事情에鑑ᄒᆞᆷ에可知ᄒᆞᆯ지오彼等이外交의上에至ᄒᆞ야ᄂᆞᆫ惟外助에依賴
ᄒᆞᆷ으로써惟一의目的이라ᄒᆞ나國을地球의上에立ᄒᆞ고自爲振拔ᄒᆞᆷ을不求
ᄒᆞ고惟外人의保護를得ᄒᆞᆷ으로爲幸ᄒᆞ면則外人이將乘間而入ᄒᆞ야保護에
始ᄒᆞ야干涉에終ᄒᆞ고最後에ᄂᆞᆫ必權利의保衛와擾亂의防遏에藉口ᄒᆞ야人
의宗社를移ᄒᆞ며人의政權을奪ᄒᆞᆷ에至ᄒᆞ〈61〉ᄂᆞ니是韓國의事情에鑑ᄒᆞᆷ에
可知ᄒᆞᆯ지니不知커라將來中國이能히三韓의覆轍을踏치아니ᄒᆞᆯᄂᆞᆫ지吾輩
ᄂᆞᆫ此를言ᄒᆞ기不能ᄒᆞ노라

ᄒᆞ얏고申報ᄂᆞᆫ其雜報一隅에韓國問題에關ᄒᆞᆫ電報에附記ᄒᆞ야曰

朝鮮은古國이라中國數千年의屬國이러니馬關條約이成ᄒᆞᆫ後로朝鮮이
中國을離脫ᄒᆞ니朝鮮의無識者流ᄂᆞᆫ欣然自得也ᄒᆞ고日韓協約이成ᄒᆞᆷ으로
브터日本이獨立을保護ᄒᆞᄂᆞᆫ責을任ᄒᆞ니朝鮮의無意識者ᄂᆞᆫ以爲有恃無恐
이라ᄒᆞ더니今日의朝鮮이如何오今日依賴心이有ᄒᆞᆫ者動輒曰某々國은我
土地를利ᄒᆞᄂᆞᆫ心이無ᄒᆞ다ᄒᆞ며某々國은我主權을必能保全ᄒᆞ여我獨立을
必能維持라ᄒᆞᄂᆞ니此事에對ᄒᆞ야其感情이又如何오噫라

摩洛哥와列國

摩洛哥의各民族間에排外熱의流흠이亦旣久矣라<u>아루지시라스</u>의條約이
成ᄒ야列國과의關係가定흔以來로各民族의狂熱이一層昂進ᄒ야歐羅巴人
과<u>사루당</u>과<u>마구젠</u>과를總히排除ᄒ야去치아니ᄒ면自國의獨立을保持不得
이라흠에至흔지라昨今은彼의内地에不穩의形勢가有ᄒ야各民族이相爲連
合ᄒ야大小를擧흔다흠을傳흠은畢竟此情勢가有흠으로由흠이러라

此際에當ᄒ야歐羅巴의外交問題로巴爾斡을說흠은太古ᄒ고澳太利洪
牙利의未來를談흠도甚妙지못흔지라人이以是로摩洛哥의事로브터延ᄒ야
各國의合從連衡을說흠에至ᄒ니盖摩洛哥ᄂ北阿弗利加의尖頭에中ᄒ야
<u>지부라루다루</u>와相對ᄒ야地中海의咽喉를扼ᄒ고境内에擧皆慄悍흔戰鬪
民族으로써充ᄒ니總是他人의目에ᄂ危險치아니흠이無ᄒ고加之<62>近
代歐羅巴의諸國도相競ᄒ야阿弗利加의經營에從事ᄒ고佛領<u>아루제리아</u>
의最相密邇흠이有ᄒ고其他埃及、콩고ㅡ、獨領阿弗利加諸地라도間接
으로何等의關係가無흔者不有흔지라以是로過般摩洛哥問題로爲ᄒ야獨
佛의紛爭을醸흠에佛國이戰鬪準備에八千萬圓을費ᄒ얏다傳ᄒ고所謂<u>아</u>
<u>루지시라스</u>의外交ᄒᄂ者亦現時엣國際關係의本源된狀態有가ᄒ니라

摩洛哥問題에關ᄒ야歐羅巴의諸國이申合흠과恰如히獨逸를排斥흠도
一奇事也라英露兩國이彼를孤立케흠에努力흠은不足怪也니伊太利澳太
利까지三國同盟의舊誼를忘ᄒ고英佛兩國의政略을助흘形勢가有치아니
ᄒ랴然則獨逸이孤立이라흠을事實上으로確認ᄒ게흠은卽此摩洛哥問題
니라

然ᄒ나今日은如何ᄒ뇨獨逸은비록排斥을飽見ᄒ야絶對的孤立의地位
에쑛然ᄒ엿스나死地에入ᄒ야活흠은外交의常이라此間獨逸은一方으로摩
洛哥王의宮廷에深結ᄒ고他의一方으로ᄂ諸民族과의交情을密히흘機會
를得흔지라銀行家貿易商業도亦政府의當局者와其心을一ᄒ야勵精刻苦

ᄒᆞ야如何ᄒᆞᆫ不便과如何ᄒᆞᆫ艱苦도忍ᄒᆞ야拮据經營ᄒᆞᄂᆞᆫ바有ᄒᆞ야遂於商業
上에ᄂᆞᆫ獨逸人이優尙ᄒᆞᆫ地位ᄅᆞᆯ最占ᄒᆞ얏다稱홈에至ᄒᆞᆫ지라此頃摩洛哥의諸
民族의相與連合ᄒᆞ야起홈과如홈도近ᄒᆞᆫ原因은佛國이모－샾事件으로<u>우一
다</u>ᄅᆞᆯ占領ᄒᆞᆫ데激昂홈으로爲홈이라彼等이曰「過般獨逸人의殺害ᄅᆞᆯ遭ᄒᆞᆫ者
有ᄒᆞ엿스나獨逸政府ᄂᆞᆫ何等侵略의手段을不行ᄒᆞ며又强要ᄒᆞᄂᆞᆫ바도無ᄒᆞ
더니佛國은一殺害事件이有홈을乘ᄒᆞ야直히要害의地點을占領ᄒᆞ고溪壑
의欲을滿ᄒᆞ려ᄒᆞ니是不可不佛國을排除ᄒᆞᄂᆞᆫ所以라」ᄒᆞ니故로摩<63>洛哥
에在ᄒᆞ야ᄂᆞᆫ國王과政府가皆佛四兩國의干涉을不喜ᄒᆞ고內地의各民族도
亦最佛國을嫌忌ᄒᆞ고獨逸ᄅᆞᆯ喜ᄒᆞᄂᆞᆫ傾向이有홈은明白ᄒᆞᆫ事實이니라

　歐州의外交舞臺ᄂᆞᆫ此와如ᄒᆞ야亦旣其舊態ᄅᆞᆯ一變ᄒᆞᆫ지라近頃에至ᄒᆞ야
ᄂᆞᆫ英、佛、西、伊四國同盟의說도有ᄒᆞ며英、佛、西三國協商의說도有ᄒᆞ
며孤立으로써目ᄒᆞ이ᄂᆞᆫ獨逸도亦伊太利와三國同盟의舊約을尋ᄒᆞ야外交
上의步武ᄅᆞᆯ進ᄒᆞᆫ다傳ᄒᆞ니是皆摩洛哥問題ᄅᆞᆯ起端으로又其舞臺로ᄒᆞ야生
來ᄒᆞᆫ者인디今後摩洛哥의內地에重大ᄒᆞᆫ事가有ᄒᆞ야各國의利害에及홈이
有ᄒᆞ면歐羅巴의外交界ᄂᆞᆫ此에반다시多端치아니홈을不得홀지니라

露獨의關係

　露獨兩皇帝가스우이네미옹데에써會合ᄒᆞ니歐羅巴에皇帝의會合홈이
一年中에不止二三이니雖不足珍이나此度ᄂᆞᆫ兩國外務大臣이其席에列ᄒᆞ
고他의皇族宮人을斥ᄒᆞ고最眞面目으로談議ᄒᆞᆫ形跡이有홈으로此會合의
結果ᄂᆞᆫ歐羅巴의外交上에重大ᄒᆞᆫ關係가有ᄒᆞ리라推測ᄒᆞᄂᆞᆫ者多ᄒᆞ더라

　且露獨兩皇帝親交의由來ᄂᆞᆫ今에更言홀것無ᄒᆞ고過般<u>바루지즉구</u>海軍
이<u>미유지니</u>－ᄅᆞᆯ企ᄒᆞ던際에도獨逸皇帝가力을盡ᄒᆞ야露國皇帝ᄅᆞᆯ爲ᄒᆞ야謀
ᄒᆞ야獨逸驅逐艦을遣ᄒᆞ야郵便物의發送을助ᄒᆞ기까지援助홈은何人도能

히知ᄒᆞᄂᆞᆫ바인ᄃᆡ當時의兩帝바루지즉구會合ᄒᆞᆷ도世人의注意를頗惹ᄒᆞᆫ지라此로由ᄒᆞ야最神經을痛ᄒᆞᆷ은今강지나비야와네자랑도오卽瑞典諸威ᄂᆞᆫ此로써己를威壓ᄒᆞᆯ二國同盟이成立ᄒᆞ야다ᄒᆞ고利蘭白耳義도露國이가이계루가己의急을濟ᄒᆞᆷ을德이로ᄒᆞ야獨逸의네자랑도侵<64>略을承認치아니ᄒᆞ랴ᄂᆞᆫ杞憂를懷ᄒᆞᆷ이無疑ᄒᆞᆫ지라

然ᄒᆞ나此度의會合에就ᄒᆞ야ᄂᆞᆫ外交社會가네자랑도若今강지나비야를不復說及ᄒᆞ고모롯즉고問題及巴爾幹政策을說ᄒᆞ려ᄒᆞᄂᆞᆫ傾向이却有ᄒᆞ니顧一昨年來로모롯즉고의事가每有ᄒᆞᆷ에露國은三國同盟의義理合上에佛國의側에當立ᄒᆞ야獨逸의行動을妨ᄒᆞᆯ情이有ᄒᆞ니是獨逸政治家의堪ᄒᆞ기不能ᄒᆞᆫ바라故로彼等은每有機會에露國을引ᄒᆞ야己의側에立케ᄒᆞ며嚴正ᄒᆞᆫ中立態度를取케ᄒᆞ기로努力ᄒᆞᄂᆞᆫ中에在ᄒᆞᆷ은不可蔽ᄒᆞᆫ事實이라所謂三國同盟이론者도固巴爾幹問題로爲ᄒᆞ야成ᄒᆞᆫ者이나獨逸政治家가此를利用ᄒᆞ야써全歐를操縱ᄒᆞᆯ資를ᄒᆞᆷ은何人이라도知ᄒᆞᄂᆞᆫ바라然ᄒᆞ나近年에至ᄒᆞ야墺太利ᄂᆞᆫ露西亞와巴爾幹問題의協商을遂ᄒᆞ고伊太利ᄂᆞᆫ爾幹에多々ᄒᆞᆫ利害를有치아니ᄒᆞᆯᄲᅮᆫ아니라佛國으로相親近ᄒᆞ며英國으로相依賴ᄒᆞᄂᆞᆫ形을成ᄒᆞ면三國同盟은有ᄒᆞ나無ᄒᆞᆷ과如ᄒᆞ야獨逸은不可不全혀孤立의地에陷ᄒᆞᆯ지라故로此二問題에就ᄒᆞ야露獨間에何等交涉이有ᄒᆞᆯ지라ᄒᆞᆷ이無理ᄒᆞᆫ推測이라强치못ᄒᆞᆯ지니라

然ᄒᆞ나以上은專혀獨逸의立場으로立言ᄒᆞᆫ者인ᄃᆡ彼의必要條件이此에有ᄒᆞᆫ지비록論ᄒᆞᆯ것이無ᄒᆞ나顧露西亞ᄂᆞᆫ如何ᄒᆞ뇨彼ᄂᆞᆫ近年國步가甚히艱難ᄒᆞ야强ᄒᆞ고有力ᄒᆞᆫ者의援護가有치아니ᄒᆞ면一日의安을思ᄒᆞᆷ도不可得인ᄃᆡ而眼前獨逸은其의最可恃ᄒᆞᆯ援護者인즉其의必要條件의要求에對ᄒᆞ야ᄂᆞᆫ비록此를拒ᄒᆞᆯ理由가無ᄒᆞᆯ지나他의一方으로ᄂᆞᆫ佛蘭四라ᄒᆞᄂᆞᆫ同盟國이有ᄒᆞ고英國이라도刻下協商中이라彼ᄂᆞᆫ總者와相和親ᄒᆞ려코져ᄒᆞᄂᆞᆫ者인즉一의可恃ᄒᆞᆯ者와結ᄒᆞ고二若三의敵을作ᄒᆞᆷ을敢ᄒᆞ기<65>不能ᄒᆞᆷ은自然의數라至今ᄭᅡ지獨逸과協商을ᄒᆞᆯ機會를逢着ᄒᆞ나一事의成ᄒᆞᆷ을不聞ᄒᆞ고特英、佛

協商이成ᄒᆞᆫ後英國과의交涉에幾多便宜를增得ᄒᆞᆫ代에獨逸과의交涉이一步一步艱難ᄒᆞᆷ을免치못ᄒᆞᆯ지라吾輩의推理로以ᄒᆞ건ᄃᆡ此度의會合도其의觀望의盛ᄒᆞᆷ과其世評의喧ᄒᆞᆷ을不拘ᄒᆞ고其成果ᄂᆞᆫ極小ᄒᆞᆯ지오此로由ᄒᆞ야歐羅巴外交界의現狀을打破ᄒᆞᆷ과如ᄒᆞᆫ大影響을決코望ᄒᆞ기可得치못ᄒᆞᆯ듯ᄒᆞ도다

海牙의平和會議 -六月二十五日-

○參列國과委員

今回의平和會議에參列를承諾ᄒᆞᆫ列國의數ᄂᆞᆫ實로四十七國의多數에上ᄒᆞ엿ᄂᆞᆫᄃᆡ其內二國은如何ᄒᆞᆫ事情이던지맛참ᄂᆡ委員을送치아니ᄒᆞᆷ에至ᄒᆞ고其外에도四十五個國多數의代表者를集ᄒᆞᆷ에至ᄒᆞ니兩半球의强國은言ᄒᆞᆷ을不俟ᄒᆞ고其餘人의注意를不惹ᄒᆞ야記憶치못ᄒᆞᆯ國도亦多ᄒᆞᆫ지라恐컨ᄃᆡ參列ᄒᆞᆫ各國委員도委員名簿를撿ᄒᆞ고야如此ᄒᆞᆫ獨立國이坤輿上에在ᄒᆞᆫ지始知ᄒᆞᆷ도亦不少ᄒᆞᆯ지라戱語ᄒᆞᄂᆞᆫ者有ᄒᆞ야曰「今回平和會議參列國의地理上의位地를能知ᄒᆞᆯ者ᄂᆞᆫ獨朝夕으로地理書와苦鬪ᄒᆞᄂᆞᆫ中學生徒에求ᄒᆞᆯ지라」ᄒᆞ니此로써今回의會議가其世界의平和會議라ᄂᆞᆫ名에不背ᄒᆞ고能히四海를洽爲代表ᄒᆞᆷ을可得知也로다

委員의全數ᄂᆞᆫ二百四十七人인ᄃᆡ小國은大抵隨員을合ᄒᆞ야二人若三人의代表者를有ᄒᆞᆷ에不過ᄒᆞ니然則委員의頭數로ᄒᆞ면亦是强國의代表者가小國의上에遙在ᄒᆞᆯ지라然ᄒᆞ나一國이一個投票權을有ᄒᆞᆷ에不過ᄒᆞᆫ즉如何ᄒᆞᆫ多數의代表者를有ᄒᆞ야도投票權에ᄂᆞᆫ少도變ᄒᆞᆷ이無ᄒᆞ니雖無名小國이라도一票의投票權을握ᄒᆞᄂᆞᆫ點에ᄂᆞᆫ眞是侮ᄒᆞ기難ᄒᆞᆫ者라謂ᄒᆞᆯ지라可<66>記ᄒᆞᆯ것은第一回會議ᄂᆞᆫ甲國의乙國에投票權을委任ᄒᆞᆷ을許ᄒᆞ더니今回ᄂᆞᆫ劈頭第一英國委員사ー、후라이卿이此慣例에反對ᄒᆞ야各國의贊成으로써此를廢止ᄒᆞᆷ에終至ᄒᆞ니其結果로露國은몽데뎅구로의投票權을有ᄒᆞ기不

能이라더라

△ 海牙의不時의儲

二百五十名의委員、隨員及隨從ᄒᆞᆫ者有ᄒᆞ고又委員中夫人家族을率來ᄒᆞᆫ者甚不少ᄒᆞ고加之各國으로特派ᄒᆞᆫ新聞記者가約百五十人에達ᄒᆞ얏다ᄒᆞ니然則平和會義로爲ᄒᆞ야海牙에集ᄒᆞᆫ外國人의數가千人에可達이라然而委員隨員을勿論ᄒᆞ고何人이던지國家의使臣이라ᄒᆞ야十分의報償을受ᄒᆞᄂᆞᆫ故로生活의費用이少額에不在ᄒᆞ니此로因ᄒᆞ야海牙에落ᄒᆞᆫ金쑨도巨大ᄒᆞᆫ額이될지오委員及新聞記者가其代表되ᄂᆞᆫ政府에送ᄒᆞᆫ電報의料金이一日萬으로筭ᄒᆞᆯ巨額에上ᄒᆞᆫ지라以上을悉計算ᄒᆞ면平和會議中海牙에動ᄒᆞᆫ金高의大ᄒᆞᆷ을想像키不難ᄒᆞᆯ지로다海牙의人口가僅二十萬內外인딕土地에製造工業은無ᄒᆞ고商賈ᄂᆞᆫ僅히都人日常의必要品을取扱ᄒᆞᆷ에不過ᄒᆞᆫ지라故로平和會議의始ᄒᆞᆯ時보다物價가俄而昂騰ᄒᆞ고特如旅舘은大都會의大旅舘도垂涎ᄒᆞᆯ만ᄒᆞᆫ高價를課ᄒᆞᆷ이有ᄒᆞ니所聞으로依ᄒᆞ건딕日本都筑大使의占領ᄒᆞᆫ室과如ᄒᆞᆷ은一間의接客室과寢室及一小室인딕一日八十「구-루덴」-凡六十五圓-의室代를拂ᄒᆞ얏다ᄒᆞ나此가最高價에在ᄒᆞ가不必이라더라各旅舘에其宿泊ᄒᆞᄂᆞᆫ委員의本國々旗를軒에高揭ᄒᆞ엿ᄂᆞᆫ딕多ᄒᆞᆫ딕ᄂᆞᆫ六七의大國旗를翻ᄒᆞᄂᆞᆫ處가有ᄒᆞ엿다더라

可笑ᄒᆞᆯ자事ᄂᆞᆫ郵船會社滊船「阿波丸」의船員이롯즈다-구무에着ᄒᆞᆷ을好機로來ᄒᆞ야海牙를觀覽ᄒᆞ다가此幾多旒의旗가空中에翻揚ᄒᆞᆷ을<67>遠眺ᄒᆞ고彼處가必是觀覽會又演劇戲의興行場이라ᄒᆞ야招朋集友ᄒᆞ야入場ᄒᆞ려ᄒᆞᄂᆞᆫ딕此是各國委員의宿泊所이라ᄒᆞ야斷送ᄒᆞ얏다ᄂᆞᆫ說有ᄒᆞ더라

平和會의名稱은西曆千八百十六年에歐洲에셔刱始되얏ᄂᆞᆫ딕千八百四十九年八月卄二日에ᄂᆞᆫ法國巴里城에셔一次大會를開ᄒᆞ고千八百六十七年에ᄂᆞᆫ지니바에셔會同ᄒᆞ고千八百七十一年에ᄂᆞᆫ로졔니야에셔會同ᄒᆞ고

千八百九十年에는美國華盛頓에서會同ᄒ얏고海牙萬國平和會는千八百
九十九年에俄皇이發起ᄒ者니今番會議는第二次會議라ᄂᆞᆫ디海牙ᄂᆞᆫ和蘭
國에在ᄒ니라

英獨의外交關係

英獨皇帝의會見은歐洲電報로依ᄒ야各報章上에揭道ᄒᆫ것이라事實이
早晩發現ᄒ옄여니와最近列國皇帝大統領等의會見은外交關係의先駆됨으
로推ᄒ건딘此會見에도必英獨의外交關係에何等影響이及ᄒ지니其效果
의果爲如何ᄂᆞᆫ後來事實에徵ᄒᄂᆞᆫ外에ᄂᆞᆫ他術이更無ᄒ나今挽近英國의對
獨外交觀察로由ᄒ야此會見을促ᄒᆷ에至ᄒ由來를聞ᄒ건딘第一英國이最
近外交方針에對ᄒᄂᆞᆫ獨逸의誤解를釋ᄒ고第二獨逸外交策의旣於時代에
遲ᄒᆯ을警告ᄒ고第三獨逸로ᄒ야곰英國的의外交圈內에入케ᄒᆷ이英國의本
意인딘先自兩皇의會見으로漸次英獨을接近게ᄒ고延ᄒ야世界平和的大
同盟을促ᄒ오려ᄂᆞᆫ디在ᄒ者와如ᄒ지라前記三點을詳記ᄒ건딘獨逸이英、
佛、露、日의接近을目ᄒ야何等野心이有ᄒ자로誤解ᄒ야殆乎獨逸를孤立
케하기爲ᄒ야此接近이有ᄒ다妄斷ᄒ야己로써他를斷ᄒ야漸次歐洲最近의
外交思想으로離ᄒ야自己의影에驚ᄒ責任<68>을列國에嫁ᄒ야無敵疑懼
ᄒᆷ은獨逸現在의一大迷想이라ᄒᆷ이英國興論이라獨逸의迷想를起ᄒᆷ은獨
逸外交의專制的軍備的術策的으로興論을重히아니ᄒᆷ에出ᄒ야英國의外
交가人道的이되며文明的이됨에反ᄒ지라마센도니아、아루메니아의虐
殺에關ᄒ야도英國은人道的으로此를膺懲ᄒᆷ에不過ᄒ거늘獨逸은野心으로
써此에應ᄒ고英國은文明의軍을起ᄒ야未開의王을導ᄒ거늘獨逸은未開의
王을援ᄒ야領土의利權를得ᄒ오려ᄒ고畢竟에ᄂᆞᆫ眞東洋의平和를目的ᄒᄂᆞᆫ四
國同盟도獨逸은四國에何等野心이無ᄒ가疑ᄒ야此를友視치아니ᄒ고敵視

ᄒᆞ야露國의專制를援ᄒᆞ야何等此間에破綻을生케ᄒᆞ려ᄒᆞ니要ᄒᆞ건딘英獨間外交方針의根本的相違를說ᄒᆞ야獨逸의迷夢을醒ᄒᆞ고最後米를引ᄒᆞ야世界的平和의列國大接近을試ᄒᆞ려ᄒᆞᆷ이英國의國論인딘又同國의外交方針은兩皇會見後에成效와失敗의如何ᄒᆞᆫ消息이英獨外交關係上에發現ᄒᆞ리라ᄒᆞ더라

日露協約의正文

日露協約

日本國皇帝陛下의政府及全露西亞國皇帝陛下의政府ᄂᆞᆫ幸히日本國及露西亞國間에克復ᄒᆞᆫ平和及善隣의關係를鞏固케ᄒᆞᆷ을希望ᄒᆞ며且將來兩帝國의關係에一切誤解의原因을除去ᄒᆞ爲기ᄒᆞ야左의條款을協定ᄒᆞᆷ

第一條 締約國의一方은他一方의現在의領土保全을尊重홀事를約ᄒᆞ고又締杓國間에謄木을交換ᄒᆞᆫ締約國과淸國의現行諸條約及契約으로生ᄒᆞᄂᆞᆫ一切의權利(但機會均等主義에不關ᄒᆞᆫ權利에限ᄒᆞᆷ)와及千九百五年九月五日卽露曆八月二十三日포-ᄊᆞ마-슨에셔調印ᄒᆞᆫ協約과及日本國과露西<69>亞의間에締結된諸特種條約으로生ᄒᆞ一切의權利ᄂᆞᆫ互相此를尊重홀事를約ᄒᆞᆷ

第二條 兩締約國은淸帝國의獨立과及領土保全과又同國에列國商工業의機會均等主義를承認ᄒᆞ며且自國의取홀一切平和的手段에依ᄒᆞ야現狀의存續과及前記主義의確立을擁護홀事를約ᄒᆞᆷ<70>

• 本報定價
　一部 代金 拾伍錢
　半年分 先金 捌拾錢
　一年分 先金 壹圓伍拾錢
　郵稅 每部 五厘

• 廣告料
　四號活字(每行一回)金拾伍錢
　二號活字依四號活字之標準者

　隆熙元年九月十日印刷
　隆熙元年九月十一日發行
　(每月一回十一日發行)
　京城南署大和町一丁目第三十二號

　發行所　漢陽社
　　　　　京城西署西小門內(電話三二三番)

　印刷所　日韓圖書印刷株式會社
　編輯兼發行人　日戶勝郎
　印刷人　小杉謹八

　發賣所　京城中署罷朝橋南邊廣學書舖 金相萬
　　　　　中央書舘 朱翰榮
　　　　　鍾路大東書市 金基鉉
　　　　　大廣橋三十七統書舖 高裕相

明治四十年 | 隆熙元年 | 九月十一日第三種郵便物認可

漢陽報

第壹卷 第貳號

社告 (發刊趣意)

韓日關係가雖次第加密이나人心이平調홈을尙未全得ᄒ니兩國識者의
意見을交換ᄒ야其底蘊을吐盡홈이兩國平和的幸福上에極緊ᄒ事件이라

人世ㅣ些少ᄒ疑惑過失를因ᄒ야意思疎隔ᄒ고感情衝突ᄒ야全局의大
成을誤ᄒᄂ者ㅣ古今往往有之ᄒ니韓日의現狀으로其前途를推想홈에亦這
般杞憂가必無타斷言치못홀지로다

本誌가不顧力微ᄒ고兩國識者의間에其意見을紹介ᄒ야雙全一是ᄒ地
에歸케코져ᄒ노니望大而力或不伴홀가慮ᄒ야不勝戒懼라兩國識者의高
贊을幸得ᄒ야國交進步上에少輔를貢獻ᄒ즉其光榮이本誌에不止홀진져

主唱

漢陽報主任 日戶勝郞

時事新報支局主任 久田宗作

京城日報主筆 服部暢

大阪每日支局主任 中島司馬助

大韓日報理事 戶叶薰雄[1]

贊者

統監府囑托 內田良平[2]

朝鮮日々新聞主任 今井忠雄[3]

大板每日新聞記者 楢崎觀一[4]

朝鮮タイムス主任　荻谷籌夫[5]

注意

○地方購讀ㅎ기請求ㅎㄴ니에게ㄴ本誌三個月以上代金을前納ㅎ後에
發送ㅎ깃삽

○寄稿論文의募集

論題ㄴ韓日의平和政策

議論縱橫에不用忌憚이니其責任은總在本誌오不及累於稿者ㅎ리이다

京城大和町一丁目二十三號

漢陽發行所

1　戶川薰雄 : 원문은 '卟薰雄'나 1호를 보면 '戶川薰雄'의 탈자임을 알 수 있어 정정함.
2　內田良平 : 원문은 '田良平'나 1호를 보면 '內田良平'의 탈자임을 알 수 있어 정정함.
3　今井忠雄 : 원문은 '井忠雄'나 1호를 보면 '今井忠雄'의 탈자임을 알 수 있어 정정함.
4　楢崎觀一 : 원문은 '崎觀一'나 1호를 보면 '楢崎觀一'의 탈자임을 알 수 있어 정정함.
5　荻谷籌夫 : 원문은 '谷籌夫'나 1호를 보면 '荻谷籌夫'의 탈자임을 알 수 있어 정정함.

目次
漢陽報第一卷第二號

6 　| 論說 | : 원문에 해당 항목이 빠져 있으나 본문에 해당 항목이 있어 정정함.
7 　協 : 원문은 '恊'이나 '協'의 오기라 정정함. 이하 동일.

社說

警告元老及儒生志士

斷岸壁上에步홈에一步을誤履ㅎ면身命이共無ㅎ나니韓國現狀이似
흔지라此時을當ㅎ야諸公은何術을將ㅎ야國步을導ㅎ리오或諸公의心
事를忖度ㅎ건디必以謂韓國形勢로ㅎ야곰此에到케홈이一是現政府員
의罪요吾儕는不關焉이니國의存ㅎ며國의亡홈은政府員으로其責을獨
任케홈이可也오吾儕는白眼冷視ㅎ다가써宋秉畯李完用의苦悶ㅎ는狀
을嘲迎ㅎ야拍手自快홈이足ㅎ다ㅎ리니忖度이若不誤면諸公은其一을
知ㅎ고其二를知치못홈이라宋李敗蹟은直是韓國敗蹟이니國權이一移
他手ㅎ는日에諸公과現政府員이다亡國의民이되리니此時에宋李의愚
만單笑코져흔딜엇지可히得ㅎ리오諸公과現政府가吳越相酬홈은中外
所知니是雖無妨이나蝸角爭技는國이存흔后의事라諸公이此時에拱手
傍觀ㅎ야現政府로ㅎ여곰大勢調御의任을獨當케ㅎ면國家의存亡은眞
有不可測者라且現政府가全韓民望을失홈이久ㅎ야一令이出ㅎ면民이
決眥視之ㅎ며士가斜日迎之ㅎ느니統監의後援이縱或有之라도現政府
의單獨의力으로써不平이滿々흔民心을制撫키到底無望이니諸公이此
時에맛당히政敵疾視의私을姑捨ㅎ고先憂後樂의志을振起ㅎ야統監과
現政府의手의未達흔處을向ㅎ야平生의伎倆을試홀秋也니라

暴動이蜂起흔以來로日本人民의地方에散主ㅎ는者가暴徒의襲擊을蒙
ㅎ야一日도寧處치못ㅎ고殞命失産이日々加數ㅎ야幾萬老幼男女가棄家抛
業ㅎ고都城에避難ㅎ니慘狀을不可勝言이오日本人에止홀쑨不啻라韓國
人도<1>兵燹의災에懸흔者亦不可勝數라家化作灰ㅎ며人化爲骨ㅎ야無
罪히脩羅의巷에泣ㅎ니嗚呼라是豈日韓當局者의眞意리오事勢가奔逸홈
에可히驟制치못홈이라暴動의影히이更響各港貿易에延及ㅎ야日淸歐米

輸入品이近來其數量이甚減호야外國商人이韓國에不平을호는者不鮮타
호니今此不穩호形勢가容易히鎭定치못홀境遇면其暴動原因의如何홈은
不關호고日本은保護國權利을據호야非常호手段을斷行호는지未可知也
니韓人이乃曰日本은次暴以暴者라曲이彼에在호다云홀지라雖然이나試
호야日本地位로從호야論호즉一帝國面目을維持하기爲호며保護國威嚴
을尊重호기爲호야多少霸的의手段을弄出홈이實로不得已之勢也라近來
日本의有力新聞에셔往々히呵筆호야統監의緩慢을責호고高壓手段을可用
홀지라勸告호는者一再에不止호니統監은原是愼重熟慮之人이라비록非
常의擧을輕發치아니호나人의忍耐가有限호니暴徒가跳梁호야數月을亘호
야其勢를不收하는時에는宋襄이或變호야馮婦의勇을擧홈이不無호리니
是韓人의常不可忘홀吃緊事也니라

　諸公의게所望호는者他가無호지라其平生의資望과識見을用호야一旗
幟을高揭호야써各道兩班과儒生을招來호야大團體을形成호고世界의形
勢로써示호며國力의培養으로써說호야使彼으로暴動이邦家에寸益이無호
고國命을短縮홈인쥴를知케홀지라時務의急이此에셔急홈이無호니現政
府도亦當此意로써民人에게說示홀지나恐컨디現政府의言은民人의게
不爲所孚라今日時局을救濟홈은諸公一臂의力이三軍威보다有勝호리
니勢不可辭也니라

　諸公이或曰吾儕는此志가無홈이아니오且奮<2>起從事호면此民心를
調御호며此大勢를挽回홈이不必爲難이로디但吾儕가手足을一動호면統
監府와現政府가待홈을仇敵과如히호야追放解散홈이踵을接호야來홀가恐
호노니誰가陷阱에踏홈을自求호랴云호리니目前形勢로써推호건디或如此
호나今日形勢는다시昔日의命를不容홀지며且統監副統監의新來홈이實
로全韓民命을重히호며前途新政를慮호는意로出홈이니진실로日韓進步發
達에補홀者有호면其何人을不問호고喜而提携호리니豈獨一進會內閣[8]만
偏護호야써日本의保護政策을삼으리오諸公이果然公正有爲의志가有호

야兩國의疑惑을解ᄒᆞ며半島의平和를講코져ᄒᆞ면맛당히一臂의勢를不吝ᄒᆞᆯ
치라況如統監은日韓大局에着眼ᄒᆞᄂᆞᆫ자니決코一毫愛憎의私를不有ᄒᆞ리
니라

吾儕가平生에以謂一進會ᄂᆞᆫ例컨디進步黨과如ᄒᆞ고諸公의新樹ᄒᆞᄂᆞᆫ
바ᄂᆞᆫ例컨디保守黨과如ᄒᆞ니韓國에此二大團體가有ᄒᆞ여야人心向背가
始有所定이라左右의手와如ᄒᆞ며左右의脚과如ᄒᆞ야一進一退ᄒᆞ며一張
一縮ᄒᆞ야政柄이交相陳謝홈에國步가長進홈을見ᄒᆞᆯ지니諸公은此時에
맛당히大團體를組織ᄒᆞ야不平散漫ᄒᆞᆫ民心를一切囊括ᄒᆞ야써政界二分
의計를立ᄒᆞᆯ지니一進會로ᄒᆞ야곰⁹片脚獨步케코져홈이國를爲ᄒᆞ야計홈
에有益홈이안이니라

論說

前途의營業

統監이歸任ᄒᆞ고副統監이新來홈에內閣官制와統監府官制가面目으로
悉革漢城政府에整々ᄒᆞᆫ多士로塡充排置ᄒᆞ야前途의經營이반다시括目可見
ᄒᆞᆯ者有ᄒᆞᆯ지니此時를當ᄒᆞ야吾儕가當局에望ᄒᆞ난바ᄂᆞᆫ몬져人心의不平을
調御홈에<3>在ᄒᆞ니人心의向背를觀察ᄒᆞ야何点이是不平의点이며何
点이是歸順의点인고ᄒᆞ야疴痒處를搔홈이是最要政治的公平智能이니
此ᄂᆞᆫ自我의私를離ᄒᆞ고功利의急을去ᄒᆞ야韓國의發達과兩國의調和로써誠
實自任ᄒᆞ난者야비로소能ᄒᆞᆯ지라彼早婚禁止令　斷髮令과如홈은其事비록

8　閣 : 원문은 '閣'이나 '閣'의 오기라 정정함.
9　ᄒᆞ야곰 : 원문은 'ᄒᆞ야고'나 'ᄒᆞ야곰'의 오기라 정정함. 이하 동일.

不美홈이아니라發흠을其時로써아니ᄒ야暴徒의게不平ᄒ話柄을貸與ᄒ니
皆是當局者의淺慮所致라假令胃病에罹ᄒ者의게肺를强케ᄒ난藥을用ᄒ
면人이其術의拙홈을驚홀지니前途의經營이其着手를不可如斯라今也暴
徒鎭定홀方針은識者固所苦慮오當局者亦所苦慮어니와以吾儕로見之컨
디暴徒와如홈은當面의大問題안이니元來暴徒의團體가非有終局成算이
며非有立脚巢窟이오一時當局者의施政節目이心에不解ᄒ며意에不完홈
이有홈에激昂ᄒ야闖然暴發홈이니所謂感情衝突이라主義摘見의反對로
써見키不可ᄒ니故로暴徒의氣勢가雖時或極烈이나醉漢이不久自疲홈과
如ᄒ야彼等이亦奔命疲頹ᄒ야掃蕩을不待ᄒ고潛形匿影이不在久遠이니
亦何深憂리오吾儕所憂者ᄂ非影子而形體也며非枝葉而根幹也니卽非暴
徒而所以作暴徒의民心不平이是也라此不平의心이未除ᄒ間에ᄂ騷擾葛
藤이一起一伏ᄒ야恐無休期니不平之心은是形體也며是根幹也오暴徒ᄂ
是影子而已며枝葉而已니此不平ᄒ民心을苟能緩和케ᄒ면經國安民의功
을囊中物을取홈과如홀지니今日의暴徒를變ᄒ야他日의良民이되게홈이何
難이有ᄒ리오

　普通으로觀ᄒ면今日不平을釀出ᄒ一大原因이禪讓協約에在ᄒ듯ᄒ나
此事가今日大葛藤을惹起홀價値ᄂ未必有之니何則고韓國이海牙密使事
件을提起홈으로부터平地에波瀾이<4>生ᄒ야써二件事를招致홈이라不平
으로셔不平을換ᄒ니是所謂政治的貿易이니其一邊을偏宥ᄒ고其一邊을
偏斥홈니不可ᄒ지라此時를當ᄒ야當局者가當謹愼持己ᄒ야細心慮事ᄒ
야民心을緩和케ᄒ난法을尋覓홀지니不肖홈이吾儕와如ᄒ者도一二可施
홀手段이不無ᄒ되惜哉當局者가驕傲自高ᄒ야輕進忘退ᄒ야以爲天下에
無向吾鋒者라ᄒ야政友를捕縛ᄒ며政社를禁壓ᄒ며斷髮令를頒布ᄒ며軍
隊를解散ᄒ야凡意所欲을無不爲之ᄒ야畢竟小葛藤을變ᄒ야大葛藤이되
며小混亂를變ᄒ야大混亂이되야民心은驅迫ᄒ야不平ᄒ渦中으로陷入케
ᄒ니噫라當局者가豈喜民擾而爲之리오盖經世的着眼에其点을誤홈으로

因홈이라今也人民이當局者를視如仇敵ㅎ야其勢不兩立이라恕恨이統監府에引及ㅎ야新政意義에全韓이始將誤解ㅎ니不勝痛嘆이로다

然則前途經營의方法如何는無他라韓人을理케홈에在ㅎ니雖云韓國無人이나元老儒林中에重望을負혼者不少ㅎ니此輩로하야곰政府에馳驅ㅎ야其所欲爲를爲케ㅎ면一三大團體를形成홀지니團體旣成에示之以經營方針ㅎ며導之以發達方法ㅎ야使彼等으로地方의兩班과儒生을統率ㅎ야開國事業에一意從事케ㅎ면人心이漸知所向ㅎ야不復爲今日暴動ㅎ리니新令은布ㅎ며新法을發혼時에事苟關於大局이면各團體의首領을招來ㅎ야吾의意見을說明ㅎ며彼의言論을聽納ㅎ야彼此之間에誤解疑惑이得無혼後에公布勵行이면朝野心一에上下合力ㅎ야百萬暴徒가雖有ㅎ나無隙可乘ㅎ야皆將甘吾驅使홀지라夫政者는正也誠也오而公平也며無私也라以國民之心으로治國民이면天下에不治홀國民이豈有리오況簡樸順良홈이如韓國者耶아一進會內閣은是<5>韓民의一部分而已오非全體也라今若一部의意見을偏聽ㅎ고全體의意見을無視ㅎ면是可曰政治乎아夫如是則畢竟民心不平이山谷의雲霧와如ㅎ야層現疊出에從掃復生ㅎ야永世不霽ㅎ리니思之ㅎ지어다思之홀지어다

新渡戶博士對韓苦言

新渡戶博士난日本에唯一無二혼學者라三十七八年以來로隨感隨筆ㅎ고所記錄者를題名을隨想錄이라ㅎ야英文으로掇ㅎ야英文雜誌에投하얏난디談片이可味ㅎ고寸言이刺心ㅎ난지라此中韓國에關홈이有혼者人道的眼光으로써日本官民을警醒ㅎ야시니着想이幽遠ㅎ고辭句가高調ㅎ야使人一讀快暢이로다左에記譯之ㅎ노라

日本이國을亞州에樹ᄒ난비者ᄂᆫ黃色人種의霸權을把握코져홈인
가否也며然則侵畧코져홈인가否也라……元來人種의競爭은吾其意
을不解ᄒ노라面色이差異홈과皮膚黃白홈으로써戰場相殺홈이有何
光榮이리오面色의如何난不問ᄒ고只此全人類을人道로써布코져ᄒ
면吾人이取戈而立할지라戰ᄒ여도坐ᄒ此을爲ᄒ며死ᄒ야도坐ᄒ此
을爲할뿐이라야可히價가有ᄒ다始謂할지라　今也에人道가歐洲에窮
厄홈이甚大ᄒ고亞細亞를此에比ᄒ면更히甚大홈을覺하갓도다吾가
韓國에對ᄒ야治權을主호디若彼國의痛患을醫키不能ᄒ면吾人이
韓國에對ᄒ여何等優越權의權利을要請할거시無ᄒ고背人道的方
策으로써權力을弱國에振코져ᄒ면如此ᄒ人은眞可憐可卑ᄒ政治
家也哉더……彼韓國民이新主宰者의良治蹟을要請ᄒ면是ᄂ至當
ᄒ要請이니不可不必酬할지라今에若此을反ᄒ야彼國民의〈6〉所蒙
을蹴踢ᄒ며毆打ᄒ면悲哉라是난吾日本이膨脹ᄒ國家의名稱地位
에不適홈이證明할지며……支那에對ᄒ야吾人勢力이亦或其法을誤
ᄒ야黃色禍患을釀成ᄒ야文明을阻害ᄒ며人道을衰頹케ᄒ리니坐ᄒ
吾人이亞細亞的眞霸主의資格이無홈이證明할而已로다
　吾人이亞細亞에對ᄒ야所取할者ᄂᆫ未來의夢事라
　果然進步ᄒ야正義自由秩序의觀念을得ᄒ가否ᄒ가又或歐州壓制
者에比ᄒ면更一層惡虐ᄒ者耶아否야아此黑白은請컨디未來歷史로
其如何을審判할지여다(三十八年十月記)

農工金融機關

伊藤統監이曾曰韓國問題ᄂᆫ一言以蔽之在於金이라ᄒ니固然ᄒ도다敎
育農業內政諸般發展이金으로因치아니홈이無ᄒ니唯統監所指ᄂᆫ政府財
政에雖在ᄒ나豈止財政이리오國民의富力開發과國庫의稅源涵養이亦這

裡含蓄ㅎ니目下緊要之件은農工業을ㅎ는者에在ㅎ니特別金融機關을設置ㅎ야全局發達를圖흠을勿論ㅎ고今於韓國에設置흔바金融機關이大抵日本人의手에成ㅎ엿는디其組織設債를按ㅎ면皆是商業者의게向ㅎ야便利가有ㅎ고農工業者에向ㅎ야便利을給흠을未見ㅎ갯도다近年各道觀察使所在地에農工銀行新設이雖有ㅎ나其資金이僅々十萬圓內外라全道農工業에潤益ㅎ기到底不足ㅎ니殖産興業의論이徒盛ㅎ되殖産興業의道가未開흠이固其所也니라

數月前京城仁川其他都市金融界에恐慌이生ㅎ야破産接踵이世人所知니其原因이農工業者에對ㅎ야金融機關의道가未開흠에亦在ㅎ니라仁川日本人商業會議所에셔這間消息을<7>精査흔즉客月統監府에向ㅎ야韓國農工業者를保助홀金融機關을新設홀件을提出ㅎ엿는디統監府에셔此의必要흠을亦能夙知ㅎ고方在具案中이오農商工部에셔亦起墾局을新設ㅎ야開拓事業의衝을專當ㅎ니美味를未能嘗下나食膳의準備를風聞ㅎ고飢腹을多少足慰니只願當局者는全力을傾注ㅎ야農工發達를企圖ㅎ야民을富케홀지어다衣食이足흠에禮節를知ㅎ느니政治家의勞心홀바가此에在ㅎ고區々黨爭의末에在치아니ㅎ니라

政社問題

余輩가已於第一號에團體解散의誤를痛議ㅎ야써當局者를警ㅎ얏거니와今尙不變其見故로不得已重言再議也ㅎ노라由來韓族이個人智能이未進ㅎ고獨行氣槩이未立ㅎ야必也團體의勢를待ㅎ여야一事를可爲며結社의力을依ㅎ여야一議를可決이니統御得其人ㅎ며導率得其法이면誠易制易御홀國民也라當局者가團體를禁壓ㅎ는所以는其意指가暴動豫防에雖在ㅎ나試問禁壓흔後에暴動勢力이果見其減削乎아寧見其增加오不見其

減削ᄒᆞ니是事實上明證이라不可爭이니然則禁壓主義가徒招民怨이오於事無益이라不如因而公許ᄒᆞ야數個團體를形成ᄒᆞ야民心을一處에集合홈이政策上에却爲便也니라

雖曰人心之異가其面의異홈과如ᄒᆞ다ᄒᆞ나一國의向背趨勢로ᄡᅥ徵ᄒᆞ면大別이二三에不過ᄒᆞ고其首領이亦數輩에不越ᄒᆞ니能者在上ᄒᆞ야判之撫之면掌中物을弄홈과如ᄒᆞ지니何憂乎悍豪難御리오文明列强도此手段이旣有ᄒᆞ니況今日韓國耶아人民은如就屠之羊이오當局者ᄂᆞᆫ如添翼之虎ᄒᆞ니雖百萬團體라도其制御ᄒᆞ기指顧之間에在ᄒᆞᆯ지니라<8>今若禁壓解散則個々散漫이如蛛子ᄒᆞ며如蜂群ᄒᆞ야智能으로ᄡᅥ統ᄒᆞᄂᆞᆫ者ㅣ無ᄒᆞ며形成으로ᄡᅥ結ᄒᆞᄂᆞᆫ者ㅣ無ᄒᆞ야頑迷益加頑迷ᄒᆞ며猜疑益加猜疑ᄒᆞ야規政府如仇家ᄒᆞ며視官吏를如怨敵ᄒᆞ야萬人萬心이라豈一令之所能也리오所以處々爲群에四方暴動ᄒᆞ야官兵이徒疲奔命이오政府眞意ᄂᆞᆫ民心에不孚ᄒᆞ야官務荒廢ᄒᆞ며民業衰退ᄒᆞ고糜費幾千萬ᄒᆞ니噫라天下之愚가又有過於此者耶아

須公許政社ᄒᆞ며獎勵團體ᄒᆞ야民心을統一ᄒᆞ며國智를均一ᄒᆞ기로期待ᄒᆞᆯ지니譬건디病毒이全身에遍滿ᄒᆞ여스면一二個處에吸集ᄒᆞ고下七投藥ᄒᆞ기甚히容易홈과如ᄒᆞᆫ지라當局者가一大方針을確立ᄒᆞ야天下에公示ᄒᆞ고使各團體로這個方針으로向ᄒᆞ야遵行케ᄒᆞ고其中識見民望이共優ᄒᆞᆫ者를拔摘ᄒᆞ야政權을執케ᄒᆞ면各團體가日夜汲々ᄒᆞ야竭心盡力ᄒᆞ야這個方針을完成ᄒᆞᄂᆞᆫ外에ᄂᆞᆫ餘念이復無ᄒᆞᆯ지니何暇에流血危命ᄒᆞ야盲動自滅耶아是當局者坐制天下之道라智者固當用此議니竊想廟堂諸公與統監府員이共是整々多士라此에着眼不及ᄒᆞᆯ理가無ᄒᆞ니着眼及此ᄒᆞ고도此議未發ᄒᆞᆫ者ᄂᆞᆫ只是時機의未到홈이라雖然이나是余輩와如ᄒᆞᆫ當局者를篤信ᄒᆞᄂᆞᆫ邊의想像홈이니若夫不信ᄒᆞᄂᆞᆫ邊의想像은一進會를庇護ᄒᆞ고自餘團體를禁壓ᄒᆞᆫ다ᄒᆞᄂᆞᆫ지도未可知也니私曲이如此ᄒᆞ니是國家의亂階라余輩ᄂᆞᆫ韓民의不幸을憫홈에셔몬져當局者의게吊詞를呈코져ᄒᆞ노

니何則고當局者가手自磨來ᄒᆞᆫ刃으로써도리여自家의腹을刺傷ᄒᆞᄂᆞᆫ者라韓民이亡에未及ᄒᆞ야政府가將自亡이니可不吊々哉아<9>

⊙怨人이不如自脩ㄹ

張龍韓稿

近來文人志士ㅣ各述意見ᄒᆞ야刊佈於雜誌月報等書ᄒᆞ니人不勝看ᄒᆞ야往々히覆瓶의資를作ᄒᆞ니余ㅣ更히言을贅ᄒᆞ야써購覽ᄒᆞ난이의頭痛을添코져안이ᄒᆞ나然馬之將死에其鳴不休ᄒᆞ고人之將死에其言未已ᄒᆞᄂᆞ니今에二千萬生靈[10]이殄滅홀境을當ᄒᆞ야烏可無一言이리오玆에禿毫를援ᄒᆞ야一揮三思ᄒᆞ야寫得幾行ᄒᆞ니雖語俚辭拙ᄒᆞ야不足供君子之淸賞이나然以察邇詢蒭之美意로其於孤燈無寐之夕과淸晝進茶之暇에虛心一玩ᄒᆞ면楮墨의間에就ᄒᆞ야오리러可히言者長吁短嘆의意와淚雨和血의痕을彷彿히見ᄒᆞ리며亦庶幾內外上下의思想을裨補홈이有ᄒᆞ린져

今之論者ㅣ皆曰日本이韓을匜한다ᄒᆞ니假令日本이안이면以韓所爲로今日의世界를當ᄒᆞ야國이何如ᄒᆞ리ㄹ謂ᄒᆞᄂᆞ냐天下之理ㅣ無不自已求之者니興匜이他人의게有ㄹ홈을余則不信也ᄒᆞ노라昔者東峽一士가酗酒를好ᄒᆞ더니一日에其醉如泥ᄒᆞ야發性使氣에門戶를撞碎ᄒᆞ며妻子를驅逐ᄒᆞ고獨夜裸跣ᄒᆞ고昏倒狂叫ᄒᆞ더니飢熊이山에셔飛下ᄒᆞ거늘乳虎이셔其雛를傷홀가慮ᄒᆞ야熊을逐ᄒᆞ야醉客의過ᄒᆞ다가猝然히一塊肉이地에委홈을見ᄒᆞ고謝天謝地에不勝之喜ㄹ야四隣를睥睨ᄒᆞ며醉客을注眸ᄒᆞ고前却久之ᄒᆞ다가稍々히其臥傍에近ᄒᆞ야傾耳譫語之聲ᄒᆞ며屬鼻而嗅其濃香之臭ᄒᆞ고伸爪微引其背ᄒᆞ며高吼以警其眠ᄒᆞ고一嚙其左足ᄒᆞ며再嚙其右手ᄒᆞ디醉客이睡猶未醒ᄒᆞ고但히口中에胡亂히痛苦의聲을做ᄒᆞ며四肢가時々로蠢動ᄒᆞᄂᆞᆫ狀뿐이러ㄹ其妻ㅣ隣舍에在ᄒᆞ야謂其子曰乍聞虎聲이似從吾舍來ᄒᆞ

---

10 靈 : 원문은 '霝'이나 '靈'의 오기라 정정함.

니爾<10>翁이莫不有危아其子曰虎豈食人이리오次兒曰假令虎欲害吾父
이면其必先死於吾隣人之手乎뎌西隣米丈이有卞莊之勇而與吾父情厚ㅎ
며北舍魯君이往年에獵于海濱이라가爲豹兒所困ㅎ야折其銃ㅎ며喪其馬
ㅎ니其數十年騎射를善히ㅎ던聲譽가一朝에見挫ㅎ지라故로至今싯지虎
의게切齒ㅎ니若二君者ㅣ虎를見ㅎ면其必雙鎗을並擧ㅎ린뎌言語之間에虎
ㅣ醉客蠢動홈을見ㅎ고恐其有爲力也ㅎ야曲踊一回에將醉客ㅎ야連頭連
頸一嚼ㅎ니醉客이六叫半聲에已爲幽明之別이른妻子者ㅣ聞叫聲頗急ㅎ
고始愕然悲號ㅎ야提籬邊之棄杖ㅎ며挈竈下之柴株ㅎ고呼動隣人ㅎ며
吁吁喘喘而至ㅎ니嗚乎死者豈可以復生이리오所餘가惟幾枚殘骸而已인더
虎猶耽耽不去ㅎ고以舌舐滿地之血ㅎ며虎雛난爭捨其殘骸以爲樂焉ㅎ더
른隣之長者ㅣ爲之悲慟數聲ㅎ고責死者之子曰爾勿怨虎ㅎ라食肉虎性也
니虎那知爾父리오但可慮者논諺에云호더人이爲虎의所食에其鬼爲倀ㅎ
야必盡引其血族ㅎ야以爲虎른故로一人이死虎에一門이爲患이른ㅎ니爾
輩논勿酗酒ㅎ야勿逐妻子ㅎ며勿撞碎門戶ㅎ며勿獨夜赤體ㅎ며勿昏倒狂
叫ㅎ고生兒에卽教以孝悌義勇ㅎ며防患에必具良銃利刃ㅎ고有急이여들
勿恃他人ㅎ고一家之人이萬死에就ㅎ야一生을得ㅎ기를思ㅎ른如此면可
使虎로貪餌投阱ㅎ며可使虎로負子渡河이여니와若爾家風을作爲習慣ㅎ
야爾父의傷虎ㅎ던時와如히하면虎ㅣ其倀을利用ㅎ야爾族이其選類가無ㅎ
리른ㅎ니此논余ㅣ幼時에巷傳을聞ㅎ거시니倀鬼른云々홈은野人의謊言에
出홈을未免이어니와其自取를戒ㅎ며自脩를勉홈은可히今日韓國의勢를喩
홀지른韓國人可区홀道와可勉홀事가指를勝屈치못갓거늘此를<11>反치
안이ㅎ고强隣만宪ㅎ난거시醉客의家ㅣ防衛못홈을悔치안이ㅎ고虎만怨홈
고何異ㅎ리오今에韓國危区ㅎ논源流의萬一를道ㅎ야써好察邇言ㅎ난諸君
子의게呈ㅎ노니死病을醫코져홈에致病ㅎ所以를先購홈과如ㅎ더

韓國危厄의源과流ㅣ라
第一은規模狹隘홈이라

我國이五百年間에鎖關自守ㅎ기를務홈에人民이聞見이固陋ㅎ야無端이自尊自是僻만養成ㅎ지라其自誇홈에必曰我東禮義之邦이니小中華니三代制度니漢唐文物이니孔孟의道니程朱의學이니ㅎ며外邦을論列홈에必曰夷狄이니禽獸니鬼子니人倫이無ㅎ거니法律이無ㅎ거니ㅎ야其人을値ㅎ면延頸而窺ㅎ고譁然而走ㅎ며其勿을見홈에瞥然而視ㅎ고猛然而揮之ㅎ야其人을不接ㅎ며其物을不用ㅎ기로高尙를삼아官以是敎民ㅎ며父以是敎子ㅎ며夫以是敎其婦ㅎ며師以是敎其弟子라至如淸國ㅎ야난朝聘慶弔에使盖相屬이로되百姓을通商을禁ㅎ며來往을絶ㅎ야或兩界邊民이暗相貿易ㅎ다가官司에訶捉이되거든潛商이라謂ㅎ고卽其首을斬ㅎ야鴨綠江渚十丈竿上에懸ㅎ야以警衆ㅎ고惟春三月秋九月ㅅ使節往還時에開市를認準ㅎ야商民의貿易을許ㅎ니此를賴ㅎ야亦足以全國의需用을補ㅎ며八路의商況을供ㅎ여시니萬一에早々히其防閒을撤ㅎ야人民으로ㅎ여곰無礙往來ㅎ야其知識을交換ㅎ며有無를相易ㅎ며兵事를視察ㅎ며實業을見習ㅎ여시면今日에三千里엣景況이엇지支那에不如홀이오支那는自古在昔에實爲東洋文明之師오朝鮮이自厥初生民으로卽與相通ㅎ야連亘數千年이로디其實際阻隔이猶如此이온況於歐羅諸國에遽矣奚論가且不惟是라於一國之內에도猶不能一視同仁ㅎ<12>야八道而分京鄕ㅎ며就京中而分四色ㅎ며就四色而又不無高低强弱之別ㅎ고其餘는盡爲擯棄之ㅎ야待之以異種ㅎ며遇之以劣種ㅎ야雖英豪邁羣ㅎ며才識絶倫之人이라도不共爲祿ㅎ며不共國事ㅎ고但羈縻之ㅎ야使供賦役而已라規模가如是齷促에一家도不足爲이여든況國乎아吾輩今日에於殄滅之境이實源於規模之狹隘라現今世界는人文이六闢ㅎ야舊時와絶不相同ㅎ니惟我全國에悲憤慷慨의志를懷혼同胞는各自奮發ㅎ야써前日의沈寃을雪ㅎ며來頭의生路를開홈을謀

홀지여다 現今大勢난 西洋이 實로 優勝의 位를 占ᄒᆞ여심에 日本이 早々히 文明
을 輸入ᄒᆞ야 東洋의 開化를 擧預ᄒᆞ야 隱然히 爲國者의 先覺이도엿고 且我韓
이 日本으로더부러 緊密ᄒᆞᆫ 關係가 不可無矣 不能無矣의 勢가 有ᄒᆞ니 我韓人
은 當히 氣난 壯히ᄒᆞ고 志난 遜히ᄒᆞ며 行은 高히ᄒᆞ고 禮난 卑히하야 官與官交ᄒᆞ
며 民與民交에 彼雖用智用計ᄒᆞ나 我當以誠以實ᄒᆞ야 抵死盡力ᄒᆞ야 其好處
난 學之ᄒᆞ고 其不好處난 捨之ᄒᆞ야 其工을 學ᄒᆞ며 其農을 學ᄒᆞ며 其商을 學ᄒᆞ
며 學其團體ᄒᆞ며 學其勇敢ᄒᆞ며 考其政治ᄒᆞ며 視其軍制ᄒᆞ야 遑々汲々ᄒᆞ야 圖
我自强ᄒᆞ면 未知커라 天時人事가 又將變於幾歲月後일넌지 若不立脚實地
ᄒᆞ며 着手實事ᄒᆞ고 徒爲憤惋慷慨之容ᄒᆞ며 頑固膠守之想則 實力이 未由而
生이오 優勝劣敗ᄒᆞᆫ 時勢의 所至에 我韓人種이 自然히 日減月消ᄒᆞ야 今日
二千萬이 畢竟에 幾個人이닌 存ᄒᆞ야 何地에 居ᄒᆞ며 何地에 耕ᄒᆞ며 何處에셔 行
商ᄒᆞ며 何處에셔 相逢ᄒᆞ야 大韓當時事를 語ᄒᆞ고 一掬曠感의 淚를 舊江山新
風景에 灑홀지 萬一에 靑山綠水中 深在ᄒᆞ야 時事에 昧ᄒᆞ야 此言을 不信ᄒᆞᆫ
이 有ᄒᆞ거든 試ᄒᆞ야 一處都市에나 一處港口에나 一處停車場에나 視ᄒᆞ야 一處
로써 全國<13>을 料ᄒᆞ며 十年以前으로써 十年以後를 度ᄒᆞ라 何處던지 可居
之地에난 我人이 稀少ᄒᆞ고 隣人이 稠密ᄒᆞ며 且我人은 久居永奠之勢가 全無
ᄒᆞ고 隣人은 日繁月盛의 形이 洪水가 懷襄홈과 如ᄒᆞ니 以此推之이면 良田廣
宅은 將不爲其所占乎아 名山麗水난 將不其所有乎아 雖不以刀釰相擬ᄒᆞ며
殺戮相奪이닌 彼强我弱ᄒᆞ며 彼富我貧에 或以政權 或以財力ᄒᆞ야 彼之所欲
者난 必盡取無遺矣리니 如是則 吾人은 風飄雲散 東零西落이 豈非必然之勢
耶아 然此非隣人之肆惡이오 乃吾輩庸碌之所自取也 假令隣里之間에 有蕩
其家業者여든 吾將積金待時ᄒᆞ야 買其田土ᄒᆞ며 貿其珍玩乎아 抑恬視袖手
ᄒᆞ야 欲爲他人之利益乎아 夫隣里之間에도 未免有競爭之心이온 況異疆之
人이 以優勝劣ᄒᆞ며 以智取愚ᄒᆞ며 以富吞貧에 我何敢怨이리오 然則如之何
오 但勿復如昔日閉鎖時 枯槁固陋ᄒᆞ고 各自奮發ᄒᆞ야 勝我者를 學之而已니
願我二千萬同胞난 父兄이 詔이 其子弟ᄒᆞ며 官憲으로[11] 勵其百姓ᄒᆞ야 學之一

字에着力홀지여다(未了)

時事

伊藤統監歡迎會의演說

　東京市의伊藤統監歡迎會를九月十三日에上野公園舊博覽會內演藝舘에開ᄒ얏난ᄃᆡ統監의演說이如左ᄒ니

　臨席ᄒ신閣下와及滿場諸君이여諸君은本官이統監으로昨年以來韓國의職을任ᄒ야爾來今日에至ᄒ야最後의契約을締結ᄒᆫ微勞에對ᄒ야我大帝都을代表ᄒ야特히歡迎의宴을開ᄒ고今日의待遇을辱홈에至ᄒ야ᄂᆫ諸君에對ᄒ야無限히感謝ᄒᆫ辭을不能擇홀心地로다特히諸君의意思을代表ᄒ야澁澤男으로本官에對ᄒ야諸君의歡迎ᄒ난ᄇᆡ趣旨을朗讀홈에此<14>을拜聽할時에殆히諸君에對ᄒ야所答을莫知ᄒ얏로라其式辭中의賞贊의言辭에至ᄒ야난決非所當也라重大의任務을帶ᄒ고韓國에駐在ᄒ야自己의心力을盡ᄒ야大命의期待에不背홈은固平素自期ᄒᆫ바이나今日의事로써成功이라ᄒ면唯本官이其使을盡홈에不過ᄒ니卽我至尊의威德과最近의大戰에在ᄒ야陸海이勇武健鬪의功績과及我日本帝國의臣民이一致共同ᄒ야我國威發揚에力을致ᄒᆫ結果라不得不言이라本官은卽上으로至尊의大命과文武의諸官은未及言이오我全國民의力의餘光에依ᄒ야此目的을果홈을得ᄒᆫ者라自爲考察ᄒ난ᄇᆡ나決코自分은此로以ᄒ야自己의偉大ᄒᆫ功績으론不認ᄒ노라諸君이如此히盛會을設ᄒ야懇篤ᄒᆫ待遇를蒙ᄒᆫ事에就ᄒ야난其當不當을不論ᄒ고感激拜謝의至을不堪ᄒ며且來賓의一人된陸軍大

11　으로 : 원문은 '으'나 '으로'의 오기라 정정함.

將桂伯爵의只今陳述ㅎ비에對ㅎ야난吾가微力에有홈을限ㅎ야諸君과我國
家後援의餘光下에盡ㅎ갓노라고一言答述할事에不過ㅎ노라抑韓國狀態
와或將來希望等에就ㅎ야는多少顧慮ㅎ난바有ㅎ니諸君의所知와如히韓
國의形勢난昨年以來로人心이動搖ㅎ며坯陰謀ㅎ는者有ㅎ야尙今一樣之
勢故로今諸君의前에豫言키不能ㅎ나或實行上에난形勢을從ㅎ야不得變
移할지도不知ㅎ갓난故로今日言可述할事은愚察에난果我今日國是에貫
得與否을言할지니

國是란거슨何事야ㅎ면予난現在日本帝國을代表ㅎ이韓國에臨ㅎ야財
政外交等에日本至尊[12]의下에彼國改良을計ㅎ며彼國民을數百年頹廢혼災
厄之下에救出ㅎ고此을文明位置에誘導코져ㅎ니期必코韓國民을頑愚타
云홈이안니오且期必코日本이韓國에對ㅎ야至當혼設施을不知홈도아니로
되彼等이自進ㅎ야改<15>良을行ㅎ기不能ㅎ고[13]又他邦人의指導에從事
홈을不甘할樣이니將來日本에對ㅎ야抵抗을誠ㅎ면我가進ㅎ야滅홈이안이
오乃自暴自棄ㅎ야自招홈이라本官은實로此은非我至尊叡慮오亦非我國
民이對韓人希望也라惟事가望에反할가杞憂을懷ㅎ야本官은微力을盡ㅎ
야此을改良ㅎ야此을養ㅎ며此을育ㅎ며此을敎ㅎ야쎠我皇上恩澤에浴케홈
을偏히希望ㅎ나彼等이若自暴自棄ㅎ야計不出比홈에至ㅎ며不得已혼쥴
노思ㅎ노라然이나比난敢望할바아닌故로本官은今日까지方針을誠心誠意
로써國是의有혼비을實行코져ㅎ니只情勢에난將來을憂慮할바有ㅎ니如何
ㅎ던지事屬至難이라不竢諸君之後援이면只以本人之微力으론愈爲困難
이라是난日本國民諸君에게援助을願ㅎ고自分一個로난盡力할事을諸君
前에陳述ㅎ노라且將來의事난事實에依ㅎ야明鑑홈을望ㅎ고今日은此盛會
에對ㅎ야兼諸君의款待홈을感謝ㅎㄴ이다

12　至尊 : 원문은 '指尊'이나 '至尊'의 오기라 정정함.
13　ㅎ고 : 원문은 'ㅎ'나 'ㅎ고'의 오기라 정정함.

東洋協會席統監演說

統監이歸東中에東洋協會席上에셔演說ᄒ요旨가如左ᄒ니

韓國今日國情이吾明治初年과恰然相似ᄒ니欲使之改良進步면不可不全과人에依할지라是所以로本職이歸京也에將與廟堂諸公으로其實行을協議着手할지니韓國今日의思想은固陋한儒生에支配한바되여宛然하吾維新以前에靖獻遺言을讀ᄒ고慷悲憤[14]ᄒᄂᆫ者와無異ᄒ니此輩ᄂᆫ獨難速治여니와其他官民은敎育이殆無ᄒᆫ者라統治ᄒ기甚히容易할지니라

統監政治-(日本國民新聞)-

日韓의關係가新協約으로브터激變ᄒ며激進<16>ᄒᆫ結果ᄂᆫ統監의韓國엣位置가更爲重大ᄒᆯ而已오와從來外交上의指導者된統監이內政과外交와其他一切韓國政務에對하야唯一統率者된事實은統監府官制改正上에明白히標現ᄒ지라於此에韓國統監은名實이共히韓國에副王이된職掌과威權을確實케하니라

改政官制中에可히持筆ᄒᆯ者ᄂᆫ副統監의新設이是也라吾人은斯特別ᄒ位置에對하야副位을置ᄒᆯ必要與否을不得不疑로라臺灣總督에도副總督이姑無하고埃及에對ᄒᆫ事實上의副王도僅히總領事와理事官의名으로其實權을振廻하엿스니其副位有ᄒᆷ은未聞이라然則如斯ᄒ特別의位置ᄂᆫ副位가無ᄒᆷ으로써原則이될듯ᄒ지라然ᄒ나今回副統監의新設에就하야ᄂᆫ吾人이不必反對라何則고伊藤侯其人의帝國內外에現狀을察하면吾人은副統監을新設ᄒᆷ이偶然치아니ᄒᆷ을見ᄒ故라

伊藤侯ᄂᆫ至尊의左右에密邇ᄒ야可히獻替ᄒᆯ元勳의重ᄒ一人이라伊藤

---

14 慷悲憤 : '慷慨悲憤'의 오기.

侯가비록 元氣旺盛 ᄒ나 年齡이 古稀에 已及 ᄒ니 此人으로 ᄒ여곰 韓國에 在 ᄒ야 日夜庶政에 鞅掌케홈은 人物經濟에 賢明ᄒᆫ 方法이라 謂키 不可 ᄒᆫ지라 吾人은 副統監의 新設이 充分ᄒᆫ 思考와 熟慮의 上으로 出來ᄒᆫ 結果됨을 不疑ᄒ며 此을 爲ᄒ야 伊藤統監이 國家ᄅᆞᆯ 爲ᄒ야 其精力을 最有效ᄒ게 使用홀 것을 不疑ᄒ노니 故로 原則으로ᄂᆞᆫ 無用에 近ᄒ나 實際로ᄂᆞᆫ 有用이라 ᄒ노라

若其 專任參與官二人을 新設 ᄒ며 且 內國人의 韓國各省次官을 加ᄒ야 所謂 事實에 統監府의 內閣을 組織홈과 如홈은 最機宜에 適宜ᄒᆫ 改正이라 不云키 不得홀지라、彼等은 出ᄒ면 韓國政府의 各省次官이 되고 入ᄒ면 統監府의 參與官이 되니 其專任者에 二人은 官制에ᄂᆞᆫ 規定이 無ᄒ되 事實에 其一人은 法制部長이 되고 其一<17>人은 外交部長이 될지니 如此히 ᄒ여야 統監政治가 圓滿히 行홀 道理라 홀지니라

官制問題ᄂᆞᆫ 已解決되고 人物의 問題도 已解決된지라 此上은 其運用의 如何을 事實에 驗홀 外에ᄂᆞᆫ 無ᄒ니 吾人은 其統一을 望ᄒ며 其協贊을 望ᄒ노니 如斯ᄒᆫ 境遇에 區々ᄒᆫ 小功名에 驅홈이 되야 互相蝸牛角上에 爭鬪을 事ᄒ야 統監政治에 妨害가 有케홈은 是決코 我國民의 信托을 全ᄒᆫ 所以가 아니이라

大隈伯의 對韓意見

△司法制度의 確立　伊藤侯도 比間會見 ᄒ얏거니와 元來 韓國으로 新協約을 締結ᄒ야 此ᄅᆞᆯ 扶掖指導ᄒᄂᆞᆫ 以上에ᄂᆞᆫ 第一問題가 司法制度ᄅᆞᆯ 確立홈이니 卽 韓國이 歐米諸外國으로 締結ᄒᆫ 各種條約은 雖協約締結後이라도 存續홀 것은 明白ᄒ니 此ᄂᆞᆫ 勿論ᄒ고 治外法權의 條約이 有ᄒ니 然則 刻下 第一問題라홀 것은 使韓國으로 其條約을 破棄케ᄒ고 列國으로 對算條約을 締結ᄒ기ᄭᅡ지 進步ᄅᆞᆯ 求케홀지니 此에 對ᄒᆫ 當面事業이 法律의 制定과 司法의 獨立에 在홈은 言을 不待홀바也오 此에 應ᄒᄂᆞᆫ 處置ᄂᆞᆫ 法律家ᄅᆞᆯ 任用홀지라 內治上

에警察官의增加홈과如홈도亦是將行홀重要事項이니而於新協約에日本
人을韓國官吏로任用한다는條款을設한眞意도亦玆에在홈이明호니라

△**政費의補給**　果然則將來韓國의政費增加는當然한事實이니此에應홀
費用支出도韓國目下의財政으로는到底不可能인즉此에對호야我國이補
助를與홀것은盖是止不得홀次第라然호나補給年度는決코永久에亘홀것
이無호니我國의財政은伊藤이도十分知悉호는故로過當한額을不可要求
오二百萬圓內外로限度홀지오又韓國엣財政을見홈에軍隊解散의<18>結
果로百萬圓以上의餘格를可得이오又現在의土地整理를實行홈에不少한
隱田等도整理한以上에從來地方官等의橫暴로依호야未定한國庫의收入
을確實히호며現在의稅率을增加홈에不至호고도充分國庫의收支에平衡
을可得홀事實이不遠可見이라信得이오又殖産工業에關한者에就호야는
必要로應호야其事業費를得홈에는公債也又借款也種々한道理도存한事인
디適宜히行호며將來에는充分한報償을得호리라思호노라

△**人物의供給**　大體日本人을官吏로任用호면現在의官吏와如한薄給에
는到底不應홀者도有홀터인디此에對호야는可及的其補助를行호면卽日本
國大學卒業生은勿論各種私立의大學까지라도充分供給호리라信홀지라
彼의警察官吏는多數를要호나몬져五六百名을送出호면充分홀지니要之
韓國에對한當面問題는人物供給의問題오此에伴호야費用問題를若起홀
터인디前述과如히借款也어니와補給也와一時的의政府補助는몬져止不
得홀것이니라

△**政進의近接問題**　伊藤과會見홈에就호야近接이란것이如何한가云호
는者도有호니別段의次第업고年來의友人인故로友誼를互相溫籍홈에不
過한지라韓國의問題는外交에關한問題라列國環視호는間에立호야我國
이韓國指導호는實을擧홈에는充分히日本의眞意를示호기爲호야親切히此
를當홈은勿論홀事니라

△**我國民의對韓主義**　我國民이韓國의事라云호면一도二도업시或合

併호다던지國王을何以處之호다던지호야如何턴지荷待홀傾向이有호
듯호니未可解홀事라獨逸이던지米國이던지와如호新進氣銳호大國에
對호야는或<19>强硬手段을下호려니와抵抗力이無호國에對호야如此
히荷刻홈은甚所不取也로라

間島問題

咸鏡道西北境에接호淸韓兩國間에所屬未定호一地方이有호니世에셔
間島라稱호는者是也라土地膏腴호야農作에最適홈으로써淸韓兩國人의
移住호는者比年加多호니統計의可據홀者雖無호나世間所傳을據호면韓
人六萬淸人四萬의在留者가有호다더라間島의所屬은多年淸韓兩國間의
係爭問題인디或勘界使를互相派遣호야調停을試호며或外交手段으로依
호야解決를試호나尙其目的을達호야兩國々境問題가依然未決호야今日에
至호지라所屬이決定치못홈으로써其政治도亦淸韓에專屬치아니호고兩
兩[15]이相當官吏를各派호야自國人民保護의任에當케호더니日露開戰의後
에至호야韓國官吏가同地에引揚홈으로브터本住韓人等全無保護호狀態
에陷호야馬賊其他無賴之徒가此間에橫行호야掠奪를擅行호는故로韓廷
에셔昨年十一月로써韓民保護호기爲호야日本官吏를特爲派遣호기로統
監府에申請함에至호지라夫間島問題根底는淸韓兩國의境界論이나境界
의劃定은今日까지相結호야其解決를容易히可望치못홀지라而一方在留
韓民이保護는焦眉之急이方迫홈으로써日本政府에셔韓廷請求를應호야
若干官吏를同地에派遣호야써韓人保護의任에當케호기로決호고該吏員
의一團이本月卄日로써間島로赴호니要之컨디右吏員을派遣홀同時에其
旨를淸國政府에通知호야同國官憲으로호야곰誤解가無케홀必要手段을

---

15 兩兩 : '兩國'의 오기.

請求홀지라齋藤中佐는兵士를引率홀意를報호나護衛及偵察홀目的으로
써少數의憲兵을伴홀것이오兵士는引率치아니혼다더라<20>

間島問題의現狀-(九月六日)-

間島問題의成行에就호야更聞혼바를據호건디日本政府가間島엣韓國
人保護호기爲호야相當혼官吏를派遣호기로決혼同時에同駐淸公使의게
訓令호야淸國政府에對호야公然此趣를通牒케호니其要領은間島在留韓
國人民等이馬賊의叛署其他로因호야非常혼困難에陷호야保護의必要不
可已로써今回韓國政府의委任을依호야日韓兩國의官憲을同地方에派出
호노라然호나本國政府의此處置가韓民保護호는外에全無他意호니淸國
政府는此意를諒홀지어다若夫淸韓兩國多年의懸案된國境劃定에至호야
는後日의決定을待홀지라我는淸國政府萬一의誤解를防호기爲호야此通
牒을特發호는것이라호엿는디去二十日出發혼齋藤中佐一行이間島에到
着홈에同地의淸國官憲이一行의게向호야同地方이淸領土된所以로써
至急撤退를求호엿스나中佐는本國政府의命에依하야韓民保護의目的으
로來任혼者인즉本國政府의命令을不依호고는此地를不得引去홀지라所
屬問題와如홈에至호야는日淸兩國政府가外交上案件으로處理홀것이오
予의關知키不得홀바로라하얏더니此와同時에北京政府로셔日本外務省
에對하야公然의照會를發호엿스니本問題에關호야兩國政府의交涉往復
이自此로漸益頻繁홀形勢더라

間島에在혼淸國官廳이淸國人民의保護를目的홈이오領土權에基혼地
方廳이아니라夫間島一帶가兩國의係爭地된以上은淸國官廳의性質의不
可不如此홀것은事理의當然홈이라元來淸國國[16]이其領域됨으로主張호나
韓國도亦本來此地方에對호는請求權을主張호여신즉其所屬如何의決定

---

16 淸國國 : '淸國'의 오기.

은韓國의利益을代表ᄒ<21>ᄂ日本과淸國과의交涉을을[17]侯ᄒ외에ᄂ更無他道라今回日本으로派出ᄒ官吏ᄂ韓民保護를目的ᄒᄂ者인즉間島에ᄂ兩國이各々其官吏를派ᄒ야各々人民을保護ᄒ次第인ᄃ韓國이此地方에官吏를置ᄒᄋ은決코今回에始ᄒᄋ이아니오從前旣有其制라今回ᄂ一時中絶ᄒ制度를復舊ᄒᄋ에不過라더라

間島와日淸軍隊

間島에從來淸國官廳이數所가有ᄒ니警察其他民政에當ᄒ쑨아니라多少ᄒ正規兵의各處에分屯ᄒ其數가約四百이라ᄂᄃ淸國政府에셔尙又東三省의兵卽北洋軍의中으로若干部隊를派出ᄒ기로東三省總督의게命ᄒ야스나到着ᄒ얏다ᄂ報道ᄂ尙今未接ᄒ니盖淸國에셔日本陸軍이同地에駐屯ᄒ다ᄂ誤報를過聽ᄒᄋ이라從來同地에日本兵은一人도駐屯치아닐쑨아니라齋藤中佐一行에도兵士一人이無ᄒ고只以馬賊이跳梁하ᄂ危險의地됨으로普通警察官代로憲兵六十餘名을附하야써一行을護衛하고兼地方警察의一部를取扱ᄒ려ᄒᄋ에不過라더라

間島情形

江北白頭山下에韓國里程으로周圍千有餘里되ᄂ地方이有ᄒ니卽女眞舊地方인ᄃ麗朝侍中尹瓘의開拓定界ᄒ고碑ᄭ지堅ᄒ者인즉其韓國版圖中의一區됨이昭然ᄒ지라其山勢의魁傑ᄒᄋ과地理의肥厚ᄒᄋ이寸土金이라可謂ᄒ지오且人傑은地靈이라元明淸二國의始祖가此地에셔皆生ᄒ시라韓淸兩國이其地에셔英雄이更出ᄒ가慮ᄒ고且邊境에釁端을惹起ᄒ가恐ᄒ야禁民居生에遂爲荒ᄒ니此卽廢四郡也라挽近以來로西北人民이官吏의貪虐을不堪ᄒ야負携越去ᄒ야開拓拓[18]爰居ᄒ니田土肥沃이라人戶漸增ᄒ

야三四萬戶에達ᄒᆞ니라其<22>土産인즉金銀鋒銀인디尙不開採ᄒᆞ고其穀
物인즉禾黍菽麥인디比他倍出ᄒᆞ고其材木인즉松杉橡檜인디擧皆連抱에
不可勝用이오其他牛馬毛物의類가莫不有焉이라其境界가韓淸俄三國의
咽喉에處在ᄒᆞ야山으로ᄂᆞᆫ長白山白頭山先秋嶺이有ᄒᆞ고水로ᄂᆞᆫ鴨綠江松
禾江豆滿江이有ᄒᆞ야南으로淸國通化縣遼東을接ᄒᆞ고西로同國奉天府瀋
陽을連ᄒᆞ고北으로皇帝坪寧古塔[19]吉林海蔘威等地를通ᄒᆞ고東으로琿春과
韓國咸鏡道茂山鍾城鏡源慶興等地를隣ᄒᆞ엿ᄂᆞᆫ디相距가僅不過一帶江而
已라吉林琿春以外自海蔘威로至豆滿江의海面과西自遼西以下牛莊黃海
의海面이此所謂遼東間島也라後近以來로陸으로鐵路의連通이有ᄒᆞ고海
로港口의開設이有ᄒᆞ니若是其地廣物富ᄒᆞᆫ要害之地를等閑置之홈이不可
ᄒᆞ고況與日本으로相距不遠이오且與海蔘威로接隣ᄒᆞ며與牛莊滿으로連
陸ᄒᆞ여스니迨此俄國貪視東亞ᄒᆞᄂᆞᆫ時에有志有力가曷不盡力于此리오

朝鮮事件과英國

　過去數月間에國際的事象에ᄂᆞᆫ朝鮮事件과如히多大ᄒᆞᆫ注意를喚起ᄒᆞᆫ者
無ᄒᆞ니英國의新聞紙라云ᄒᆞᄂᆞᆫ新聞紙ᄂᆞᆫ凡日本의强硬直截ᄒᆞᆫ手段를批評
ᄒᆞ고本日타임스紙에論ᄒᆞ야曰今後日本이朝鮮上에可加홀司配와合倂과
ᄂᆞᆫ術語上에明白히相違홈이有ᄒᆞ나外交家等의互語홀時外에ᄂᆞᆫ其相違홈
이小ᄒᆞ야殆乎可認치못홀지라ᄒᆞ고余가昨日에某卓越ᄒᆞᆫ政治家朝鮮問題
에就ᄒᆞ야語ᄒᆞᄂᆞᆫ디彼가論ᄒᆞ야曰現下朝鮮에對ᄒᆞᆫ日本의位置ᄂᆞᆫ當時埃及
에對ᄒᆞᆫ英國의地位와酷似ᄒᆞᆫ지라然ᄒᆞ나日本은英國에比ᄒᆞ면大爲自由니何
者요朝鮮에ᄂᆞᆫ外國條約이無ᄒᆞ고又埃及과如히混合裁判所도無ᄒᆞ고<23>

---

18 開拓拓 : '開拓'의 오기.
19 寧古塔 : 원문에는 '寧□(土+古)塔'으로 되어 있음.

又朝鮮에關係를有호外國의財本家도無호지라故로日本이朝鮮에셔大호
內亂를遭遇홈도無호고又外國의陰謀을憂홀必要도無호다호고タイムス은
又論호야曰殖民的國民이라는日本의伎倆은遽히判斷치못홀지라日本이朝
鮮에例外的自由를行홈으로써其成功과其失敗의對호責任이一層重大호
니日本惟其結果에依호야判斷홀쑨이오且日本은此自覺를有홈으로以호
야更히奮起當事홀것이必호니若夫確乎호手段과忍耐와熟練에據호야日
本이朝鮮人民으로호여곰遂歸順케홈이至호면是는日本이他國에一敎訓
을與홈이라하엿더라

日佛協約과支那新聞

　日佛協約에對호支那一二大新聞의論調을紹介호노니時報는曰英約이
成홈에長江의大事去矣오曰佛約이成홈에遼東嶺南의大事去矣오曰佛約
이成홈에蒙古新疆의大事去矣라說호며日米의約은尙히未來에屬호나반
다시太平洋全局에影響이有홀것은無疑인디其弊을受홀者는淸國쑨이라斷
定호고日淸戰爭當時로붓터現時에至호東亞의大勢를槪論호後에本論에
入호야曰今日國을滅호는新法은初에는名을主權尊重에托호야써其礦
路商工業을吸收호고終에는口을治安保全에藉호야써其主國管理의權
利를盡及호나니盖主權尊重에托치아니호면土人抗拒의心을安키不能호
고其管理의權을奪치아니호면成效의圓滿을期키不能이니日本이朝鮮에對
홈과佛이越南에對홈을觀호면其措處의先數緩急을足히知홀지라我國民
은此義을不知호고誤히五胡遼金의往事로以호야主權尊重의言을聞호고
皆窃喜호야曰西人은決코我를亡치아니호리라호<24>고近時學者時局을
稍知호는者는乃經濟戰爭은期必코土地을占領치못홈으로知호는故로政府
도其說을習聞호고亦欣然不思호고曰비록國이亡홀지라도其奪호는者는只

民間生計에 不過ᄒᆞ고官吏의 威權은 尙依然無恙ᄒᆞ리라ᄒᆞ니是故로草野悲憤ᄒᆞᆫ聲은 一切置之ᄒᆞ야 漠然不顧ᄒᆞ고 國政改革의 機ᄂᆞᆫ 益々無望이라ᄒᆞ엿고 同紙에 又蒙古에 對ᄒᆞᆫ露國政策을 槪評ᄒᆞ야 淸國爪分의 擧ᄂᆞᆫ 日英同盟에 始ᄒᆞ야 日露協約에終ᄒᆞ리라結論ᄒᆞ엿더라

△ 中外日報ᄂᆞᆫ 「日露協約은 中國에 大害가 有홈을 論ᄒᆞᆫ다」題ᄒᆞ고 大地上에 國을立ᄒᆞᄂᆞᆫ者 其左右前後의 諸國은 遠隣과 近隣을 勿論ᄒᆞ고 恒常窃히 剖割의策을 立ᄒᆞᄂᆞᆫ 冒頭로붓터進行ᄒᆞᄂᆞ니 近時淸國에 利害關係를 有ᄒᆞᆫ諸國은 皆盟約을作ᄒᆞ야 淸國의獨立과 領土의保全을承認ᄒᆞᆫ다宣言ᄒᆞ나 然ᄒᆞ나 淸國으로獨立의實이有케홈에 엇지 諸國의承認을 煩ᄒᆞ며 淸國으로 缺陷의象이 되기홈에 엇지 諸國의保全을 煩ᄒᆞ리요 今에 諸國이明히 承認이라 保全이라 稱言은彼等의 突意니 諸國의承認과 及保全이 無ᄒᆞ면 淸國의獨立과領土이保全ᄒᆞ기不能홈을斷定홀것이라 慨嘆ᄒᆞ고 且日本新聞의 論調를引用ᄒᆞ고 外人等은明히 淸國이 可히保全할國이라斷定ᄒᆞ나 彼等이協約을立하난바의實은決코 淸國을 爲홈이아닌주를 明言ᄒᆞ여스니 不知커라 淸國政府ᄂᆞᆫ 此를聞ᄒᆞ고 內心에動홈이有ᄒᆞᆫ가否ᄒᆞᆫ가 詰ᄒᆞ노라 又日本新聞紙가 淸國으로ᄒᆞ야금 危地에 陷홈을知ᄒᆞ면 惟內政을改革ᄒᆞ야 危害를外에加치아니ᄒᆞ고 日英佛露四國으로ᄒᆞ야금 協約을 實地에 應用치못케홀것이라 議論ᄒᆞ여시니 實地應用四字난 語意渾合ᄒᆞ야 비록 其方法을 期言치아니ᄒᆞ여스나 是協約의 最危險ᄒᆞᆫ所以니 若淸國의 所爲가其承認에 <25>障碍홈이 有ᄒᆞ며 或保全에 妨害가有ᄒᆞ면 淸國은 自衛의計로 別方法을 不得不設홀지니 則虛로써 淸國을與ᄒᆞ고 各國은 自然히 其實權을把握홈이 日本이朝鮮에 對홈과如할而已니 其所謂危害를各國에加ᄒᆞᆫ다홈은 各國은只淸國을抑壓ᄒᆞ고 若淸國이聊爲枝梧면指ᄒᆞ야 各國에危害를加ᄒᆞ난者라ᄒᆞ야셔 其逆取順守의策을行ᄒᆞ리라斷言할지로다 果然ᄒᆞ면 淸國은 事々物々예唯各國의命을是聽ᄒᆞ야써 殘喘을求홈에不過할[20]지니 特別히可最異ᄒᆞᆫ者ᄂᆞᆫ 日本의當局은 日本은決코 露國의外蒙古에對ᄒᆞᆫ行動을承認치아니ᄒᆞᆫ다난宣言을 不拘ᄒᆞ고 日本新聞紙에 秘密ᄒᆞᆫ箇條를公

然宣布ᄒ리니其禍을豈可勝言이리요按컨단協約은淸國의領土保全으로
써言할지라도若蒙古을露國에委托ᄒ면機會均等四字은此에忽然出現ᄒ
야英은香港、威海衛附近及西藏에와、佛은雲南兩廣에와、獨은山東에
와、日本은福建東三省에必均等의例을援用치아니할理가無ᄒ니是以로一
國이他國보담多을得ᄒ야互爲抵割ᄒ야要求又要求ᄒ야循環割據ᄒ야永
遠히窮盡홀時가無홈에至ᄒ면淸國은將來何로써此늘待할요此늘비록未來
의事에屬ᄒ나其勢반다시此에至한지니夫如此한協約의効果난旣淸國을死
地에置ᄒ고坐發展의望이無케홈이라不知커라我政府와我人民이亦愓然
히動心홈이有한가否한가ᄒ엿더라

伊藤大隈二老의關係

伊藤候與大隈伯은日本政界에對峙ᄒ巨嚴이라一은於朝爲重이오一은
於野爲重ᄒ니日人이皆評曰伊隈의距離가朝野의距離와宛如ᄒ다ᄒ니其
混和커終難홈을謂홈이라月前伊藤統監이歸國홈에兩者의交誼가俄見近
接ᄒ야<26>伊侯가大隈伯을其私邸에先訪ᄒ야數刻을歡談ᄒ고大隈伯이
其次伊侯를其旅舘에訪ᄒ야數刻을歡談ᄒ고其後에亦互招延의會가又有
ᄒ니兩者往復如此가從來未曾有라東京界諸士揣摩ᄒ야曰此是伊侯가隈
伯의聲援을借ᄒ야進步黨이議會에協賛一致홈을求코져홈이라ᄒ고或曰二
老提携ᄒ야山縣侯의勢力을拮抗홈이라ᄒ니要之컨디皆以政治的意味로
憶測홈이니政治家의離合集散이固是政治意味됨이無疑ᄒ나此時一說이
有ᄒ야伊藤、山縣、井上、大隈가自少로國事에奔走ᄒ다가其晩年에及
ᄒ야大隈伯이獨下野ᄒ야與諸老로不相容ᄒ니是國事上甚爲不利라於此
에仲間幹旋ᄒᄂ人이有ᄒ야兩老의緩和를圖ᄒ야隈伯은藤侯가晩年國事

20　할 : 원문은 '활'이나 '할'의 오기라 정정함.

에奔走ᄒᆞᄂᆞᆫ勞를藉慰ᄒᆞ고藤侯ᄂᆞᆫ隈伯이多年逆境에孤立ᄒᆞ야世敎를維持ᄒᆞ엿다感稱ᄒᆞ고且藤侯가韓國에在ᄒᆞᆫ中에數次意見을交換ᄒᆞ야舊交가自然加溫ᄒᆞ야今回의近接에至ᄒᆞ엿다ᄒᆞ니或然이오而兩老의對韓意見이亦漸近接ᄒᆞ야藤侯ᄂᆞᆫ隈伯의忠言을喜ᄒᆞ고隈伯은藤侯의實情을諒ᄒᆞ야互爲援助ᄒᆞᄂᆞᆫ者와如ᄒᆞ더라

談叢

書窓獨語

○昨日旣死ᄒᆞ며明日未生이나吾人可爲者ᄂᆞᆫ今日事業而已라

○元老、在野政客、儒生、免官官吏가心血이躍々ᄒᆞ야大團體을製造코져ᄒᆞ되一人도敢히發치못ᄒᆞᄂᆞ니問其故卽曰追放解散이踵을不接ᄒᆞ야到ᄒᆞ니可恐可怖라嗚呼此輩ᄂᆞᆫ想컨디昨日의夢을起ᄒᆞᆫ人이로다

○一進會運動員이每月五百圓으로奔走히日夜을連ᄒᆞ야써黨勢擴張홈을圖ᄒᆞ니意氣可愛ᄒᆞᆫ지라、反對派曰吾儕도亦有意氣로되只追放解散홈에奈何요ᄒᆞ니旣言ᄒᆞ되追放解散홈에奈何요ᄒᆞ며意氣가何에在ᄒᆞᆫ가…………文明的秩序와文明的組織은堂々正々ᄒᆞ야政見을發表ᄒᆞ며同志을糾合ᄒᆞ면誰能沮之리요……………

○追放解散홈은陰謀ᄒᆞᄂᆞᆫ者을向ᄒᆞ야可用홀者ᄂᆞᆫ不可不用이로되…………만일正々堂々ᄒᆞ야陰謀아닌者을向ᄒᆞ야用ᄒᆞ면用ᄒᆞᄂᆞᆫ者가却是陰謀者로다

○誰가言ᄒᆞ되統監이一進會을掩護ᄒᆞᆫ다ᄒᆞ니統監은是日本大官中의大官이라身은雖在京城이나其心은對世界政策에常存ᄒᆞ니엇지一韓事로써

懷를塡홀者耶아況以區々一進會者耶아道路에曰統監이歸任後에宋農相
을捉ㅎ야一番勵聲으로其素行을叱ㅎ고坐行政에失當홈을戒혼지라由來로
若此를偏愛ㅎ고彼를排斥ㅎ면是는卑婦에情이라統監의聰으로不知홀理
가豈有ㅎ리오諸君은試向統監ㅎ야滿腔企劃을吐露ㅎ면此老가必快然傾
聽홀지오혹掩護를求ㅎ면其掩護홈이坐한一進會와如히ㅎ야先後甲乙을不
嫌홀지니諸君은孤意浚巡ㅎ야其志을不陳ㅎ며其見을不問ㅎ고盲評憶惻
을漫逞ㅎ니此는失方이諸君의게在ㅎ니이다

　〇平安黃海咸鏡之人은賣直乾剛ㅎ니北方의强者라云홀지라珍重又珍
重ㅎ야旣死의生을回ㅎ며旣亡의國을存코져홀진딘宜從容周密ㅎ야立策遠
大홀거시오一朝의怒을激ㅎ야其身을忘홈을彼妬婦와如히말지여다或이伊
大利愛國者가라쌔루지-의게問ㅎ야曰君은何不取妻요혼딕가라쌔루지-
曰伊大利가吾妻也라五尺의軀가 國家一體와 相感혼다ㅎ니如斯라야可히
士라始謂홀지로다

　〇或曰李容九가總理大臣이된다ㅎ며或은曰現內閣[21]은倒ㅎ고金允植이
가內閣을組織혼다ㅎ며或은又曰宋秉畯이가總理될志가自有ㅎ야使一進
會員으로李完用을辭職勸告혼다ㅎ니……風說이風說을産ㅎ며訛傳
이訛傳을孕ㅎ야京城이依然히魔界也로다陰鬼跳梁ㅎ니、統監이此時에如
何혼大照魔鏡을取ㅎ야此醜美을判別ㅎ리오

　〇韓人의所好ㅎ는人을用ㅎ야韓人을治홈이可홀지라天下을治홈이小
鮮을煮홈과如ㅎ다ㅎ니、老子가吾心을得홈이로다

　〇郡守을改ㅎ야郡長이라ㅎ고郡主事을改ㅎ야書記郎이라ㅎ니政府銳
意가官制改革홈에坐한勞ㅎ다可謂ㅎ갓도다韓友가嘲問曰施政改善이此
을謂홈인가ㅎ니……日韓多士整整이문득無名士의笑破ㅎ는바되니
宜히自省홈이可홀지니라

---

21 閣 : 원문은 '閤'이나 '閣'의 오기라 정정함.

○李完用宋秉畯의徒는負保商團隊을引ᄒ야欲爲己黨ᄒ야百方勸誘로되李圭恒은傲然不動ᄒ야써風雲의會을徐待ᄒ니此人은韓中의奇傑者라可謂ᄒ갓도다

啓發錄

老尼의德

一尼가有ᄒ야結菴靜居에淨行이甚高러니夜半中에强盜가入ᄒ야所有衣服器皿을盡奪호되尼가少不動也ᄒ고盜去에一短衣를忘棄홈이有ᄒ거늘尼가卽使雛僧으로賊을追及ᄒ야曰此物이亦汝輩遺物이니取去勿殘ᄒ라ᄒ고丁寧贈與ᄒ니賊徒數人이驚訝相顧曰今世에亦有此崇行淨心之人乎아吾徒醜態가寧不愧死리오ᄒ고則與雛僧으로其菴居를還訪ᄒ야其所盜를悉返ᄒ고誠心이面에溢ᄒ야其忘狀을謝ᄒ거늘尼가默々聽之라가聽了에起而禮<29>拜하야敬佛과如히ᄒᄃ賊徒가逡巡不知所爲하야乃問貴下가我頭를痛히棒拜홈이宜하거늘何故로却爲禮拜하야恭敬하기를佛에向홈과似하ᄂ니잇고尼曰汝輩가曩時에魔心으로써來흔故로禮치아니하얏거니와今則悔悟하야佛心이現出하니是는盜賊이아니오佛身이라何敢不禮리오賊徒가再三叩頭하고去하야自此로盜行을全廢하고身이終토록貧民을救하기로써志業을삼으니一鄕이其澤을蒙흔者甚多러라此事가數百年前에在호ᄃ談每及此에猶使東西人으로感奮發志케하니德力의化人動世홈이如此夫ᆫ뎌希臘聖哲속구라데스가斷言하야「曰天下가비록廣大하나使吾儕로服從케하ᄂ者는帝王도아니오三軍도아니오巨萬의富도아니오唯是ᆯ德而已라天下를亂動하야一大帝國을爭홈이寧貧賤而守道修德바야無窮之樂을樂홈만不如하다」하니其言이洵然이라今韓國이비록衰亡에瀕하엿스나是但國家形骸라苟此心이未死면振拔千古하기尙且不難이니同人三四

或七八이同心合志ᄒ야決死勵行이면世界文明을猶可以推倒ᄒ야韓國이
永々不死ᄒ지니라

神醫術者出現

醫學進步가近世益著ᄒ야年々新藥이發見ᄒ니人世幸福上에甚可喜라雖
然이나古來難治之病이今尙無良藥者가亦不鮮ᄒ니如肺病、如腎虛是也라
肺病療法者ᄂ歐米各國醫界에셔日夜硏究ᄒ면日本北里博士가亦血精療法
을發見호ᄃ適切ᄒ기未能이오腎虛病者ᄂ身體虛弱혼人이往々有之ᄒ야男
女의情交를竭ᄒ기不能이니此對症之業을亦處々撥明호ᄃ適ᄒ기亦未能이
러니此時日本에神醫術이有ᄒ야肺病에對ᄒ야一種可驚홀奇藥이有ᄒ고腎
虛에對ᄒ야靈藥이亦有인ᄃ此二大病療法<30>이服用上外에躬行自養의
法이更有ᄒ야頗簡單ᄒ다ᄂᄃ此療法을接觸혼者의所語를聞혼즉肺病者가
肺一方이無ᄒ고生存혼者와狂者가立地에回復혼者有ᄒ며或跛者起行ᄒ며
世醫拆匕ᄒ던病가此法을因ᄒ야健康을得혼者가萬으로써數홀지라ᄒ니韓
國에多數希望者가若有ᄒ면此人을倩來홈이亦或不難이니라

陸克의自由談(續)

人世自然의狀態가皆自由平等이라故로不論何人ᄒ고一人으로써他人
을壓制홀理가萬無ᄒ니故로王侯의權을不論ᄒ며嚴父의權을不論ᄒ고其臣
子를壓制爲奴홀理ᄂ無ᄒ니라
子之於父가奴之於主로日를同ᄒ야語홀바아니라盖所謂父權者ᄂ本是
養子成人홈을爲ᄒ야設홈인즉父가其子를制홈은正히其子長成ᄒᄂ日에其
自由權을能復코져홈이니子가長ᄒ야其身을能히自處ᄒ야其自由權을已復

이면爲父者다시制ㅎ기不得이니라

故로父權者는當然之限이自有ㅎ應盡之義가自有ㅎ니限者何오父가其子所當의責任을홈이是也오義者는何오此責任을負ㅎ고盡홈을謂홈이니라

父之於子에養之々任도有ㅎ며敎之々任도有ㅎ니萬一此任을怠而不盡이면其子가不免於凍餒오凍餒는雖或免得이나衣食이其宜를不得ㅎ야其子가或致病羸ㅎ면又或怠於敎育ㅎ야其子가不學無術이면父權이墜地에將自官府로其父를强ㅎ야써其責을盡케ㅎ리니라

且父權과政府權이其本原과其宗旨가皆大相逕庭이니爲父者與爲子者는其智識이各有高下며其自由도亦有高下어니와若夫施政者與奉政者則兩者之間이全爲相等이니若謂官吏<31>之智識과官吏之自由가皆出庶民之上이라ㅎ면天下에寧有是理리오故로父權與政權이不可同年而語니라

政府之權所由立者는惟裁斷一事而已인디裁斷之權이又分爲數種ㅎ니盖欲裁斷이면其罪惡의大小를權度ㅎ야其懲罰의輕重을定홈이宜ㅎ지라於是乎法律의設이有ㅎ야立法之權이以出ㅎ고法律이旣有면不可不施行이라於是乎行政之權이以出ㅎ고國에內行政權이旣有면비르소外國에有事ㅎ야或戰或和에此事를任ㅎ는者無키不可ㅎ지라於是乎交涉之權이以出ㅎ느니라然ㅎ나此權이實로行政權의中에在ㅎ니名目을不必別立이니라

政府之權이當有限制오不可專恣니人이人의게事로써托ㅎ고其權혼人의게授ㅎ며必有其宗旨오托을受혼者가其權을使用홈亦此人의宗旨를受홀而已니若其宗旨를反ㅎ야以行其權이면는托을負홈이니然則政府를建立혼것은無他라情命財産自由權을擧ㅎ야使無喪케홈이니라

立法權과行政權은政府의二大權인디立法權이猶爲貴重이니所謂主權也라行政者는立法權의制定혼바를奉行홀而已니라

立法權이雖爲主權이나限制는決코不無ㅎ니所謂主權者는各人所本有의權을聚合홈에不過혼지라夫吾人之於吾身에自殺之權이決無ㅎ고吾人之於他人에殺之々權이決無ㅎ며吾人之於吾身에吾身을自屈ㅎ야奴隷될

權限이決無ᄒ고吾人之於他人에他人을勉强ᄒ야奴隷되게홀權限이決無ᄒ니來則立法權은吾人을防護ᄒ기爲ᄒ야設홈이니其我를殺戮ᄒ며我를奴隷홀權이無ᄒ니故로立法權이雖爲主權이나無限의權을有홈은非也니라

人雖政府를共立ᄒ야立法行政二大權을設ᄒ<32>여스나萬一國民의托을受ᄒ야行政立法의權을執혼者가或其所托혼宗旨를反背ᄒ야써國民의權利를破壞ᄒ며或利已를但謀ᄒ고民病을不恤ᄒ면是ᄂ當初契約혼趣旨에反背ᄒ니如此則民必羣起ᄒ야兵力으로써政府를抗ᄒ여도逆謀로視키不得이니蓋政府에셔釁端을先啓혼故니라

政府與敎門之權이二者不相干涉ᄒ야皆獨立而不倚니蓋政府의注意ᄒᄂ바ᄂ今世에在ᄒ고敎門의注意ᄒᄂ바ᄂ來世에在ᄒ니其絶不相干이固宜也니라

政府의大旨ᄂ衆人으로ᄒ야곰各其所有의權을保케홈에在하니各人이其所好의宗旨를擇하야奉홈은政府가妨害키不得이니라

政府가於職分上應盡之事에亦屬自由오不受束縛이며敎門도於職分上應盡之事에亦全屬自由오不受束縛이니라

實業

韓國輸出稅를全廢-(每日電報論說)-

今日韓兩國間의關稅를現在와如히存續ᄒ야彼我經濟上의疏通을圖ᄒ려홈은到底히不能홀事에屬할지라然則日韓貿易의發達을圖ᄒ야韓國에對혼我經濟上의經營을迤홈에난兩國間의關稅를撤廢홈이急要혼事난비록言을不候할지나然이나韓國은姑純然혼我屬國도非也며商業上의機會均等主義도亦列國과共히我邦의公認혼바니淸韓의如何혼部分에도惟我國民

만貿易上의利益을壟斷홈은公明혼我의政策에도背戾호며列國도恐컨딘承
認차아니할바오又日韓關稅同盟과如홈도若彼我兩國의利益으로單言호
면비록此늘斷行키能홀것이나其結果은自然히列國의對韓貿易에影響을不
與키不得할지니伊藤統監이該問題<33>에對호야最愼重혼態度을持호야
急速히此을決行할意志가不有혼旨을漏홈은當然혼事라不謂할지라

是故로韓國의關稅問題을解決코져호면漸々此에臨호야一方으론日韓
兩國의利益을圖호며一方으론列國의利害에도急激의變化가不及케호고此
範圍에徐々이此을改正호여야可이智慮가有혼方法이라謂할지라然호나此
가第一着手니此際에斷行을先要할것은韓國의輸出稅을全廢홈에不在호
니自國輸出品에關稅을課홈이拙策됨은渙辯을不待호고明瞭혼故也라然
而韓國의國庫가其輸出稅에依호야年々幾許의歲入을得호나가問호면僅々
略五十萬圓內外에不過호니然則一方으로僅少의財源을得커爲호야他方
에난韓國의農業으로호여곰多大의壓迫을受케호고農民의蒙혼損害도亦意
外에莫大케홈은固賢타可謂치못홀지라然韓國現時의財政이五十萬圓의
財源을失호면多少의苦痛이無홀을不免할지니然則斷定코輸出稅을撤去
호면輸出의增進은期코可待홀지라故로輸出의增加홈을伴호야韓國民의購
買力이從而增加홈은固其所也라果然則其結果가又輸入貿易上에도及호
야輸入關稅의增收할것이亦無疑로다是故로些少의財源을吝호야輸出稅
을將來에存續코져호은愚의極이라可謂할지라

元來輸出稅의全廢는韓國의居留民及農事經營者가夙所唱道而其韓國
政府에迫홈이亦一再에不止호나當時韓國政府는此을爲호야一歲入을失
할가恐호야峻拒호고此를不應혼지라已而오統監府을設置호얏는디爾來로
亦旣一年有餘의歲月을經혼지라問혼즉統監의大方針도亦已韓國産業의
開發을旨혼다호더니輸出稅와如혼産業上의惡稅가今日에尙往々<34>存
續호야設施의方針과로互相背馳호년觀이無키不得홈이豈遺憾의至가아
니리오例컨디韓國財政이何故로窮乏혼가호면如此혼惡稅을撤廢치아니혼

故니若統監의當局者가徒些少의歲入을吝ᄒ야如此ᄒ無稅을撤去ᄒ기尙
且不能ᄒ면吾輩은統監府가韓國政府로何을擇ᄒ리요疑홈이不亦宜乎아
日韓關稅同盟과如히徐々히解決을可求할것이라ᄒ나然이나惟輸出稅난此
際에速히全廢홈을不可不斷行할지니라

韓國의林業

第一森林이氣候를調和ᄒᄂ關係를述홀지라氣候內에몬져森林과溫度
과의關係ᄂ水와溫度과의關係의洽同ᄒ니凡熱水ᄂ熱을受홈도遲ᄒ고又熱
를失홈도遲ᄒ故로水로써圍ᄒ地方은夏에ᄂ其炎熱의度를和ᄒ고冬에ᄂ其
極寒되度를和ᄒ고一日中에亦同ᄒ야晝間의熱度를和ᄒ고夜間의烈寒에
至홈을防ᄒᄂ니是所謂海洋의氣候라ᄒᄂ者인ᄃ氣候엣尤重要ᄒ關係라此
에反하야大陸的氣候라ᄂ것은氣候를調和홀水가無홈으로寒暑가皆其極點
에達ᄒ야夏ᄂ華氏百度以上에達ᄒ고冬은攝氏零下二三十度以上에降홀
時도有ᄒ야人類의健康에甚히有害ᄒ지라然ᄒ나森林은氣候에對ᄒ야亦水
와同一ᄒ效力이有ᄒ니夫空氣의溫度ᄂ太陽으로射來ᄒᄂ바光線에依ᄒ
야直接으로溫홈은少ᄒ고多是地面其他의物體로브터反射하ᄂ熱로爲하야
溫하ᄂ者인ᄃ森林은太陽光線의直接으로地面에達홈이他의裸地보다少
하고從亦其空氣의溫度도他보다溫홈이少하고加之樹體ᄂ常히其葉으로
브터水分을蒸發홈으로써被耍하ᄂ熱量은益々林內空氣의溫度를低下케하
ᄂ니夏日庭前에水를<35>撒하면其凉홈을感홈은是亦撒ᄒ水의蒸發홈으
로爲하야空中의熱를奪ᄒ故인ᄃ水의蒸發홀際에多量의熱를必要하ᄂ것이
라加之水體의溫度도從來試驗에依하면夏季에ᄂ其四圍의空氣보담도低
홈으로爲常하ᄂ故로林中의空氣가夏季에ᄂ常히裸出地의空氣로담도低ᄒ
溫度됨으로爲常하ᄂ니此關係가又一日中에ᄂ晝間의溫度를低下케하야其

暑氣를 溫ᄒᄂᄂᆫ作用을有하니라

夜間에ᄂᆫ地面이其熱를放散하ᄂᆫ者되나森林으로써蔽ᄒᆫ處에在ᄒᆞ야ᄂᆫ其樹冠으로依ᄒᆞ야此作用을防ᄒᆞᄂᆫ故로夜間은却他處보담도漫煖ᄒᆞ고又同理로依ᄒᆞ야冬間은其氣候의烈寒으로走훔을防ᄒᆞᄂᆫ効가有ᄒᆞ니約言ᄒᆞ면森林은氣候를調和ᄒᆞ야寒暑의極端에至훔을防ᄒᆞᄂᆫ者也라是等關係ᄂᆫ單獨森林中으로쁜限ᄒᆫ것이면重要로視ᄒᆞ기비록不足ᄒᆞ나空氣ᄂᆫ元來流動性인故로森林의氣候에對ᄒᆞᆫ影響이林中에쁜不獨爲限이오其四近에遠及ᄒᆞᄂᆫ지라特敷十里에亘ᄒᆫ大森林에在ᄒᆞ야ᄂᆫ其關係가頗大ᄒᆞ야一種의森林的氣候되ᄂᆫ者라ᄒᆞ나니라

氣에對ᄒᆞ야도亦森林이大ᄒᆫ關係를有ᄒᆞ니夫空氣中에ᄂᆫ多少의水蒸瀜를包含하ᄂᆫ者인ᄃᆡ其量은時와處로依하야差가有ᄒᆫ者이나空氣ᄂᆫ元來水蒸瀜를無限含得ᄒᆫ者아니라或溫度에對ᄒᆞ야ᄂᆫ其含得ᄒᆫ水蒸瀜의量에定限이有ᄒᆞ야溫度가昇ᄒᆞᄂᆫ時ᄂᆫ其水蒸瀜를含得ᄒᆞᄂᆫ力을增ᄒᆞ고溫度가降ᄒᆞᄂᆫ時ᄂᆫ其力을減ᄒᆞᄂᆞ니如此히其水蒸瀜를含得홀極限度에達ᄒᆫ空氣를氣象學上에「飽和ᄒᆞᄂᆫ空氣」라稱훔이니一定이溫度에對ᄒᆞ야各一定의量을保ᄒᆞᄂᆫ者也라例컨ᄃᆡ百度의空氣가十五貫目되기ᄭᅡ지의水蒸瀜를含得ᄒᆫ者라ᄒᆞ면五十度의<36>空氣ᄂᆫ此만ᄒᆫ水蒸瀜를含ᄒᆞ기不能ᄒᆞ고候令八貫目되ᄭᅡ지의水蒸瀜를含得홀者라ᄒᆞ면其餘分의七貫目ᄂᆫ水에化훔이될者也라今森林이憂에ᄂᆫ其熱를和ᄒᆞ고冬에ᄂᆫ其烈寒을弱게홀作用이有훔은前에述훔과如ᄒᆞ거니와此를一年에平均ᄒᆞ면裸出地에보담도多少其溫度의低로爲常ᄒᆞᄂᆞ니此로爲ᄒᆞ야或水蒸瀜를含ᄒᆫ空氣가森林中에吹來ᄒᆞᄂᆫ其溫度가低ᄒᆞᄂᆫ故로姑未飽和ᄒᆫ空氣도林內에吹來ᄒᆞᄂᆫ時ᄂᆫ自然飽和ᄒᆞ야雨又霧等으로變化ᄒᆞᄂᆫ者니日本의諺에山은雨와雲을呼ᄒᆞᄂᆫ者라훔이有ᄒᆞ니此ᄂᆫ山이呼훔이非也라森林이呼훔이라故로韓國과如ᄒᆫ縷山에ᄂᆫ此諺이不當ᄒᆞ니라而此關係ᄂᆫ夏季에殊甚ᄒᆞ니何則고夏ᄂᆫ林中과林外의溫度의差가最大ᄒᆫ者되ᄂᆫ故라其他樹은常히多ᄒᆫ水分을蒸發ᄒᆞᄂᆫ故로是又林中의空氣로

ᄒ야곰飽和黗에早達케ᄒᄂᆫ者라ᄒᄂᆫ니我가深林中에入ᄒᆯᄂᆫ常히濕潤을感
홈은全혀以上의理由로由홈이니라

此森林과濕氣의關係도溫度關係와亦同ᄒ니若林内에ᄲᆫ起ᄒᄂᆫ者라ᄒ
면格別重要로視ᄒ기비록不足ᄒ나水蒸滊ᄂᆫ四方에流動ᄒ기極易훈者인故
로森林外附近地方에ᄭᅡ지其影響이及ᄒ야其地方의濕氣의量을增加ᄒ야
農作物其他植物의生育을良好케ᄒᄂᆫ니라

次에森林과濕氣의關係로브터雨量에關係홈이是也라卽林外에在ᄒ야
ᄂᆫ飽和치못훈空氣도林内에셔ᄂᆫ飽和ᄒ야水蒸滊가化ᄒ야雨霧等이됨으로
써森林은其地方의雨量을多케ᄒᄂᆫ니古來森林을濫伐홈으로爲ᄒ야其地方
의雨量이最現減少함이其例不少ᄒ니韓國의雨量統計를見함에日本보다
甚少量홈은山林荒廢도亦一大原因됨이不容疑也라而此雨量의關係ᄂᆫ土
地의高를增홈으로隨ᄒ야著ᄒᄂᆫ者<37>인ᄃᆡ低地에ᄂᆫ森林의有無가其降
雨의全量에ᄂᆫ殆無關係나降雨의度ᄂᆫ甚히增加ᄒᄂᆫ者니所謂片日和의害
를除ᄒ고從ᄒ야洪水旱魃의害를減少ᄒᄂᆫ니라

第二에森林과水源涵養의關係를述ᄒᆯ지니前說과如훈森林은濕氣及雨
量을多ᄒᄂᆫ故로無論水源涵養에關係가有홈이明ᄒ나今是等氣象的關係
를度外에置ᄒ고硏究ᄒ야도尙森林은水源을大爲涵養ᄒᄂᆫ作用이有훈者
也라其理由의如何를言ᄒᆯ진ᄃᆡ林末의枝葉은土地를庇蔭하야光線及風을
遮하야써地上水分의蒸發를大防하야雨水로高地上에保存ᄒ야漸次로流
出케하야絕치아니하ᄂᆫ水源을涵養하ᄂᆫ作用이되고且林内常히水蒸氣가飽
和하고又飽和黗에近홈으로써水分이地上으로蒸發하ᄂᆫ量을減少하ᄂᆫ者라
人或樹木이其枝葉으로蒸發하ᄂᆫ水量이不少홈을見하고森林은却是土地
의分을減하ᄂᆫ가疑하ᄂᆫ者有하나然하나是等樹木의枝葉으로蒸發하ᄂᆫ水分
이多是其根으로從하야土地의下層에存훈所謂地下水로브터取하ᄂᆫ者인故
로水源의涵養의影響하ᄂᆫ者아니라換言ᄒ면森林은地上의水分의蒸發를防
ᄒ며降下ᄒᄂᆫ雨水를地上에保有ᄒ야其雨量의過半을地面에滯留케ᄒ고只

其一小部分而已를根으로吸上하야此를其葉으로蒸發하고其他ᄂᆞᆫ全혀地
中에浸潤케ᄒᆞ야水源을成ᄒᆞᄂᆞᆫ것이라ᄒᆞ고其他森林의水源涵養上에大有
ᄒᆞᆫ關係ᄒᆞᆫ者ᄂᆞᆫ林內의落葉蘚苔라하ᄂᆞ니此와如ᄒᆞᆫ者ᄂᆞᆫ地面을常掩하야水分
의蒸發를防하야써前述ᄒᆞᆫ林木의作用을助하ᄂᆞ니라學術上試驗으로依하면
同一의濕氣를有ᄒᆞᆫ二個의地面엣水分을蒸發하ᄂᆞᆫᄃᆡ無林地ᄂᆞᆫ有林地의四
倍半이大하다하고又森林地一平方哩에就하야四十萬立方卽七百七十萬
石의水를保<38>得ᄒᆞᆫ다하니卽無林地로하면一秒時間에一平方里의地面
에二十乃至三十立方米突의雨量이十五時間을降ᄒᆞᆯ터인즉이만ᄶᆞᆷ의水ᄂᆞᆫ
得하기不能할지라然則河川의水源地에造林을하면現著히其平常의水量
을增하고此에反하야其森林을伐採하면水源의急히涸흠을見할지니라

外報

米國大統領候補者將起ᄒᆞᆯ兩雄의爭

다후도氏와부라이안氏

「다후도對부라이안」目下루-즈-에루도氏의後繼者로知하던大統領候
補者中에其呼聲이最高ᄒᆞᆫ者ᄂᆞᆫ現陸軍卿다후도氏러라、美國의政界ᄂᆞᆫ形
勢가動하면一變키易ᄒᆞᆷ이殆乎確定ᄒᆞᆯ事實이라、今也「레라부리ᄊᆞᆫ」及「데
목구라쯔도」二大政黨이次回에大統領을選擧ᄒᆞᆷ은已一介年內에迫하얏ᄂᆞᆫ
ᄃᆡ、兩黨이果何人을候補者로推ᄒᆞᆯᄂᆞᆫ지未定ᄒᆞᆫ數라然이나最近ᄒᆞᆫ政況으로
案컨딘、「례바ᄲᅵᆯ리ᄊᆞᆫ」黨의다후도氏와「데목구라쯔도」黨의부라이안氏와
互相對立하야中原의鹿을爭ᄒᆞᆷ은可히不疑ᄒᆞᆯ事實이니라
　△「라이도候補者」少數黨「데목구라쯔도」의代表者ᄂᆞᆫ부라이안氏一人ᄲᅮᆫ

이라風說을據 한즉、先頃日本駐箚大使을辭하고鄕里덴쓰례-州로歸하
고、法律事務에鞅掌하 눈라이도氏도其實은大統領侯補者로起意 한者라、
라이도氏가今日 ᄭ지大統領侯補者의準備을不怠홈은人의知하 눈바니黨中
一部의人士은同氏의出馬를希望하고同氏의比律賓行政的手腕에鑑하야
루-즈-에루도大統領의後繼者됨이不恥홈을信하 눈者不少 한지라、但라
이도 눈루-즈-에루도에比하면保守的이異<39> 한지라、今日米國政界 눈
데黨을爲하야圖하되南部諸州中으로부터入을擧홈이便하다 눈情狀이有
하니、現라이도氏 눈덴네쓰-시州出身인즉、氏을候補者로推하면自然의
要求될듯하나、데黨中의幹部된有力 한者 눈此를反對 홀意見이有 한者不少
한樣인故로라이도의推選은반다시豫期 홀限이無 홀듯하니라

△「부라이안의運命如何」然則부라이안氏 눈如何 홀요氏 눈旣兩回失敗
을招 한엿서나오히려依然히데黨中의大立物됨을不失 한지라、然則選擧大
會에氏가候補者로薦擧되기 눈些疑도無 한지라、然이나天下의大勢 눈례黨
으로歸홈이今猶如昨하고同黨의人望을一身에收 한者 눈루-쓰-에루도氏
라、若同氏의게同黨의再選擧을承諾하면반다시大多數로써當選 홀지니、
루氏를崇拜하 눈者 눈獨례黨뿐아니라中立派及反對黨된黨中에도多見하
깃신즉부라이안氏의運命을推察키不難하니라

△례黨의弱點、但례黨은黨內가數派에分하니實業界의有力者卽도라
스도、스당다-도、오이루會社及大鐵道會社等을代表하 눈하리만、모루
싼其他資本家가何時던지루-쓰-에루도大統領의政策에反對하 눈지라、
然이나루大統領의勢力은極히强大 한故로實際上何等影響도蒙케못 홀지
라、同大統領의國民間에個人的信用의厚 홈이前代에殆乎其比을見치못
홀樣인則此等反對의勢力도루氏의位地을如何 홀슈無하나、若氏가人望
이無하고其後繼者가同一의政策을踏襲 눈者有하면其人의當選은餘望
이無 한다不言키不得 홀지라此點에다후도의前途 눈成功을可히必치못 홀듯
하고、후라이안의運命은決코悲觀에限 홀거슨非也라、內部에如此 한事情

이有혼美<40>國政界는今后에如何히推移홀는지大注目홀處니라

英領의排日暴動

九月九日發紐育電을據혼즉頑強혼排日思想으로써晩香坡의狀態은甚
히不可思議의性質을帶하얏는디危機을欲避則加奈陀官憲은速히日韓排
斥同盟會의勞働者暴行을防遏키爲하야應急手段을出홈이宜홀지라晩香
坡에在留하는日人은自衛하기爲하야敏速혼處置을取하며且攻擊을邀하
고幷히萬般非常을備하기爲하야完全혼武裝으로써日下에盛히其居留區
域을巡邏하는디今日꼬지白人의暴行者는業己日本人의店舗五十을破壞
하고又數名의日人을晩香坡灣內에投하고當時晩香坡巡遊中의石井通商
局長은日曜日早朝暴行者의게指目을被하야石을投하얐스나幸히重傷을
免혼듯하고日本來電을依혼즉金子男은오쓰다와에駐在혼能勢總領事을經
하야加奈陀政廳總理사-、로-리야氏의게通告홈에日本外務은今回의暴
動에關하야狼狽驚愕이少無혼旨로써하얏더라

晩香坡의暴狀

桑港電을據혼즉晩香坡에셔排日暴動이益甚하야日本人의營業하는各
商店十八과旅舘九와湯屋靴屋各二와理髮店五와銀行新聞社料理店製造
場各一이破壞을被하얏다더라

平和會議의二成案

九月七日의海牙平和會議에可決된戰鬪開始에關혼議案及中立國의權
利義務에關혼規則이左와如하니

戰鬪開始에關 ᄒᆞᆫ議案

第一項　締盟國은締盟國間에理由을附 ᄒᆞᆫ開戰의宣言에 對하야其明瞭 ᄒᆞᆫ通告를豫치아니하고 ᄂᆞᆫ不可開戰 ᄒᆞᆯ事〈41〉

第二項　戰爭狀態의成立은中立國에通知 ᄒᆞᆷ을不可遲滯 니此通知 ᄂᆞᆫ電報로 ᄒᆞᆷ을得 ᄒᆞ며戰爭狀態 난通知領受後이아니면中立國에對 ᄒᆞ야効力을不生할지니但中立國이實際戰鬪狀態의成立을知 ᄒᆞᆫ事가明白 ᄒᆞᆫ境遇에 난中立國은通知無 ᄒᆞᆷ로 써抗辯키不得할事

又中立國의權利義務에關 ᄒᆞᆫ規則은十二條인 디其重 ᄒᆞᆫ者 난左와如 ᄒᆞ니

一、中立國의版圖 ᄂᆞᆫ不可侵이오交戰國은軍隊와其他糧食와兵器等의輜重으로中立國의版圖을通過키不得할事

一、交戰國은陸上과海上엣交戰國의軍隊와通信 ᄒᆞᆫ난目的이有 ᄒᆞᆫ無線電線라其他一切의通信機關을中立國版圖內에設置 ᄒᆞᆷ을不得할事

一、交戰國은中立國版圖內에兵을募集 ᄒᆞᆷ을不得할事

一、以上은中立國에對 ᄒᆞᆫ交戰國의義務니中立國도亦此을自國의版圖內에行키不能 ᄒᆞᆯ것이라

一、中立國은個人이自由로交戰國境을通過 ᄒᆞ야軍에加 ᄒᆞ며兵器彈藥等을交戰國에送 ᄒᆞ난事을止 ᄒᆞ난義務가無 ᄒᆞᆷ

一、中立國은逃走의俘虜을收容 ᄒᆞᆫ時 ᄂᆞᆫ此을解放 ᄒᆞ고其版圖內에滯在 ᄒᆞᆷ을許할時에 난居所을指定할지라

一、中立國은中立의侵害을防 ᄒᆞ기爲 ᄒᆞ야兵力을用 ᄒᆞ나此로 써敵對行爲라見做 리不得할지라

平和會議의三成案

廿一日發海牙電을據 ᄒᆞᆫ즉平和會議 ᄂᆞᆫ本日開會 ᄒᆞ고議題은曩者委員會에決定 된陸上中立規定와國際審撿所案와及第三四平和會議開催期日에關 ᄒᆞᆫ件인 디第一案卽陸上中立規定〈42〉은異議업시全會一致로 써可決 ᄒᆞ고

第二案卽國際審撿所案은判事任命의一條을除ᄒ면小國도贊成ᄒᄂ留
保國의重ᄒ者ᄂ日露兩國으로全會一致의結果을未見ᄒ故로英國委員은
本案을特別案으로홈이可ᄒ다提議ᄒ야直키可決ᄒ니特別案이런것슨全會
一致치못홈으로써廢案이되지아니ᄒ고贊成國間뿐此決議을有効로ᄒ야可
爲成立이니卽日露兩國을除ᄒ外의大國은皆本案贊成인즉事實上本案은
確定의國際成法이될지니此結果로本決議에加盟치아니ᄒ日本은判事四
人組織의法延에一人의判事을任命할權利을許할뿐인즉早晩間此에加盟
이될난지

第三案卽第三回平和會議期日의件은開會期을每七年으로明確히規定
치아니ᄒ고第一回第二回平和會議의間斷과畧同ᄒ年限으로써開催ᄒ기
로定ᄒ니此ᄂ特別ᄒ理由가有홈이아니라唯第一回第二回의主唱된露國
의對ᄒ儀禮上態와同等의點에餘裕을存ᄒ次第인디此決議로由ᄒ야自今
平和會議ᄂ自動的으로開催홀지니會議의準備等에就ᄒ야난準備委員을
設ᄒ야議案의整理等一切事項을當케한터이라더라

平和會議의一段落

陸軍에關ᄒ議案은本日의本會日로써全혀成案ᄒ고局을結ᄒ엿더라

○三國의對淸交涉-九月一日-　日佛及日露協約成立ᄒ結果로佛國은
雲南、露國은外蒙古、日本은福建에就ᄒ야目下淸國과交涉中의案件인
디事實이早晩間現出ᄒ리라더라

○滿漢政權移動-十一日-　袁世凱張之洞兩元動이入閣ᄒ結果로中央
地方의重要ᄒ官職에異動이生ᄒ야政局의形勢에注目홀變化를來케ᄒ여
스니從來滿人으로勢力을占ᄒ엿던中外<43>政權이漸次漢人에歸ᄒ지라
卽軍機所ᄂ慶親王을中心으로ᄒ고全혀袁張二氏의勢力範圍에歸ᄒ며各

部衙門은其頭數로ᄒ면滿人이尙占多數나最樞要의地에在ᄒ外務衙門은
袁世凱가其尙書되고陸軍尙書의椅子도鐵良이貶點되고張之洞이此를占
홀形勢잇고地方督務에在ᄒ야ᄂ直隷湖廣四川總督의後任은又以袁張二
氏의股肱으로補ᄒ고各省巡撫도亦漢人이其大多數를占하야政權移動의
趨勢가歷歷有可見者라今變動後엣現任者를言하면左와如하니

	軍機大臣	尙書	總督	巡撫
滿洲人	總理 慶親王 那桐 世續 鐵良	民部 蕭親王 度支部 禮親王 陸軍部 鐵良 農商工部 溥廣 學部 榮慶	兩江 端方 雲貴 錫良 陝甘 升元 關西 松壽	江西 端良 山西 息壽 新疆 聯魁
漢人	袁世凱 張之洞 孫家鼎 鹿傳柴	外務部 袁世凱 郵傳部 陳璧 吏部 陸潤庠	湖廣 趙爾巽 兩廣 張人駿 直隷 楊士驤 四川 陳夒龍 東三省 徐世昌	河南 林紹年 陝西 曹鴻勳 浙江 張曾敭 安徽 馮幸〈44〉 廣西 柯逢時 山東 吳廷斌 湖南 岑春苣 江蘇 馮汝毅 奉天 唐紹儀

晩香坡의 日人迫害

-(桑港特電九月九日午後日本特派員發)-

晩香坡엣日本商店은昨夜略一千名의暴動에被襲하아全히破壞디얀난
디日本人은此을抵抗하아白人四人을刺殺하여다더라

損害賠償談判

前報의晩香坂日人迫害暴動에對하야損害賠償金二萬五千弗을要求하
얏더니市長데무시모氏가此을拒絶ᄒ지라於是에該事件은加奈陀政府에移
하야日本國際的識判이되야日本政府와同政府의間에交涉을開하얏더러

桑晚聯合排日

尙今當地의排日하는熱이益甚하야同地의日本人排斥同盟會와結合하고且彼等은昨日大會을開ᄒ엿다난風說이有하더라

排日暴動의益甚

晚香彼의排日暴動은益々甚焉하야日本人의營業하난各商店十八과旅舘九와湯屋、靴屋各二와理髮店五와銀行、新同社、料理店、硝子商及水車各一이破壞되엿다더라

內報

(自八月二十九日)

拓殖會社의內容

近時貴衆兩院議員及其他主하난實業家의發起ᄒ韓國拓殖會社은頗大ᄒ組職經營이니內地에有ᄒ지라太히人口을移殖하야耕作의改良荒蕪地의開墾을行하야써韓國의富源을開發하고移住者에對하야其適當保護을與하고開墾地에난逐次其所有權도與하고彼等으로<45>易히此에從事할方法을講케하며同時에更히一方으론金融機關을設하야一般拓殖上의便利을計하고全体에金融의圓滿으로農工商의發達을可捉할趣旨에對하야韓國拓殖會社을設立하고同會社內에拓殖部와金融部을設할지니其發起者의主될者는貴族院議員으로小松原英太郞、堀田正養、岡田長職、親正町實正의諸氏오衆議院으론箕浦勝人、野田卯太郞、柴四郞의諸氏오實業家側에난澁澤榮一、太倉喜八郞、豐川良助、朝吹英二의諸氏數十

名이니廣히各團体와各政黨에亘하고元老中에는井上、桂의兩侯가最히熱
心으로此을贊成하고伊藤統監의歸朝中에右兩候가縷々懇談하야統監도非
常히贊成의意을表하얏난디詳細홈은近日桂侯來韓혼后에統監과打合할
터인디會社은利子補給等과如히金錢上의補助을政府에不求홈도買收의
土地에對하야난各種의特權을得하고署當局者의同意을得하야桂候歸朝
혼後에난公然히社會에發表하야世間에贊成을廣求혼다더라

○**卽位儀式-二十九日-**　　再昨日午前九時半으로大皇帝게압셔惇德殿
에셔卽位禮式을行하옵셧는디同日大漢門으로惇德殿에至하기間은多數
혼韓日兵士及警官等이並列하고惇德殿正門에는大혼國旗를交乂하얏더
니定혼時刻에몬져하야趙法相과宮大禮式官等이式場에入하고九時에至
하야長谷川大使이日騎兵二小隊及皇帝께셔差遣하신韓步兵一小隊總巡
一名巡檢六名이前後警衛하고祭內하야日本國書를捧呈하고鍋島總長、
內藤副官이黃色의轎輿를各乘하고式場에入하고其次李總理以下各大臣
其他內外國文武官及各國領事等이續々祭看하야惇德殿休憩室로入하다
九時四十分에新皇陛下께셔李宮內大臣閔侍<46>從院卿[22]李侍從武官長
及內官女官等을率하시고晩喜殿으로出御하시고二個小隊의步騎兵이警
護하야黃色의轎輿를召하야惇德殿裡門에셔乘하시고各大臣은同門前에
셔出迎하얏는디陛下께셔使殿으로入하시니此日陛下의着하신服은黃色의
禮服에寶冠은上邊四角形의其四隅는錦絲로써飾하얏더라九時五十分定
刻에及하야奏樂을始홈에李宮相이休憩所에至하야祭列者一同을式場으
로入케하니式場은惇德殿右側인디席次는玉座로向하야左側은玉座에接
近하야閔侍從院卿次長谷川大使次國務大臣勅任官及奏任官雇聘外國人
이오右側에는親任官次勅任官一二等次勅任官三等及奏任官等이러라陛

22　卿 : 원문은 '鄕'이나 '卿'의 오기라 정정함. 이하 동일.

下쎄셔冕服禮裝으로侍從院卿宮內大臣侍從武官長을率하시고便殿으로
셔直臨御하샤玉座에着하심에展表官이表案(陳賀文)을楊前에置히고總理
大臣이鞠躬하야玉座의前에進하야三拜九拜하고展表官이更進하야表案
을展하니此時諸臣이贊議의聲을從하야最敬禮를行하고總理大臣이賀表
를朗讀하기를終홈에展表官이該表案을携出하니此時에樂을奏하며入瑩
흔諸臣이再鞠躬四拜하고奏樂을止홈에大皇帝陛下쎄셔侍從院卿等을擁
흐시고便殿으로還御히샤更히金花燦爛흔大元帥의服을召換하시고式典
에再臨하시니於是長谷川統監代理가玉座에近進하야²³하統監의賀詞를朗
讀홈에韓官이此를繙繹하고次白耳義領事가各國領事를代表하야賀詞를
朗讀홈에韓官이此를繙繹하야上達하기를了畢홈에李總理大臣이玉座에
近進하야北面而立하니此間軍樂隊는愛國歌를吹奏하더니贊議官의發聲
으로大韓國皇帝陛下의萬歲를三唱하고同十時四十分에式을了하고一同
最敬禮홈에陛下쎄셔便<47>殿으로還御하서고外文武官이漸次退出하니
라陛下게셔便殿에셔少憩하신後에黃色禮裝을再換하샤宮軍兩相女官內
官數十名을擁하시고轎輿을乘하샤惇德殿後方에當흔宗廟濬源殿에瑩拜
하샤卽位式의無事結了흔旨를告흐시고拱辰門을經하야重明殿에還幸하
샤太皇帝陛下의게卽位式의無事結了홈을告흐시다

○ **宣喩使差遺**　各地方의不逞之徒가良民煽動흔다흐야從二品鄭寅興
으로京畿宣喩使從二品金重煥으로慶北宣喩使平理院判事洪祐哲으로江
原道宣喩使正三品李舜夏로忠北宣喩使로差遺흐고其他各道는當該觀察
使로飭喩케흔다더라

○ **憲兵解散**　韓國憲兵隊를亦爲解散흐고昨日에解散式을擧行하얏다더라

23　하하 : 원문은 '하하'나 '하야'의 오기라 정정함.

○**罪囚放釋**-九月五日- 平漢韓兩裁에被囚하얏던罪人已決未決放釋秩
를修正하야法部大臣趙重應氏가上奏裁下하얏느디平理院에四十四名이
오漢城裁判所에四十五名이라더라

○**楊州不穩**-同日- 三日發흔水原電을據흔즉去一日京城東北五里楊州
郡鵁口面德智里에셔砥平楊根方面으로暴徒四百五十名이侵入흠으롤人
心이恟々하다더라

○**追封盛典**-六日- 故興宣大院君은王으로驪興府大夫人은妃로完和君
은王으로廷原郡夫人은妃로追封하라신命히下하셧다더라

○**特赦將下** 法部大臣이兪吉濬張博趙義淵諸氏의特赦奏本을奉呈하
얏다더라

○**暴動의報** 昨日安城北方峴內面에暴徒三十名이發現하야一進會員二
名을殺하얏다구水原電이有하고去二日暴徒約二百名[24]이延豐邑을來襲흔
야郡守를縛하고金品을强奪하야시며楊州德智里의暴徒는益々增加하야銃
器<48>二十柄을奪取하고其一部는加平郡方面으로向去하얏다구電이有
하다더라

冊封式擧行-九月七日-

本日皇太子의冊封禮式을慶運宮內의中和殿에셔擧行하는디文武百官
이一齊參賀흔다더라

---

24 名 : 원문은 '各'이나 '名'의 오기라 정정함.

○太皇帝上號詔勅-同日-

皇太子冊封式을擧行호後에太皇帝尊號奉上式을擧行호다는디皇帝陸
下게셔百官을率하시고德壽宮에셔親上致詞홀旨로詔勅을下하옵셧다더라

○安城日人避難　昨夜安城에暴徒數百이襲來하이日人의家屋을破壞
하니日本居留民四十名이成歡으로引揚하얏는디死傷은不明하야取調中
이라昨七日水原電이來하얏다더라

○鎭川의戰　去四日鎭川에셔日兵이暴徒를襲擊하야死傷이約三十이오
鹵獲品은韓銃一十彈藥若干書類若干駄馬一頭라더라

○慈善美擧　女子敎育會에셔一般同胞諸氏이憂患疾苦에權홈을爲하야
共立病院을該會內에設置하고病院事務를陰八月一日브터實施호다는디
軍人과巡檢과學生諸氏는半料로治療케하고特別히孤兒院學徒는無料로
治療케호다더라

○軍官一體解任　陸軍副將以下一般軍官은一體로解任되고時任軍部大
臣과近衛隊官人만仍舊施行호다더라

○太皇帝陛下上號歷史-九月十日-

太皇帝陛下御極하신지今四十有四年인디十年癸酉-(陰曆-放此)-에統天
隆運筆極敦倫이라尊號를上하시고二十年戊子에正聖光義明功大德이라
尊號를上하시고二十七年庚寅에堯峻舜徽禹謨湯敬이라尊號를上호시고
二十九年任辰에應命立紀至化神烈이라尊號를上하<49>시고光武四年庚
子에巍動洪業啓基宣曆이라尊號를上하시고同六年壬寅에乾行坤定英毅
弘休라尊號를上하시고隆熙元年丁未에壽康이라尊號를上하시니丁未上

號ᄂᆫ卽昨日八月初三日也라同日皇帝陛下쎄ᅀᆞ百官을率하시고慶運宮에
셔上號儀頌를擧行하셧ᄂᆫ디宗親文武百官이中和殿에齊進陳賀하고各府
部院廳各公私立學校各廛舗及一般臣民家에國旗를高揭하야慶祝을表하
니라

○ **寧越戰鬪**-同日- 去五日寧越東方五千里되ᄂᆫ地에셔暴徒五十名이日
兵一部隊의潰亂홈이되야三名이死하고其他ᄂᆫ不明인디日兵은一名이死
하얏다더라

○ **星州情報**-同日- (去八日午前三時에暴徒人員不明) 星州分派所를來襲
하야包圍攻擊하니警務補助員이衆寡不敵하야逃脫ᄒᆞᆫ지라該徒가該所에
放火하고去하얏다구星州警務署補助員의情報가有하다더라

○ **忠州附近戰報**-同日- 去月卄三日午前十一時에暴徒約二百名이堤
川街道로브터忠州郡을進擊ᄒᆞᆫ다ᄂᆫ報告가有홈으로日兵豐饒隊가北門을
占領하고二宮隊가城壁東北隅를占領하고又戰鬪斥候가校洞高地及南部
高地에出하야一時對戰하고曹長이衛兵及其下를指揮하야兵舍을守備하
더니午后零時三十分에二宮隊가水田을過하야治峴의高地을占領하니義
徒가逐次退却하ᄂᆫ模樣인故로豐饒隊가堤川街道를突擊하니該徒가射擊
하다가少頃에全部退却하ᄂᆫ시라豐饒隊가急追之하야漢江附近까지追擊
하고還歸하얏ᄂᆫ디同五時에該徒가漸次接近하야强硬抗抵러니日兵이又
追擊하야死傷이頗多ᄒᆞ다더라

○ **皇太子의遊覽**-九月十三日-
皇太子殿下ᄭᅴ昨日上午十時頃에官立漢城高<50>等學校及武官學校를
觀覽하신다더니更聞ᄒᆞᆫ즉咽喉症으로靡寧하오셔幾日間延期되고幾日后

에京城博覽會에도遊覽하실預定이라더라

○博覽會開會式 來十五日午前九時會場內演舞場에셔開會式을擧行
하는디叅列홀者는在京日韓高等官各理官事務官民長觀察使郡守新門記
者出品人博覽會及協[25]恊贊會의役員等이라는디式後模擬店을開하야來賓
을饗하고又官妓藝妓等의歌舞도有홀터이라더라

○詔封李氏-十四日- 從二品李竣鎔氏를特超從一品하고永宣君을封
하라詔勅이下하셧다더라

○聞慶警報 去九日暴徒約一千五百名이聞慶에入하야掠奪을行하고一
部는廣院康浦附近으로一部는馬浦院西南村落에在훈듯훈데主屹關으로
聞慶에至하기仝지其間電線은全部를破壞하얏다同郡으로向훈偵察隊의報
告가有하다더라

○郡主被害-十六日- 華川郡主事沈宜道氏가暴徒의게被害되얏다더라

○追封及諡號 興宣大院君은大院王으로追對하고諡를獻懿로하고驪興
府大夫人은大院妃로追封하고諡를純穆으로議定하얏다더라

○槐郡慘報-十七日- 槐山郡主事洪承瀋氏가內部에報告호되陰七月二
十二日에義兵이라稱하는者數三百名이自陰城郡으로突立本郡하야日兵
十名으로交戰이라가寡不敵衆하야日兵이忠州郡으로退縮하더니翌日々兵
이多數來襲하야義徒가陰城으로避走하얏는디本郡守는二十一日外村으

로知機避禍하고書記輩가擧皆渙散에一邑이可謂空虛라交戰時男女被殺이合十二名이三十八人을忠州로押赴라가逃躱生還者十九人이오埋死者十九人인<51>디擧皆邑中良民이니矜惻莫甚이라하엿다더라

皇上移御

大皇帝믜오셔昨日丙時에咸寧殿卽祚堂으로移御하옵셧는디宮內府大臣以下一般官吏와各部大臣이詣闕陛見하얏다더라

○ **三領事會審**-十九日-　昨日上午十二時頃에法日淸三國領事가辯護士를帶同하고漢城裁判所에셔會審裁判하얏는디其案件을漏聞흔즉年前經理院에셔官蔘을淸國人의게放賣하얏다가更히日本人의게斥賣흔事가有하야尙未質辦歸正홈이라더라

○ **金融組合現事渡來**-二十日-　各地方金融組合現事로需用하기爲하야日本人三十餘名이渡來하얏다더라

○ **洪川確報**　東來確報를據흔즉橫城原州麟蹄等地에義徒五六百名이聚合하얏는디其中原州隊解散兵丁二百餘名京隊解散兵丁三百餘名이合勢흔지라洪川郡南十里許에屯聚하□□□□月二十六日에原州駐日兵二十餘名이往擊이라가衆寡不敵하야退與春川駐日兵四十餘으로合勢往擊하니該徒가東南散去홈에日兵이城前村의百餘戶를沒燒하고還到洪邑이러니同月晦日未明에義徒五百名이洪邑南北山에占據하야日兵으로交戰이라가日兵의突擊을不堪하야逃走하얏는디該徒의死亡이十三名이라더라

煥降詔勅

皇帝若曰朕이寡味로써洪基를조承흔바踈才力薄호야我太皇帝付托의

重하심을負홀가恐하야夙夜憂懼하야暇息를不遑하노니夫治國하는道는오
직因時制宜홈에在흔故로朕이卽位以來로大朝處分를奉承하야舊瘼를痛
革하고新制를<52>函布하니斷々흔一念이寔히益國便民에不外而已라更
張흔制에事多叛見홈으로써愚民이誤解를致하야浮言를脅動호고潢池에弄
兵호야在在騷擾하니禍가無辜에延하고害가隣商에及하는지라其流離奔竄
의苦와號呼顚連의狀이不忍想起홀者가有하니厥故로靜思하면朕의臨御
가日淺하야德澤이民에加치못하고情志가末孚하야寃苦가上에達치못홈에
由홈이니咎實在朕이라汝百姓에何誅²⁶리오玆에命하야使臣를分遣하야各
道에宣諭케하노니惟爾萬民은朕意를洞悉하야其迷見를祛하야兵를釋하
고家歸하야王法에觸치勿하고父母와妻子로더부러太平의福을共享홀지여
다見今禾黍被野하야收穫이在前하거늘棲屑靡定하면其勢가鋒鏑에罹치
아니흔즉凍餒의患를免²⁷치못하리니言念及此에엇지惻然如傷의情이無하
리오玆에心腹과腎腸을敷하야萬民에게誕告하노니朕言은不再라想宜知悉
하리라하옵셧더라

○三百萬國債償還 度支部에셔開國五百四十年日本銀行에셔借款흔
三百萬圜를償還홀餘額二十五萬圜과六介年九介月二十五介日利子十萬
一千十三圜六十九錢九里를理方償還하갓난디該原利幷하야三十五萬一
千十三圜六十九錢九里를算外支出하기로作定하얏다더라

○郡守被害-二十二日- 陽城郡守趙漢哲氏가暴徒의게被害하얏다고該
道觀察使李圭桓氏가內部에報告하얏다더라

統監統府官制改正-二十四日- 日本에셔統監府官制를改正하엿는디其

26 何誅 : 원문은 '何何誅'나 '何誅'의 오기라 정정함.
27 免 : 원문은 '兎'나 '免'의 오기라 정정함.

條項이如左하니

統監은韓國에對하야日本政府를代表하야條約及法令에基ᄒ諸般政務를統轄홈

副統監을置하니親任官이라統監을輔佐하고<53>統監이事故가有하면其職務를代理홈

總務長官은仍舊存置호되但「統監을佐」ᄒ다홈을改하야「上官의命을受」하다하고

叅與官을置니專任二人인디勅任이라上官의命을受하야府務를掌理하고韓國宮內府及各部의次官된者도亦叅與官이되고外務總長、農工務總長、警務總長은發하고且統監府理事廳이라도視를廢하며警部를廢하며巡査도廢하니韓國의警察은韓國政府의掌理에歸ᄒ者로見홈이可홈

秘書官은專任一人을增置하고技師六人、通譯官一人을減ᄒ고理事廳에看守長을新置하고統監府財政監査長官及監査官은廢止홈

副統監은年俸이五千圜(滿韓在勤加捧이別有홈)이오交際手當七千圜으로ᄒ야外交事務를掌ᄒ고叅與의게交際手當二千圜을給호되韓國政府의次官으로叅與官된者ᄂ叅與官의俸給은停止하며旅費等도支給치아니

根本의官制改正은公布日로브터施行하고警察官에關ᄒ規定은十一月一日브터施行홈

日本東宮渡韓

日本皇太子殿下쎄셔난十月十日에東京에出發하야韓國視察의途에登힐旨가二十日에出얏하난디供奉은特命으로쎠有栖川海軍大將殿下로始하야奉하고海軍으로東鄕大將이오陸軍으로桂大將(山縣元帥에게內命이有하야시나老軀홀爲하야辭退을申上하얏다러라)其他花房宮內次官、伊藤別當、木戶侍從長村木武官長、桂主事以下數十名이陪行하고召艦은第一艦隊의鹿島요供乘艦은香取以下第一艦隊全部라橫濱에셔乘艦할터인디韓國에

着하야난伊藤統監의官邸로써旅舘에充하고有栖川宮殿下은新義和宮邸
로東卿大將은宮岡少將官邸로桂大將은天眞樓로伊藤<54>別當은小山技
師官邸로投宿할지니伊藤統監은官邸全部를殿下의御旅宿으로充하기爲
하야他로移轉하고殿下滯在난二週間豫定이니韓皇陛下와及太皇帝陛下
에도相見하고歸途에仁川鎭海灣等地로巡回하야專히韓國의人情과風俗
과政治經濟等를無遺視察할터이라더라

副統監親任式

二十一日午前十時에日本宮中에셔親任式을行하고曾禰樞密顧問官으
로統監의大命을拜하니副統監은伊藤統監과同船으로二十二日赴任途에
登혼다더라

○竹山義擾-二十五日- 竹山郡境内에셔一進會員二十名巡查十名이
合勢ㅎ야義徒를襲擊하다가一進會員五名巡查二名이被殺하얏다該道觀
察使가内部에報告하얏다더라

○松井意見 地方不穩에對하야内部警務局長松井茂氏의意見을藉聞
혼즉地方의騷擾를欲爲鎭靜인디몬져法令을信實케하야被害혼郡守의게恤
金과行政上處理를妥合케하는郡守의게襃賞을行홈이可하다하얏다더라

○日兵向東 三昨日日兵數百名이軍粮器械等六十餘駄를帶同하고東
大門으로出하야關東等地로向하얏고本日々兵이又軍粮器械六十餘駄를帶
同하고東大門으로出往하얏다더라

○日人被害-二十七日- 江華散兵이鰲川郡鹿島에突入하야日兵三名
巡查一人商人二名을砲殺하얏다고北觀察使가内部에報告하얏다더라

日本東宮御出發-十月十日-

東京特電을據흔즉皇太子殿下게셔本日午前十時에靑山所에出門하야
同三十分에新橋發特別列車로無事히渡韓의途에就하션나더有<55>栖川
宮殿下와桂候東卿伯以下의拱奉員이皆隨行하고皇太子妃殿下와各皇孫
殿下와伏見大將宮殿下와其他各皇族殿下을始奉하고奉送者가五百餘名
에達흔지라本日은朝來로天氣가快晴하고市民은國旗을揭하고奉送의意
을表하얏다더라

○御召艦航路-(上同)-　御召艦香取以下供奉의第一艦隊諸艦關門海峽
을避하야豐後水道로붓터薩隅海岸에沿하야航行할터이라더라

東宮入闕期

皇太子殿下께셔는仁川에御着하야御出迎하시난韓皇陛下와會見하시
고其后에同道入京하야南大門驛으로直키馬車로入闕하야韓皇兩后兩陛
下의게正式會見흔后에我至尊의傳言을傳하실터인디當日은宮廷의形便
을依하야하고正式會見은翌十七日惇德殿에셔行할事로決定하야다더라

施政改善

統監府幕僚官憲의所語를聞흔즉伊藤統監이東京에歸하야東京元老의
大臣會議에提議하야其協贊을求흔것이如左하니

第一施政改善必要上增額費用의額이年々三百萬圓에不下홀지라此金
額은五六年間東京政府에셔補助홀지니於其補助期間에韓國財政을熱心
整理하야써自家支辦의路를開홀지오

第二司法制度인디地方裁判所、控訴院、大審院의三制度를設置하고
三議가確定홈에目下梅法博士의裁判所構成法草案中에셔刑法、民法、

商法을漸次制定홀지니此三法이制定치못흔間에는韓國從來民刑法의成文法을適用하야於日本法官의下에셔公正不偏의裁判을홀지오

第三日本人으로韓國司法行政官吏된者를二<56>種으로分하니日本官吏로韓國官吏를任흔者는日本에在흔位地로써待遇하고官吏아니오韓國政府에新任을被흔者는韓國相應의待遇로홀지오

第四統監府組織을變更하야外務、法制二部로하고此外叅事官數名을任用홀而已니卽是統監府幕僚組織이從前規模를縮少홈이오各地理事廳인즉治外法權의撤去홀時機를待하야變更홀지라하얏다더라

長谷大將의諭示

日本司令長官長谷川大將이昨今暴徒가益々猖獗홈으로左와如흔諭告를各地의韓民의게發하얏다더라

韓國駐劄軍司令官陸軍大將男爵長谷川好道는大韓國各道民庶의게告하[28]노라今大韓國政府가宇內自然의趨勢를鑑홈에爲政革新의必要에迫흔지라太皇帝陛下의聖旨를遵奉하야諸般制度의改差을圖하[29]거눌天下의情勢에暗하고順逆의大義를不曉하는者가流言蜚語로人心을煽動하아써所在無賴之徒로하야곰雷同蜂起케하야或內外의良民을戕害하며或其資財를劫奪하며或官衙民屋을燒棄하여或交通機關을破壞하는等兇暴가無所不到하니其罪辟이天地之間에不容홀바인디是等不逞之徒가忠君愛國에濫爲籍名하야義兵이라自稱하나元是維新改革의聖旨에乖戾하야蠹國毒民하는匪賊이라今에及하야速히艾除치아니하면其災厄이實不可測知라本職이玆에大韓國皇帝陛下의聖旨를奉하야是等匪徒를勦滅하아써衆庶를塗炭에拯호려하노니汝良民等은安堵各守其業하야勿敢危懼하라其一朝方向을誤하야匪

---

28 하 : 원문은 '한'이나 '하'의 오기라 정정함.
29 하 : 원문은 '학'이나 '하'의 오기라 정정함.

徒에與흔者도哀心悔悟하야速爲歸順하ᄂᆫ者ᄂᆫ其罪를勿問이오其匪徒를拘
奪하며或其所在를密告하ᄂᆫ者ᄂᆫ必與重<57>賞이되但頑陋不悟하야或匪
徒에與하며或匪徒를陰避케하며或匈器를藏匿하ᄂᆫ者에至하야ᄂᆫ嚴罰毫無
所假借홀뿐아니라責을現犯흔村邑에負케하야其部落을擧하야嚴重處하리
니汝等은本職의誠意所存을能解하고愆이無하기를期홀지어다

統監府事務分掌規定改正後의役員任命은左와如홈

統監官房長	統監府總務長官 鶴原定吉
外務部長	統監府叅與官 鍋島桂次郎
監査部長	同 石塚英藏
地方部長	統監總務長官 鶴原定吉 統監秘書官 古谷久綱
統監官房文書課長	統監府書記官兼統監秘書官 國分象太郎
同 人事課長	統監府書記官伯爵 兒玉秀雄
同 會計課長	統監府通譯官 前間恭作
統監府房文書課勤務	統監秘書官男爵 佐立美準
統監府房文書課勤務	
外務部勤務	統監書記官 國分象太郎
同	同 小松綠
同	統監府通譯官 本多駒次郎
同	同 鳥居忠恕 統監書記官 荻田悅藏
監査部兼地方部勤務	
地方部勤務	同 澤田牛麿
外務部勤務	統監府囑托 廣田直三郎
同	統監府技師 小田善
同	統監府囑托 兒島高里
同	同 村上龍造<58>

漢城府尹의 內定

新協約의 結果로 漢城府尹도 日本人을 採用할지니 前에도 其候補者二三을 表하얏거니와 現京城理事官三浦彌五郎氏은 呼聲이 最高흔 故로 畧內定하얏다云하니 但理事廳을 漢城府과 合倂하며 否흠은 目下 詮議하난 中이라더라<59>

• 本報定價

　一部 代金 拾伍錢
　半年分 先金 捌拾錢
　一年分 先金 壹圓伍拾錢
　郵稅 每部 五厘

• 廣告料

　四號活字(每行一回)金拾伍錢
　二號活字依四號活字之標準者

　隆熙元年十月十九日印刷
　隆熙元年十月二十日發行
　(每月一回二十日發行)
　京城南署大和町一丁目第三十二號

　發行所　漢陽社
　　　　　京城西署西小門內(電話三二三番)

　印刷所　日韓圖書印刷株式會社
　編輯兼發行人　日戶勝郎
　印刷人　小杉謹八

　發賣所　京城中署罷朝橋南邊廣學書舖 金相萬
　　　　　中央書舘 朱翰榮
　　　　　鍾路大東書市 金基鉉
　　　　　大廣橋三十七統書舖 高裕相
　　　　　明治四十年/隆熙元年 九月十一日第三種郵更物認可

역자소개

권정원權政媛

부산대학교 점필재연구소 연구원. 한국한문학 전공. 조선후기 문인 이덕무(李德懋)를 연구해 왔으며, 조선후기 문단의 명청문학유파 수용에 주목하고 있다. 주요 논저로 『책에 미친 바보』(2011), 『역주 이재난고』(공역, 2015), 『완역 태극학보』(공역, 2020), 「이덕무의 명청문학에 대한 관심의 추이 양상」(2015), 「이덕무의 경릉파 인식과 수용」(2017) 등이 있다.

신재식申在湜

부산대학교 점필재연구소 연구원. 한국경학 전공. 조선에서의 명말청초 경학자 고염무(顧炎武) 학설의 수용 사례를 연구하였다. 주요 논저로 「정조조(正祖朝) 경학(經學)의 고염무 경설(經說) 수용 양상」(2017), 「조선후기 지식인의 이광지 수용과 비판」(2017), 「조선후기 고증학과 염약거」(2019), 「조선후기 『대학(大學)』 연구와 육농기의 영향」(2020), 『완역 태극학보』(공역, 2020) 등이 있다.

임상석林相錫

부산대학교 점필재연구소 교수. 주요 논저로 『식민지 한자권과 한국의 문자 교체: 국한문독본과 총독부 조선어급 한문독본 비교 연구』(2018), 『한국 고전번역사의 전개와 지평』(공저, 2017), 『완역 태극학보』(공역, 2020) 등이 있다.

최진호崔珍豪

동아시아학 전공자로 중국의 근대성이 한국에서 갖는 의미를 연구하고 있다. 현재 성균관대, 서울과학기술대학 등에서 강의하고 있다. 주요 논저로 『상상된 루쉰과 현대중국』(2019), 「'모랄'과 '의식화'-한국에서 '루쉰의 태도' 번역의 계보」(2019), 「친선과 연대의 정치성」(2019) 등이 있다.

연구진

연구책임자	강명관
공동연구원	손성준
	유석환
	임상석
전임연구원	권정원
	신재식
	신지연
	최진호
연구보조원	서미나
	이강석
	장미나

대한제국기번역총서

완역 한양보

2021년 7월 20일 초판 1쇄 펴냄

역 자 권정원·신재식·임상석·최진호
발행인 김흥국
발행처 보고사

책임편집 이경민
표지디자인 손정자

등록 1990년 12월 13일 제6-0429호
주소 경기도 파주시 회동길 337-15 보고사 2층
전화 031-955-9797(대표)
   02-922-5120~1(편집), 02-922-2246(영업)
팩스 02-922-6990
메일 kanapub3@naver.com / bogosabooks@naver.com
http://www.bogosabooks.co.kr

ISBN 979-11-6587-204-5 93910
ⓒ 권정원·신재식·임상석·최진호, 2021

정가 25,000원

이 저서는 2017년 대한민국 교육부와 한국학중앙연구원(한국학진흥사업단)의
한국학분야 토대연구지원사업의 지원을 받아 수행된 연구임(AKS-2017-KFR-1230013)